世界大战丛书

丘吉尔
第二次世界大战回忆录 06

战争临到美国

〔英国〕温斯顿·丘吉尔 著
朱建国 译

北京时代华文书局

本书铭言

战争时：坚毅

失败时：不屈

胜利时：宽容

和平时：友善

# 致　谢

在各位好友帮助下，我得以完成前几卷的著述，这里要再一次表达对他们的感谢：陆军中将亨利·博纳尔爵士、海军准将艾伦、迪金上校、爱德华·马什爵士，以及丹尼斯·凯利先生和伍德先生。还有很多其他人士也曾审阅过原稿，并提出了自己的意见，在这里也一并表示感谢。

我依然得到了伊斯梅勋爵，还有其他朋友们的帮助。

在此要再次感谢英王陛下政府文书局局长。一些官方文件原文的版权为其所有，然而承蒙英王陛下政府批准，得以附加在内。出于保密，我对本卷所列的一些电文，谨遵英王陛下政府谕，做了改动。但是都是在本意基础上加以改动的，其原意或者实质并没有变动。

温斯顿·斯宾塞·丘吉尔

序　言

这本书和其他各部书一样，仍只是作为一部可供了解第二次世界大战的历史参考资料。当时我是英国首相，并兼任负有特殊的军事责任的国防大臣，因此，我也是以这一身份去讲述这段历史的。我在军事问题上负有直接责任，在讲述和英国有关的战役时，叙述也就比较详尽。至于同盟国的战争情况，出于对历史公正性的必要，我认为应该由它们本国的历史学家去讲述，或者将来由另一些写作世界通史的英国历史学家讲述。我只能把盟国的斗争用作背景，在这种程度上去描述它们。而且，即便是这样，我也不能做到比例均匀地去叙述各个同盟国的情况。我唯一能做到的,就是尽力真实地描述我们本国的事件。

我那时候用以指挥作战和处理英国政事的一些指令、电报和备忘录之类的资料，是我讲述这段历史的主要根据和线索。这些原始文件都是随着事件的发展引用到文中的。即便是我依据现在已知的事实真相的著述，也比不上它们的真实可靠。我相信，从这些文件资料中可以准确地看到当时发生的事情和我的想法。尽管其中一些意见和预测后来被证明是错的，但我还是希望人们根据它们，判断我个人在这场战争中的功过。在当时，我们的知识能力有限，但仍必须解决一些实际问题。我相信，将这些资料向读者公开，是让他们切实感受我们当时的这种处境的唯一的办法。

我刊载的一些备忘录，多是政府各部门对我的函电的答复。它们原本篇幅冗长，但是，我不可能将整个文件照搬下来，况且，很多时候我也没有这一权力。为了避免造成我的引用会有指责个别人的嫌疑，我会谨慎地处理这些答复资料，尽可能在引用每个文件后做一番概括的讲解。不过，总的来看，凡是刊载的文件资料都是可以反映出当时的情况的。

本书中还是会提到大规模的战争，诸如在俄国前线的战斗。这个战场上，战斗双方所投入兵力的总和与法兰西战役的军力不相上下，其战线要比法兰西战线长很多。大规模的军队在战线各个据点上死拼，死伤不计其数。相比于这次大战中的其他地区，俄国前线的杀戮战况绝对是最残酷的。但是，我不会随意叙述德国和俄国之间的战斗，只能在谈到英国和西方盟国的战争背景时才会谈到这一点。因为，俄国的这段战争历史，特别是 1941 年和 1942 年这两年的战事，有关俄国人的痛苦和荣耀，本来是值得以一种客观冷静的心态仔细地研究的。但是，外国人不方便记录。当然，尽管如此，我们还是应该努力用英文记录下这段英雄史实，这一尝试，不应该因为苏联政府已经获得了它应得的荣誉而被人们放弃。

在希特勒进攻俄国之前的近一整年是一个时期，在这个时期中，大不列颠及其帝国坚持独立奋战，不断投入军力。半年后，受到日本猛烈攻袭的美国成为了我们的坚定的同盟。自此之后，我开始了和罗斯福总统的电函沟通，联盟行动的基础由此形成。我们不仅可以制定联合作战计划，而且能预计战争结果。我这一册书，正是以整个英语世界国家建立起了伟大而有效的同盟合作关系结束的。

温斯顿·斯宾塞·丘吉尔

写在肯特郡威斯特汉

恰特威尔庄园

1950 年 1 月 1 日

目　录

附录

在苏联和美国参加这次大战之前，
英国人继续坚持艰辛的作战。

第一章　我们的盟友——苏联

希特勒准备进攻俄国——英国要满足苏联的一些要求——“开辟第二战场刻不容缓”——登陆战争俄国完全外行——我向斯大林发出电报——军事代表团前往莫斯科——双方海军的沟通——应该建立军事联盟——斯大林催促开辟第二战场——我们进行的答复，同时这种答复也有辩解的作用——我们努力供应俄国军队——一万吨橡胶——无法同斯大林建立友好关系——德军加强了攻势——俄国如何面对波兰——我们的意见——最初俄国是我们的负担

这场战争随着希特勒进攻俄国，意义和关系发生了改变。由于囿于偏见，在保证自身安全的问题上，苏联没能真正了解全局，考虑得也不周详，有许多必须要采取的步骤都没能实施。但因为不关心别人的遭遇，苏联却占据了时间上的优势。所以，当 1941 年 6 月 22 日那一天到来时，他们以大大超出希特勒想象的力量经受了考验。因为苏军在苏芬战争中表现出的低劣战术，希特勒和他的将军或许都形成了错误看法。但即便如此，俄国人仍然是遭到袭击的一方，仍然是战争刚开始巨大灾难的承受者。我仅能把俄国军民当时投入这场新斗争的突出特征，通过这篇记述告诉读者。

波罗的海到黑海的整条边界，都被德国划为了战线。北路集团军由包括三个装甲师和三个摩托化师在内的二十九个师组成，由里布指挥从东普鲁士向列宁格勒进军。中路集团军由包括九个装甲师和六个摩托化师的五十个师组成，由博克指挥从波兰北部向斯摩棱斯克发起进攻。南路集团军由包括五个装甲师和三个摩托师在内的四十一个师组成，由龙德施泰特指挥从波兰南部向第聂伯河下游推进。一般的后备军还有二十六个师，在不久的将来即可集结而成。支援进攻的飞机有二千七百架。此外，还有十二个波兰师会从北部以支援主攻的目的，从北部向列宁格勒推进；罗马尼亚军队会有十一个师在南部严守普鲁特河，六个师参与南路集团军的进攻。从西向东，一共有一百六十四个师发起进攻。

从已经掌握的可靠资料来看，俄国有一百一十九个师和至少五千架飞机迎击侵略军。另外还有六十七个师分布在芬兰、高加索和俄罗斯中部可供调遣。俄国军队尽管在数量上几乎接近了德国军队，但在德国装甲部队的猛烈攻击下，仍然只能后退，空军也损伤惨重。面对德国突然的袭击，其他国家都已经被占领，只有俄国享有幅员辽阔这一地利上的巨大优势。这一优势在这一次注定又会成为拯救这个国家的因素。德军在第一个月向俄国迈进了三百英里，随后占领了进行过激战的斯摩棱斯克。在这次激战中，俄军曾发起过猛烈的反攻。德军始终无法攻下列宁格勒和基辅。

* * *

在还没有遭受希特勒攻击的时候，苏联政府似乎只关心自己，并且一直延续着这种态度。在此之前，面对 1940 年法国战线的崩溃和 1941 年我们为开辟巴尔干战线徒然的努力，他们无动于衷，反而还在经济和其他次要方面帮助德国。现在，在遭受欺骗和突然袭击之后，他们也成为德国的攻击对象。在一开始，他们就希望大不列颠和它的帝国给予一切尽可能的援助，并且在之后将这一愿望作为了持久方针。斯大林和希特勒共同瓜分大不列颠帝国的图谋，在过去八个月的时间里一直蒙蔽着苏联，使得苏联连德国在东欧集结军队也没有注意到。

面对敌人的不断攻击，他们想都不想，就向不列颠不断地急切呼吁，希望无偿得到英国军队同样非常缺乏的军火，而此时的我们也正在敌人的猛攻下艰难支撑。同时，他们还不断地敦促美国把大批军需品给他们，而这些军需品原本是我们所翘首以盼的。在 1941 年夏季，他们甚至强烈要求英国应该置自身的安全于不顾，在欧洲登陆开辟第二战场。英国的共产党人数并不多，在此之前这些人还口口声声反对“资本主义和帝国主义的战争”，而这时竟然迅速转变了态度，并将“立即开辟第二战场”的标语涂写在墙上。这些事情无疑是可悲而且可耻的，但我们并没有受到它们的影响，而是始终关注俄国人民因为他们政府带来的灾难所作出的牺牲，以及他们对自己国家英勇的捍卫。在持续不断的战争中，这已经足以补偿所有。

* * *

在对于为什么有必要在敌人防御坚强的海岸上组建一支大军进行登陆作战的事情上，不仅俄国人完全不明白，甚至连美国当时对其中困难也有许多人不了解。其困难之一就是在进攻地点上必须要同时掌握海上和空中的优势。此外，还有三种因素也关系重大。要想在强大的敌人面前成功登陆，必须要有一大队特制的登陆艇，尤其是多种类型的坦克登陆艇。长期以来，我都在倾尽全力建造这支登陆舰队。这一点我在前文就已经说过，并且在后文还会继续说。我们无法在 1943 年以前建立一支登陆舰队，哪怕这支舰队规模很小，并且即便能建立，也必须要到 1944 年才能充分发挥力量。在 1941 年秋天，也就是我们目前正面临的时期，我们仍然没有掌握欧洲的制空权，除了德军防御最坚强的加莱海峡之外。我们还只是在建造登陆艇。在英国国内，我们甚至还没有建成一支能与我们在法国领土上可以和敌军抗衡，同样训练有素、装备精良的军队。但我们还是不断听到关于第二战场的荒唐和错误的论调。处于这一时间点，的确无法能像在其他时候一样，使苏联相信我们的所作所为。斯大林在后来甚至告诉我，如果英国人缺乏足够的胆量，他愿意派遣三个或四个军团来完成这一任务。但我无法在缺乏船只和其他物质条件的情况下，去按照他的想法做事。

*　　*　　*

我在德军进攻的那天向俄国和全世界发表了广播演说；关于这件事情，苏联政府没有作出任何表示，只有《真理报》和俄国其他的政府机关报刊登了一部分演讲词。他们要求我们接见他们的一个军事代表团。没有什么事情比最高官员的三缄其口更让人难堪的了，因此，面对这一沉闷的局面，我认为自己有必要打破它。他们无疑是因为考虑到了战争伊始苏联和西方盟国之间所发生的一切事情，以及我和布尔什维克革命政府之间所产生的恩恩怨怨感到了羞愧。我十分理解这一点，所以，我以电报的形式，将我们要尽全力帮助俄国人的意义告诉了斯大林。

首相致斯大林先生　　　　1941 年 7 月 7 日

能在这个时候听到俄国军队正在坚强而勇敢地抵抗纳粹无由的残酷侵略，我们感到无比高兴。一直以来，我们都非常敬佩俄国军队和人民的勇敢和坚强。只要时间、地域和我们不断增加的资源允许，我们将不遗余力地给予你们帮助，并且会随着战争的延续而不断增多。在德国的占领区和德国的本土，我们的空军正在对能够到达的地区实施猛烈袭击，夜以继日。就在昨天白天，我们就派遣了四百架飞机进行了袭击。我们还派遣了包括一些炸弹重量达到三吨的轰炸机在内的两百多架重型轰炸机，在星期六晚上袭击了德国城市。还有约二百五十架重型轰炸机在昨天晚上已经出动。轰炸将不会停止。我们希望通过这样的方式，能使希特勒回调一部分力量到西欧，从而让你们的压力可以小一些。此外，在北冰洋，我们的海军部已经遵照我的指示采取了一次行动，这次行动的意义是重大的。我希望英国和俄国的海军从此之后能相互联系。有许多往北行驶对俄作战、运载各种供应物资的船只，也在我们沿挪威海岸扫荡时被截获。出于对未来计划协商的需要，我们非常欢迎俄国军事代表团来我们这里。要想消灭这些坏蛋，继续战斗是我们唯一的选择。

我们目前的当务之急，无疑是要在苏联当局允许的范围内和他们的军事统帅部取得联系。所以，我们立刻在争取到一个必要的新同盟国的同意之后，就让一个有着很大权力的军事代表团行进在了前往莫斯科的路上。因为在目前，让两国的海军建立关系同样刻不容缓。7月10日，我向海军部递交了一份备忘录：

首相致海军大臣及第一海务大臣　　1941年7月10日

派遣一支小型混合英国舰队前往北冰洋和俄国海军建立联系并且共同作战，在目前看来已经非常必要。我们应当在计划行动之前做好这件事。在俄国海军以及陆军的全面抵抗这件事情上，让北冰洋出现一支被称为英国舰队的舰队将会有很大作用，并且可以让许多英国人免于伤亡。

如果俄国人在冬季来临的时候，仍然能够保持阵地并继续战斗，我们将会得到超乎想象的利益。因为我们国内民众的信心，会因为俄国和德国过早的和解大为削弱。战线无论在哪里都没有关系，只要他们继续抗战。通过俄国人民的表现，我们已经有足够的理由相信他们。因此，为了维持他们的士气，我们必须要作出牺牲，承担危险，即便这非常困难。我知道这些困难，但我们仍然要这样做……我认为那支舰队应该开往阿尔汉格尔斯克。

希望能尽早听到对这件事的意见。

*　*　*

在这最初的阶段，我们也希望两国军事同盟之间有一个一般的基础。

首相致斯塔福德·克里普斯爵士　1941年7月10日

请将首相以下电文转达斯大林先生，立即去办：

1. 克里普斯在之前已经把他和你的会谈经过作了陈述，并将对英俄共同宣言的内容分两点进行了列举：(1) 不对互助的数量和性质作具体要求；(2) 严禁任何一个国家单方面讲和。我在第一时间召开了战时内阁会议，现任的新西兰自治领[①]总理弗雷泽先生也在会议成员之列。和加拿大、澳大利亚以及南非各自治领进行协商，是我们目前必须要做的事情。但对于你所建议的这项共同宣言，我们却也可以保证完全赞成。在我们看来，在得到各自治领答复之后，我们应该马上签字，并将其告知全世界。

2. 我们计划发表一个宣言，这个宣言包含以下内容，你自己可以参阅：经过共同的协商，联合王国国王陛下政府和苏联政府声明：(1) 在当下面对德国的战争中，两国政府共同约定，给予对方一切的援助；(2) 关于谈判和停战协定或合约的问题，两国政府共同约定，必须要在双方都同意的情况下才能签订。

3. 暂时不要将原电文告知斯大林，因为我们还需要同自治领商量。但你可以通过这些更加明白我们的想法，同时能更好地向斯大林解释他可能提出的要求。

---

① 自治领：英国殖民地制度下的一个特殊的国家体制，这一体制的更高一级形式即是独立。——译注

我收到斯大林的直接来电已经是 7 月 19 日，尽管之前两国外交部之间有互通函电。麦斯基先生是苏联驻伦敦的大使，他在那天访问我并给了如下电文：

斯大林先生致首相　　1941 年 7 月 18 日

非常感谢你发来了两封私人电报。两国政府的意见后来能够得以一致，你的电报是一个开端。在对希特勒的斗争中，苏联和大不列颠现在已经成为了战友，这正契合了你所说的那句理由充分的话。尽管困难摆在两国面前，但是面对我们共同的敌人，我依然坚信我们有足够的力量摧毁他。

我也许应该坦诚地告诉你，在前线的阵地上，苏联军队依然面临紧张的形势。德国军队现在因为希特勒出人意料的背弃互不侵犯条约和对苏联突然的进攻占尽了便宜，这一切所带来的后果，苏联军队直到现在还能感受到。

面对德国的进攻，苏联军队如果是在敖德萨、卡梅涅茨－波多尔斯基、明斯克区域和列宁格勒周围而非在基希涅夫、利沃夫、布列斯特、考那斯和维堡等地区进行抵抗，毫无疑问德军会占有多出几倍的优势。

所以我认为，如果能有一个新的战场出现在西面（法国北部）和北面（北极地区）对抗希特勒，一定会极其有利于苏联和英国的军事形势。

将一个新的战场设在法国北部，既可以让希特勒无法进攻英国，又可以让他在东欧的军队受到牵制。在英国军队和英国南部的全体人民的心中，都是希望能有这样一个新战场的。我并非不了解要开辟这样一个战场不容易，但我依然认为有这样做的必要，因为不管是出于对我们的共同事业还是对大不列颠本身的考虑，这样做都是有利的。当下正值希特勒把军队调往东欧还无暇巩固其在东欧占领的土地的时候，这是开辟这个战场最有利的时机。

要在北面开辟一个战场更加容易。英国在这一方面根本无需派遣军队或炮兵登陆，只需要把任务交给海军和空军就已经足够。在这一场战争中，苏联的陆海空三军也会出现。我们非常乐意看到在这一战场中，能有英国从挪威志愿军所调派的一个轻装师或更多兵力的身影。

俄国就这样在我们刚开始通讯就极其认同有必要开辟第二战场，并且除了极北地区之外，在以后双方的函电中反复不顾物质条件地提及。苏联方面的悔意，体现在了这封首次收到的斯大林的电报中，但这也是我所见到的唯一一次悔意。他将苏联加入我们以及自己在战争伊始和希特勒的妥协，在这封电报中自动地进行了辩护。与此同时，他还强调了俄国因为要从战略上考虑发展自身广泛的军事力量，因而有必要在波兰西部阻击德军以赢得时间，这一点我在上一本书也说过。对于这一看法我向来是重视的，因此可以回以自己充分了解的措辞。

首相致斯大林先生　　1941 年 7 月 20 日

1. 你能发来电报，我感到非常高兴。能从多方面听到俄国军队英勇地捍卫自己的祖国并组织多次有力的反攻，我无比乐意。我毫不怀疑你们已经因为自己的军事行动得到了好处：为了消耗敌人的一部分力量，迫使他们将兵力部署在朝西的战线上作战。

2. 只要是能够帮助到你们的有效的事情，在能力允许的范围内的事情，我们都会尽力去做。但我们资源和地理位置方面也有自己的局限，这一点也请你了解。我们在德国一开始进攻俄国的时候，就已经在考虑是否有可能进攻他们已经占领的法国和低地国家。只要是对你们有所帮助的相当规模的行动，我们都乐意去做，但无奈我三军参谋长却在这一点上想不出任何办法。德国将多达四十个师放在了法国，并且由于进行了一年多时间的努力设防，法国的海岸线上已经被他们布满了大炮、铁丝网、碉堡和海滩地雷。暂时掌握空中优势和用战斗机掩护敦刻尔克[1]到布罗涅地段，是我们目前唯一能做到的事情。堡垒满布着这一地段；在海面入口，许多重炮严阵以待，其中还有许多重炮可以越过海峡射击。这一地区，即便是在夜晚短短的五个小时，也会被探照灯照得灯火通明。要想强行登陆几乎不可能，反而还会遭受重大伤亡，而进行小规模的袭击，只会对敌军更有利，并且也会失败。敌人完全可以击溃我们，根本无需再从侵俄战线上抽调军队，或者在他们抽调军队之前我们就已经被击溃。

3. 须知我们单独作战已经超过一年了，何况我们的资源从现在开始尽管会不断地增长，但陆军和空军在国内以及在中东的形势都极度紧张。我们的海军尽管有着强大的实力，但也没多余的力量了，它已经将全部力量集中在了大西洋战役，去保护那些遭受德国潜艇和“福柯乌尔夫”式轰炸机封锁却依然航行的运输船队。那是我们的命脉。

4. 所以，从北面寻找迅速援助的机会，是我们当下必须要做的工作。在挪威和芬兰的北面，出于让敌人从海路运输军队攻击你北极侧翼的意图落空的目的，我海军参谋部曾计划用飞机袭击德国船只。我们打算在7月28日到8月2日发动袭击，我们已经要求你的参谋部在此期间让俄国舰只远离某一水域。出于配合你们的海军袭击敌人船只的需要，我们正派遣巡洋舰和驱逐舰前往斯皮茨伯根群岛。尽管我们知道北极有极昼非常危险，但仍然准备派遣一支潜艇舰队去截击北极沿岸的德国船只。此外，我们还准备让一艘布雷舰前往阿尔汉格尔斯，上面装满了各种供应品。以我们目前的能力，能做到的只有这些了。我希望能做更多的事，

---

① 敦刻尔克是法国东北部的一个港口城市，第二次世界大战期间在这里有著名的敦刻尔克战役和法国与英国的大撤退。——译注

但在无法确保被公开不会受到伤害之前，请你务必对这些事保密。

5. 挪威轻装师并不存在。要想在德国占领的地区登陆，在北极有极昼的情况下，无论是英国军队还是俄国军队，如果没有相当的战斗机做掩护，都是无法做到的。这类冒险的行动，无论是发生在去年的纳姆索斯还是今年的克里特岛，我们都有过惨痛的教训。

6. 我们也正谋划让几个英国战斗机中队留守摩尔曼斯克，以备进一步发展的需要。我们先要往那里运一批高射炮，然后再运送飞机。航空母舰可以将一部分飞机运往那里，用船可以运送余下的一部分。我们可以在这些飞机驻扎稳妥之后，让斯皮茨伯根群岛的舰队驶往摩尔曼斯对你们的海军行动予以配合。如果我们驻扎在该地区，德国必然会派出一支强大的俯冲轰炸机队轰炸我们，这一点我们坚信是有可能的。所以，一步一个脚印，是我们必须要采取的方针。但没有几个星期的时间，这些无论如何是无法做好的。

7. 你尽可以无所顾忌地向我们提出其他建议。为了给我们共同的敌人予以痛击，我们也在绞尽脑汁地想办法。

*　　*　　*

我在一开始就大量向俄国转让美国供应我们的物资，并且直接由英国做出牺牲，从军火和军需品方面尽全力支援俄国。为了帮助俄国防卫这个海军根据地和同该地区的俄国军队配合，英舰“阿尔戈斯”号运载了相当于两个“旋风”式战斗机中队的飞机前往了摩尔曼斯克。截至 9 月 11 日三个月的时间，这些战斗机中队都在英勇地战斗。我深知我们才刚刚开始结成联盟，能做的事情非常有限。因此，对于这个空缺，我准备用礼节来填补。

首相致斯大林先生　　　　　　　　　　1941 年 7 月 25 日

1. 我带着无比快乐的心情告诉你，尽管会损害到我们战斗机的力量，但我们仍然准备向俄国派遣二百架“战斧”式战斗机，这是战时内阁的一致决定。英国本土会往阿尔汉格尔斯克运送一百四十架飞机，余下的六十架是从美国供应我们的物资中抽调出来的。等到与美国政府商定后，才会有备用零件和装置飞机的美国人员的详细情况。

2. 用不了多久，我国会通过船只运出二三百万双短筒袜。大批量的橡胶、锡、羊毛、呢绒、黄麻、铅和虫胶片也会在今年先后供应。我们正在考虑你对原料的其他需求。我们倘若无法或不能满额供应，将会同美国协商解决方案。当然，我们会通过通常的官方途径告知具体情况。

3. 看着俄国正在进行伟大战斗，我们的心情是敬佩和激动的。敌人目前正面临着严重的损失，且忧虑万端，这一点我们从所有消息都能看出来。我们将继续空袭德国，并且力量会不断加大。

橡胶并非是想有就有的，但俄国却大量需要橡胶。为了满足这一需求，我甚至动用了我们的储备，而这些储备是非常少的。

首相致斯大林先生　　　　　　　　　　1941 年 7 月 28 日

1. 我们将通过最方便、最快速的航线运去橡胶。你们需要哪种橡胶，希望从哪条航线进行运送，请详细告知。我们已经发出了最初的命令……

2. 大家已经因为俄国军队为捍卫国家进行的伟大抗战团结在了一起。在这个冬天，德国将面临恐怖的轰炸，以至于付出沉重的代价。前面的电文中我提到了海军行动，现在这项行动已经进行。我们非常感谢你能在伟大的战斗中体会到我们作出更多努力的不容易。我们将一以贯之，全力以赴。

首相致斯大林先生　　1941 年 7 月 31 日

经过我亲自料理，一万吨橡胶现在已经准备从我国出发，前往俄国北方的一个港口。我们国内橡胶并不多，并且想要补足还需要一段时日，但因为你们对它的需求太过急切，我们仍然冒险从国内调拨出了这个数量。在一个星期或不超过十天的时间内，在海军部安排好护航舰之后，装载这批橡胶和一些其他供应物资的英国船只将会马上出发。这一万吨橡胶并不是从马来西亚拨出的一万吨橡胶。

* * *

我与罗斯福总统之间有着愉快的关系。我竭力想通过不断发私人电报的方式，让这种愉快也发生在我和斯大林之间。但在和莫斯科的频繁通讯中，我只听到过一句好话，剩下的大部分都是挫折。我发过去的电报，大多经过了许多天才见回复，甚至还有多次完全没有回复。

苏联政府存在这样一种认识：对于我们而言，他们在自己的国家为生存而战本身已经是一种报答，并且这种报答会随着战争的继续而与日俱增。但这种看法是有失公允的。我们的海员把供应物资从摩尔曼斯克运往阿尔汉格尔斯是冒了那么大的危险，以致有两三次我不得不以直率的语言表示反对，尤其是反对滥用我们的海员。但是回应我的似乎永远都是恐吓和斥责。面对这一情形，我只能“耐心地耸耸肩”，因为用“容忍证明资格”，是对必须要和克里姆林宫打交道的最好做法。何况，斯大林和他勇敢的俄罗斯民族所承受的压力，这一点我经常深表理解。

* * *

德国军队的侵略在俄国境内已经深入。但是希特勒和总司令勃劳希契在 7 月底却出现了根本的分歧。在勃劳希契看来，应该首先击溃莫斯科前面的提摩盛科集团军，因为它是俄军的主力。这一作战原则是和正统的军事思想契合的。莫斯科是整个俄国军事、政治和工业的枢纽，所以勃劳希契主张先攻下它。但希特勒坚决认为不能这样做。他认为，全面侵占领土，将俄国军队击溃在广阔的战线上才是最好的做法。在他的观念里，攻取莫斯科可以暂缓，当务之急是先要攻下北方的列宁格勒，南方的顿涅茨河流域工业区、克里米亚半岛，以及通往高加索石油产区的道路。

希特勒最终在激烈的辩论中说服了他的陆军统帅们。在得到中路军的增援后，德国北路集团奉命急攻列宁格勒。中路集团军奉命防守，并派出一个装甲兵团包抄一个俄国的侧翼，这一侧翼正遭受龙德施泰特的追击，越过第聂伯河去。德军在这次行动中势如破竹。科诺托普、克列米安楚格、基辅三个地方是一个三角区域，9 月初的时候，俄军在这个三角区域形成一个袋形阵地。整个 9 月，俄军都在这一阵地殊死战斗，战死和被俘的人数达到了五十多万人。然而德军在北方取得的战果就没有这么突出了。在北方，德军包围了列宁格勒，但是却无法攻下。希特勒犯下了错误。在这个时候，他又决定重新从中路进攻。在这一场重新对莫斯科的进攻当中，围攻列宁格勒的部队奉命派遣机动部队和部分空军予以支援。一个装甲兵团参与了这次进攻，而在前一刻它还在支援龙德施泰特。在此之前被放弃的中路突破计划，在九月底又重新准备实施。而南部的各个集团军，则在向东边进军，准备越过顿河下游开进高加索。

* * *

一开始我们最关心的问题，是俄国对波兰的态度。

身处海外的波兰人，对德国进攻俄国并不会感到惊奇。关于德国在俄国西部边境集结的消息，波兰地下工作人员从 1941 年 3 月开始就不断向伦敦的波兰流亡政府报告。波兰流亡政府和苏俄的关系，定然会因为战事而发生根本转变。要想让英俄结成的军事同盟得以维持，当务之急是要确定废弃多少苏德条约中关于波兰的条款。有这样一件事情已经成为要事：让 1939 年已经破裂的波俄关系，在世界都知道德国进攻俄国的时候重新建立。在 7 月 5 日这一天，两国政府在英国的撮合下已经准备在伦敦会谈。波兰流亡政府的总理西科尔斯基将军，苏联驻英国大使麦斯基先生，是这次会谈双方的代表。波兰人是带着让苏联政府废弃 1939 年和德国商定瓜分波兰的协议，以及释放苏联境内被俄国在占领波兰东部地区后被俘的所有波兰战俘和民众的目的来会谈的。

谈判在整个 7 月都进行得异常冷淡。对于波兰人明确提出来应被满足的义务，俄国人一意孤行地拒绝承担。在俄国人看来，他们是不应该讨论自己西部边界的问题的。英国政府在一开始，就面对着俄国能否在遥远的将来，当欧洲的敌对行动结束后公平对待这件事信任的困难。我们是向波兰保证对德作战它才加入我们的。它是我们的第一个盟国，我们有必要这样去维护它的利益。因此，对于俄国 1939 年侵占波兰的领土，我们在眼下的战争阶段不能承认。对于波兰人出于对自己国家安全的考虑，世代都认为重要的临近自己国家的周边地区，在现在这个 1941 年的夏天，在俄国和我方合作对抗德国还不到两个星期的时候，我们不能强迫受到严重威胁的新盟国放弃，哪怕这只是一句空话。但目前这个问题根本无法解决。看来，只有等将来形势好转的时候，再对这一问题予以解决。为了让西科尔斯基将军相信苏联将来有诚意解决俄波关系，让他在当下不坚持要书面的保证，我们有必要去劝说他，尽管这不是一项受欢迎的工作。如果只说我个人的意愿，如果主要盟国能在对希特勒战斗的伙伴关系形成更深的共识之后，将领土问题放在会议桌上通过友好协商来解决，是我非常乐意看到的。

目前正处于战争前线交锋的关键时期，我们只应该努力加强共同的军事。在俄国重新由数千名波兰人组成的一支波兰军队，将会发挥卓越的作用。因此，对于这一要求，俄国以审慎的态度答应了。波俄政府在7月30日通过激烈讨论达成了协议。俄国和波兰重新恢复了外交，并且在俄国的国土上，还将建立一支由苏联政府最高统帅部统帅的波兰军队。关于边界的问题，只有一句笼统的话：1939年关于改变波兰领土的德苏条约已经不再适用。7月30日，我们将意见体现在了外交大臣给波兰政府的正式照会①当中：

我愿意趁这一苏波协定签订的时候告诉你，按照联合王国与波兰1939年8月25日签订的互助条约规定，联合王国国王陛下政府与苏联没有签订任何会损害到苏联和波兰关系的协定，英国国王陛下也不承认1939年8月以来波兰领土的任何改变。

这一照会也被艾登先生当天在下议院引述，他同时还说：

关于1939年有关改变波兰领土的苏德条约，苏联政府已经在苏波协定的第一节承认失效。1940年9月5日，首相已经在下院概括了对这类事情的态度，这也是国王陛下政府的态度。首相在当时说，关于未经各方自由同意与诚意的任何领土改变，英王政府都不准备承认。1939年8月以来波兰的领土变更也遵从这一原则。波兰政府接到了我们包含这一立场的正式照会。

在结束一项质询的时候，艾登先生还进行了这样的回答："我刚才向本院宣读的双方的照会，与国王陛下政府任何有关边界的保证无关。"

---

① 所谓照会，是指一国政府告知另一个国家政府关于自己对与彼此相关的事件的看法。——译注

这件事情就这样告一段落。波兰人在这年秋天开始进行一项凄凉的工作：集合他们在苏联拘留营尚存的同胞们。

*　　*　　*

俄国能够参战是我们非常乐意看到的，但这并没有立即帮到我们。在未来的许多个月当中，德国军队看来既能保持对英国的入侵，又可以继续深入俄国，他们是那么的强大。所有负责的军事人员都一致认为：在不久的将来，俄国军队将会输掉战争并且大部分被击溃。在一开始，俄国就因为自己的空军在地面被突袭和远远没有完成的军事准备处在不利境地。俄国军队遭受到了严重的打击。列宁格勒以南一千二百英里的俄军战线，不得不全线后退四五百英里，尽管他们在德军前进地区的后方展开了残酷的游击战，战斗得非常英勇，作战指示正确而果断，并且完全不在意牺牲多少人。尽管希特勒军队最后的毁灭，与强大的苏联政府、坚强的俄国人民、俄国难以想象的众多人力和辽阔的国土，以及俄国冬季的严寒有着不可分割的关系，但这些并没有表现在 1941 年。1941 年 9 月，罗斯福总统曾说俄军能守住自己的战线，能守住莫斯科；当时人们都认为他过于乐观。这一看法被俄国人民光荣的力量与爱国心予以了证明。

布鲁克将军在 1942 年 8 月与我一同访问了莫斯科并在那里举行了会议。他当时甚至认为德军会越过高加索山脉进而控制里海海域。基于这一原因，我们曾准备在叙利亚和波斯进行一场最大规模的防御战。我对俄国抵抗能力的看法，始终都要比我的军事顾问们更为乐观。在莫斯科的时候，斯大林曾向我保证，他将守住高加索战线，以致让德军完全没有力量抵达里海；对于这一点我是坚信不疑的。但关于这两种可能性的观点也都仅仅是猜测，俄军并没有向我们透露多少苏联的资源和意图。无可否认，我们面临的入侵威胁因为俄国参战转移了德国对大不列颠的空袭而大大减少，我们在地中海区域的战事也因此得到了极大的缓解。但是我们仍然作出了最大的牺牲，并将大量的物资源源不断地输出。因为我们的军工厂不断地生产出各种军需品，我们终于有精良的装备了。新式的武器，特别是坦克和飞机，都是我们在埃及和利比亚的军队所急需的，他们正在那里进行激战。对于早已被许诺的新式装备，英国国内的军队也在翘首以盼。他们现在终于可以不断地获得我们类型不断增多的新式装备了。但我们这时却必须要拨出大批武器和包括橡胶与汽油在内的各种重要物资。我们所面临的任务是，负责让英国的供应品，尤其是冒着北极航道的严寒和重重危险运输美国供应品的船队，顺利抵达摩尔曼斯克和阿尔汉格尔斯克。所有的这些美国供应品都是我们调拨出来的，它们原本是供我们自己使用的。考虑到不能让这种物资的大量调离，不能让无法总有供应但又日益增长的美援物资影响到我们西部沙漠的作战，我们不得不减少一些储备，而这些储备原是出于慎重起见，针对防卫马来半岛越来越严重的威胁而作出的。

历史将判定，正是因为有俄国的抵抗，德军才得以被粉碎，日耳曼民族的有生力量才得以消灭，这一点我们完全相信。但值得一说的是，在我们看来，俄国在参战一年多的时间内，更多的是一种负担。但这个强大的国家能够同我们并肩作战，我们仍然表示欢迎。我们认为，面对这场战争，苏联军队即便退到乌拉尔山，也仍然能发挥最大的决定性作用，只要它坚持作战。

第二章　非洲战事的短暂停歇以及图卜鲁格的防御战

7月2日奥金莱克将军出任司令——应该对西部沙漠发动攻势——我于7月6日发出的电报——奥金莱克要求过高——“英国”师——推迟四个半月——对北方侧翼的不必要的担忧——三军参谋长于 7月19日发出的电报——我于同日发出的电报——奥金莱克 7月23日的生硬的复电——奥金莱克来到伦敦——我不信服，但表示同意——德国对隆美尔的处境和北非前途的看法——孟席斯先生回国——我们对战时内阁的组织意见不一致——孟席斯先生下台——我发给他的电报——同法丁先生的政府的关系——从图卜鲁格撤出澳大利亚师的要求——一个澳大利亚旅被更替——澳大利亚坚持全部更替——我于 9月17日给奥金莱克将军的电报——他有辞职之意——继续向法丁先生呼吁——连遭拒绝——法丁先生的政府垮台——卡廷先生的工党执政——又一次关于图卜鲁格的呼吁——再遭拒绝——我们答应了澳大利亚的要求——接替军队时遭到的相当大的损失——皇家海军防卫图卜鲁格的活动

奥金莱克将军于7月5日正式成为中东司令，但他在7月2日就已经得到了这一任命。我对与我们新总司令的联系充满了期待。

首相致奥金莱克将军　　1941年7月1日

你负担了一个伟大的指挥任务，这是一个危急的时刻。当你

认识到自己面临的现实，你就要考虑是否要采取新方针攻击西部沙漠了，如果要，应该定在什么时候。图卜鲁格的形势、敌人增援利比亚的进程和他们对俄国暂时集中的进攻，都是你应该注意的方面，尤其是后面两项。你应该决定是否有必要从这两个战场之中挑出一个，因为叙利亚方面的军事如果缓下来将会产生严重的后果。此外，你还应当决定这些行动是否可以以及怎样同时进行。毫无疑问，这些问题的紧迫性是你需要面对的。能尽快听到你的意见，我将非常高兴。

电报在第二天又发去了一封：

首相致奥金莱克将军　　1941 年 7 月 2 日

我们希望听到你在肃清叙利亚之后，派威尔逊去西部沙漠的消息。当然，你才是这件事的决定者。

这后来提出的建议，奥莱克将军非常遗憾地没有接受。

7 月 4 日，奥金莱克将军对我的第一封电报予以了答复。他赞成在保住叙利亚并重新巩固我们在伊拉克的地位之后，重新准备对西部沙漠的攻势。但他同时认为，要想获得成功，必须要有足够的装甲部队。他认为需要两到三个装甲师和一个摩托化师。这次进军准备完全把敌人驱逐出北非，但因为后勤的原因分成了几个步骤。第一个任务是同样分成几步重新占领昔兰尼加。在末尾他说：如果同时兼顾西部沙漠和叙利亚，将使得两条战线都遭到失败。

我认为有必要申述一下我们看到的全面局势。

首相致奥金莱克将军　　1941 年 7 月 6 日

1. 对叙利亚的行动，我们完全赞成，并且在当下始终认为，要想夺回塞浦路斯，必须要先保住叙利亚。在不久的将来解决叙利亚的事情是人民的普遍愿望，并且这也将为你夺回塞浦路斯肃清道路。经过仔细考虑，我们认为面对目前事态的变化，有必要将力量先集中在这两方面而暂缓对西部沙漠的攻势。

2. 但这并不改变西部沙漠在今年秋季仍然是保卫尼罗河流域的决定性战场这一点。我们的海军和空军要想有效地打击敌人海上给养的运输，收复昔兰尼加东部的机场是一个前提。

3. 我们之所以决定运去“老虎”计划中的坦克，主要是因为韦维尔将军在4月18日的电报中提到了自己有六个受过训练的装甲团在等待坦克。另外还有三个坦克团正绕过好望角去往那里。我们这样做完全是因为深切体会到你需要装甲车辆，即便你和韦维尔都认为这些已经训练过的装甲部队还需要进一步训练。如果你能够很好地组织你们的工厂，我们认为你到7月底将拥有五百辆坦克，其中包括巡逻坦克、步兵坦克、美国巡逻坦克以及大量各种类型的轻型坦克和装甲车辆。

4. 但是，如果要想7、8月份改进供应坦克的情况，还需要从美国运来一些然后再由国内补充少量。总参谋部并不愿意把一大批坦克在7、8月绕过好望角运往非洲（这条运送路线在现在看来是唯一的），因为我们在9月1日开始要全力抵抗入侵，这会使得这些坦克在10月初在国内国外都无用武之地。这一情形在10月以后会得到改善，因为美国在那时会增加武器装备的供应。但那时我们又必须面临许多新的问题了。

5. 根据情报显示，我们目前几乎看不到德军，看到的只有大批意军在增援利比亚。但如果俄国无法守住阵地，这一局面很快就会被改变。到那个时候，不仅不会对你有利，而且国内仍然会面临入侵的威胁。

6. 我们已经告诉了你空军增援的规模，这势必会让你在7月和8月，以及9月的一部分时间占据明显的空中优势。但如果俄国无法守住它的战线，非洲将会迎来大批支援的德国空军。如果对我国的进攻只不过是虚晃一枪，你所在的西线将会被他们取得空中优势。

7. 还有一个关于图卜鲁格的问题。那就是，根据目前的形势，我们还不能判断图卜鲁格两个月内对攻势行动的意义，以及可能会出现的事情。敌人想要大举进攻埃及，[他们]必须先要攻陷或完全围困住图卜鲁格。

8. 综合所有因素，我们认为你在9月的下半月处境只会变得更糟。我想你很快就需要仔细地考虑整个问题……

9. 与空军有关的问题。我认为你必须从控制中东全部空军的角度着眼制订计划，因为只有这样才能对一切主要的战斗目标有利。但也不能将空军的力量放在对陆军小规模的掩护上面，而要记住空军本身战略上的主要任务，不要让塞卢姆之战中出现的情形重演。在电报中你提到了支援陆军、海军以及个别战略任务的飞机，现在的问题是如何确定它的比例。各个总司令协商无疑是这一问题的解决之策，但前提要不妨碍空军在你制定的任何作战计划中所能发挥的作用。在塞卢姆战役[代号"战斧"]中，人们认为我们似乎浪费掉了自己的空中优势，我们驻扎在图卜鲁格的军队，在敌人倾尽一切可能的坦克来击败我们的沙漠攻势时，似乎完全无动于衷。

7月15日，奥金莱克将军作出了答复。他说他知道非常有必要收复昔兰尼加，并且打算尽快让一个师去增援塞浦路斯，但能否在9月以后守住图卜鲁格却不敢保证。在涉及受到训练的那六个装甲团的时候，他说应该花一些时间来进行学习，因为新运到的美国坦克的特点和装备在一定程度上改变了战术的操作方法。他不否认自己到7月底将拥有由巡逻坦克、步兵坦克和美国坦克组成的约五百辆坦克。但他同时要求在每一场战斗中都要有百分之五十的后备坦克，一半用来留在工厂中，一半用来补充作战的损失。这是标准过高的要求，我想将军们只有在天国才能被满足。况且即便能被满足，他们也未必能享受。为了培养能发挥作战效率必要的协作精神，奥金莱克认为必须要花时间来进行个别和集体的训练。在他看来，沙漠并不是进行决战的战线，真正的决战的地方是北方战线（即德军经过土耳其、叙利亚和巴基斯坦发起进攻）。

毫无疑问，我们两人的看法存在严重的冲突，以上的电报已经清晰地体现了出来。我失望极了，并且也不能明白这位将军最初的一些决定。英国的第五十师经过我长期的坚持终于被运到了埃及。敌方强硬的宣传让我感到敏感：英国的政策旨在保全联合王国的人，它只想让其他国家的军队上战场。我们可以负责任地说，我们所有其他军队的数量，都比不上英国军队在中东（包括希腊和克里特岛）的伤亡。之所以会有这样不合乎事实的印象，完全是因为部队惯用的名称。英国人在印度师中占有三分之一的步兵和全部炮兵，但师的名字却没有出现英国—印度字样。英国人完全组成了战斗中首当其冲的装甲部队，但这一点却没有表现在部队的名称上。命令加上“英国”字样的次数不可谓不多，但仍然无法改变形成已久的习惯。英国的第六师许多营在激烈的战斗中都出现过，但这个师却因为事态紧张一直未能形成一个实体。这是一件大事。“英国”军队鲜少在任何战事的报道出现，无疑是一种比敌人的嘲弄更加动听的事情。因此，于我们不利的评论不仅出现在美国，甚至还出现在了澳大利亚。对于这各方的非难，我曾指望让第五十师开进埃及的决定来扼杀。但是非常不幸，我们或许还要多一项受到无端非难的理由，因为奥金莱克将军决定派第五十师去塞浦路斯[①]。在国内，三军各参谋长以军事的眼光，同样惊异于为何要如此奇怪地使用这支优秀的部队。有一点无疑是个事实，那就是这不符合我们任何的战略观念。

---

① 塞浦路斯当时为英国的直辖殖民地。——译注

此外，首先推迟三个月，然后推迟超过四个半月才在西部沙漠和隆美尔[①]战斗，是奥金莱克更加错误的一个决定。相反地，我们却可以理解韦维尔6月15日采取的“战斧”行动。因为在这次行动中，我们虽然也因为遭受重大挫折而退回原地，但在整个漫长的时期内，德军却不能前进半步。由于图卜鲁格威胁到了交通线，他们无法运来增援的装甲部队。这也使得隆美尔在靠着意志力和威望坚守之余，仍然可以采取一些行动。隆美尔非常担心军队的给养问题，因为人数在不断地增加。因此，在具备足够使用的公路、铁路和海上交通线，以及人员和物资的增长远远快于德国的条件下，英军就应该和他交战。

在通常的情况下，将军们在得到机会准备就绪后选择时机大战一场，用许多不显眼的战斗去消耗敌人是他们不屑于去做的。对于能够稳操胜券而不冒危险，他们自然乐意为之。但他们没有看到，不仅是某个战场，整个战事都会因为战争的持续而发生变化，因为战争并不会停止。俄国在此时也承受着艰难困苦。

我认为过分重视北面侧翼是第三个错误看法。以最大的警惕性关注这一侧翼，并且在巴勒斯坦和叙利亚建立坚固的防线和许多防御工事，这些固然有必要去做。但是在6月的时候，这一地区的局势已经大为改善：我们的军队已经征服了叙利亚，镇压住了伊拉克的叛乱，并且已经占据了沙漠中的所有重要据点，特别是土耳其已经因为德俄的战事重新获得信心。只要北面的战争不能分出胜负，德国就不会入侵土耳其。在不久的将来，波斯也会因为英国和俄国的行动加入同盟国阵营。我们定然会因此安然度过冬季。我们在西部沙漠采取的决定性行动，定然会因为当下的总形势得到好处。

---

① 隆美尔，希特勒帐下的三大将军之一，以擅长运动战著称，有“沙漠之狐”的美誉。——译注

*　　*　　*

三军参谋长7月19日致奥金莱克将军电：

按你的说法，如果想进攻西部沙漠，至少还需要两个，最好是三个受过训练的装甲师。但是，考虑到德国在还没有进攻俄国之前，在8月或9月很可能入侵我们的本土，想要获得巡逻坦克师是不可能的，不管数量是多少。俄国很有可能不需要多长时间就会崩溃，因此我们不能说这种可能性已经不存在。但如果能实现如下目的，我们就可以考虑增援坦克：能够收复昔兰尼加，或者获得与收复相当的利益……对于能否在9月以后守住图卜鲁格，你在7月15日的来电中并没有予以肯定。所以，在我们看来，最迟不能超过9月，必须要发动收复昔兰尼加的攻势。如果俄国战事的情形允许，我们认为一直到9月，甚至到9月以后，我们的空军力量都会呈增长的趋势。因此，我们认为不晚于9月发起收复昔兰尼加的攻势是一个非常好的时机，即便不是唯一的时机。你能在我们给你一百五十辆巡逻坦克之后做到这一点吗？在9月13日到20日之间，我们认为这些坦克就可以运到苏伊士。我们还准备从W.S.第十一号[运输船队]中抽调四万兵员给你，至于需要哪些兵员的供给物资，可以完全由你决定。但如果你不能将对西部沙漠采取的攻势控制在9月底，同时我们又不能肯定敌人在今年不会进攻本土，那么我们就不会调用进口粮食的船只，也不会从第一装甲师当中抽调一百五十辆坦克给你。

还有一封内容完全相同的电报是我以个人的名义发去的：

首相致奥金莱克将军　　　　1941年7月19日

1.关于你7月15日对我6月发去的电报的答复，三军参谋长和战时内阁国防委员会考虑了很长一段时间。我的意见和三军参谋长现在给你的意见相同。

2. 你可以在9月中旬将这里和美国的一大批坦克以及其他大量援助作为后备，利用这支后备力量在有利时加紧攻势，在不利时保卫埃及，如果这些都能够分配给你的话。

3. 你将自己崭新的第五十师潜伏在塞浦路斯岛完全用来防御，因此国防委员看到后非常关心，并且不明白你为什么找不到其他的军队。

4. 关于德军为什么能在9月底之前从背面进攻叙利亚、巴勒斯坦和伊拉克，他们找不出原因。在国防委员会看来，波斯是一个应该采取强力攻势的地方，因为德军正渗透进波斯准备在它身上酝酿一个巨大的阴谋。当然，韦维尔将军才是这件事的负责者，而他也因为这里的重视和认真准备采取行动。

5. 但这样一个机会很可能因为我们在德俄发生战事时的和平阶段不去收复昔兰尼加而失去。从我们在塞卢姆失利到现在已经过去了一个月，我们或许还需要一个月才能重新采取行动。从这段时间当中抽取足够的时间来进行训练完全是可能的。我们看来应该在局势变得不利之前，冒着巨大的风险在西部沙漠激烈地决战一场，因为只有这样才能获得巨大的胜利。如果有下一次攻势，我们仍然认为，如果你不亲自指挥，应该由威尔逊来指挥。

7月23日，奥金莱克对我的电报予以了答复。他认为自己是经过慎重考虑才把第五十师调到塞浦路斯的。“我可以把这样做无可争辩的理由告诉你，如果你想知道的话。在今后，我想全权处理这类部署。”他认为叙利亚在9月的上半月可能会被德国经由安纳托利亚[①]发动攻

① 亚洲西南部一个半岛，位于黑海和地中海之间，又名小亚细亚或西亚米尼亚。——译注

势。

对于利用德军目前集中精力入侵俄国的闲暇从利比亚打击敌人的行为我可以赞成。但我不得不再次说这不是一次合理的作战行动，我们目前还没有足够的人力和物力。如果那样做只会无限期地拖延我们发动有极大成功可能的攻势。冒险是成功的前提，但也要看这种冒险是否值得。

他最后说：

目前我正准备做如下事情：抓紧时间巩固我们在塞浦路斯和利比亚的地位，并让我们在利比亚的地位不致丧失；迫于需要，抓紧时间整编和重新装备曾在希腊、克里特岛、利比亚、厄立特里亚和叙利亚遭受的伤亡以及装备损失，在很多情形下被零星小股使用的师和旅；和总监一起对补给、调动和修理等后方勤务机构实行加速整改；让装甲部队能拥有足够的训练和装备，因为这是他们能采取攻势的必要条件；积极侦查和计划在利比亚的攻势，各总司令在7月19日致三军参谋长的电报中也提到过这一点。我认为按我的打算，为了确保成功，需要你进一步提供物资和装备。

* * *

奥金莱克将军这时给了我固执的印象，这是不利于我们共同奋斗的事业的。开罗作战参谋部中一些有势力的部属是非常不愿意见到派遣军队前往希腊的，这一点从开战以来出版的书籍就能看出来。对于这项决策，战时内阁和三军参谋长曾坚决反对，但韦维尔将军却毫无保留地接受。根据外界的说法，韦维尔之所以遭受到一连串的失败，就在于受到了一些政界人士的误导。而在赢得多次胜利之后遭受挫败被解职，就是韦维尔的善良获得的报酬。我想这些参谋长一定认为这位新司令不应该再被迫采取危险的举动，相反地应该一步一个脚印稳步推进。奥金莱克将军一定受到了这种情绪的影响。单靠通讯想要事情有大的发展无疑已经不可能。

首相致奥金莱克将军 1941 年 7 月 23 日

我想我们应该进行面对面的交谈，你给我们的电报已经体现了这一需要。三军参谋长热切期盼这一目的的实现。现在，只要你能够离开当前战局，请务必带一两位参谋军官来到这里。可以由布莱梅代理你离开这段时期的职务（务必保密）。

奥金莱克同意来到这里。无论从哪方面看，他在伦敦短暂停留一段时间都是有好处的。在同战时内阁成员、三军参谋长以及陆军部的相处上，他都处理得非常好。在首相郊外的官邸，他和我度过一个长长的周末。这位卓越的军官，目前是我们前途的主要决定者。当他和英国作战机构的领导人已经熟络，当他看到作战机构在非常顺利地进行，我们之间的关系开始不再像从前那样僵化。但他依然准备利用一段长时间的拖延在 11 月 1 日发动一次精心策划的进攻。这次进攻将是我们史无前例的一场大战，名为“十字军战士”行动。除了我之外，我们军事顾问的看法，的确因为他详尽的计划发生了动摇。但当面对奥金莱克将军卓越的才能、良好的阐述能力以及高贵而威严的品格时，我也开始认为他可能是正确的，并且即便不正确，他也是一个不二人选。所以，对于 11 月份要实行的进攻，我采取了认同态度，并为这次进攻积极准备着。但遗憾的是，我们仍然没能说服他让梅特兰 · 威尔逊将军指挥这场战斗，如果这场战斗必须打响的话。他宁愿选择艾伦·坎宁安将军来指挥这场战斗，这位将军在阿比西尼亚获得过多次胜利，拥有着很高的声望。我们做事情不能有始无终，所以我们同意了他的决定，这也就意味着他有一部分责任到了我们身上。

*　　*　　*

关于德国最高统帅部如何看待隆美尔处境的问题，现在我们已经完全明白。隆美尔所显现的胆略以及因为这种胆略而获得的成就，他们无疑是非常钦佩的，但即便如此，他们仍然认为他面临着巨大的危险。在强大的援军到来之前，他们不允许他采取任何进一步冒险的举动。他或许可以凭借自己的威望得以度过获得德国最高统帅部所能给予的最大援助之前的那段危险时期。他的交通线一直蔓延到了的黎波里，全长一千英里。班加西无疑是一个距离最近有着重大价值的港口，因为它或多或少都可以提供一部分物资和新的军队。但是不断增大的损失在航运中却是不可避免的，无论是在的黎波里还是在班加西。英军在人数上的优势一天天在增加。而德军所占的优势,只不过是坦克的性能和编制。他们并没有拥有强大的空军实力。他们的炮弹也非常有限，因而在发射炮弹时不得不非常谨慎。隆美尔背后的图卜鲁格是致命的，他的交通线任何时候都可能因为我军的突然出击而中断。关于我们的进攻计划，是从图卜鲁格进攻还是以主力进攻,他们完全摸不着头脑。他们只希望我们不采取任何行动，时间越长越好。

德意两国 1941 年 6 月 2 日在伯伦纳山隘举行了会议。凯特尔元帅和卡瓦勒罗将军是军事方面的主要人物。对于秋季以前无法进攻埃及的观点，凯特尔持认同态度。他同时认同只应该让少数装备精良的特种部队而非大量军队投入这场进攻，让包括两个德军师在内的四个装甲师和三个摩托化师担任进攻的部队，在北非的粮食供应必须要严格按战斗的兵员分配，不得有多余的人消耗粮食。在非洲军中服役的意大利师已经损失了百分之四十到六十的兵员和装备，车辆的情况也非常差，帕维亚师甚至只有二十七辆卡车，卡瓦勒罗将军如是说。

在凯特尔看来，为了更好地防御敌人对供应港口和供应站的袭击，高射炮和海岸大炮是最急需的物品。为了在保证今后图卜鲁格被攻下，其次要紧的是运到增援非洲兵团的炮队。德意军队在目前无法攻取该地，因为缺少必要的重炮。就算把供应战斗部队的事情放在一边，也应该将运输纵队和大批的供应物资在进攻开始之前准备好。不看意军所需要的供应，单单德国的非洲军团每个月就需要四万到五万吨供应物资。非洲军团不需要的一切车辆都可以给意军。德国的运输机仅有很少的舱位可供利用。德军目前正在撤离西西里岛，因此海上和海岸的运输只能靠意军自己去保卫。为了保护海上和海岸的运输，德国正往北非派出更为强大的空军部队。

对于这位德国军事首长所说的话，卡瓦勒罗将军表达了自己的感谢。他和墨索里尼对他的看法都持认同态度。保护好自己的阵地，是意大利最主要的任务。北非的防卫部队远远不够。必须要换下围攻图卜鲁格的军队让他们休息一段时间。塞卢姆经常面临危险的局势。

德国空军作战参谋部 8 月报告：

> 众所周知，我北非军队正面临供应的紧张……班加西港的运输能力至今也没有得到充分的利用。德尔纳从收复到现在，港口区被英国人毁坏的部分仍然没有得到修理……拜尔迪耶港也必须要修理。立即展开必要的工作，是我们对意大利人的迫切要求。完全有必要利用班加西、德尔纳和拜尔迪耶运入供应物资，因为非洲糟糕的运输状况已经迫使我们越来越难利用到的黎波里到班加西的陆上交通线。
>
> 我们无法在东欧战斗停止之前增援地中海区域的空军。

希特勒的司令部 8 月底在俄国前线举行了一次会议，凯特尔和卡瓦勒罗将军都有参加。凯特尔认为北非的局势在攻陷图卜鲁格之前还存在变数。如果非洲的运输能够顺利进行，在 9 月中旬，德军就能准备好用于进攻的部队。卡瓦勒罗将军说领袖已经下达了加速进攻图卜鲁格的命令，意军在9月中旬还无法发动攻势，要想发动攻势需要等到9月底。

无论是德军还是意军，在9月底事实上并没有准备好，甚至在10月和11月也没有准备好。但他们在受到攻击时无疑可以顽强抵抗。

8月29日，德意参谋部开始一致认为：

要想最近从利比亚对苏伊士运河发动一次攻势是无法做到的。因为力量的悬殊，就算想在秋季攻下图卜鲁格也不可能。任何一种限定目标的进攻都适用于这一原则，因为我们每一段距离的东进，都会恶化我们的供应状况和有利于英国的供应状况。

德国联络参谋部在1941年9月9日评论局势的时候说：

图卜鲁格的局势大体说来并没有发生变化，尽管德意空军对它攻击不断。在夜晚的时候，敌人仍然可以向这座堡垒用驱逐舰和小型舰艇运送给养……图布鲁克现在已经拥有了马耳他岛几乎同样强大的防空力量，这是非常空军司令部自己的说法……英国守军是为了发现包围阵线的弱点才多次发起或强或弱的攻击的。他们是准备突围才这样做的，南方战线在未来将也要开始面对攻势……

*　　*　　*

关于延缓攻势的军事讨论，我在之前已经叙述过。还有一点我也必须记录下来，它同时也是我一直以来的看法：奥金莱克将军延迟四个半月才在沙漠地带和敌人交锋，是一个令人遗憾的错误。

我们同澳大利亚政府之间意见的分歧也必须体现在这一章当中。

在整个埃及保卫战当中，澳大利亚英勇的军队作用巨大。

* * *

5月，澳大利亚总理孟席斯告别了我们。他很难得在英国停留一段如此长的时间。在危险的两个月当中，他参加了战时内阁并和我们作出了许多困难决定。他并不满意战时的内阁组织和我们在战事指挥中所拥有的广泛权力。有好几次他都就这两点提出了自己令人无法反对的意见。他希望成立一个帝国战时的内阁，其中包括四个自治领的代表。他曾向麦肯齐·金先生、史末资将军和弗雷泽先生在经由加拿大的归国途中以书面的形式表达了自己的意见。对于这一改变，他们所有人都反对。关于加拿大因为派遣了一个代表对伦敦的一个会议作出决定而要承担义务的问题，麦肯齐·金更是利用了宪法上的有力证据予以反对。

首相致澳大利亚总理　　　　1941年8月19日

我们非常欢迎你在条件允许的情况下再次访问我们，并以总理的身份出席我们的会议。对于以这种方式来分担我们责任的所有自治领总理我们都表示欢迎。但我们不能让自治领以外的阁员参加战时内阁，因为那样将使得战时内阁在人数上不堪重负，从而导致一些我们还没有想到、与组织有关的重大变革出现。让其中的一个自治领派出的阁员代表自己，根据我们的了解，其他的自治领是不会同意的。这几点我希望你在拟定计划时能够予以考虑。

致以最亲切的问候。

但澳大利亚政府没过多久就发生了重大变化。之后，联邦内阁在战事指挥方面存在不同的意见，这完全在情理之中，毕竟已经接二连

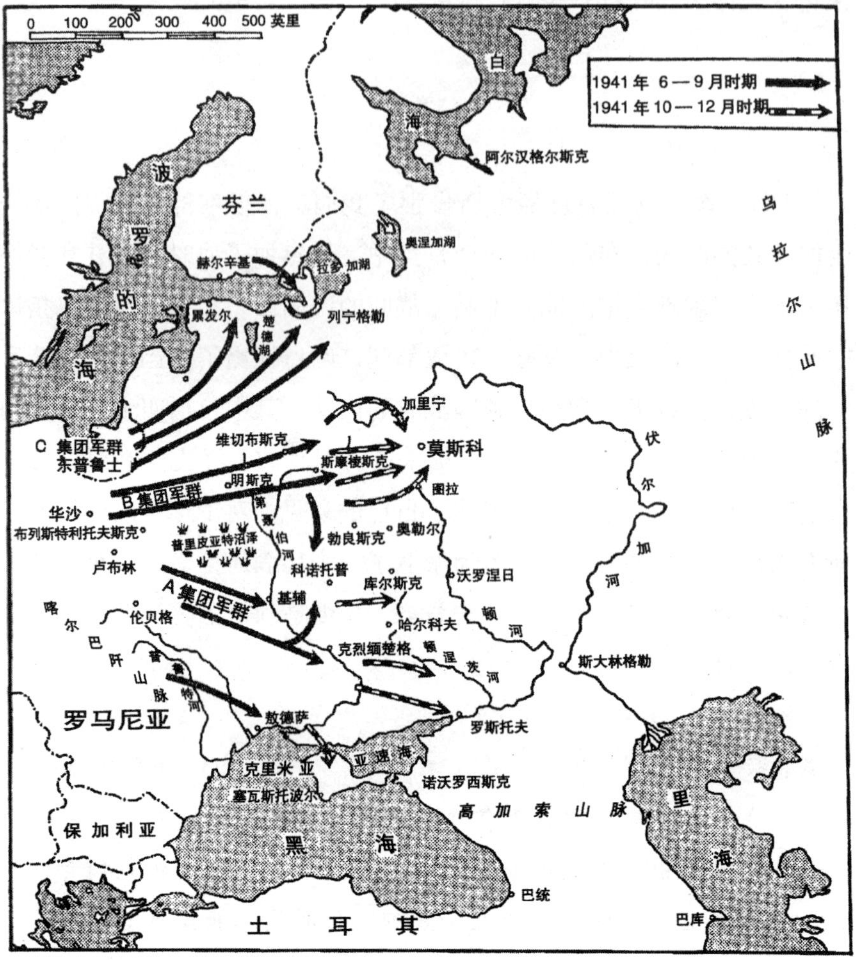

德国进攻俄国图

三出现了那么多的不幸。在关于孟席斯访问伦敦的表决中，澳大利亚工党持反对态度。孟席斯鉴于政府内外出现的这些不同政见，向他的同僚递交了辞呈，并希望任职于澳大利亚一个全国性的内阁。澳大利亚工党在 8 月 25 日拒绝了他的这一要求，并要求他解散政府。8 月 28 日，孟席斯先生辞职，接替他位置的是副总理法丁。因为失去自己最能干的人物，澳大利亚政府的力量大为削弱，这直接导致了它在议会中只占一票的大多数[1]。此外，在这样一个危机时期，它还碰到了一个极其渴望地方政权的反对党。我在听到孟席斯先生下台之后感到非常遗憾，尽管我同他之间存在着前面提到过的许多不同的意见。我们的关系是极其友好的，并没有因为见解的严重不同而受到影响。但我惋惜于一些工作的白费：在参加战时内阁的两个月的时间内，他对我们的事务和战事的了解；我们同他建立的一切联系。因此，我给他发去了一封电报：

首相致孟席斯先生　　1941 年 8 月 28 日

听到你辞职的消息我难过异常，尽管我尽量让自己不干涉澳大利亚的政治。你执掌国政的这两年里局势非常险恶，是澳大利亚最不安的时期。你能在这一时期和我们站在一起，我们非常钦佩你的勇气，并且也非常感谢你给予我们的帮助。我通过我们的私人友谊学到了许多。类似的遭遇我也碰到过，在我极有可能让澳大利亚和新西兰军团在达达尼尔海峡[2]获得胜利时，我的海军大臣职务却被解除了。但我在此情景下最起码可以获得一种慰藉：我已经尽到了自己的责任，并且付出了最大的努力。

我的妻子和全家向你问候。

* * *

我在第一时间要和法丁先生建立密切的私人关系，并告诉了他我们对战时内阁组织以及日本的威胁的看法。

---

① 一票的多数是指占总人数的一半以上。——译注

② 1915 年 1 月，丘吉尔批准海军攻占达达尼尔海峡的计划，但最后却没有成功，反而还丧失了英国在战争之初的优势。一时间，丘吉尔成为了保守党猛烈攻击的对象。同年 5 月，丘吉尔的海军大臣职务被阿斯奎斯首相免除。——译注

首相致澳大利亚总理　　1941年8月29日

一项伟大的职务现在已经降临在你的身上。我真诚地希望你能很好地履行好这一职务。我可以向你保证在和你合作中，我和我的同僚会秉持同孟席斯先生合作时一样的诚意和友好精神。得知孟席斯先生在你的领导下担任了国防协调部长的职务，我们感到非常的高兴。

关于孟席斯先生提出的那些问题，我根据我同僚的意见从帝国和宪法两方面进行了详细的分析。本书的附录中记载了这一点[①]。

相较于前任政府，我们和法丁先生的政府以及以后卡廷先生的工党政府的关系并没有那么和谐。不仅不和谐，甚至还产生了意见的分歧，这一分歧严重地危及到了我们为作战所作出的努力。迫于反对党的强大压力，新政府对澳大利亚在图卜鲁格的处境非常关心。为了满足澳大利亚舆论的需要，他们希望将自己派往中东的军队组成一支军队，这样就可以让他们获得休息、整顿纪律以及重新装备的时间。他们存在着一些担心，其一是担心堡垒中的军队身体抵抗能力的减弱，其二是担心因为他们不断减弱的抵抗力，以及不能抵御敌人的坚决进攻而带来的灾难。因此，对于这些澳大利亚部队，他们希望重新派军队去接替。关于这一改变，奥金莱克将军表达了强烈的抗议，理由是这将让他无法进行新的攻势。我试图安抚这位将军。

首相致奥金莱克将军　　1941年9月6日

如果澳大利亚直接面临实际情况，我想他们就不会这样做了。关于你对图卜鲁格的供应以及其他的一切配合行动，我们都不想让它受到阻碍。但这一情形如果会因为答应他们而成为现实，那

① 见附录六。——原注

么我就告诉他们实情。对于任何有损国家尊严的事情，澳大利亚都是不会容忍的。但如果这件事并没有那么严重，对他们的愿望予以满足是有必要的。

面对我们的兄弟政府，我认为应该详尽地解释一番。我在附录中也收入了这些函电[①]。

* * *

奥金莱克根据我的建议将驻防在图卜鲁格的澳大利亚的步兵旅团当中的一个旅想办法撤了出来，取而代之的是一个波兰旅。海军因为这一举动承受了巨大的危险，所有的舰只因此几乎都受到了敌机的袭击。最终，这位总司令中止了这一行动，其理由是这有可能“让进攻西部沙漠的计划进一步推迟”。他这样说：“所以我认为不能让驻防在图卜鲁格的澳大利亚人有一丝大规模替换的念头，并马上给守军增援一个步兵坦克营。”我向法丁先生转发了他的电报，并作了如下的呼吁：

首相致澳大利亚总理　　1941 年 9 月 11 日

1. 我给了你一封关于奥金莱克将军就接替图卜鲁格的澳大利亚军队一事给我的亲启电文。我这样做完全出于对你能妥善处理好这件事所抱有的信心。奥金莱克将军是同海空司令长期商量之后才发送他的那封电报的。

2. 即便你坚持接替图卜鲁格的澳大利亚军队，这项工作也不能及时完成。因此，你也不能在本月将你的期望向联邦议会说明。这一点你从他的电报中就能看出来。能在 9 月撤出的军队事实上只有一半，并且还必须选择在无月光的夜晚，另一半想要撤出只

① 见附录六。——原注

能在10月的下半月。这一时期不得不面临如下情形：一切与攻势有关的准备都处于紧张阶段，空军也需要准备全力对敌人的后方、供应站以及飞机场发起攻击。[况且]只要你对公众作出即将替换澳大利亚军队的暗示，敌人就会在你们军队撤出时猛烈地空袭图卜鲁格港及其沿岸，因此你是无法对联邦议会作出任何说明的。当然，我们可以不计代价以及对前途的危害发布命令，倘若你一定要坚持撤出澳大利亚军队的话。澳大利亚如果能守住图卜鲁格等待胜利的到来，那一定是它的无上荣耀，并且会在不被剥夺的情况下依靠上帝的帮助永远拥有。对于澳大利亚的这一荣耀在历史面前应该承担的责任，我想你一定会考虑得非常周详。

3. 你一定要对未来的行动和部队的调遣保密，我不得不再次强调这点。总司令是出于对接替澳大利亚军队问题的需要才将这些情况透露给我们的。

但这些努力并没有得到相应的结果，我只好这样答复他：

首相致法丁先生　　1941年9月15日

按照你的要求我们会立即发布相关的命令。保密工作在当下非常重要。

我给奥金莱克将军发了一封电报：

首相致奥金莱克将军　　1941年9月17日

看到澳大利亚采取的态度我感到非常痛心。但是我也担心我们长久以来坚持在中东地区只用自治领军队战斗的观点会遭到澳大利亚和世界舆论的谴责。我曾为此（你对增援的希望暂且不提）不断地督促派出一些英国步兵师。我们对你将英国的第五十师派往塞浦路斯岛的决定也曾经是感到非常痛苦的。当然，你是因为考虑到塞浦路斯岛是一个非常危险的地方才将这个师派去的。但是，德国对俄国的入侵毕竟改变了这一情形。所以，对于是否仍然需要让这个英国师担任没有危险的防御任务的问题，我认为你有继续考虑的必要……我希望[你的]攻势不会因为澳大利亚军队的撤退而再度推迟。我们所面临的局势已经非常恶劣：敌军拥有远多于以前的汽油供应；他们的非洲装甲军现在已改为了非洲装甲集团军。你会发现，在你想要另外得到一个旅的人的时候，敌军已经增加了一个师的人。你运输车辆的运动和供应站的设置，敌人一定会了解到具体情况。这一攻势，关系到1942年中东战役的整个局势以及我们同土耳其、俄国的关系。

因为法丁政府的坚持，奥金莱克将军因为不被信任感受到了一种巨大的屈辱，以至于一度想到辞职。但无论如何这件事都是有害无益的。

奥利弗·利特尔先生在当时是驻开罗的国务大臣，我请他设法调处这件事。

首相致国务大臣　　1941年9月18日

1.奥金莱克认为我们不同意他的意见[与图卜鲁格澳大利亚军队有关的问题]，这根本不是事实。我们对澳大利亚在当前撤离前线的决定作出过极力反对，这一点在我的一系列电报当中就可以看出，尤其是我9月11日致法丁，并同时抄送给奥金莱克和你的电报。何况我在奥金莱克归国期间还曾让他不要让图卜鲁格的防御因为不必要的接替而受到影响。

2.我惊异于澳大利亚的这一决定。我想如果将实际情况放在他们面前，他们一定不会这样做。但是，因为这个政府只拥有一票的多数，并且还有一部分持有孤立主义的人存在于激烈的反对党当中，我们有必要予以理解。

3. 大不列颠和澳大利亚是不应该公开争论的，这非常关键。因此，为了维持表面上的团结，有必要抑制一切私人的情感。世人和澳大利亚之所以认为我们只使用自治领的军队作战，完全是因为在历次的战斗中都没有英国的步兵师。

4. 对于奥金莱克在军事上所持有的观点，我正在致电奥金莱克说三军参谋长完全同意。

私人的纠葛就这样烟消云散了。但我们还必须做一件事才能保证在10月撤出最后一批澳大利亚军队。

首相致奥金莱克将军　　1941年9月29日

这场战斗现在关乎一切。对于你所需要的时间，敌人或许可能给得非常充足。但我们却是在其他领域用最高昂的代价换来这一时间上的拖延的。夺取土耳其是我们的目标，但这要取决于我们能否在昔兰尼加的战斗中获得胜利。

为了让你的行动得以顺利进行，我希望能让澳大利亚政府不在10月无月光期间将最后的两个旅从图卜鲁格撤回。

我这时将全部的局势告诉了法丁先生，并予以了再次强烈的呼吁。但答复中所体现的态度仍然是一样的。但这时情形发生了变化，在一次关于预算的表决中，法丁先生的政府败给了由卡廷先生领导的澳大利亚工党政府。工党政府同样是以一票多数获得胜利的。面对这位给我发来电报的新总理，我赶紧友谊地开始联系他。

首相致澳大利亚总理　　1941年10月8日

你能在管理联邦事务的时候抽空给我发来电报，我表示非常感谢。你对我们的良好祝愿，也是我们对你的祝愿。我们报以最亲密的信任和友谊与你共事，这一点你完全可以相信。

但是对于我们的请求，这个新政府同样持反对的态度。因此这是一个不愉快的插曲，但我不能不把它写完。

首相致奥金莱克将军　　　　1941年10月5日

我不希望“十字军战士”行动延期，尽管存在着关于避免另一次“过分负担”的问题上[对图卜鲁格澳大利亚军队的接替]。我非常遗憾无法从前任澳大利亚政府得到任何有益的答复，并且还没有同新政府取得任何联系。

*　　*　　*

关于图卜鲁格的问题，我经过一段适当的时间之后向卡廷先生发出了一封电报。

首相致澳大利亚总理　　　　1941年10月14日

我认为你有必要对你前任总理电报中提出的问题予以重新考虑。奥金莱克通过电报告诉我，面对即将来临的战斗定局，如果其余的澳大利亚军队能够留在图卜鲁格将会对他极为有利。重复以往的观点是没有必要的，我只想再说一句话：如果你能同意，你们的军队将不会面对任何过分或不适合的危险，我们可以向你承诺；同时我们也会真心实意地认为这是当前战斗中的一种友好行为。

首相致奥金莱克将军　　　　1941年10月14日

1. 在以前我就说过，你的“十字军战士”行动会因为其余澳大利亚军队接替的延迟获得巨大帮助。基于这一原因，我今天早上向澳大利亚政府发送了有[以上的]附件的电报。对于你的期望，这个新政府也许能够满足。如果他们能让这一点成为现实，我将为澳大利亚感到高兴，同时也为历史感到高兴。关于他们的决定，我在一两天之内就可以获得，到时候我再将详细情况告知你。

2. 你现在已经成为一切的决定因素。俄国传来的消息已经越来越严重。

我不得不告诉奥金莱克将军澳大利亚军队的接替工作需要继续进行，因为卡廷先生采取和他们前任一样的决定。

* * *

被围的图卜鲁格尽管始终面临着敌军规模不断增大的空袭，但海军对它的援助也从未停止过。这还不算因为飞机场在很远的东方，以至于我们当时只能用战斗机掩护该港口这一点。我们只能将一切的运输工作放在没有月色的夜晚进行，因为普通的商船很快便不能通行于通往埃及的航线。由于新增了“艾布泰尔”号和“拉托那”号两艘快速鱼雷舰，这一条图卜鲁格航线在7月以后局势大为改观。这座被围住的堡垒，除了需要维持军火和给养供应以及大批军队的进进出出之外，还需要担任包括坦克在内新式武器的运输工作。总共有三万四千名兵员、七十二辆坦克、九十二门大炮、三万四千吨军需品通过海军运给了守军。如果不算伤兵和俘虏，他们还撤出了几乎和运入军队相当的军队。海军的一艘布雷舰、两艘驱逐舰以及二十二艘其他舰艇都因为这一项不得不进行的艰巨工作而被损毁。同时被击沉或击伤的船只还包括九艘商船和两艘救护船。在二百四十二个日日夜夜中，图卜鲁格的守军因为这些牺牲得以能够继续承受敌军不断的攻击而不被攻破。在整个战役的战略方面，尤其是近在眼前的攻势的战略方面，这座堡垒在这一时期都发挥了显著的积极作用。

*　　*　　*

澳大利亚两个政党所极其希望看到的行动在10月25日夜间开始了，开始的情形极其危险。行动的结果是遭受到了巨大的损失。通过电报我向卡廷先生报告了这一消息。

首相致澳大利亚总理　　1941年10月26日

我们新的快速布雷舰“拉托那”号在我海军舰只驶往图卜鲁格运载最后一千二百名澳大利亚军队时在敌军的空袭下被击沉，驱逐舰“英雄”号也遭受到了严重的创伤。所幸船上并没有你们的兵员。关于具体伤亡的人数我们还没有得到消息。根据坎宁安海军上将的看法，想要在下一次（11月）无月光时运送出这一千二百人几乎没有可能。为了满足你的愿望我们已经投入了一切可以投入的人力。

首相致澳大利亚总理　　1941年10月27日

英舰“拉托那”只运载了三十八名其他军士去往图卜鲁格，这是不幸中的万幸。三艘伴随的驱逐舰运载了其余约一千人的人数。敌机从十九点到二十二点三十分进行了约十五次的低空轰炸，导致了英舰“拉托那”号上的海军军官失踪了四名、受伤一名，船员失踪的有二十五名，受伤的十七名；六名陆军军官失踪；其他军士失踪七名，受伤一名。“英雄”号没有伤亡。幸运的是敌机在接替工作的早期阶段并没有开始空袭。

*　　*　　*

这件事是必须要说的，尽管我感到痛苦；我不可能永远不提这件事。对于澳大利亚人民而言，自己的身边发生了什么事情，以及事情为什么发生，他们也有权利知道。澳大利亚的各届政府是有理由不信任英国这时对战事的指挥的，毕竟他们的军队在沙漠侧翼被突破时以及在希腊战役中冒有相当大的危险。这完全是可以让他们焦虑万分的，不论他们有严格的党政制度限制。澳大利亚的动机是崇高的，这一点我们永远不能忘记。澳大利亚能把自己最精壮的成年男子——仅有的三个完整的师派往中东作战，离不开这一动机的作用。我们也必须看到澳大利亚军队在中东历次战斗中所表现的英勇。

第三章　会晤罗斯福

我国领导阶层对战略的不同看法——关于1941年的入侵——5月6日约翰·蒂尔的文件——国内装甲部队的实力与现状——让人无法安心的其他原因——5月13日我发出的答复——我的观点更胜一筹——哈利·霍普金斯再度到访——美国怀疑我们试图据守中东的战略以及对入侵问题的担心——7月24日我们举行的会议——美国军官的看法——英国的万众一心——新加坡和开罗的选择问题——与开罗相同，准备在新加坡也设置常驻国务大臣——任命达夫·库伯先生赴远东——向日本施压——一次愉快的航行——“威尔士亲王”号到达会晤的目的地——会晤总统——8月10日星期日的早晨

在本书以及以前的各书我曾多次提到敌人入侵不列颠的问题。帝国总参谋长约翰·蒂尔爵士在1941年5月间又以巨大的权威重新提出了这个问题。5月6日，他将如下重要文件递交给了我，并向他的海空军同僚和伊斯梅将军送去副本。如果这项建议得到施行，那么我们将会完全处于防守地位。我们能派出的增援部队，将只有从中东或远东征募的士兵。我们将无法拥有任何有主动能力的部队。奥金莱克将军将会因为每月需要消耗五十辆坦克才能正常维持的中东装甲部队无法进攻，甚至还可能被敌人在力量上占优势。

中东对联合王国安全的关系

1941 年 5 月 6 日

1. 与之前相比，入侵的可能性似乎已暂时降低。但是只需要六至八个星期的时间，德国的陆军和空军就能从巴尔干战场撤出迅速集结对我本土发动进攻，只要他们愿意这样做。这场战役在敌人眼里是赢得胜利的一个影响因素，由于美国的援助已经一天多过一天，所以只要时机一到，他们一定会发动这场战役。

2. 有强大空军支持的装甲部队威力是无与伦比的，德军在巴尔干和利比亚这两个地形差别很大的区域取得的成就可以作为再一次的证明。可以说这次战争中的每一个战场都受到这种组合的支配。能否保证用于反攻的坦克、反坦克武器以及飞机的大量储备是防守取胜的关键，因为兵力必然会由于无法预测敌人的进攻地点而分散。

3. 三军参谋长经过仔细调查，认为敌装甲部队会用六个装甲师共计二千四百辆坦克对我本土发动进攻。对于本土，为了保证大不列颠的安全，部队总司令认为需要六个装甲师和四个陆军坦克旅（即约需要二千六百辆坦克）来防御这样规模的进攻我完全同意。面对敌人渗入东英吉利、肯特郡和苏塞克斯郡海岸发起的反攻，东部管区和东南管区应分别部署两个装甲师和两个陆军坦克旅用于应对。可以用另外两个装甲师作后备，并将其中的一个师指定在北部使用。

他同时还将 1941 年 6 月国内装甲部队编制的情况向我作了说明。他说我们拥有约一千二百五十辆的坦克可以用于本土防务。在这些坦克当中，有一百五十辆轻型坦克和四百九十辆教练用坦克，有三百六十辆坦克在接到作战命令后三星期内就能准备好。他把装甲部队有必要进行特别训练的理由作了详细的阐述。他继续说：

6. 保卫我们防御薄弱的漫长海岸线的步兵部队是无法控制多大的纵深[①]的，因为他们分布在宽广的阵地上，并且一个师的防线达到了十五英里。我们尽管拥有优良的海滩障碍物，但这些师却只能配备不到标准数目一半的反坦克炮，反坦克地雷甚至完全没有。登陆对于用特制登陆舰艇运载的德国装甲部队可以说没有任何悬念。我们缺少专门为密切配合陆军轰炸设计和训练的空军，这还不算皇家空军有许多任务在等着他们。为了获得进军道路上的空中优势，德国空军将会不惜一切代价争取。因此，我们装甲部队能够进行的强大而迅速的反攻，将是我们陆地上防卫的中坚力量。但是面对敌人六个装甲师，根据我的估计，我国的装甲部队在 6 月将只有相当于三个实力充足的装甲师，而这还必须包括训练的因素。

7. 我们可能会面临着这样一种危险：由于认为德国不具备制海权，以及我们的空军能在敌远征军起航前将他们歼灭在海滩上，能够在空中对敌人掩护登陆的空军予以扫荡，或者认为想要以这样的规模进行登陆在技术上根本做不到，从而认为敌装甲部队不可能发动猛攻。我们需要五天到七天的时间才能在本土周围的海域集结足够数量的海军船只，同时也必须在天气良好的情况下，我们的轰炸机才能应付六个入侵港口。像敌人在敦刻尔克无法凭借空袭而阻挡我们的登船一样，我们也不能依靠空袭去阻挡敌军的登陆行动。敌人只要不在乎必然要遭受的巨大损失，那么他们的轰炸机就不是我们能够抵挡得住的，何况他们还可能有将我们的战斗机消灭在基地的计划。同时，德国人在制订计划和制造特殊装备方面具有的高超技能和周密性多次证明，他们能够克服登陆上的技术困难，况且他们已经拥有了作妥善安排的时间。因为装甲部队在短期内不需要那么多的食物和汽油数量，并且他们还

① 纵深：指作战部队从边界至中心可运动的纵向深度。——译注

可以在当地找到足够需要的数量的缘故，他们的补给问题对资源的消耗也可能没有想象的那么大。

8. 德国人具备的实力我们在挪威和比利时都低估了。他们克服最大困难的能力，我们在最近的利比亚和巴尔干事件当中再次领教到了。

9. 我认为埃及的丧失不足以造成灾难，何况我们愿意接受这一情形的前提是经过最激烈的战斗。战争也不会因为埃及的丧失而结束。但最后的失败却可能因为敌人对英国仅仅一次成功的入侵而成为现实。因此，联合王国的关系是最大的，被摆在首位的应该是联合王国的防御。埃及的重要性按先后的顺序也不能被排在第二位。因为根据我们在战略上的一致观点，作为最后的依靠，新加坡的安全应该要优于埃及的安全；在防务力量上，新加坡仍然远远没有达到标准。

10. 战争中的冒险固然必不可少，但这种冒险应该是适当的。降低重要地点的安全而犯错误是我们绝不允许的。相反，在失去时机之前，如果有必要，我们还必须要减少重要地点的损失。

11. 大不列颠的防务和防卫爱尔兰、占领大西洋各岛的问题是紧密相连的。在大不列颠安全的保卫上，我认为我们就算没有达到标准，也已经尽了最大的能力。在今后的三个月，我认为我们只能从本土运出相当于已在中东或正运往中东途中坦克数的后备坦克数量，不应该再运出更多。如果按每月消耗百分之十的标准计算，即便是这个数量也需要每月运出约五十辆坦克。

收到这个文件我感到惊奇。我以几分争辩的口气在一星期后进行了答复：

首相致帝国总参谋长　　1941 年 5 月 13 日

1. 关于你 5 月 6 日交来的文件，我同意一部分也怀疑一部分。

你在第八节中说我们的军事顾问低估了德国在挪威、比利时和利比亚的力量，我完全同意你的这一看法。这方面最具有代表性的事例非比利时莫属。但即便是经验最丰富的军事专家在面对变幻莫测的战争时也可能有错误的观点，最好的证明莫过于我没有听到任何一个人指出马其诺防线支线的脆弱或反对英国占领比利时。

2.……我认为你为了保全新加坡，可能宁愿放弃埃及和尼罗河流域，任由我们集结在那里的五十万大军投降或被歼灭。但我却认为这样做是没有必要的，并且认为我们不会丧失新加坡。要想守住新加坡，我们所需要的军队将只有一小部分在尼罗河流域抵御德意的部队。关于这样部署新加坡防务的政治论据我已经告诉过你：如果日本参战，我们完全可能多出美国这一盟国。日本也不可能一开始就围攻新加坡，因为围攻新加坡要比他们将巡洋舰和战列巡洋舰分布在东方贸易线上更为危险。

自然，日本人这时在印度支那也还没有站稳脚跟。

3. 我不知道德国克服最大困难的能力能否通过他们在巴尔干各国的行动来证明。但我刚好抱有与此相反的看法，这一看法仅仅是对历史看法的一种练习。在南斯拉夫还没有行动并被它的前政府出卖时，德国人没有遭到任何抵抗仍组成一支大军对其发动攻击。在当时，意大利军队几乎全歼希腊军队占领了希腊。因此面对他们的压倒性的优势，我们事实上是在孤军作战。我们当时拥有的装甲车辆仅仅是他们的五分之一，空军的数量更是为零。但在面对我军巧妙脱身而再度登船的时候，德国虽然拥有这些轻易得来的便利却不能够阻止。看到这一情形，我们更多的是增长了信心而非感到恐惧。

4. 第十节中叙述的当然也非常正确，但实行的时机却要依情形而定。但是我希望最后一句话没有影射埃及以及目前的局势。

最高军事权威作出如此严重的论断是很容易让政府感到泄气的，这样的政府我见过许多。但是我在说服政界同僚的时候却毫不费力，当然，海军和空军的首长是支持我这一行动的。我的观点因此占据了优势，这也使得对中东的增援不减反增。关于反驳那些德国可能入侵不列颠的观点的根据，读者可以发现我认为根本没有重申的必要。但这方面的舆论和约翰·蒂尔爵士的看法是相悖的，他本人也感觉到了这一点，因此他在作出一番警告之后就把这件事放在了一边。

但是这一问题经过两个月又被重新提了出来，所不同的是换了一个角度。7月中旬，总统再次派遣哈利·霍普金斯来到英国。因希特勒入侵俄国形成的新形势，以及它对我们依据租借法希望从美国得到的一切物资的影响，是哈利·霍普金斯向我提出的第一个问题。其次他提到了总统的一丝疑虑。这丝疑虑起于一位美国将军尽一切可能调查后，怀疑我们抵御入侵能力的一份报告。再就是总统越来越怀疑我们试图保卫埃及和中东是否明智，我在前文曾说过会这样去做。总统怀疑我们是否会因为做太多的事情而丧失一切。安排我和罗斯福不久后在一个地方会晤是他最后提到的一个问题。

霍普金斯这次不再孤单了，因为驻在伦敦的有好几位美国陆军和海军的高级军官。但这些军官表面看来仍然只是为租借法案而来，格姆利海军上将更是参加了我们海军部的日常工作，一起研究大西洋作战问题以及要解决这个问题美国需要做的事情。7月24日，我在唐宁街十号举行了一次会议。除了我之外，霍普金斯一伙人以及我三军参谋长也是这次会议的成员。格姆利海军上将、被称为“特别观察员”的钱尼少将和美国大使馆陆军武官李准将，都是随同霍普金斯出席会议的人员。艾夫里尔·哈里曼将军在埃及时曾应我的邀请参观我们所有的军事设备，他刚刚结束埃及之行回来。他也是随同霍普金斯出席会议的人之一。

霍普金斯指出，中东在“美国身居要职并决定防务方面政策”的人们看来是一个英国无法守住的阵地，这些人认为英国正在为保持这个阵地作出巨大的牺牲。他们认为决定这场战争胜利还是失败的关键是大西洋战役，因此它才是一切力量应该集中的地方。他说，总统的观点是有敌人的地方就应该作战，所以总统对于中东的战事是支持的。联合王国和大西洋航线的防卫，新加坡和通往澳大利亚与新西兰航线的防卫，一般海洋航线的防卫，中东的防卫，是钱尼将军对英国四个问题的排列顺序。对于钱尼将军的看法，李将军表示认同。格姆利上将认为如果美国军火继续运往中东，将有可能威胁到中东运输线，而这势必会削弱大西洋的战斗力。

我随后让英国三军参谋长发表了自己的看法。第一海务大臣解释了他为什么今年比去年更有信心歼灭一支入侵的敌军。空军参谋长认为相较于去年 9 月，皇家空军的实力已经强过德国空军许多，最近我们摧毁入侵敌军出发港口的能力也得到了加强。帝国总参谋长也自信地认为与去年 9 月的时候相比，英国陆军强大了不知多少倍。随后，我指出了在经过克里特岛的教训之后为保卫飞机场需要采取的行动。我又邀请我们的客人参观飞机场；他们可以参观任何一个飞机场，只要他们感兴趣。我说，敌人也许可能使用毒气，但这样一来他们反而会让自己处于不利局面。因为我们会马上实施报复，目标可以是他们海岸上的任何一个据点；我们还会去他们的本土开展毒气战。我随后又请蒂尔谈论他对中东的看法。他的看法和他在 5 月写的文件体现的看法完全相同。他同时还阐述了我们必须留在那里的几个原因，依据非常令人信服。在讨论面临尾声的时候，我得出了如下看法：我们的美国朋友已经完全相信了我们，并且深刻地感受到了我们之间的团结。

* * *

但如果日本进攻我们，我们便无法对远东抱有与对本国防务相当的信心。这些令人焦虑的事情也同样困扰着约翰 · 蒂尔爵士。在我看来，新加坡在蒂尔的心中仍然比开罗重要。这一问题无疑是让人悲伤的，它就好比是让你在儿子被杀还是女儿被杀当中作选择。我个人认为丧失埃及、苏伊士运河和中东所带来的损失，是马来西亚出现不测所造成的损失的五倍不止。我宁愿在马来西亚付出任何被勒索的代价也不愿意放弃为埃及而斗争。持有相同看法的还有我的同僚们。

我认为有必要在远东安排驻国务大臣。各总司令同当地总督们产生的问题，以及快速增长的严重政治问题，都可以通过驻远东国务大臣同战时内阁保持紧密联系而解决。达夫 · 库伯是我的朋友兼同僚，他在当时任新闻大臣。他以居于中心地位的角度，对全盘局势进行了考量。他的性格是坚定的，而这也是导致他于 1938 年辞去海军大臣职务的原因。他口才和文采兼备，并且担任过 1914 年至 1918 年战争中的近卫步兵第一团军官。因为这一切，他无疑具备最高的资格。布伦丹 · 布列肯先生在 7 月 21 日接替了他新闻大臣的职务，而他则被任命为兰开斯特公爵郡大臣。在妻子戴安娜夫人的陪同下，他于 8 月初取道美国前往了远东。等他从新加坡发来报告时已经是 10 月底。

* * *

英国和美国已经密切协调应付了日本好几个月。日本在 7 月已经在军事上占领了印度支那。这无疑是一个直接的侵略行动。这一侵略也同时使得他们的军队可以袭击马来西亚的英国人、菲律宾的美国人以及东印度的荷兰人成为了可能。总统在 7 月 24 日向日本政府声明：作为全面解决问题的第一步，日本应该让印度支那中立并撤出在那里的所有军队。他同时还发布了冻结日本所有在美国的财产的行政命令以增加声明的分量。一切贸易都因为这一举动进入了停滞状态。英国政府和荷兰政府分别在同一时间和两天后也都采取了行动。石油供应对日本的关系重大，荷兰的这一举动意味着剥夺它的石油供应。

*　*　*

哈利·霍普金斯在7月下旬的一个下午来到了唐宁街花园。我们一同在阳光下坐着。他对我说的第一句话就是，如果能够和我在一个偏僻的港湾之类的地方会晤，总统将非常高兴。我马上就告诉他我确信自己能够从内阁那里得到请假的允许。于是所有的一切就这样安排妥当。会晤的日期定在8月9日，地点选在纽芬兰的普拉森西亚湾。因为非常渴望与罗斯福先生会晤，我第一时间命令我们最新的战列舰“威尔士亲王”号准备出发。我与罗斯福之间的亲密的通信到现在已经持续了整整两年。英美两国的日益团结将使得我们的敌人感到担心，也将使得日本考虑问题更加慎重，我们的信心会更加增长。这一切都可通过我们之间的一次会谈传达给世人。亟待解决的问题有不少：美国介入大西洋的问题，援助俄国的问题，我们本身的供应问题，由于日本的威胁日益增加的问题尤为重要。

前海军人员致罗斯福总统　　　　1941年7月25日

我的休假请求内阁已经同意。如果你方便，我将于8月4日起航在8日、9日、10日同你会面。可以以后再确定秘密的会面地点，具体的情形，海军部将通过通常的联系途径予以告知。第一海务大臣庞德海军上将、帝国总参谋长蒂尔和空军副参谋长弗里曼也在同行之列。我是带着莫大的希望来参加这次可能有益于未来的会谈的。

我告诉伊斯梅：“为了照料事务，你和波特尔必须留下。”国防部的彻韦尔勋爵、外交部的亚历山大·卡多根爵士、雅各布上校、霍利斯上校以及我个人的幕僚也会一同前往，还有一些技术部门、行政部门和计划部门的高级官员。总统告诉我陪同他与我会面的有美国三军首长和国务院的萨姆拉·威尔斯。极端保密是一项必要工作，因为北大西洋在那时将会出现大量的德国潜艇。总统会以表面上的休假巡游来确保行踪不被泄露。他会在海中换乘“奥古斯塔”号巡洋舰，出于制造迷障的目的会将游艇留在后面。哈利·霍普金斯尽管在这时身体状况很差，但也被罗斯福命令经过挪威、瑞典和芬兰一段危险而又令人疲倦的航行前往莫斯科，以便直接从斯大林那里详尽地获悉苏联的局势和需求，然后再从斯科帕湾登上“威尔士亲王”号。

在首相郊外的官邸附近，我登上了一列长长的专车，车上载有我们一行的人员（大批译电人员也包括在内）。在斯科帕湾，我们从一艘驱逐舰登上了“威尔士亲王”号战列舰。

“威尔士亲王”号同护送它的几艘驱逐舰在8月4日的黄昏驶入了大西洋广阔的洋面。哈利·霍普金斯在经过了长途飞行和在莫斯科参加吃力的会议之后，我发现他极端疲惫。在两天前抵达斯科帕的时候，他是那样的没有一点精神，使得庞德海军上将不得不立即让他躺在床上休息。但他仍然很快恢复了往常的快活，并将体力在航程中一点一点恢复。他将出使莫斯科的任务在这一过程中告诉了我们。

前海军人员致罗斯福总统　　　　1941年8月4日至5日

哈利从俄国回来后非常疲惫，但现在又恢复了活力。关于他的健康，我们会在途中加以恢复。我们才出发。在二十七年前的今天,德国人发动了上一次大战,这一次我们必须给他们一些教训。出现两次世界大战已经尤为足够。对于我们的会面，我满怀希望。无限亲切地问候你。

只有当船停在港口中时，螺旋桨上面的那些宽敞的舱房才最舒服。而当在海上被汹涌的波涛包围时，这些舱房会由于摆动让人无法安身。所以，我将工作和睡觉的地方迁到了舰桥上舰队司令的舱房当中。利希是我们的舰长，长相英俊可爱，英国水手所应具有的一切品质在他身上都能找到。我很喜欢他。但无比遗憾的是，他和他的许多伙伴连同他那艘完美的战舰将会在不到四个月之后永远沉没在波涛下。海上的风浪在第二天仍旧巨大无比，为了不离我们的驱逐舰护航队太远，我们不得不减慢行驶的速度。但在第一海务大臣庞德做出决定之后，我们开始以高速度单独航行。我们不得不作大迂回曲折前进，因为根据报告发现了几艘德国舰艇出没，我们必须得避开它们。无线电波的声音是禁止出现在舰上的，但照常接收电报仍然被允许。在这一段时期，我们只能进行少量交谈。我的日常工作因为这一原因得以暂时中止。这让我产生开战以来从未出现过的陌生的空闲感。我开始在许多个月以来首次可以阅读一本消遣的书。《皇家海军霍恩布洛尔上校》[①]是驻开罗国务大臣奥利弗·利特尔顿送给我的一本书。这本书在我看来有趣极了。在一个合适的时机，我以电报的形式告诉他："霍恩布洛尔我发现非常好。"万万没有想到中东司令部竟然因此而产生了恐慌，他们认为，"霍恩布洛尔"可能是他们不熟悉的某项特殊军事行动的暗号。

后甲板已经因为海面汹涌的波浪不能使用，这在一定程度上影响到了我进行运动。但因为我能每天在各个舱房出入三四次并上下通向舰桥的扶梯，因此运动仍然能进行得很充分。我们有一个很好的电影院。它能在晚上将最新最好的影片放映给我们和那些不执勤的军官看。"吃完晚餐我观看了影片《汉密尔顿夫人》。这是一部非常好的电影。首相看过五次之后还是深受感动。他在影片结束后对大家说：'我想这部影片一定能引起你们的兴趣，因为它所讲述的内容与你们亲身经历的那些大事非常相像。'"这是卡多根在日记中写下的话语。这次航行无疑是令人愉快的。

* * *

每当我在舰桥上那间虽狭小却舒适的舱房的床上休息时，我就会

---

① 一本小说，作者为夫列斯特。——原注

将沙漠地区未来的战斗根据我研究过的关于春季战事所有的报告进行思索。致三军参谋长的一项备忘录就这样被我在思索中拟了出来。其中的第一句是："如果有哪位司令官能在这次战斗中让被重型装甲坦克夺去的大炮的地位重新恢复，那么他将获得巨大的荣誉。"我对这一句最为满意。在本卷相应的地方[①]，将会看到这句话的记录。

艾德礼先生是我离职期间的代理首相。他对我的安全表示担心。他担心"威尔士亲王"号走漏消息将受到敌人派出的"提尔皮茨"号军舰追击。

首相致掌玺大臣　　　　1941 年 8 月 6 日

我认为不需要过于担心走漏消息。如果[下院]有人直接询问，应让他不将自己的问题诉诸语言。倘若他觉得问题一定有必要提出，可以用"与谣传有关的事不在我的职责范围内"来回答。"提尔皮茨"是无法追击到我们的，我相信罗斯福会在返航时对我们出海时的安全进行考虑。新的驱逐舰护卫队现在已经在护卫我们的安全。

出于对我们期盼已久的继续物资供应的担心，我想在临行前最好将对俄国供应美国物资的整个问题告知比弗布鲁克勋爵。因此，在出发的时候我留下了如下的提示：

首相致爱德华·布瑞奇斯爵士，伊梅斯将军和机要室

1941 年 8 月 3 日

将会有一架飞机在 10 日左右从伦敦起飞，抵达我们这里，机上乘坐的是比弗布鲁克勋爵。除了信件和紧急公文外，还有一些可能经过翻译的外交部各门类的重要电报也会随着这架飞机一同

① 见原书第三卷第 442 页。——原注

被运送。拣选工作的担任者必须是干练的人员。为了在飞机出现意外时能沉入海中，这些电报必须装入一个沉重的箱子。

此事不可有丝毫马虎。

我在海上航行时又发出了如下电报：

首相致比弗布鲁克勋爵　　1941 年 8 月 7 日

只要你愿意，我非常欢迎你前来这里。至于来这里的时间，我希望你安排在 11 日下午或 12 日清晨。但冒不必要的风险是没有必要的。你或许应该在这边 [美国] 多待一段时间。

*　*　*

8 月 9 日（星期六）上午九时，我们抵达了会晤地点纽芬兰普拉森西亚湾。

首相呈国王陛下　　1941 年 8 月 9 日

我已经为尽到微末的职责安全抵达目的地。当天的上午我将与总统进行会面。

我在海军相互致以例行的敬礼后，登上了“奥古斯塔”号军舰。我在军舰上向罗斯福总统致敬。总统在接待我时报以完全的礼仪。他在奏两国国歌时由儿子埃利奥特搀扶站立着。随后他向我致以最热烈的欢迎词。我将国王的信交给了他，并把我们一行人员作了一番介绍。会谈随后在总统和我，萨姆拉·韦尔斯和亚历山大·卡多根爵士以及双方的参谋人员当中分别展开。会谈在我们逗留的几天时间几乎没有间断，个人对个人以及举行较大的会议交织着进行。“威尔士亲王”号舰在星期日（8 月 10 日）早上迎来了罗斯福先生和他的同僚以及几百名美国海军和海军陆战队各级军官代表。他们在后甲板上参加了礼拜仪式。这次礼拜无疑动人地表现了我们两国人民信仰的一致，我想大家都能深刻地感受到。在一个阳光灿烂的早晨，在拥挤的后甲板上：英美两国的国旗挂在讲坛上；两国的牧师共同诵读祈祷文；在总统和我的背后，两国的最高级海陆空军军官结成一个整体；两国的水兵队伍密密麻麻地混合在一起，同用一本《圣经》参加都熟悉的祈祷与唱诗，气氛非常热烈。我想参加过这次礼拜的人没有谁会忘记这些情景。

《海上遇险歌》和《基督教进军歌》是我亲自选的两首赞美诗。临近结束，我们唱了诗歌《上帝是我们千年的保障》。当我想起麦考利的著作，突然认识到这首诗在铁骑军把约翰·汉普登的遗体送进坟墓时也曾经唱过。这首诗的每一个字都直击心底。这一刻无疑是伟大的。在不久的将来，约有一半的唱诗的人将要战死。

第四章　大西洋宪章

我起草的大西洋宪章原稿——总统关于改动的建议——8 月 11 日我们进行的讨论——应该保障帝国特惠权——大西洋各岛屿相关的问题——在对日本的政策上我们达成了一致——8 月 11 日我向外交部和内阁提出的报告——内阁答复得非常迅速——成型的大西洋宪章——英美联合致电斯大林——我发出关于美国供应物资的备忘录——由于飞机失事，帕维斯先生遇难——8 月 12 日，我向内阁递交了报告——国王和内阁的贺电——向澳大利亚总理发出的报告——冰岛之行——我于 8 月 19 日回到伦敦

罗斯福总统在和我们首次会晤谈话时告诉我：为了让我们的政策方向保持一致，我们最好能拟定一项联合宣言，对一些广泛的原则作出规定。这无疑是一项有好处的建议，我依从它的愿望也是迫切的。于是在第二天（8 月 10 日），我把一篇初步的宣言大纲交给了他：

美英两国关于原则的联合宣言

面对纳粹和德国的侵略，为了寻求和商定如何保障各自国家的安全和解除因为德国侵略而带给世界各国人民的危难，美利坚合众国总统和代表联合王国国王陛下政府的首相丘吉尔先生举行了会谈。为了有一个制定政策的共同方向，他们一致认为需要公布一些双方都要接受的原则，这一原则可以为世界更好地指明方向。

第一，寻求领土或其他方面的扩张，绝对不会成为他们国家的主张。

第二，对于与民族自由表达意愿相悖的领土变更，两个国家都会予以反对。

第三，关于各国人民对自己政府形式的选择，两国都会充分尊重；因为言论自由和思想自由是选择的基础，所以它们是两国唯一关心的事物。

第四，两国将会在本国国内，以及在其他国家相互之间，力求公平合理地分配重要产品。

第五，两国寻求和平。让纳粹暴政永远消失；利用有效的国际组织让一切国家和民族的人民在自己的疆界安居乐业，并且可以不担心在渡过海洋时受到非法袭击，不需要维持负担沉重的军备，都是这种和平想要达到的目的。

这个文件的初稿的实质和精神是出自英国方面我的笔下，它在后来被称为“大西洋宪章”。考虑到关于我反动的“旧世界”的看法的谣传，以及据说这曾经对总统造成痛苦，我把它记录了下来。

8 月 11 日的工作肯定非常紧张。

首相致海军部　　　　　　　　　　　　　　　1941 年 8 月 11 日

从这里发出的电报，务必在接到后二十四小时内尽力译出。

总统在同我早晨会晤的时候将一份修正稿交给了我。此稿成为了我们讨论的基础。其中的第四点（与取得原资料相关的问题）是唯一和我初稿有重大不同的地方，他希望将“不加歧视，在平等的条件下”字样加入。此外，还有两节也被总统提出：

第六，两国为确保公共海洋的安全和和平共同努力。

第七，两国认为，放弃使用武力的精神世界上一切国家都必须遵守。因为和平要想长久地保持，那些除了针对本国外有威胁或可能造成威胁使用武力的国家，就必须放弃对陆海空军的使用。两国认为这类国家很有必要解除武装。为了让爱好和平的各种人民在军备方面不负担过重，两国应该进一步采取实际可行的措施。

总统在我们讨论这个文件之前表示：应该在华盛顿和伦敦同时（很可能在 8 月 14 日）发表一项简短的声明。这项声明应该包括：第一，总统和首相曾在海上举行会谈；第二，参加会谈的还有他们各自携带的僚属；第三，对于按照租借法援助各个民主国家的问题，他们的僚属展开过讨论；第四，海军和陆军经过会谈确定对未来需要承担的义务，是在美国国会授权的范围之内的。声明还要包括，首相和总统曾就有关世界文明的某些原则展开过讨论，并且愿意据此发表一项声明。但对于这最后一点我认为是不需要强调的，它没有承担实际义务。不仅如此，它会让德国有可乘之机，也会消磨中立国和战败国的信心。这句话我们也不喜欢听。所以，我希望总统只把援助民主国家的积极部分放入声明当中。总统同意了。

接着，双方详细讨论了宣言的修正稿，并且很容易就同意了几处小的改动。第四点和第七点，尤其是第四点，是最主要的困难。关于第四点，我立即指出渥太华协定可能受到“不加歧视”几个词的非难，所以我不同意。对于这项宣言能否被接受我是满怀疑虑的，因为它的文本是要交给英美两国政府的，并且，如果不对措辞进行修改，这一文本很可能还要递交各自治领政府。萨姆拉·韦尔斯先生认为问题的核心就在这里。他说美国国务院在过去九年所努力的方向就是第四点。面对这一情形，我不得不将英国八十年来面对不断增长的美国关税而坚持自由贸易的经验提出来。我们曾让我们的一切殖民地的外国商品进入英国，甚至将对全世界商业竞争保持开放的政策也放在了大不列颠周围的沿海。但是迎接我们的却是美国接二连三的保护政策。这番话对韦尔斯先生造成了一些不安。随后我指出，要我能够向国王陛下政府提交宣言文本，并使得他们有可能接受，除非能够插入“在适当地顾及到两国现有义务的条件下”字样，删除“不加歧视”，并且以“贸易”代替“市场”。这显然感动了总统，他同意了我的意见。

我虽然接受这个宣言的文本，但是我仍然指出了第七点可能会使英国的舆论失望，因为这一点没有体现维持战后和平而建立一种国际组织。我表示愿意尽力拟出一个恰当的修正方案，并将建议在当天稍晚告知总统。这一建议就是将“在建立一个更广泛、更持久的普遍安全制度以前”插入第二句。

* * *

会议也在双方海军和陆军首长之间不断举行，并且在广泛的范围内达成了共识。我把德国入侵伊比利亚半岛的危险和“朝圣者”作战计划——为对抗这一行动而占领加那利群岛的计划向总统作了约略的说明。随后我向艾登先生电告了这次讨论的主要方面。

首相致外交部　　　　1941年8月11日

1. 总统曾收到萨拉查[①]博士的一封信。博士在信中说，如果德国入侵葡萄牙，他希望他和他的政府能够撤退到亚速尔群岛。他还说希望英国能在他们被迫留在亚速尔群岛时予以保护，因为他的国家和英国联盟关系悠久。

2. 倘若英国只能顾及到其他地区的事务，美国为代替英国保护而提供的援助他也是可以接受的。对于这项要求总统是愿意接

① 葡萄牙总理。——译注

受的，他希望英国在出现意外情况时能通知萨拉查博士关于责任的转移。佛得角群岛也遵从以上安排。

3. 我将我们准备实施“朝圣者”作战计划的打算告诉了总统。这项行动可能在德国进犯伊比利亚之前就要实施，过程可能会忙碌异常。我告诉总统，“朝圣者”作战计划很可能在这一半岛引起危机，为这项计划进行的种种安排是否会影响你接受第一点中指出的责任。他的回答是：他的行动不会受到“朝圣者”计划的影响，因为这一计划并不影响西班牙。

4. 如果葡萄牙的岛屿受到威胁，总统说他认为采取行动是完全有必要的。所以，我们达成了共识：由于德国人迫切需要在那些岛屿对我们先发制人，如果“朝圣者”作战计划得以顺利实施，那里将会面临危险。

5. 但即便如此，总统仍然愿意为葡属大西洋岛屿提供援助，并为此建立一支强大的部队。

我给总统看过以上陈述，他认为是正确的。

* * *

我们在同一天还谈到了远东问题。东京曾因为7月26日对日本的经济制裁大为震动。关于经济制裁对日本的影响之大，恐怕我们谁也没有想到。近卫公爵[1]立即想方设法恢复外交谈判。就这样，8月6日，日本驻华盛顿特使野村海军大将[2]向国务院递交了有关全面解决争端的建议。日本同意不再在东南亚采取行动，并且在解决“中国事件”（关

① 指日本政治家近卫文麿，曾在1937至1941年期间三次出任日本首相。——译注

② 指野村吉三郎，二战时期海军大将，也是当时的日本驻美大使。——译注

于对中国的六年战争，他们以这样的名称称呼）后撤出印度支那。但是，必须以美国恢复同日本的贸易关系，并协助日本从西南太平洋获取所需要的一切原料作为交换的条件。这项建议的措辞无疑是八面玲珑的。凭借这项建议，日本不仅可以把现在能得到的一切裹入囊中，而且可以不承担任何未来的责任。近卫能从他的内阁那里得到最好的对策无疑就只能是这项建议了。这个问题已经是明确了的，因此我们没有必要将它摆上“奥古斯塔”号舰的会议桌上讨论。这件事充分体现在了我会议中发给艾登先生的电报。

首相致外交大臣　　　　　　　　　　1941年8月11日

关于日本方面的局势如下：

1．在前一段时间，总统就建议日本在美国、日本、英国、中国和其他国家的联合保证下让印度支那和暹罗中立化。日本的答复（全文应该在处理完更紧急的电报后电达）是，同意不侵犯暹罗和从印度支那撤军的原则，但前提是要满足自己一些要求。这些要求都是根本不可接受的。如日本要在“中国事件”解决了才从印度支那撤军这一点就表明：日本要等到蒋介石被绞死之后才会撤军；日本想让自己在这些地区的优势地位进一步加强；美国在这些地区不能有任何军事准备，并且要取消经济制裁。

2．总统认为，为了拖延时间，应该将这些难以接受的条件摆上谈判桌，如能够拖延三十天，我们就可以趁这段时间改善我们在新加坡的局势，从而迫使日本必须有所行动。他同时也要求日本不得在谈判期间继续侵略，不得把印度支那当做基地用来进攻中国。同时他还表示，不会改变那些对付日本的经济措施。谈判在这样的条件下似乎很难成功，但总统认为非常有必要赢得宝贵的一个月时间。我自然告诉他：日本会欺骗他，并且力图进攻中国或让中缅交通线中断。但是你仍然要认为日本应该就这些方面展开谈判，并且出于对美国和日本之间过去的考虑接受这一事实。

3. 关于暹罗和印度支那中立化的建议，总统将会在这些谈判过程中重新提出。

4. 大约经过一个星期的时间，总统就会结束海上巡游回去，到时候会向日本大使递交一份照会。在照会的末尾他将会加上我起草的一段话：

“美国政府将会直接和日本对抗，即便这可能会引起美国和日本之间的战争，只要日本再进一步侵略西南太平洋区域。”

他还会加入一些话，旨在说明：苏联既然是美国友好的国家，美国也会对西北太平洋区域发生的冲突予以关注。

5. 我认为这无疑是非常好的，我们不仅自己要第一时间参加，也要想办法让荷兰也积极参加。因为日本人很有可能在同美国表面上进行虚与委蛇的外交，暗地里却继续采取军事行动，或者是直接拒绝总统提出的条件（继续经济制裁，日本停止对暹罗的进攻并禁止采取任何行动）。

这势必会让刚才［在第四节中］提到的最后一段列出的条件，或者类似的宣言的作用充分发挥。苏联也应该知道这件事。我们也要告诉中国人我们正在为他们做出的努力。我们可以用大体的措辞告诉他们：我们是在考虑过他们安全的情形下制定一切措施的。

6. 综合这一切的理由我认为，我们应当使已经提出的行动方针得以保持，并通知各自治领：在用联合力量制止日本侵略的道路上，这是一个巨大的步伐。

* * *

我向艾德礼先生电告了会谈中主要问题的概要。

首相致掌玺大臣　　1941年8月11日

第一，已经圆满解决关于海军的第四点计划［美国海军对于美洲与冰岛间的大西洋海域的接管问题]。

第二，总统准备采取对我们有很多帮助的行动，这一行动可能是配合“朝圣者”作战计划，也可能起到对它进行呼应的作用。

第三，总统准备用拖延时间（如拖延一个月）的办法同日本进行谈判。日本对支那的进一步军事行动以及对暹罗的侵犯，在这期间都会被禁止。我建议他用我拟就的一项非常严重的警告结束照会，他已经同意……

第四，为了能更好地阐明那些鼓励美国和英国的广泛原则，总统要求把由我和他共同（代表国王陛下政府）签字的联合宣言的时间定在全面披露会议消息之时。我随电报附上他起草的宣言稿。你会发现其中也有在起草这类宣言时都会碰到的困难。为了让我们在渥太华所承担的义务得以履行，第四项条件显然有必要加以修改，因为如果不这样就会危及帝国特惠权。着手解决这一问题的时间，应该是战后经济得到全面解决、全世界果断降低关税和消除贸易保护的时候。现在解决是断然不可以的。我确信我们的修改意见会得到他们的认同，因为只有这样才能迅速达成一致。

第七节最具有现实意义：总统无疑是准备解除有罪国家的武装，并让英美联合的强大海空装备维持一个不确定的长时间。

出于我们对国际联盟和其他国际组织的看法的考虑，我建议用“在建立更广泛和更持久的普遍安全制度以前”字样代替“必须”一词。这种改变或许不为他所喜欢，但我仍然认为他会同意，因为他对联合宣言非常重视，认为它可以改变美国舆论的整个动向。

我不希望我们轻率地提出一些异议。为了让所有国家知道我们正义的目的，我们必须将这项宣言当成表达战争目的的一份文件，而非我们在胜利后应当建立的那种完备机构的一份说明。当然，这种对战争目的的表达可能是暂定的，也可能只表达一部分。你今天晚上应该举行一个会议，全体战时内阁阁员，以及你认为必须参加的其他人都应该出现在这个会议当中。关于会议得出的结果，你应该第一时间告诉我，尤其是关于其他事项的详情和卡多根的会谈报告。我担心总统会因为联合宣言无法发表而愤怒，而这很可能会影响我们的重大利益。

现在我们双方不得不推迟二十四小时再离开，而我原本是打算 12 日下午离开的。

直到下午约两点钟，我才口述完这些电报。得益于全体有关人员的努力，我在此后十二小时内就获得了展示内阁发来的有助益的复电。我的电报发到伦敦已经是午夜过后，许多大臣在当时已经就寝。但即便如此，战时内阁会议仍然在次日凌晨得以举行，当时在英国的新西兰总理彼得 · 弗雷泽先生也在会议之列。凌晨四点刚过，他们就发来了一封包含充分讨论的结果的电报。电报中他们表示欢迎这项提议，并用了另外一种说法来修改第四点（关于世界贸易方面不加歧视的问题），同时插入了关于社会安全问题的一节。总统接受我 8 月 11 日向他建议的所有修正词语的消息这时也传了过来。

* * *

8 月 12 日，我在大约中午的时候，为了就宣言的最后形式达成一致会见了总统。我把内阁对于第四点的修正文向总统提了出来，但是没有得到他的同意。他宁愿同意以前双方同意的措辞。我同意了他的这一意见。对于内阁希望能够增加关于社会安全的那一节，他没有表示任何反对。经过双方对许多词句的修改，宣言终于定稿。

美国总统和英国首相的联合宣言

1941 年 8 月 12 日

美利坚合众国总统和首相丘吉尔先生——联合王国国王陛下

政府的代表曾举行会谈。双方一致认为有将某些有关两国国策的共同原则公布的必要，并希望世界的前途能通过这些原则得以改善。

第一，他们的国家不会进行领土和其他方面的扩张。

第二，对于有违民族自由表达意愿的领土变更，两国坚决予以反对。

第三，关于各国人民对自己政府形式的选择，两国都会充分尊重，并同时支持被强制剥夺主权和自治权的民族恢复这一权利。

第四，两国力图使一切国家在平等条件下进行贸易并在全世界范围内取得为其经济繁荣所必需的原料，不论是大国还是小国，战胜国还是战败国。当然，两个国家也要适当地照顾现有的义务。

第五，为了让所有国家的劳动标准得以改善，经济得以发展，社会安全得以保证，两国愿意促成一切国家在经济领域进行充分的合作。

第六，两国希望在摧毁纳粹暴政后能建立这样一种和平：在自己的疆域内，所有民族都能够安居乐业；所有地方的居民都能够有富足的生活，免于恐惧。

第七，在公共的海洋上，这样一种和平也同样应该适用。

第八，两国相信世界上一切国家都应该放弃使用武力，无论是出于现实状况还是精神上的原因都应该这样去做。未来和平的保持，有赖于在自己国界以外进行侵略威胁或可能进行侵略威胁的国家停止使用陆海空军备。两国相信这类国家武装的解除的时间，应该放在更广泛和更持久的普遍安全体系建立之前。对于能够减轻爱好和平的各国人民军备方面沉重负担的实际可行的方法，两国都予以赞助和提倡。

关于内阁举行会议的结果的电报，我是在之后 8 月 12 日早晨收到的。内阁对第四点问题感到疑虑的理由，体现在了这封电报当中。但是我认为我们的立场已经得到了保障，因为最后的定稿中的“适当照顾它们现有的义务”已经对全局进行了把握。

这项联合宣言无疑是影响深远的。一个惊人的事实已经形成：美国有着中立的名义，却和一个交战国发表了这样的宣言。将“最终摧毁纳粹暴政以后”的字句（这是我原稿中的一句话）放在宣言当中，无疑是在发起一种挑战。这种挑战在平时直接意味着战争。最后一点的现实意义也是不容忽视的。美国将和我们在战后联合维持世界的秩序直到局面改观，也鲜明地体现在这一点当中。

* * *

总统和我也向斯大林发了一封共同拟就的联名电报。

1941 年 8 月 12 日

从莫斯科回来后，哈利·霍普金斯提出了一项报告。趁着研究这一报告的机会，我们正商量我们两个国家如何才能在你们面对纳粹进攻英勇抵抗时有效地帮助到你们的国家。我们目前正共同努力为你们提供最急需的物资。有许多装满物资的船正驶向你们那里，还有更多的货船也会在最近驶出。

考虑到在确保能够完全胜利之前，我们还要经历一段艰苦而漫长的时期，我们现在不得不酝酿一项更长期的政策。因为如果不能完全获得胜利，我们就白白地付出了一切努力和牺牲。许多战线都持续着战争。只要这场战争仍在继续，这样的战线很可能还会越来越多。为了充分地利用这些资源使我们的共同努力效果最大化，应该将它用在哪里，以及在什么时候用，无疑是我们必然要面对的问题，因为我们的资源虽然雄厚但也并非无穷无尽。军用产品和原料也面临着同样的问题。

我们只有凭借考虑到一切应该考虑的因素，才能决定你们的武装部队和我们的武装部队的各种需求。我们认为有必要在莫斯科举行一次会议，以便于我们大家迅速分配我们合在一起的资源。为了能和你直接讨论这些问题，我们将派遣高级代表出席。我们想要让你明白，如果你同意举行这次会议，我们将会在这个会议作出决定之间持续供应军需物资和材料。我们非常明白要想击败希特勒，苏联英勇而坚决的抵抗是必不可少的。所以我们认为无论面对怎样的情形，我们都应该立即就如何分配我们合在一起的资源做出决定。

* * *

比弗布鲁克对我在出国时向他发出邀请是无比渴望的。帕维斯先生也是我非常需要的人，他无论如何是要回到华盛顿去的。我认为比弗布鲁克和帕维斯（加拿大在很多方面都由他代表）会共同面对问题，而这必然会有利于我们忍痛和苏俄分用供应物资的问题。这样做毫无疑问是应该和不可避免的。如果比弗布鲁克能对美国的生产规模起到推动和扩大作用，无疑也是我非常愿意看到的。我为他们的到来拟好了一份备忘录[①]，因为这已经在我的意料当中。他们是各乘一架飞机从普勒斯特维克出发的，前后有两个小时的间隔。两个人乘坐哪一架飞机并没有预先的规定。在纽芬兰飞机场，比弗布鲁克平安抵达。12日早晨，他下了长途火车和我进行了会面。但帕维斯和飞机上所有的其他乘客却全部罹难。他们的飞机在起飞后的几分钟时间内就撞上了一座并不太高的山上，以至于全部遭遇了不幸。帕维斯是许多有关英国、美国和加拿大的线索的掌握人，也是在和这些国家协调时的主要决策者，因此他的死对我们来说是一个重大的损失。我在马克斯[②]抵达后将这个惊人的消息告诉了他。他只是沉默了片刻。毕竟这是战争时期。

① 附录七。——原注

② 即比弗布鲁克，马克斯是他的名。——译注

*　　*　　*

我们最后一次会议的结果都体现在了以下的电报中：

首相致掌玺大臣　　1941 年 8 月 12 日

1. 请代我感谢内阁异常迅速的复电。我向总统提出了你们另拟的第四点条文，但他宁愿用我们以前已经同意的措词。关于这两者的区别，我看不出任何端倪。我们同自治领之间的关系因为那句“照顾到现有的义务”得到了保障。因为一切国家在没有较好的解决办法前都是按照自己认为合适的办法来维持原关税或征收关税的权利的，所以我们认为廉价劳工之间的竞争并没有什么不合适。

2. 对于你们新增的第五点，总统非常乐意地接受了。但是第六点的末尾提到“匮乏”的地方依然体现的是总统原来的安排，这一点你们当可以看到。还有少数起润饰作用的文字和无关内容也加在了里面。

3. 对于总统致日本照会中严厉的警告我们曾予以特别重视。关于照会的语调，人们总是担心会不够严厉。但是总统已经明确地表示，他会使用强硬的措词。

4. 改变美国的生产计划和扩充美国的生产已经迫在眉睫，因为不仅我们自己和美国的军队都需要大规模的补充，而且饥饿的餐桌旁还多了俄国这一位受欢迎的客人。不久总统就会准备在国会中请求通过五十亿美元的租借法案。对于比弗布鲁克的华盛顿之行，总统是非常欢迎的。我也认为这是有必要的。罗斯福和丘吉尔联名发给亲爱的老约①的电报你也可以看看。我认为他们会

① 指斯大林。——译注

派遣哈里曼为代表，所以我认为我们前往莫斯科或俄国任何政府所在地的最好人选是比弗布鲁克。因此我们希望知道俄国在冬季的战线位置。我们希望在俄国举行的会议最好在9月下半月以后。

5. 马上就会有十五万支步枪由他们交到我们手里。轰炸机和坦克的分配额我也要求增加了。我希望全部航运工作都由他们承担，并希望在英国和西非的运输由美国驾驶员担任，这些人有许多会留下来和我们共同进行军事训练。

6. 我能够在今天（12日）动身回国，完全是因为你迅速的行动。和我们共同航行的还有总统派遣的美国驱逐舰。这些驱逐舰的身份并不是护航舰，但可以在遇到任何麻烦时参与我方的行动。在其中的一艘驱逐舰上小富兰克林也在服役。他奉命担任我在身处冰岛①一天时与我联系的联络官。在冰岛，我们将会对英美军队进行一次大的联合检阅。

7. 比弗布鲁克勋爵和哈里曼正在前往美国的飞机上。

8. 我的同僚将会感受到我这次旅行有许多收获，这一点我完全可以确定。在我和我们伟大的朋友之间，我相信已经架起了一座宏伟的友谊之桥。

在起航回国之前，我收到了国王的一封贺电。我利用航行的时间对这封电报和其他电报进行了答复。

首相呈国王陛下　　1941年8月13日

我非常感谢陛下的祝愿。与会谈有关的一切电报全文都会由掌玺大臣呈送。我已经建立和总统真挚的私人友谊。关于此行的意义，我深信陛下会认为非常有益。总统曾将他私人给陛下的一封信交给

① 我曾指示英国官员务必把Iceland（冰岛）写成Iceland (c)，目的是为了避免它和Ireland（爱尔兰）混用。——原注

了我。我希望在19日（星期二）早餐时将这封信面呈给陛下。

我又对艾德礼先生代表内阁发来的电报予以了回复。

首相致掌玺大臣　　1941年8月13日

1. 非常感谢你能给我发来电报。知道你要亲自广播政府声明和联合宣言，我感到非常高兴。请你将前言和正文明确地区分开来，你可以说："现在，我开始宣读联合宣言的正文。"至于我是否应该作一些评论以提高宣言的影响力，我认为是没有必要的，因为公布宣言就已经足以让报纸喧腾起来。我准备把广播的时间放在我回来后的星期日，因为美国方面在那个时候必然已经对我们的会谈和宣言产生明显的反应。

可以秘密对新闻界进行一切可能的指导。但是，关于最后摧毁纳粹政权；让各侵略国解除武装；英美的军备仍然得以保持，这些联合宣言中的最重要的部分他们一定仍然可以看出来。我们的朋友和敌人因为这一点而产生的功和过，让他们去研究是再好不过。

2. 告诉你一则秘密消息：为了掩护我，总统将留在海上直到周末。我劝他不必这样做，但他仍然坚持。

3. 大家如何看待这些事是我们最想知道的事情。

4. 对于你在国会闭幕时发表的那篇关于战事情况的演说，我已经愉快地读完了，非常精彩。

我向澳大利亚总理孟席斯先生发送了如下电报：

1941年8月15日

1. 我想与大西洋会谈有关的电报你已经见到。我毫不怀疑你会对我们所做的事表示认同。对于日本，总统已经答应用双方认同的措辞予以警告。我们如果获知他已经这样做，那么他就是我们的朋友。我们要明确地表明：如果日本和美国作战，英国和英国的自治领绝不会袖手旁观。这件事我正在和艾登安排，我们会通过以往的联系途径通知你。你会发现斯大林或许也会加入我们的阵营，因为总统的警告包括如果日本进攻俄国会怎样做。荷兰自然也会加入我们。倘若这个联合战线还能包括中国，那么我想日本将会安分一段时间。但前提是能用最坚决的措辞让联合最稳固。

2. 从美国到冰岛的一段大西洋水域正被美国海军有效地进行接管。这势必会让我们的防务负担减轻许多，相当于腾出来五十艘驱逐舰和驱潜快艇。在不久的将来，这些舰艇就可用于本土海面和南大西洋。

到冰岛的航程非常太平，只是在某个地方改变了一下航线，因为报告说附近发现了德国潜艇。只有两艘美国驱逐舰做我们的护航舰，其中的一艘驱逐舰上就有总统的儿子海军少尉小富兰克林·D·罗斯福。我们在 15 日遇到了一支由七十三艘船只组成的联合运输船队，它们正往英国驶去。在幸运地通过大西洋上一段航程之后，这些船只依然保持整齐的阵容，丝毫不乱。这无疑是让人振奋的情景。见到“威尔士亲王”舰后，那些商船上的海员也高兴异常。

8 月 16 日早晨（星期六），我们抵达了冰岛，停靠在了赫瓦尔斯湾。然后再从这里换乘驱逐舰前往雷克雅未克。我在抵达港口时受到了一大群人的热烈欢迎。在这期间，只要我们被人们辨认出来，这些人就会表示友好的欢迎。热情洋溢的场面在我们下午离开时达到了顶峰，我们不断地听到欢呼声和鼓掌声。通过人们的讲述我知道，在雷克雅未克的大街上是很少听到这样的欢呼声和鼓掌声的。

我短暂地访问了冰岛议会大厦。在那里，我先向执政者和冰岛内阁成员致以了敬意，随后参加了联合检阅英美军队的仪式。在我的眼前，一长列三人一排的队伍走过，耳边回荡着《美国海军进行曲》。这首乐曲的曲调深深地融进了我的记忆，以至于在我的脑海徘徊了很长一段时间。利用空闲的时间，我视察了我们尚未完工的新飞机场，并对那些奇异的温泉和利用温泉而建造的温室进行了参观。几乎是一瞬间，我想到了雷克雅未克也可以通过这些温泉取暖。我甚至想将这个计划在战时就推行，我高兴地获悉那里现在已经实现了这个计划。总统的儿子站在我的旁边，我们一起接受了军队的敬礼。英美的团结无疑通过这次检阅得到了再次的证明。

我回到赫瓦尔斯湾后对“拉米伊”号进行了视察，并对停泊在港湾中的英美舰只的船员代表发表了讲话。“赫克拉”号和“丘吉尔”号驱逐舰也在这些舰只当中。

当完成这段长时间、令人疲倦的行程后，我们在无边的暮色下驶向了斯科帕湾。中途太平无事。18 日早上，我们抵达了斯科帕湾。第二天，我回到了伦敦。

第五章　援助俄国

近在眼前的冬天和俄国勇士——比弗布鲁克勋爵极力主张对俄国进行支援——在军火这一重要方面我们作出的牺牲——比弗布鲁克和哈里曼使团——8 月 29 日我致斯大林的信——斯大林的复信——我同麦斯基大使的会晤——一种威胁——我给斯大林的回复——我向罗斯福诉说了我的焦虑——我于 9 月 5 日致斯塔福德·克里普斯爵士的信——斯大林的又一次来电——荒谬的建议——我的看法——比弗布鲁克勋爵乘“伦敦”号前往阿尔汉格尔斯克——莫斯科对开辟第二战场的坚持——俄国战事的危机——10 月 28 日我致斯塔福德·克里普斯爵士的电报——一份坦诚的说明——俄国军队因冬季拥有的屏障——丘吉尔夫人的“援俄”基金

俄国前线这时已经过去了两个月。德国军队曾猛烈地攻击了多次，但事情在这个时候却发生了变化。俄国仍然进行着顽强的抵抗，尽管付出了非常惨重的代价。面对进攻，他们的士兵拼死抵抗，经验和技术在他们身上不断增长。游击队出现在了德军后方，在残酷的战斗中，他们不断地袭击着德军的交通线。德军占据的俄国铁路系统实际上已经不足以为他们提供充足的运输。繁重的运输不断地损坏公路，而雨后采取行动公路又是不可或缺的。同样有严重损坏迹象的还有运输车辆。俄国在三个月后即将进入严寒的冬季。战争的成败即决定于莫斯科在这段时间是否会被攻陷，以及不幸被攻陷后是否会就此结束。基辅之战的胜利让希特勒非常得意。但是，对于自己最初的疑虑，德国的将领们似乎已经认识到并不是没有理由的：行动已在决定胜负的前线上拖延了四个星期的时间；中路集团军被命令“歼灭白俄罗斯地区敌军”的任务，现在仍然没有完成。

然而，当俄国前线在深秋即将面临最大危机的时候，苏联向我们提出要求的举动更为迫切了。

*　　*　　*

曾在美国促进工业能力的比弗布鲁克勋爵现在已经从美国回来，因为他的前往，那里的工业能力已经得到了极大的增加。这个时候，他成为了内阁中极力主张援助俄国的人士。在这个问题上，他做出的贡献是无比重要的。当时我们正认为英国需要有最高领导层的人为俄国对援俄供应品的要求据理力争，因为它们也是当时我们最需要的物资：在当时，我们正为准备利比亚沙漠地区的战斗承受巨大压力，日本也很有可能对我们的马来西亚和远东事务产生影响。我试图继续保持不偏不倚的比例，并将我偏重的项目和我的同僚们进行了商量。我们面对的是一个为所欲为、毫无耐心且欲壑难填的新盟友，并且在上一刻还对我们的生死存亡无动于衷，这些都是极其让人感到不快的。但是，为了这个新盟友，我们不得不暂时忍受这些，甚至让自己面临无法保证对自身十分重要的安全以及遭受各种计划可能失败的危险。

我想在等到比弗布鲁克和艾夫里尔·哈里曼从华盛顿回来后，我们就可以全面地估计对军需品和物资的需求，然后他们就可以前往莫斯科，告诉俄国我们能够和敢于分给他们的全部物资。这些想法都产生于我从冰岛回国的途中。在 8 月 12 日这一天，我们曾长时间努力地讨论了联合提出供应物资项目的细节。这在军事部门看来就像一块块剥自己的皮一样，但是为了能对苏联的抗战做出有效的贡献，我们仍然尽力搜集一切可能的物资，并答应调拨出一大部分我们也极其需要的美援物资。8 月 28 日，我向我的同僚建议：应该让比弗布鲁克勋前往莫斯科。对于由他向斯大林提出这个问题的决定，内阁欣然同意。哈里曼则是总统认为最能代表自己的人选。所以我通知了比弗布鲁克勋爵。

首相致比弗布鲁克勋爵　　1941 年 8 月 30 日

我想就安排对俄国军队的长期供应问题派你和哈里曼先生前往莫斯科。我们尽管有橡胶和皮靴等物品，但这些几乎都要美国支援才能获得。美国必须安装大批新的设备。当然，输入港口和船舶的缺乏会影响供应的多少。巴士拉到里海会于春季铺一条窄轨铁道，等铺好的时候它会成为一条主要的运输线。我们在被允许范围内有必要为俄国人提供最大援助，即便我们会因此受到巨大损失，因为这不仅是我们的分内之事，也关系到我们自身的利益。但是你们主要应该作 1943 年的计划，因为在 1942 年年终或年底之前还不能进行大量运送。你的任务是：协助制定援俄计划，并且保证在援助的过程中不过大地损耗我们自己的利益。这一前提是要必须坚持的，即便你因为俄国的环境而受到影响。我认为这项工作最适合由你完成，公众也非常赞同这一决定。从派遣哈里曼的举动可以看出，霍普金斯可能因为体力不支不能前往。目前还不需要艾登前往。前往的日期由美国方面作出决定。但为了不让任何人有说我们欺骗俄国人或故意拖延的话柄，在做这件事的过程中我们必须诚心诚意。这个会议举行的日期最好在今后几天内作出决定。因为绝大部分工作都只与长期计划有关，我认为可以将距离会议举行的间隔时间定在两个星期上下。

我在给斯大林先生的一封信中简要概括了局势以作为这次派遣使节的准备工作。

1941 年 8 月 29 日

1. 我一直想对你们的英勇抗战在安排好长期援助之前有所帮助。我们同美国也正在研究这一问题。它将被当做议题出现在莫斯科会议上。麦斯基曾说你们非常需要战斗机，其理由是你们的损失太大了。我在上次电报中提及的二百架“战斧”式战斗机正在火速运出。在 9 月 6 日左右，摩尔曼斯克将会出现我们拥有四十架“旋风”式战斗机的两个中队。战斗机事实上也是我们本土的防卫基础，这一点我想你也有所了解。这还不算我们要想办法占据利比亚的空中优势，为了让土耳其加入我们也为他们提供战斗机。但如果你们的驾驶员能够有效地驾驶“旋风”飞机，我们还准备提供二百架给你们。这样一来，我们就总共运送给你们四百四十五架飞机了。这两百架飞机是装有八至十二挺机枪的“旋风”式战斗机，我们发现它非常利于作战。其中的一百架我们现在就可以运出。随后我们会以连同机械师、教练员、零件和装备在内，每批五十架分两批将其运往阿尔汉格尔斯克。你如果打算这个时候让你们的驾驶员和机械师去往摩尔曼斯克飞行中队，我们就可以让他们熟悉这种新式的飞机。如果你认为这样做对你们有帮助，我现在就可以让我们的陆空军代表团将详细的技术说明电达给你们。

2. 我非常高兴听到波斯人已经放弃抵抗的消息。我们是带着保护油田和开辟一条敌人无法切断的通往俄国的路线两个目的进入波斯的。为了让这一目的得以顺利实现，我们不仅要发展波斯湾到里海的铁路，还要确保它在得到印度增援的铁路器材后不被中断。为了不用几个师的人仅仅去保护铁路线，我外交大臣曾让麦斯基告诉波斯政府，我们愿意同他们商量希望赢得一个友好的民族。我们正从印度给你运去粮食。如果波斯人不进行抵抗，我们准备将石油开采税继续支付给波斯国王。我们正命令我们的先头部队前进。至于他们与你们部队会师的地点，我部队司令们认为大约会在哈马丹和喀什文之间。让英俄军队已经会师的消息传遍全世界是很好的一件事情。在目前,我们认为英国和俄国最好都不要强行进入德黑兰,因为我们仅仅是需要打开一条通路。我们正准备将一个大规模基地建在巴士拉的土地上。建造这个基地的目的，是希望它能成为一个设备良好的不冻港为我们接受美国供应的物资。这样一来，里海地区和伏尔加河流域就能收到这些供应物资了。

3. 英国人民非常钦佩俄国军民能够为抵抗纳粹罪犯而进行令人叹为观止的战斗。迈克法伦将军在前线看到一切后非常感动。摆在我们面前的是一段非常艰苦的时期，但是在我们一天胜过一天的空袭下，希特勒在冬天也不会好过。对于阁下对其通过日本从海参崴运送供应品的问题提出的强硬警告我不胜感激。我同罗斯福总统会面的时候，发现他有意采取强硬的对策来应对日本无论在南太平洋还是西北太平洋的进一步侵略行动，于是便赶紧宣布如果发生战争我们将和他在同一条战线。我非常希望为蒋介石多做一些在我们目前认为足够有力的事情。同日本作战是我们不愿意看到的事情。因此，我认为要想避免这场战争发生，最好的方法就是把最强大的联合力量的前景摆在那些分散而缺乏自信的民族面前。

麦斯基9月4日晚上来见我，并递交了斯大林的复信。这是斯大林从7月以来给我的第一封信。

斯大林致首相　　1941年9月4日

斯大林致首相的信件，请亲启。

我非常感谢你能在提供以前允诺的二百架飞机之外，又**出售**二百架战斗机给我们。我相信苏联的飞行员将能够对它们进行操作和使用。但我也不得不说,这些飞机并不能很快地全部得到应用，而只能分批地应用于不同时期的战斗中。因此，它们并不能明显地改变东线的局势。之所以会如此，是因为这样大规模的作战需要有大量飞机供应，尤其是过去三个星期苏联军队在像乌克兰和列宁格勒那样重要的地区形势的恶化。

在三个星期前，我们保持了前线的稳定局面。但在上个星期，因为东线迎来了一支包括三十到四十个德国步兵师的生力军以及大量的坦克飞机，还有二十个芬兰师和二十六个罗马尼亚师活动的大幅度增加，这一局面被打破了。德国之所以能这样无所顾忌地将军队调往东方，在于他们相信西方现在还没有将来也不会有第二战场。德国是很有可能实现他们的计划的：将敌人各个击破，先是俄国，然后是英国。

这一举动使得我们丧失了一大半乌克兰，同时也使得列宁格勒也不得不直面敌人。

它对我们造成的结果包括：克里夫艾罗格铁矿和乌克兰境内的许多冶金工厂被侵占；将分设于第聂伯河滨和提赫文的两座铝厂，以及乌克兰境内的一座汽车制造厂和两座飞机制造厂搬迁，不经过七到八个月的时间，这些工厂是无法在新厂址开工的。

我们的防御能力因此而大为降低，一种极大的威胁正要在苏联降临。如何改变这种非常不利的局面，是我们急需解决的问题。今年在巴尔干地区或法国的某个地区开辟第二战场是我认为唯一的解决办法。这样可以让德国不得不将三十到四十个师从东线调走。还请保证让在今年10月将三万吨铝运往苏联，每个月至少四百架飞机、五百辆坦克（小型或中型）的援助。

苏联如果没有这两种方式的援助，战败或被大为削弱将会是唯一的结局。而这就会使得它不能以在前线直接反击希特勒主义的方式对它的盟国进行援助。

这封信无疑会让阁下扫兴，这一点我心知肚明。但我不得不这样做，因为经验告诉我们：不管事实多么令人沮丧，我们都要正视它们；我们也要愿意说实话，尽管这不是一些受欢迎的话。

波斯事件当然是非常好的一件事情。对于这样一个问题，英苏军队的联合行动先行予以了解决。但这件事并不会造成巨大影响。波斯始终都不会成为战争分出胜负的地方。与英国相同，同日本开战也是苏联不愿意看到的事情。在苏联看来，违反包括和日本订立的中立条约在内的协定不是应该的。但是日本如果敢于进攻苏联而弃这个协定于不顾，苏联军队就会对它予以应当的回击。最后，我感谢你对苏联军队的战斗表示赞赏。为了我们的共同解放事业，苏联军队和希特勒匪帮进行了浴血的战斗。

* * *

在我所处的地方，苏联大使在艾登的陪同下和我进行一个半小时的交谈。他指出了俄国在过去十一个星期内怎样实际上单独抵御德国猛烈的进攻，俄国军队正经受着空前强大的攻击力量，措辞非常激烈。他说，说一些耸人听闻的话是他所不愿意的，但这可能是历史的转折点，如果苏俄战败，我们无疑会输掉这场战争。麦斯基先生以极其沉重的语调着重指出了俄国前线危机的极端严重性。这让我们对他产生了同情。但是我也被触怒了，因为我感受到了他言语当中带有的威胁。面对这位相识多年的大使，我说："我们在这个岛国上，仅仅在四个月之前还不知道你们是否会加入德国来对付我们，这一点你不要忘了。对于你们最终是否会加入我们，我们曾经是非常怀疑的。但即便在那个时候，我们也坚信最后的胜利一定会到来。我从来没有考虑过将生存建立在你们是敌还是友的基础之上。所有人都是没有权力来责备我们的，不管发生了什么或者你们做过什么！"大使在我语调高昂的时候大声说："请冷静一些，丘吉尔先生阁下！"随后，他明显改变了说话的语调。

我们开始就往来电报中涉及的问题展开讨论。大使希望立即实行登陆行动，地点可以是法国海岸，也可以是比利时和荷兰海岸。我告诉他这一行动在军事上是无法实行的，并且对解救俄国也不会产生任何帮助。我告诉他，我和我们的专家们为了提高横贯波斯的铁路的运输量曾在一天花费五个小时进行研究。我把比弗布鲁克和哈里曼的莫斯科之行也告诉了他。我告诉他我们为俄国提供我们所能节省下来的一切供应物资的决心是坚定的。最后，艾登先生和我告诉他：我们会告诉芬兰，如果他们的军队越过 1918 年的边界线向俄国进军，我们就要向芬兰宣战。对于立即开辟第二战场的要求麦斯基先生当然不可能放弃，但是继续争论下去是徒劳的。

*　　*　　*

我和内阁立即研究了这次会谈和斯大林的来电所引起的问题。在当天晚上，我向斯大林发出了复电。

首相致斯大林先生　　1941 年 9 月 4 日

1. 遵照你来电的精神，我立即对你进行了答复。我们非常乐意作出应有的努力。但英国西欧所能做的只有采取空中行动，并不能在冬季来临之前，使德国把军队从东欧调往西欧。想要在巴尔干开辟第二战场，一定需要土耳其的帮忙。至于作出这些结论的理由，如果阁下愿意倾听，我可以逐一列举出来。在今天举行会谈时，我和外交大臣以及三军参谋长已经讨论过这些理由。得出的结果是一定会遭受只有利于希特勒的惨重失败，无论这样做的出发点有多么好。

2. 根据我所得到的消息，我认为德国已经不再具有处于顶峰的侵略势头，而你们的英勇的军队也会因为冬季的来临获得一段喘息的时间。当然，这仅仅是我的个人之见。

3. 供应物资方面。我们已经就供应物资问题在帮助你们，并且将来仍然会竭尽全力帮助，我们非常清楚俄国工业遭受的重创。

我已经致电罗斯福总统，让他要求哈里曼先生的使团前来伦敦的脚步加快。我们准备将英美双方共同许诺每月运送飞机和坦克的数量和布匹、铝、橡胶等物品的供应量在莫斯科会议之前告诉你。你每月对飞机和坦克的需求量，我们准备承担一半，这一半将由英国的生产量当中直接调拨。我们希望你们需求的另一半由美国提供。对于向你们运送军事装备的工作，我们会想方设法不断地供应。

4. 我们会向波斯铁路提供车辆，使它由现有每日对开两次列车的运输量，提高到每日对开十二次列车的最大限度。这个命令现在已经发出，预计 1942 年春季会得以实现。在这个过程中，我们会不断增加车辆的供应量。我们正在将机车改装成为内燃机车。改装好后，我们会将其中的一批机车和一些车辆取道好望角运到你们那里。我们还会对铁路沿线的给水设备进行扩充。我们即将运出第一批四十八台机车和四百辆钢制货车。

5. 我们现在正准备就联合计划的问题和你商量。必须出现一些不可预见的事件，英国军队才有能力在 1942 年侵入欧洲大陆。在极北地区夜长昼短期间，我们也可能会对你们进行帮助。我们中东的军队，我们希望在今年年底扩充到七十五万人，在 1942 年夏季达到一百万人。这些军队消灭了利比亚的德、意军队后，就会派往你们的南部侧翼配合作战。我们也希望争取到土耳其，至少能让它保持中立。为了保全我们自己，我们在一过程中会保持海运的畅通无阻，对德国的空袭也会愈加强烈。

6. 你在来电的第一点提到“售给”这一词语。我想说的是，我们从未这样看，并且也从来没有想让你们付款。和美国租借法案所体现的同舟共济原则一样，我们所能给你们的任何援助也是不计金钱的报酬的。

7. 对于芬兰，我们会尽力对其施加压力，并且告诉它，我们很可能与它开战，只要它继续越过旧的边界线。我们正要求美国通过一切可能的办法来对芬兰施加影响。

这件事我认为是非常重要的。因此，我趁着还保持着深刻记忆的时候致电了总统：

前海军人员致罗斯福总统　　1941 年 9 月 5 日

在昨天晚上，苏联大使交给了我和艾登这封附上的电报。这位大使在电报中语意含糊地表达了事态的严重性，能否出现转机决定于我们的答复。我们没有在谈话中看出他们单独讲和的可能性，但是我们仍然不能排除这种可能性。附上的复电是按内阁的意思发出的。复电中涉及了我们可能给予的美援，希望你不要因此而感到不快。我认为决定性的时刻已经到来。因此，我们应该尽最大的努力做好这件事。

致以亲切的问候……

对于苏联的呼吁，我们驻莫斯科大使用激烈的措词表达了支持的态度，这是自然而然的事情。我也就这件事发出了一封电报，并且认为在近在眼前的辩论当中，这封电报将成为他回答的依据。

首相致斯塔福德·克里普斯爵士　　1941 年 9 月 5 日

1. 我们并非一定不能在可能面临惨重损失的情况下，在法国、比利时与荷兰的海岸采取牵制行动以迫使德国军队撤出俄国，只要能够做到。但这样做只会在遭受惨重的伤亡下被击退，或者是建立起小规模的登陆据点在几天以后被迫撤退，这是我们所有将领的一致看法。与大不列颠所拥有的兵力相比，德国在西欧的兵力仍远远在其之上，并且还有强大的空军支援，法国沿岸的防御措施可以说已经固若金汤。我们目前还缺少能往欧洲大陆运送大批军队的船舶，要想将大批军队运往欧洲大陆，唯一能做的是延长运送过程。但如果我们用一些小舰队来完成这一任务，必然会导致我们的中东军队无法获得我海军的支援，并瘫痪整个大西洋上的交通运输，从而引起大西洋战役的失败，让不列颠各岛面临饥饿和毁灭。关于如何才能影响东线战事的办法，我们一直在找，但是一无所获。我从德国刚开始进攻俄国开始，就一直让三军参谋长抓紧时间研究各种形式的行动。而他们的看法也和这里所表明的看法是一样的。

2. 你应该有这样的认识，如果斯大林提到在巴尔干开辟战场，我们即便能让地中海的船舶投入应用，我们把两个师和一个装甲旅运送到希腊也要花费七个星期的时间，而这还不算德国和意大利的军队已经在我们被驱逐出希腊之后，占领了希腊全境和许多岛屿上的飞机场，使我们的战斗机完全无法对这些地方进行掩护。对于人们完全无视我们撤出希腊和克里特岛的船舶和舰队遭受的损失的行为，我感到难以理解。与那时的情况相比，我们现在的情况不利多了，并且我们的海军也不具有当时的力量。

3. 我想，在你说“一种超人的努力”时，你的脑海一定出现了一种超越时间、空间和地理条件的努力。可是我们并没有这种天赋，非常遗憾。

4. 如果法国战线还存在，它或许可以改变西欧的局势。我只有那样才会认为德国无法对俄国发动进攻，因为我们可以立即在法国的战线上大规模反攻德国。抱怨现状是我们不屑于去做的，何况我们也不是使希特勒将波兰摧毁在回师进攻法国以前，将法国摧毁在集结军队进攻俄国以前的始作俑者。

5. 相较于俄国空军遭受到的损失，我们从储备中拨出来的四百架战斗机所受到的损失自然只能算是一个小数目。但这在我们看来却是一种忍受痛苦而作出的牺牲的行为。皇家空军之所以能不分昼夜袭击敌人，完全是我们竭力维持的结果。但是在西欧，德国的空军力量仍然非常强大，这一点从法国海岸上空进行的势均力敌的战斗就能看出来。

6. 对于俄国前线进行的剧烈战斗，我们能够做的事情和已经做的事事实上都无法对其产生影响。1942 年的战役我们仍然可以作出安排。我们将尽量开放在波斯境内开辟的路线，同时也会第一时间运出英国资源中能找到的和能用船装的物资，以及美国资源中本来要运往英国中能找到的能用船装的物资。为了能尽快让俄国人知道自己在 1942 年能获得什么援助去弥补军火工业所遭受的损失，并且方便他们制订计划，我已经要求罗斯福总统尽早派来哈里曼先生。我在今天将对斯大林的来电进行答复，你可以这封电报为指导性文件，而这也本来就是我写它的目的。对于你因为直接见到俄国苦难而产生的同情我非常理解，但我们所必须面对的事实并不会因同情而受到影响。

9 月 9 日，我将一封为答复斯大林一项要求的电报发给了我们驻莫斯科的大使：

请以首相的名义告诉斯大林，我们正想办法从加拿大为他提供五千吨铝，一商量好装运的办法我们就会将它马上运出。我们会在以后保持两千吨的月供应量。如果俄国政府不主张一定用波斯线运输，我们将通过海参崴运去第一批铝锭。

斯大林在 9 月 15 日又给我发来了一份电报：

我曾将苏联政府的观点，即为了我们的共同事业，改变局势的最好办法是开辟第二战场在上次的电报中进行了说明。但你在来电中却将目前不能开辟第二战场的观点重新提了出来。我只能再一次重申，要想粉碎我们共同敌人的图谋，开辟第二战场是必需的。

英国政府无疑是希望取得胜利的，并且在积极地寻找途径和方法来达到这一目的，这一点我完全相信。但对于能积极从军事上援助苏联的方法，目前除了在西欧开辟第二战场你们还能想到其他吗?

我认为，英国要想派遣二十五到三十个师在阿尔汉格尔斯克登陆，或者取道伊朗将他们运到苏联的南部地区。这完全不会有任何风险。这样一来，在苏联的国土上苏英军队就可以进行军事上通力合作。这一办法无疑会极大地帮助到我们，同时也会沉重地打击到希特勒的侵略。

我简直无法相信在有许多军事专家提供意见的情况下，俄国政府的首相竟然会有如此荒谬的想法。看来我们没有办法能够和一个充满幻想的人进行争辩。接着他又说：

我们很感谢你答应每个月为我们提供铝、坦克和飞机援助。我们极其认同英国政府以战友情谊和合作的原则，[而是]而不是通常的商业原则来看待对我们铝、坦克和飞机的援助的好意。面对盟国的帮助，我希望英国政府能够有充分的机会来认识到苏联政府将会怎样地予以感谢。

在9月12日，英国驻莫斯科大使斯塔福德·克里普斯向莫洛托夫先生递交了备忘录。我想就备忘录作出一点说明。备忘录中说："对于停泊在列宁格勒的军舰，如果苏联政府为了不让它们为敌人拥有而予以炸毁，在战争结束后，国王陛下政府将会承认苏联政府的要求，即由国王陛下政府对修复损毁舰艇作出一定的补偿。"如果停泊在苏联列宁格勒的舰艇真的被销毁，苏联政府非常了解并感谢英国政府的好意，即愿意补偿一部分苏联政府受到的损失。在必要时这样做无疑是应该的。但是，真正应该对这种损失负责的是德国而非英国。所以我认为这种损失应该在战后由德国承担。

我尽可能以最理想的复电来应对这封来电：

首相致斯大林先生　　　　　　　　1941 年 9 月 17 日

1. 感谢你的来电。哈里曼使团已经全部到达。比弗布鲁克和他的同僚正同他们为了全盘考虑全部资源整天地工作着。他们希望借此方便和你们制定具体的计划，以求尽快通过每一条可能的路线逐月运送物资让你们的军火工业遭受的破坏得到恢复。罗斯福总统的打算是将这项计划执行到 6 月底，但是只要你们还没有取得胜利，我们将会继续援助。我希望本月 25 日会议能在莫斯科举行，但在全体人员还没有安全到达之前请你保密。我以后会电告他们所经的路线以及具体怎样旅行。

2. 我非常重视开辟波斯湾到里海的通路。为了开辟这条通路，除了铁路之外，我还会通过一条宽阔的公路来予以实现。我们希望美国会在人力和组织方面协助我们修筑这条公路。关于整个供应和运输的计划比弗布鲁克勋爵当会说明。哈里曼和他的关系极好。

经过我们参谋部充分考虑，我们可以在一切可能的战区同你们进行军事合作。最为有利的合作当然是南北两翼。我们如果能够进攻挪威，将会极大地影响瑞士。但是我们目前却缺少军队，用来实现这个计划的船舶也同样缺少。南方的土耳其也是一个重要的争取对象。如果能拥有土耳其这样一个盟友，我们将又有一支强大的可供调用的军队。我们相信土耳其是愿意加入我们的，它只是害怕。这一局面很可能因为答应在它那里派驻相当的英国军队，并为它提供所缺乏的工业器材而改观。为了能发挥最大的力量来对付我们共同的敌人，我们会和你就有用的任何其他形式的援助展开研究。

对于你希望由德国的赔偿来补充俄国舰队的愿望，我表示完全同意。德国和意大利的重要舰只，我们在胜利后一定可以支配。我们认为完全应该用这些舰只来补充俄国海军。

*　　*　　*

10月25日，我就苏联希望派遣二十五至三十个英国师在阿尔汉格尔斯克或巴士拉登陆的荒谬建议电复了我国驻苏大使。

首相致斯塔福德·克里普斯爵士（在莫斯科）1941年10月25日

1.关于派遣“二十五至三十个师到俄国前线去作战”的想法，请你告诉他们那是荒谬的。你的看法我当然认同。但我们仅越过海峡在法国境内组建十师都花费了八个月时间，而且当时的情况还是我们的船舶多而敌人的潜艇少。能把第五十师在六个月的时间内运往中东，我们也是经历了很大困难才完成的。我们正在为运去第十八师而竭尽全力。我们已经用上了所有的船舶，如果我们不从维持中东供应的那些重要的运输船队，或者运输援俄物资的船队中调拨出一些，我们将无法再有更多的船只。生活和军火制造的需求我们也是在勉力维持。想要在冬季的极夜中行动，当前没有任何一支派往摩尔曼斯克的部队能够做到。

2.在南方的侧翼，俄国有五个师分布在波斯，我们愿意派军队去将他们替换下来。这几个师应该在我们替换的军队到来之前回到自己的国家去保卫本土，因为为了维持我们派往北方的军队的供养，这仅有的补给线当中的一条将会被占用。没有至少三个月的时间，我们是无法把两个装备齐全的英国师从这里运到高加索或里海以北的。而到时候这两个师就只能发挥出很小的一部分作用了。

*　　*　　*

比弗布鲁克和哈里曼在伦敦举行的会谈这时已经结束。英国供应代表团在9月22日从斯科帕湾登上了巡洋舰“伦敦”号。他们准备从这里出发，经过北冰洋前往阿尔汉格尔斯克，然后再飞往莫斯科。他们的任务有很多。我下达给比弗布鲁克勋爵的指示，是在国防委员会经过我的战时内阁同僚同意的。我在本书附录记载了这个重要文件。我还让比弗布鲁格为我带去了致斯大林的一封信：

亲爱的斯大林：　　　　1941年9月21日

英美代表团已经出发，比弗布鲁克勋爵当会亲自交给你这封信。比弗布鲁克是我一个时间最长最亲密的朋友，内阁对他也是充分信任的。他和哈里曼先生已经亲密无间。哈里曼先生无疑是美国人中的佼佼者，为了共同事业的胜利他也是竭尽全力的。我们在英美两国都非常期待的会谈中所能商定的一切，都将由他们向你提出。

我们认为最先研究的问题应该是从1941年10月初到1942年6月底九个月的时间我们交给你们的物资总额，这也是罗斯福总统的建议。为了方便你恰如其分地运用你们的储备物资，我们已经将每个月能够运交的物资的详情统计了出来，你到时候将可以知道。虽然美国认为供应的期限不能超过1942年6月底，但是你完全可以相信在6月以后仍然能获得两国大得多的物资供应量。同时也请你相信，对于你们的军事工业因为纳粹侵略而造成的大量减产，我们会尽力实行补救。至于比弗布鲁克勋爵会就这个问题说些什么，我不打算在这里预先说明。

我们供应给你直到6月底的物资总额，你将会发现几乎都是来自于我们英国的生产或者美国的供应品，而后者是我们自己向美国购买或是按租借法案要求美国提供的。美国曾下定决心供给我们他们所能够输出的全部剩余物资，而这一点时间开辟新的供应来源对他们来说也并没有那么容易。我认为美国的生产有望大大提高，他们强大的工业到1943年将会尽全力生产军用物资。对于英国来说，为了彼此的共同事业，我们会在两方面作出努力：一方面会在生产方面增加已经预定的生产量，另一方面会发动我国的人民提供额外的帮助。但是你也会认识到，我们所拥有的军队和计划的军用物资供应量仅仅及得上你们和德国的五分之一或六分之一。让海路畅通无阻是我们当下迫切需要做的事情，其次就是取得决定性的空中优势。对于大不列颠群岛上的四千四百万人来说，这两点是最需要解决的问题。尽管我们无法拥有一支能和欧洲大陆的军事强国相匹敌的军队或军需工业，但我们还是会尽力为你们提供援助。

我们委派了伊斯梅将军担任参谋长委员会的私人代表，我们的全部军事策略他都了然于胸。他也是我们派去同你的司令官们研究为了实际合作可能提出的计划的人。

我们如果能进入利比亚西翼，在俄国战线的南翼我们将拥有相当大的一支空军和陆军部队配合作战。

如果能让土耳其拒绝为德国借道，或者能更进一步让它同我们一起作战，我认为我们将拥有最迅速和最有效的帮助。我毫不怀疑你会对这个问题予以相当的重视。

对于中国人民抗日卫国的战争我始终是同情的，这一点我和你完全相同。当然，如果让日本成为我们的敌人，也不是我们愿意见到的事情。不过，日本政府已经因为我和罗斯福总统举行会谈对现状有了更加清晰的了解。如果美国和日本发生战争，我曾果断地代表国王陛下政府宣布会立即和美国站在同一条战线。在对待中国的问题上，我认为我们三国应该在保证不被日本宣战前提下援助他们相当长的一段时间。摆在英国人民面前的无疑依然会是长期的斗争和困苦。但是我认为美国极有可能作为一个交战国加入战争，如果真能如此，我认为只要我们能够坚持，胜利就一定会到来。

随着战争的持续，我希望英帝国、苏联、美国和中国的人民，这三分之二的世界人口能够共同反抗他们的迫害者。我毫不怀疑胜利就在他们所走的道路的尽头。愿俄国军队取得胜利，纳粹暴君灭亡。

你忠实的朋友，温斯顿·斯宾塞·丘吉尔

*　*　*

9 月 28 日，我们的代表团抵达了莫斯科。苏联以冷淡的态度接待了他们，会谈也进行得并不友好。看来，对于苏联当时面临的困难处境，俄国人认为是由于我们造成的。面对美英同事，苏联的将领和官员拒绝提供任何情报。甚至就连对我们宝贵的作战物资需求量的依据，他们也拒绝作详细的说明。直到离开的前一晚，他们才正式接待了我们的代表团。我们的代表团当天晚上被邀请到克里姆林宫参加宴会。他们当时的心情无疑是沉重的，但是这一举动仍然可能给他们带来了帮助，因为这类场合的许多私人接触非常有助于达成协议。然而，非常遗憾，这种心情在当时并没有产生，我们在当时的身份似乎只是为了来莫斯科请求给予恩惠。

伊斯梅将军讲过一件虽不一定真实但很有趣的事情。这件事或许可以让读者更轻松地阅读本段记述。苏联国际旅行社的一个向导曾经领他的勤务兵、一名皇家海军陆战队的士兵参观莫斯科的风景。他向海军陆战队士兵介绍：“这个饭店以前叫里宾特洛甫饭店，现在已经更名为艾登饭店。这条街以前叫希特勒街，现在已经更为名丘吉尔街。这个火车站以前叫戈林[①]火车站，现在已经改为比弗布鲁克火车站。同志，抽根香烟吧。”那名海军陆战队士兵回答：“同志，非常感谢，看

---

① 里宾特洛甫和戈林都是当时德国的高级官员。——译注

来以前的都是些劣货！”这虽然是一个滑稽的故事，但已经足以说明当时会谈气氛的怪异。

* * *

与此相反，我同美国人开始了越来越热情的接触。

前海军人员致罗斯福总统　　1941 年 9 月 22 日

接到你［致哈里曼先生］那封让人高兴关于坦克的电报时，我们正在对必须拨给俄国的全部物资一筹莫展。我们每个人都受到了比以前的产量增加将近一倍的前景的鼓舞。在友好而善意的气氛中，两国的代表团已经出发。

首相致哈利·霍普金斯先生　　1941 年 9 月 25 日

1. 我们的代表团现在正去往莫斯科。他们准备就伦敦会谈所涉及的范围趁这个时候全盘进行一番或许有益的考察。

2. 我们无疑应该为俄国提供我们双方的物资，这也是非常值得的。对于其中的事实，即你们用了大量扩充军队和我们加强作战努力所需要的装备来援助俄国，应该直接告诉他们。我们在今后九个月面临的困难你是知道的。

我们之间的供应物资一定会产生差额，但对于这一差额我们要尽力弥补。相较于原来的计划，我们扩充生产计划后或许并不能超过太多。你们如果能通过短时间让自己的生产计划得到一般性的提升，那也是非常好的事情。

3. 关于就完全取得胜利所必需进行的讨论，想必你已经知道进展很大。我们把可能需要的各项物资在一项已经拟好准备签署的备忘录里进行了列举。恩比克将军将会把这份备忘录带回华盛顿。华盛顿是讨论这些物资需求量的唯一地点，讨论的问题应该还包括估计为了维持俄国抗战的各项所需物资。让1942年下半年的产量达到1943年上半年的计划的产量能够做到吗？如果能够做到，我们就可以达到两个目的：其一，更有利于完成为了赢得胜利的生产计划；其二，对于我们双方的短期需求来说，比其他方面的短期需求更能予以满足。这势必会在1942年下半年让我们更多地帮助到俄国人。

关于美国将来生产坦克和飞机的计划，我10月2日已经从总统那里获知。在对英俄两国的援助上，美国从1942年7月到1943年1月每月将会提供一千二百辆坦克，并在以后六个月提供两千辆坦克的月分配量。美国让自己的代表团告诉俄国，它可以从7月1日起为俄国每月提供四百辆坦克，并在经过与我们的讨论后，提供更多的在那个日期之后的供应数量。

鉴于美国那个时候的坦克生产量会增加一倍，达到二千五百辆的月生产量，它履行这一坦克的供应量是完全没有问题的。

总统又告诉我，从1942年7月1日起到1943年7月1日止，他将为俄国前线总共提供三千六百架飞机，这已经超过了他之前允诺的数量。

* * *

一项友好的协议在莫斯科达成了。有关方面将1941年10月到1942年6月期间，英国和美国能够提供给俄国的物资，在一项议定书里面进行了列举，并通过了这一项议定。这对我们的军事计划产生了不良影响，而它本来就已经因为极其缺乏军火而被妨碍了。因此，我们不得不把自己的产品拿出来，还把我们本来可以从美国获得的重要军火放弃，从而让自己独自承受着一切。我们和美国并没有就经过危险难行的海洋和北极航线为俄国运输这些供应物资做出任何承诺。值得注意的是，我们曾建议将运输船队启程的时间放在浮冰退去之后，但却遭到了斯大林的无礼责备。所以，我们只向俄国保证了在英国和美国的生产中心交付这些物资。“对于把这些物资运到苏联的工作，英国和美国将进行帮助并负责装卸。”这是议定书结束时的话。

比弗布鲁克勋爵 10 月 4 日给我发来电报：

因为有了这个协定，莫斯科的士气受到了极大的鼓舞。物资的运交将会为此得到好处……在冬季的几个月内，我认为这里很难获得安定的军事局势。我认为要想使得局势安定下来，旺盛的士气是先决条件。

我们将宝贵的物资贡献给了正为生存而战斗的人们。

首相致比弗布鲁克勋爵（在莫斯科）　　　　1941 年 10 月 3 日

我衷心地祝愿你和大家。团结和成功是这次会议揭示的主体，这两者都意义重大。你是做好这件事的唯一人选。你现在应该回来，并且使[此处有一组无法译出的密码]材料。这里有着无法抑制的乐观情绪。

首相致比弗布鲁克勋爵（在海上）　　　　1941 年 10 月 6 日

我们将所有时间都用在了促成你计划成功这一事情上。以下是我发给斯大林的电报：

首相致斯大林　　　　1941 年 10 月 6 日

1. 得知在莫斯科举行的三国会议已经成功，我感到无比的高兴。提高供给的速度事实上就是在加倍提高供给的数量。我们会每隔十天安排一次运输船队。已经在途中将会抵达阿尔汉格尔斯克的物资有：10 月 12 日出发的一百九十三架战斗机（仅仅是 10

月以前的总额）和二十辆重型坦克；10 月 29 日出发的一百四十辆重型坦克、一百架“旋风”战斗机、二百辆捷克式机枪战车、二百支反坦克枪及弹药、五十门发射两磅重炮弹的大炮及弹药；10 月 22 日出发的二百架战斗机、一百二十辆重型坦克。

以上运交的飞机是 10 月份的总额；11 月 6 日运抵俄国的还有二百八十辆坦克。10 月份还会运去捷克式轻机枪战车、反坦克枪和发射两镑重炮弹的大炮。取道波斯运去的有二十辆坦克，从加拿大经由海参崴转运的还有十五辆。所以，运出的坦克总数将会是三百一十五辆，还差十九辆将会达到全部总额。不超过 11 月我们将补足差额。美国运出的供应物资并不在这些供应方案之列。

2. 关于定期往返航行运输船队的装卸，在我们看来，最好的承担人是阿尔汉格尔斯克的有关方面人员。这一工作想必已经安排好。

向你致以良好的祝愿。

但在莫斯科的时候并没有谈这些事。无可否认，将充满变化的军事局势向苏联的领袖说明并同他们讨论，伊斯梅将军是完全有权力且有资格决定的。之所有这样做，完全是因为比弗布鲁克和哈里曼不想因为自己的任务被意见不能取得一致受影响。立即开辟第二战场仍然是俄国人的非正式请求。不能开辟第二战场的观点他们无疑仍然没有接受。他们之所以会提出这一要求，其依据就是他们所经受的苦难。我们的大使就这样被推到了风口浪尖。

时间已经到了深秋。10 月 2 日，博克指挥德国中路集团军向莫斯科发起了再一次的进攻。面向莫斯科，两个集团军向其西南推进，向其两翼推进还有一个装甲兵团。10 月 8 日，奥勒尔被攻克，位于莫斯科—列宁格勒公路上的加里宁城也于一星期后被攻克。在德军中路军的强大攻势下，提摩盛科元帅的两翼受到了严重的威胁。于是，他把军队撤到了莫斯科以西四十英里的第一线准备迎战。俄国这时已经面临严重到了极点的局势。距离莫斯科东面的古比雪夫迎来了苏联政府、外交使团和一切可迁移的工业部门的大撤退。

斯大林 10 月 19 日宣布了首都处于被围状态，并于当天发布了一道命令："为保卫莫斯科死战到底。"对于他的这一命令，俄国的军民予以了忠诚的遵守。在此之后，从奥勒尔出动的古德里安装甲兵团近抵图拉，敌军从三面包围莫斯科并用飞机进行轰炸。但即便如此，俄国到了 10 月底仍然明显地加强了攻势，德军因此受到遏止。

* * *

我一如既往地支持我驻苏大使，因为他只身承担着困难的任务以及许多的艰难困苦。

首相致塔福德·克里普斯爵士（在古比雪夫） 1941 年 10 月 28 日

1. 对于你的艰难处境和俄国的极度苦难我深表同情。但责备我们他们是没有权力的。希特勒之所以敢入侵波兰发起这场战争，完全是因为他们同里宾特洛甫签订的条约。这个时候，他们不过是在承受自己一手铸就的命运。面对法国军队被打垮，他们无动于衷，并且拒绝开辟第二战场。我们在 6 月 22 日之前本来是可以作出许多安排，并向他们提前援助我们现在在军火方面的援助的，如果他们那个时候预先和我们商量的话。但是，对于他们将加入哪一阵营，或者是否有意作战的问题，直到希特勒进攻之前他们都没有告诉我们。整整一年的时间，我们都处于孤军作战的境况。而在莫斯科的指使下，我们进行的战争还受到了英国每一个共产党人的阻碍。如果敌人在 1940 年 7 月或 8 月入侵或摧毁了我们，或者我们在今年的大西洋战役中食物供应不足，他们是完全不会在意的。在巴尔干国家受到攻击时，如果他们能采取及时的行动，或许还可以做许多事情。但是他们并没有这么做，而是对希特勒任意选择时机和攻击目标的行为听之任之。对于一个有着这样经历的政府，我认为无需理会它谴责我们企图征服非洲或牺牲俄国的利益为自己服务，或者有意使俄国战斗到最后一刻。如果他们怀疑我们，那只能说是因为感受到自己的罪过内心受到了良心的谴责。

2. 在对待俄国的态度上我们是真心诚意的，我们曾置打乱自己重整军备的计划和敌人可能春季入侵的巨大风险于不顾，竭尽全力地帮助他们。我们毫无疑问还要继续给他们更多的帮助。但是我们反对愚蠢地让两三个英国师或英印师去作象征性的牺牲——进入俄国中心去被敌军包围和歼灭。俄国的人力是足够的，它在当下拥有几百万受过训练的士兵，现代化装备才是他们真正缺少的东西。我们正在充分利用港口和交通的最大限度为他们送去现代化装备。

3. 我们自己也需要进行战斗，这一结论是经过长期计划得出的。只要还存在一丝理智，这些计划就不应该被否定。我们曾经希望让印度师去接替在波斯北部的五个俄国师，这些印度师的能力仅能够维持内部治安而不足以抵抗德军。但对于我们这一派遣少数部队到高加索的建议，莫洛托夫并没有接受，这让我们感到非常遗憾。为了让土耳其不被德国许诺割给俄国的领土的建议所诱惑，我们曾想尽一切办法让它保持中立。对于我们的这一努力，我们并不期望能得到那些正受到沉重打击而奋勇作战的人们的感激，但我们也能心安理得地面对他们的指责。当然，在俄国遭受创痛之余用这些事去刺激他们也是不必的。但我希望你能把英国的人的忠诚、正直和勇敢竭力传达给俄国人。

4. 你现在和迈克法伦[我们派往俄国的军事代表团的团长]乘坐飞机回国是没有什么好处的。我唯一能做的事情是将我的话重复一遍，同时也希望永远不再被人要求向公众作出说明。和那些正受到严峻考验的人们在一起就是你的任务，尽管目前他们还不一定能取得这场考验的胜利。希特勒随时都可能停止他在东方的战事，然后调转部队来对我们发起进攻。

对于斯大林和希特勒演出的这出戏，我们目前就写这么多。俄国的军队这时因为冬季多了一道屏障。

* * *

看到俄国的草原走过无数的德国军队而我们却不能从军事上给俄国任何援助，几个月之后，我的妻子深深感到了全国人民的焦虑不安。我告诉她，在很长一段时间内，我们能做的只是提供大量各种供应物资，根本不可能开辟第二战场。我和艾登先生建议她可以募集医药援助基金，募集的方式为自愿捐助。因为英国红十字会和圣约翰医院已经在操办这件事，所以我的妻子同意了他们的邀请，为“援助俄国”的口号去带头呐喊。在这些组织的赞助下，她在10月底发出了第一次呼吁书：

当看到俄国发生的重大骇人事件，强烈的忧虑是我国每个人的深切感受。俄国人竟然有如此强大的防御力量以及防御的能力，这不能不让我们感到由衷的赞叹。我们非常敬佩和感动于俄国人民的勇敢、坚强和爱国的自我牺牲精神。我们尤其怜悯和震惊于人类竟然遭受到如此大的苦难……我们已将五十三套紧急手术用具、三十套输血设备、七万枚各种外科用针、一百万片M.和B.693号药片作为供应品运到了俄国。这种药片是最新的消毒特效药。对于治疗由细菌引起的病症，这种药片有着革新的作用。我们还将半吨非那西汀[①]和约七吨的脱脂棉运去了俄国。但这仅仅还是一个开始……募集到一百万英镑才是我们的目标，这一点我们已

① 一种人工合成的解热药。——译注

经告诉过大家。我们的开端非常良好。仅仅才经过十二天的时间，就已经有三十七万英镑进入基金。在上个星期，我们仁爱的国王和王后又捐赠了三千英镑给红十字会。他们在当时曾说，如果将这笔联合捐款中的一千英镑作为援俄基金，他们非常愿意。他们的行为堪称典范。

如果没有雇主们的帮助，这件事大部分都会成为空谈。我想要说的是，只要雇主帮助已经开始征募的这项基金，那些每星期只有极少收入的工人们也会非常愿意捐助，不论是在什么地方。所以，能够参加这一表示同情与好心的行为的人员，不仅可以包括国王和王后，也可以包括收入低微的工人和村民。一定会有无数的人参加对俄国的这一捐献，这些人既可能是村舍和王宫当中的人，也可能是收入仅有几个便士和像纳菲尔德勋爵（他将一张五万英镑的支票送了过来）那样无比慷慨的捐助者。

对于这一呼吁，人们第一时间慷慨地进行了回应。她在今后的四年都在进行这项工作，充满热情，且非常负责。将富人和穷人的捐献加在一起，总共募捐的数量接近八百万英镑。尽管有很多富人出手大方，但是大部分基金仍然是来自于广大群众对每周工资的省吃俭用。这样一来，尽管北极运输船队损失严重，但俄国军队和人民仍然不断获得医药、外科器材、各种慰劳品以及特制的设备。这些物品都是强大组织红十字会和圣约翰医院，通过满是冰块而无比危险的海洋运送过去的。

第六章　波斯以及中东

1941 年夏季和秋季

波斯面临的英苏要求——有必要进行联合行动——韦维尔将军坚定的意见——7 月 22 日艾登先生的备忘录——我的警戒和查询——在委员会上枢密院议长的报告——决定与俄国一起行动——反抗的兵力——战斗打响——波斯国王屈服——对波斯政府提出的要求——国王年轻的儿子取代他继位——英苏的达成联盟——通往俄国的新供应线的发展——开往马耳他的船队——德国人眼中的地中海战事——有必要在马耳他布置海面舰队——创立“K 舰队”——计划建立一支机动后备军——我对总统的呼吁——总统的迅速回应——用于运载两个英师的美国运输舰——总统在大西洋的帮助——尼罗河集团军的实力日趋强壮——三军参谋长的忧虑——我 9 月 18 日的备忘录——应该优先对待沙漠战役——9 月 20 日我发给史末资将军的电报——我的战术备忘录——大炮的地位得到恢复——大炮与坦克对战——地面部队受到的高射炮掩护——作战时陆军司令和空军司令的关系

考虑到北极航道面临许多阻碍和波斯可能在未来具有战略价值，以及我们必须要为苏联政府送去各种军火和供应物资，所以我们现在最应该做的，是建立一条从波斯通往俄国的最完善的交通线。战争的一个主要引起因素就是波斯的油田。德国已经将一个代表团设在了德黑兰。他们之所以能在这里享有很高的威望，就是因为这个代表团众多的人数和活动的频繁。希特勒进攻东方的计划，因为镇压伊拉克的叛变和英法占领叙利亚的侥幸完成而不得不中止。能够与俄国人并肩作战我们是非常愿意的，于是他们希望进行一次联合行动。尽管我对波斯之战的发起是存在一些顾虑，但主战的论点却更加让人信服。对于这次军事行动是由韦维尔将军在印度指挥这一点我也非常高兴。

内阁的一个委员会在 1941 年 7 月 11 日向三军参谋长提出了一个请求：如果波斯政府对自己目前雇佣的德国人不管不顾，是否有必要和俄国采取联合的军事行动。7 月 18 日，他们又建议我们应该对波斯政府采取坚决的行动。持有相同态度的还有韦维尔将军。在 7 月 17 日的时候，他曾致电陆军部：

> 我认为我们很不应该对伊朗采取温和的态度。对于印度的防务而言，现在清除伊朗的德国人是非常有必要的。如果这一点无法实现，前不久伊拉克及时被镇压的那类叛变事件就会重演。通过伊朗联手俄国是我们当下必须要做的事情。如果伊朗政府拒不接受这一要求，那么就强制让一个愿意这样做的政府代替它。为了实现这一目标，我们应该在德俄战局还存在变数的时候尽可能地施压……

我在 21 日复电韦维尔将军：

> 关于波斯的局势内阁将会在明天予以考虑。我大体和你持相同的意见，主张由英俄两国将波斯立即驱逐出德国人，否则将要付出代价的要求告诉波斯政府。但如果这一要求被拒绝，我们可以使用哪些军队？这是一个重大的问题。

三军参谋长认为，为了便于在一小队空军的掩护下夺取油田，我们应该让至少一个师在南部采取行动。但如果要这样做，从伊拉克调来一支军队就成了非做不可的事情，可是对于维持伊拉克内部治安的问题，我们驻扎在那里的军队甚至都不能很好地完成。最后他们认为，必须在今后三个月内从中东派遣军队进入波斯。

7 月 22 日，外交大臣送来了一份备忘录，他把自己对局势的看法在其中作了说明：

> 我对向伊朗施压的问题在今天早晨作了更深入的考虑。通过研究，我越来越深刻地认识到：我们是否有能力在伊拉克组成一支有充足兵力的军队保护油田起到决定性作用。我们不应该在军事准备还没有就绪之前进行从经济方面施加压力这一危险的举动，因为波斯国王很有可能在看出我们要发生纠纷时在我们之前采取行动，他知道油田对于我们的重要性。在俄国边界、伊拉克边界和油田地区，伊朗已经集结军队，这是我们根据截获的可靠报告得来的信息。我希望尽快能让我们驻在伊拉克的兵力得到加强。如果想以和平的方式让伊朗人服从我们，那么我们就必须在俄国军队还没有在南部严重受挫之前准备好这一军事部署。同时我们也不应当在完成军事部署之前进行外交，那样很容易让我们陷入危险。此外，为了及早增援我们在伊拉克的军队也是我们必须要这样做的一个原因。如果俄国被击溃，伊朗人就会被德国人施加给他们把我们赶出伊朗的压力压垮，那样我们就不得不仅靠自己的力量去占领伊朗油田。

*　　*　　*

我们并不满足于已经为成功而周密地部署了波斯的行动计划。所以，在 7 月 31 日出发前往普拉森西亚海湾之前，我命令在枢密院议长的主持下针对这件事建立一个专门的委员会。

当波斯拒绝我们要求采取包括开战在内的行动计划，我认为我们并没有给予它由于本身重大意义所应具有的关注度。我承认应该采取这样的行动，但我同时也认为应该全面考虑包括外交部和陆军部，中东司令部和印度政府在内的相关部门之间的密切关系。在没有精确地考虑好可能出现的事件之前，采取这关系重大的行动是非常愚蠢的。我们可能面对的问题有很多。如阿瓦士油田周围的波斯军队被捕去当英波石油公司所有雇员的人质时应该怎么办；巴赫蒂亚里山区和当地居民会如何看待这件事情；德黑兰的英国侨民又会如何看待这件事情；敌人是否有可能为了不让我们获得它们而破坏油井。如果这些事处理失误，就有可能因为轰炸德黑兰而酿成一次重大灾难。我们必须要面对的问题还有：面对当地居民和波斯政府的抵抗，我们是否有足够的力量占领阿瓦士油田；我们打算向北推进多长的一段距离；我们可以用到哪些飞机场；怎么在波斯人拒绝协助的情况下让铁路通车。这些问题都是需要经过深思熟虑的。让枢密院议长同外交大臣、陆军大臣和印度事务大臣共同将这些问题通盘考虑并在下星期向战时内阁递交一份报告是最好的做法。我们应该在这一时期做好各项准备工作。对这项政策我是赞同的，但同时我也认为制定的计划必须周密而详尽并且经过批准才能实施，毕竟它的关系非常重大。

我认为伊朗（Iran）和伊拉克（Iraq）两个名称很容易用错，因为它们存在相似之处。

首相致外交大臣、爱德华·布瑞奇斯爵士和伊斯梅将军

1941年8月2日

为了避免因为伊朗和伊拉克混用而造成危险，在所有函电中最好用“波斯”代替“伊朗”。可以在允许的情况下将“伊朗”加

括号放在“波斯”后面。我们自然也应该用波斯人政府喜欢的名称向波斯政府发函电。

我在之后又发布了如下指示：

首相致新闻大臣　　1941年8月29日

请在条件允许的情况下用“波斯”代替“伊朗”。

我非常乐于听到波斯政府（1949年）现在已经改用了“波斯”这一名称。

关于战时内阁批准工作的结果，波斯问题专门委员会在我还停留在海上时就已经以电报的形式告诉了我。根据8月6日他们发来的电报，可以看出他们并没有听从我们的意愿驱逐出德国特务人员和侨民。所以，以武力解决问题成为了我们一定要做的事情。我们其次要做的就是同俄国保持外交与军事计划的协调。为了对我们向德黑兰提出的照会进行协商，艾登先生8月13日在外交部会见了麦斯基先生。我们将最后的通牒放在了这一外交行动上。麦斯基先生告诉外交大臣：“苏联政府在我们递交这份备忘录之后已经作好了采取军事行动的准备，当然，其前提是我们也同意。”收到这项消息后我（8月19日）作出批示：“俄国的意见在我看来是恰当的，因此我们应该力争和他们一起采取行动。”

我们现在已经决定采取行动。倘若我们低估了波斯的抵抗，就必须考虑是否应该进一步增援中东战区。在8月24日我们原订计划进攻波斯的前夕，我向三军参谋长递交了一份备忘录：

派遣援军到东方现在已经成了非做不可的事情。第十印度师是否每一个旅当中都没有英国营？如果这是实情，应该从最便捷的路线将三营军队运送到魁南将军那里。奥金莱克将军既然已经决定在几个星期内不准备在西部沙漠采取行动，就应该让他往东方派遣更多的军队。现在兵力调动的数量，至少应有包括上述的三个英国营在内的一个师。只要不出意外，这支军队完全可以轻易调回。请将埃及可调军队的详情告诉我，连同第五十师最后一旅的所在地。塞浦路斯目前并没有受到威胁。

由于波斯政府顽固的拒绝，7 月 22 日，我伊拉克驻军司令魁南将军奉命准备占领阿巴丹的炼油厂和油田及其北面二百五十英里靠近哈纳金的油田。英苏联军也准备在 25 日进入波斯，因为波斯并没有很好地回答 8 月 17 日英苏联合的照会。哈维将军指挥英国军队在阿巴丹地区作战，第八印度兵师就在他所指挥的军队当中。斯利姆将军负责在哈纳金战区指挥作战，他所指挥的英国军队包括第九装甲旅、四个英国营、一个印度坦克团和一个英国炮兵团。一个陆空联络机中队、一个战斗机中队和一个轰炸机中队是负责支援作战的空军。夺取油田是这次支援作战的第一个任务。其次是进入波斯并同俄国共同控制波斯的交通，同时开辟一条通路前往里海。过程中，可能会有拥有十六辆轻型坦克的两个波斯师和三个师分别在南部战线和北部战线进行抵抗。

一个步兵旅夺取了阿巴丹炼油厂。这个旅是在巴士拉登登上海军舰艇于 8 月 25 日黎明到达目的地的。大部分波斯军队都在没有准备的情况下乘卡车逃走了。巷战也发生过一些。有几只波斯海军舰艇落于我军之手。霍拉姆沙赫耳港被第八师的其余部队夺取。一支军队被派往北部进军阿瓦士。波斯国王在我们的军队正逼近阿瓦士的时候宣布了“停火”的命令。波斯司令官于是命令他的军队进入了营房。北部的军队轻而易举就占领了油田，这让斯利姆顺着公路将军队向克尔曼沙赫前进了三十英里。但这时候他们将要面对有着险峻山势的佩塔山隘。如果这里的守军坚决防守，这一无法回避的障碍是他们注定要面对的。斯利姆将军派遣了一支纵队从南面包抄以应付这种情况。8 月

27 日，在击溃了一些抵抗后，沙赫阿巴德这一波斯的后方防线落入了这支纵队手中。这一阵地是被对方匆忙放弃的，因为防守山隘的军队在经历几次轰炸后已经无力继续支撑。夺取这个阵地之后，军队开始继续朝着克尔曼沙赫开进。28 日，他们发现在公路对面的一个阵地上，敌人的军队正在集合。但正准备进攻的时候，他们迎来了一位波斯军官的白旗。战事于是宣告终结。我们牺牲了二十二人，还有四十二人受伤。

面对这样一个历史悠久却很弱小的国家，一场以绝对压倒性兵力的短暂战事就这样结束了，而取得的战果是辉煌的。法律在这种战争中并不起作用，因为英国和俄国进行这场战争完全是为了生存。我们很高兴见到波斯在战败后保持了独立。

* * *

我们同克里姆林宫的接触，因为波斯迅速的放弃抵抗又回到了政治层面。我们当时主张采取联合行动的目的，是为了让波斯湾到里海的交通线路能够畅通无阻，并希望同新盟国的关系，能通过这一英俄军队的直接合作变得更加友好和紧密。我们双方一致认为，应该俘获波斯境内的德国人，或者将他们驱逐出去，并且消灭德黑兰以及其他地区德国的势力和阴谋活动。至于其他一些有着深远影响而微妙的问题只是潜在的，如与石油、共产主义和波斯战后的前途有关的问题。我认为不需要因为这些问题而使我们的情谊和友好受到损害。

首相致伊斯梅将军转参谋长委员会　　　　1941 年 8 月 27 日

现在已经可以确定波斯仅仅只有一些不很激烈的抵抗。因此，关于我们怎样进攻和俄国人会师以及怎样正常维持铁路运输的问题，请你将详情告知我。我们需要完成两个任务，即占领油田和

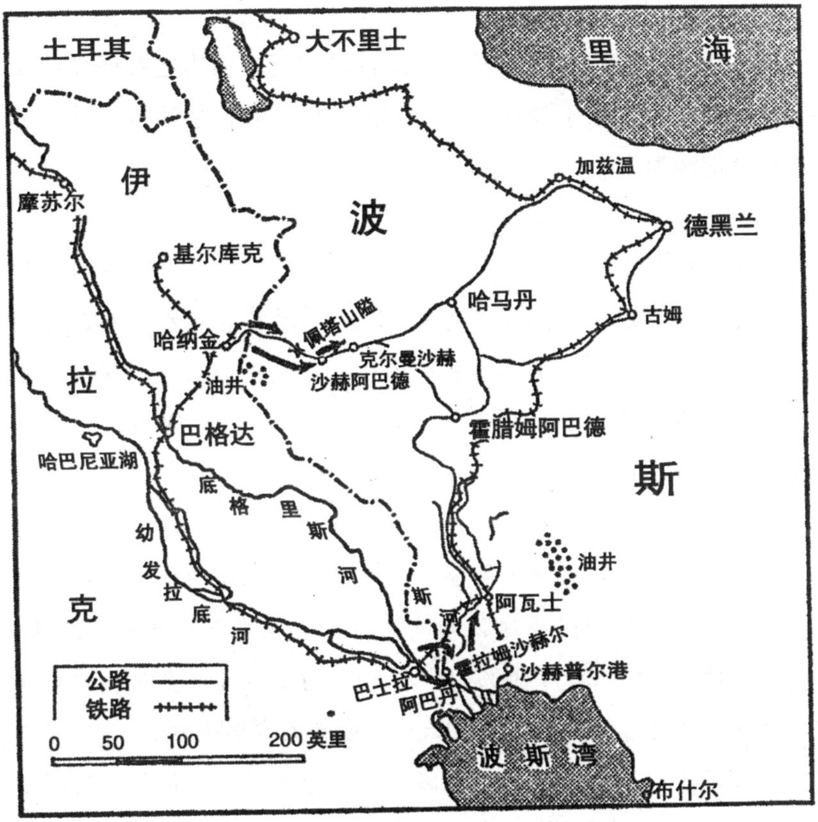

在波斯的军事行动

开辟直达俄国的交通线。我们已经向波斯国王提出了一些要求。但这些要求可能并不能实现，其原因既可能是因为波斯国王拒绝，也可能是因为得不到俄国人的赞同。所以，我想知道同俄国人会师的计划以及我们在下星期会怎样行动。

首相致韦维尔将军　　1941 年 8 月 30 日

得知我们已经顺利完成了在波斯的行动，我感到非常高兴。你现在完全可以履行自己的意愿回国。关于你制定的铁路计划，我对它是非常感兴趣的，现在正在进行周密的研究。

对于你又一次取得的成功，这里的所有人都抱有欢乐之情。

但韦维尔将军却不得不搁浅他的伦敦之行，因为他被任命了前往德黑兰。我希望借助于他那一口流利的俄语使我们能够更好地和苏联最高司令部沟通。

首相致韦维尔将军　　1941 年 9 月 1 日

为了让布拉德[英国公使]更好地处理军事问题以及合理地限制俄国的势力，三军参谋长一致认为应该让你前往德黑兰，我也持有相同的意见。

首相致布拉德爵士（在德黑兰）　　1941 年 9 月 3 日

为了俄国，我们将倾尽全力让波斯湾到里海的运输路线最快地开通，尽管对于这些地区的战局我们还没有一个肯定的看法。以下事情是我们极有可能做的：在 1942 年让大量军队进入波斯境内作战并将其作为基地，同时让一支强大的空军进驻。

当下我们自然希望英俄两国不必占领德黑兰。但如果波斯不希望如此，那就必须给予我们忠诚和可靠的帮助，并且不强硬拒绝我们的要求。我们到现阶段还没有反对波斯国王，但如果我们同他的合作不能进行得很愉快，我们也很可能追究他无法治理好波斯人民的责任。我们的要求是一定要被满足的，尽管我们不希望强迫他们采取直接的敌对行动，而只愿通过和波斯政府达成协议的方式来获取我们所需的利益。所以，为了实现这一目标，你尽可以利用俄国可能侵占德黑兰这一形势去逐步进行。担心俄国过分侵占波斯的领土是不必要的，因为取得那条通路运送美国供应物资是俄国唯一的目的。

首相致斯大林元帅　　1941 年 9 月 16 日

同波斯结盟的事情如何？我现在急欲了解。我也急切地希望和你派往波斯的军队做出一种密切而有效的工作部署。现在呈现在你面前的现状是：波斯各族正要出现相互倾轧的现象，波斯当权政府即将崩溃。我们的目的是为了保持这些交通线畅通无阻以便向你提供供应物资，但如果动乱持续，我们就必须投入兵力来镇压这些波斯部族，而兵力的运输又势必会增加公路和铁路的运输。因此，在作战时期保持和波斯人的和平相处才是我们的目的。阁下如果对这方针表示同意，可以努力使我们在这个小战区的事务向有利的方向发展。

首相致比弗布鲁克勋爵（在出使俄国中）　　1941 年 9 月 21 日

在返回印度的时候，韦维尔将军打算经过巴格达前往第比利斯。我们在里海地区和它的附近有一支提供给俄国的援军，鉴于他会说俄语，我想在这场近在眼前的战斗中让他管辖或尽可能指挥（前提是这支军队能够扩充得足够大）这支军队。所以，我们当下最应该做的事就是，就俄国的南翼波斯的整个局势和俄国的高级军事当局进行商量。

这件事你可以放在会谈当中，并尽力让这次会谈取得最大成效。

首相致斯大林元帅　　1941 年 10 月 12 日

建立一道屏障抵御德国向东方进攻，以及开辟一条能将供应物资运往里海地区的通路，是我们在波斯唯一能获取的利益。你如果愿意往战斗前线派遣五个或六个正在战斗的俄国师，治安的维持和供应路线的改善完全可以由我们承担。在战争过程中，关于为了维护自身利益而牺牲俄国正当利益的事情，我可以代表英国向你承诺绝对不会做。我们目前最需要做的事情是签订三国条约，这是遏制因为供应路线中断造成的内部动乱危险最好的办法。10 月 18 日韦维尔将军会抵达第比利斯，到时候他会和你们的将领商讨你需要他们解决的问题。

你们进行的这场斗争是如此的伟大而英勇，以至于我们找不到能够形容的语言。因此，我们希望在不久以后能用行动直接证明。

*　　*　　*

需要同俄国人达成的协议完成得迅速而圆满。英苏两国一致要求波斯政府：放弃抵抗，将德国人驱逐出境，在战争时期不倒向任何一方，将波斯的交通线提供给同盟国向俄国运送军用物资。准备进一步占领波斯的计划，就这样以和平的方式得到了解决。在亲密而融洽的气氛中，英俄军队进行了会师。9 月 17 日，双方的军队占领了德黑兰。就在占领的前一天，波斯国王那位二十二岁有能力的儿子在他的委任下继位。对于同盟国的劝告，新国王已经在 9 月 20 日接受，并恢复了君主立宪政体。没过多久，他的父亲就离开波斯开始了安闲的流亡生活；1944 年，这位流亡的父亲在约翰内斯堡去世。除了留下了几支分遣队保卫交通线之外，我们的大部分军队都离开了波斯。10 月 18 日，英俄两国的军队也撤出了德黑兰。为了防止德军从土耳其和高加索入侵，我们的军队此后在魁南将军的指挥下从事了防御工事。同时，为了方便在德军侵入时能更好地迎接大批援军，他们还着力于后勤工作的准备。开辟经过波斯湾通往俄国的主要路线成为了我们这时的主要任务。我们的港口、内河航运、公路和铁路，都因为在德黑兰有一个友好的政府得到了发展。英国从 1941 年 9 月开始接手发展这项事业，美国在不久之后接手并完成。在四年半的时间内，我们因为这项事业的完成将五百万吨物资运往了俄国。

*　　*　　*

关于地中海这个主要战区的情况，我们现在再重新来谈论一番。在利比亚的沙漠中，无论是敌人还是我们，都利用夏季增加了那里的兵力。加强马耳他的防御是我们当下最需要解决的问题。坎宁安海军上将的舰队因为克里特岛的失守损失了一个基地，而这个基地原是为充分发挥我们在马耳他岛的海军力量就近提供燃料的。这势必会使得敌海运部队更能在这个时候从意大利或西西里岛对马耳他岛发动袭击。但后来我们知道了实情，那就是，直到1942年，希特勒和墨索里尼才批准这项计划。鉴于我们从亚历山大开往马耳他岛的运输船队受到了克里特岛和昔兰尼加敌人空军基地严重威胁，我们不得不把运输供应物资的任务完全放在了西面的航线上来完成。赛默威尔将军率领驻直布罗陀的H舰队在这项任务的执行中取得了辉煌的战果。这条航线是一条极其危险的航线，但海军部曾断定这是唯一一条可以通行的航线。所幸，希特勒因为入侵俄国调离了他在西西里岛的空军。这缓和了马耳他岛的形势，并使得马耳他海峡的制空权重新回到了我们手里，同时也让西面的运输船队的航行变得更加方便，更有利于我们沉重地打击增援隆美尔的兵力的运输舰和物资供应船。

经过战斗，两支规模庞大的运输船队登上了马耳他岛。两支运输船队的航行都相当于一次重大的海军行动。其中的一支包括六艘供应船在内的运输船队7月抵达了马耳他岛，同一时刻出发开往那里的还有七艘空船。就在距离这七艘空船出发后的第二天夜里，意大利人出动了约二十艘快速鱼雷艇和八艘小型潜艇猛烈地攻击了瓦莱塔港，这也是他们唯一的一次猛攻。于是，一场保卫战在这个港口展开了。马耳他岛人是该港防御的主要力量。尽管敌人来势汹汹，他们仍然全歼了这这股勇猛的入侵敌军。在“威尔士亲王”号和“罗德尼”号战列舰、“皇家方舟”号航空母舰、五艘巡洋舰和十八艘驱逐舰组成的强大护航队的护送下，另外一支包括九艘兵员运输舰的运输船队在9月也抵达了马耳他岛，付出的代价仅仅是损失了一艘兵员运输舰。这是几支主要的运输船队，抵达该岛的另外还有许多供应船。开往马耳他岛的总共有三十四艘船，除了损失了两艘之外，其他的船只都在经过艰难险阻和英勇奋斗后安全抵达。因为有这些补给，这个要塞不仅能够得以保存，甚至还对敌人予以了还击。在到 9 月为止的三个月当中，驻扎在马耳他岛的英国飞机、潜艇和驱逐舰在非洲的航线上击沉了四十三艘、共计十五万吨的轴心国船只，以及六十四艘较小的舰艇。运送给隆美尔的供应物资在 10 月份有百分之六十沉没于运输途中。这一点很可能决定了 1941 年的沙漠战斗的成败。

* * *

9 月，那位在意大利最高统帅部工作的德国海军上将报告说：

> 跟以前一样，地中海的控制权现在仍然握在英国舰队手里……无可否认，意大利舰队对敌人海军行动的阻止是失败的，但英国运输船队在地中海的定期航行，也曾因为我们同意大利空军的合作而受到阻碍……英国的潜艇，尤其是英国在马耳他岛出动的潜艇，是对我们威胁最大的武器。截至目前，他们发动了三十六次潜艇袭击，其中成功的次数多达十九次……在最近几个星期，德意在马耳他通往北非的航线因为西西里岛意大利空军的薄弱受到了更大的威胁……的黎波里也不停地受到马耳他岛出动的飞机的袭击。西西里岛的港口在最近更加频繁地受到了英国飞机的光顾……要想现在阻止英国空军和海军的行动，对于现在驻扎在西西里岛和北非的意大利空军根本是做不到的……我再次警告：低估地中海区域的海上局势可能引起危险。

这些是我们现在唯一知道的消息。

*　　*　　*

但即便有了上述的措施，我对沙漠攻势的拖延和运送给隆美尔的增援仍然心存疑虑。我甚至催促海军部作出更大的努力，尤其希望看到有一支新的海面舰队驻扎在马耳他岛。

首相致第一海务大臣（送伊斯梅将军阅）　　1941年8月22日

1. 请尽快往马耳他岛派遣一支小舰队，如果条件允许最好派遣一两艘巡洋舰。

2. 关于现在的情况和我们原计划之间的差距，我们有必要回顾一下。我们曾制定了一项你们认为极端重要的计划，牺牲“巴勒姆”号来对的黎波里港实行阻截。我们后来也在毫无兵员和船只的损伤下炮轰了的黎波里港，这是地中海战区总司令建议的决死一战的做法。蒙巴顿也曾率领小舰队开往马耳他岛。这些都是几个月前才发生的事情，你最好确定一下日期。我无法明白为什么现在的事态不如以前的紧急，我们居然能忍受以前我们无法容忍但现在规模更大的行动在眼前进行。

3. 蒙巴顿率领的小舰队之所以要撤出马耳他岛，更多的是为了应对克里特岛事件而非逃避危险。事实上这支小舰队也是摧毁于这一事件。我们如果认为它是因为逃避危险而撤离的，那就违背了我们调离它的原意。这一意见是经过大家一致同意并为海军部所热心支持的。

4. 有三件事发生在这一时期：德国已经往俄国调了一部分空军，我们在马耳他岛空军和高射炮方面的防务已经大为加强；我们的局势因为大西洋战役的转折已经变得更为有利，我们已经拥有更多的舰只来对付潜艇，并且有可能使局势得到巨大的缓解；奥金莱克将军并不打算在11月之前有所行动。

5. 请告诉我们是否在利比亚等待敌人更多的增援（主要是意

军和供应物资)。如果是，他们在奥金莱克将军完全准备妥当之后的处境不会比现在更好。

6. 为了方便在星期一晚上举行参谋长会议时进行讨论，我希望你在周末之后能告诉我答案。

这一方针被有关方面接受了，但想要得到实施却还需要一些时间。巡洋舰“曙光”号和“佩内洛普”号,驱逐舰“矛枪”号和“活力”号，10月份在马耳他岛组建成了一支名为“K舰队”的出击舰队。在不久的将来，这支舰队将会作出重要而及时的贡献。

*　　*　　*

在这个时候我抱有的目的已经更加广泛。尽管并不能总在战争之前作出计划，但这样做的必要性是存在的。奥金莱克决定推迟进攻和他在波斯战役中取得的胜利造成了一个间歇，而一个机会也在这一间歇中悄然来临。通观全局，我希望这时将最大的航运能力投入到对东方的增援上，因为我对于近在眼前的沙漠战斗可能发生的事情，以及俄国会怎样据守高加索防线一无所知。此外，日本可能形成威胁以及它可能入侵澳大利亚和新西兰也是我这样做的一个原因。我想在东方增派两个英国师。这两个师如果在年底前后能绕过好望角，对于意外事件的应付我们就有了一些把握。这两个师事实上最后成为了一支名为“机动部队”的机动的后备军。如此，我们对兵力调遣的需求，仅靠这支部队就获得了很大的空间。这一经验教训是我在艰苦的经历中获得的，在一般情况下，仅有一次能获得这种经验教训的机会。所以，我决定派两个师去增援我们在沙漠作战的部队，然后，考虑到能更好地应付中东出现的意外事件,让一支机动的后备军以作派往中东之需。但对于这支军队，我们并没有运送它的船只。绕过好望角的船队或从澳大利亚、印度出发的运输船队，已经将我们能在大西洋战役中抽调出来的船舶全部占用。

要如何解决这一问题，甚至连莱瑟斯[1]也一筹莫展。但我认定罗斯福总统会借给我们几艘快速的美国运输舰，从我和他来往的函电中体现的真挚情感就能确定这一点。我的想法是对的，这些将会体现在下文中。当然，想要连续实行许多个月也是不现实的。但为了能够应付可能出现的各种不幸紧急事件，我希望印度洋上有一些我们的船舶。

首相致帝国参谋长和海运大臣　　1941年8月22日

请将再向中东运送两个完整步兵师的计划尽快拟定，我们在星期一晚上将会考虑这个计划。请告诉我需要的船只。我们需要的一些卡车已经在美国装船，这些卡车将直接从美国运送到目的地。当美国将这批卡车如数提供给我们之后，我会以运送这批卡车的需要为由，请求总统将我们所需要的船只借给我们。我确保能做到这一点。

可以让这两个师先到哈利法克斯或纽约，然后从那里登上美国船只，这可以作为对以上计划的修正。海运大臣制定这项计划时必须投入全部精力，同时将一份考虑周全的报告交给我。到11月底，我深信我们会有另外两个师抵达中东战区。至于这两个师是在伊拉克还是中东战区作战，取决于当时的形势。请一起交来第一装甲师开往中东的日程表。

经过和莱瑟斯勋爵和三军参谋长充分讨论，复杂的细节所带来的问题得到了彻底解决。

首相致伊斯梅将军　　1941年8月26日

为了让这次增援中东的计划顺利施行，在同莱瑟斯勋爵和陆军部调遣司商定办法的时候，请务必遵从我们讨论的结果。请尽

---

① 当时的英国军事运输大臣。——译注

量运用智慧和一切办法让我能向总统提出更少的要求。我所提出的要求，是请美国派一些舰只从美国到我国，再到中东，然后再回到美国，作一次往返航行。在1月或2月之间，美国将可以把这些舰只作为备用。我们如果能争取到“诺曼底”号，那么就可以在特立尼达进行船只的调换工作。这样就可以让一些较小的舰只尽早回到美国。值得注意的是，如果将“诺曼底”号投入使用，那么包括乘小舰进港在内的中东港口接船的问题就不得不考虑。为了便于我亲自主持最后一次会议，请交给我一份最完善的计划，并在其中列举可能出现的主要困难。可以适当地削减输入物资。

我在这时开始呼吁总统。

前海军人员致总统　　1941年9月1日

我们能够开始接触俄国人，得益于在波斯取得的良好结果。为了开辟一条通路稳定地向伏尔加河流域的俄国后备军据点长期运送供应俄国的物资，我们打算将波斯湾到里海的铁路铺设双轨，或者至少使它的运输能力较之前大为提高。除此之外，让土耳其坚决地阻止德军进入叙利亚和巴勒斯坦也至关重要。从现在到圣诞节期间，我打算在向中东运送的十五万名增援部队之外，再将两个正规英国师共四万人运送到那里，以求实现这两个重要目标。但是，我们自己的船舶非常有限。因此，我希望你再将配备美国船员的十二艘运输船和二十艘货船，在10月初到明年2月期间借给我们，以供我们运送货物到联合王国的港口，不知道你是否愿意。至于旗子的悬挂可以不做任何要求。我们曾在10月和11月派往中东一些运输船队，这些船只如果能在10月初抵达我们这里，那么将它们作为那些舰队的预备船只是完全有可能的。

总统先生，根据我对我们会谈情况的了解，深知做到这一点并不容易。但是，让更多的英国军队前往中东是非常有必要的事情。

我们如果能让土耳其听从我们，并且自身也支持俄国，就可能让希特勒没有办法继续向东推进。但这要看你的意愿，毕竟，这种调遣，我从来没有在我们能够对不远的将来作预测时提出过。

我们可以完全遵从你的意愿决定如何偿还被敌人击沉的船只。我们防御强大的军队运输船队，直到现在仍然完好无损。我认为这样做在当下是明智而可行的。如果你能满足我的这一意愿，我将无比感激。

罗斯福总统以慷慨的态度最有帮助地回应了这个呼吁。他在6日说："对于你们增援中东驻军的计划，我相信我们完全有能力予以帮助。现在，我可以承诺将能载运两万人的运输舰提供给你们。"总统告诉我，这些船只都是美国海军运输舰，上面配备着美国海军人员。同时他还说，对于海军的舰只允许驶入哪一个港口的问题，美国的中立法案没有作任何要求。他又说，美国海运委员会已经决定向北大西洋另外派遣十艘或十二艘船，在美国各港口和大不列颠之间航行，从而让我们能向中东派遣十艘或十二艘腾出来的货船。"我会向你们提供最好的运输舰。我还要告诉你，我很高兴见到你们增援中东。"他说。

前海军人员致罗斯福总统　　1941年9月7日

1. 我非常感谢你迅速地回答了我关于中东航运问题的呼吁，并且乐于见到你赞成这一方针。现在，我正准备再往中东战区增派十七个战斗机中队。

2. 我原本准备在我关于以物资援助俄国的电报中加上这样一句话的，"如果他们不放弃作战，那么我们就有必要运过去，否则就不必那样做。"在目前的情形下，尽管我们在坦克的供应方面也捉襟见肘，但鉴于以上的观点，我仍然准备这样去做。

3. 对于你是否会在星期一发表声明的问题，我们大家都非常关心。在星期二那一天，我将在下院发言。

在普拉森西亚湾的时候，我和总统曾就美国对大西洋事务的介入达成过一项协议，现在他开始履行了这项协议。

*　　*　　*

我这时开始将总统送给我们的运输舰投入使用，它可以算得上我们获得的一份宝贵礼物。

首相致霍利斯上校转参谋长委员会　　　　1941 年 9 月 17 日

1. 为了更有利于作第二次航行，请让美国快速运输舰的行动和出入港口以及装卸货物的速度尽量加快。要保证这些快速运输舰队从美国起航的日期，并且不要使它受到载运加拿大装甲部队的影响。载运这些装甲部队只是顺路捎上，因此并没有那么重要。将原定的 10 月 23 日在联合王国港口完成这些船只装船工作的时间推迟到 11 月 15 日，对于这样的行为我是不允许的。我们应该进行一次演练：让第一暂编师能在最短的时间内登船。因为如果能很好地配合运输船队，至少可以提前两个星期完成装船工作。

2. 尼罗河集团军有着良好的阵容。他们毕竟已经因为局势休息了五个月，期间没有参加过一次战斗。那六十个英国营和四十五个炮兵团都属于这一集团军，前者每个营有八百八十人，后者也没有超过百分之九的缺额。我们没有想到这批炮队的四分之一能连续猛烈炮击四个月。所以，在登船的问题上，炮队的应募兵员可以不用那么急。需要尽量装上船应该是那六个坦克运输连和十六个标准化摩托运输连。海军接替人员、印度增援队以及为驻伊拉克的那两个新印度师提供的炮队等都应该优先登船。一万到两万名补兵应募兵的装船工作可以放在方便的时候。但值得指出的是，需要紧急登船的可能还有皇家陆军勤务团的专门技术工作队。关于物品的运输，在“十字军战士”行动开展之前是不会有的，这一点尤其要注意。可以暂缓对马来西亚的增援。是否应该对增援西非可以根据具体情况决定。但是关于登船的先后顺序问题我们一定要弄清。

3. 我们主要是为了把英国第一和第二师运往中东，这也是我们对罗斯福总统提出的要求。我们所有亟待解决的问题，都可以通过把载运行动延长一两个月得到解决，如果我们能够利用美国船只作第二次航行将更有利。没有永远不会运送的东西。

4. 我希望空军部将中东现有的空军中队能增加到六十二个半中队。

5. 关于增援中东的计划，我希望能见到修正方案。最好与参谋长委员会在今晚或明晚就一切困难问题展开讨论。

*　　*　　*

三军参谋长同意了往东方再派遣两个师，但他们的心里仍然有一丝阴影。我也并非没有认识到这样做可能出现的各种危险，但我仍然把奥金莱克的攻势放在最重要的位置。

首相致霍利斯上校转参谋长委员会　　　　1941 年 9 月 18 日

1. 在所有的运输船队抵达以前是否会发生激烈战斗？我想我们需要考虑一下这个问题。认为这一时期这类战斗发生的概率分布均匀，或者我们可在任何时刻增援最多的实际作战兵力是不对的。唯一可以确定的是，西部沙漠攻势可能发生剧烈战斗。要想为这次攻势提供任何援助[即尚未发出]在目前已经不可能。但是，无论是守住已经获得的阵地还是向西大胆的推进，如果这些攻势能完成，包括专门技术单位在内的运输队（皇家陆军运输团）都很可能因为这一攻势工作吃紧。关于皇家陆军勤务团的需求我起初认为是过分的，但在这种情形下我开始尽量地予以满足。对于这一勤务团的数量，三军参谋长备忘录中记载的是一万三千五百人。如果暂缓原定于10月运往印度的五个步兵营，那么这个数字就可以再增长四千人。皇家陆军勤务团需求的满足无疑要比运送五个步兵营到印度更为急切，因为印度的兵力虽然也非常缺乏，但这次新的安排仍然可以为他们提供由三个营和为了扩充部队的应募兵员组成的七千九百人。在英国进入印度的部队中，这支部队规模已经相当大。所以，我想在新年之后再将那为数四千人的五个营进行运送，用增援中东的皇家陆军勤务团占用空出来的四千个舱位。但我们应该告诉印度驻军司令部：这只是一次短期的延缓，我们会继续对那里进行扩充。

2. 在1941年年底到1942年2月底的这段时间，我们正在航行的运输船队出现的“剧烈战斗”会在哪一地区出现呢？出现之后又会沿哪一条进攻路线展开呢？这一切我们都很难知道。土耳其在这五个月的时间里，并不一定会为德国入侵叙利亚提供方便。倘若真是这样的话，勉强从小亚细亚展开进攻是敌人更加不会做的事情。要想德国大规模进攻土耳其，除非俄国已经被侵占，因为不牺牲一百万人，土耳其是无法攻下的。所以我认为北面的叙利亚和巴勒斯坦在冬季过去之前，即在3月份之前，不会面临被入侵的危险。三军参谋长也在多次报告中对这一点予以认同。

3. 敌人要想对我展开大规模进攻，唯一的一条路线是取道高加索越过里海区域。但是如果无法控制目前制海权在俄国手里的黑海，无法攻克塞瓦斯托波尔和诺沃罗西斯克从巴统横穿过高加索到巴库，或者不能从黑海的北面进攻经由高加索向南，这条路线是无法被利用的。并且，要想做到这一点，在冬季也不可能。沿里海进军，强行越过伏尔加河一线消灭俄国仅余的后备军是第三条路线。但这条路线在今后六个月想行动都是不现实的，除非俄国投降或崩溃。只要俄国不投降或崩溃，里海——这一俄国海军坚守的地方，依然会是北面的一道防线。

4. 所以，除了从安纳托利亚或取道高加索，或者沿里海北部强行进攻，德军要想发起我们认为的“剧烈战斗”，唯一的可能就是在上述时期内攻克土耳其或俄国。因此，可以说在 1942 年春季之前这些情况都是不太可能发生的，只要能够客观地看清公认的变化中的战争局势就能明白这一点。

5. 对于认为我们每天都面临危险的观点，请恕我无法认同。我们完全可以这样认为：除了中东战区的西部沙漠之战，到 1942 年 3 月之前为止，将不会有任何“剧烈战斗”发生。但这当然不包括另一种情况：我们主动发起进攻。因此，我认为我会更加重视政治和战略上的一些明确决定，如增派两个师作为增援的先头部队。

6. 以下都是我的考虑：为了消除我们一直在牺牲别人的部队和生命这一不公平的说法，我们必须从道义上由英国在中东地区做出一些实在的贡献；除了参谋人员在会谈中所提及的那些军队，我们是否应该在这一基础上再增加两个师，这样土耳其就会更有可能采取行动；我仍然坚信我呼吁总统的依据；为了有效地援助里海以北的俄国后备军，这两个师可能经由巴士拉推进。

我们在运送这两个师的三个月内仍然可以有多种选择……

* * *

像往常一样，我向史末资讲述了情况。

首相致史末资将军　　1941 年 11 月 20 日

我将往中东派遣两个师和大约八万名其他援军，时间是从现在到圣诞节期间。我请求罗斯福借给我们美国运输舰以更好地完成这件事，他已经慷慨应允。我们倘若能够攻克昔兰尼加，我们在里海地区援助俄国就有了充足的兵力，并且（或许）还可以对土耳其的行动产生影响。后者尤其重要，因为我们一心想做的就是这件事。德军曾要求土耳其让他们借道安纳托利亚进军，希望这至少可以让土耳其拒绝这一要求。比弗鲁克和哈里曼也正在前往莫斯科。我们必须要在某些方面作出重大牺牲，如坦克、飞机等一些方面。如果俄国人继续抗战，这样做是有意义的。反之则不需要运送。希望到1942年的时候，从里海到尼罗河这个地区可以有二十五个师的总兵力。但我们正在迅速发展的波斯铁路有可能会受到兵员和给养运输的影响，只要俄国一定让我们将我们能够派往那里的几个师运去。如果俄国真的这样做，那么我会怀疑他们是否还处于理智状态。在莫斯科的时候，这些问题将会被拿出来讨论，然后由我们的参谋人员进行研究。我会陆续告知你发展的具体情形。

* * *

我们非常关心沙漠地区的情况。我曾写过一个关于西部沙漠之战的备忘录，时间就发生在8月的第一个星期我前往普拉森西亚湾时。我现在重新将它作一番复述。关于备忘录的原稿，我让帝国总参谋长和本土部队总司令都看过。他们总体上完全同意，需要作小改动的只有少数和原则无关的部分。

我从10月7日开始向各高级司令官分发这个文件让他们传阅。通过用电报发出命令，奥金莱克将军和特德空军中将将会实行第四节中谈到的关于陆军和空军司令的规定。两位将军之间的关系通过这项规定得以了确定，并且还确定了陆军司令对空军的使用拥有最高的权力，无论是在作战时期还是在准备阶段。英国军队在此后通行了这项规定。到后来，美国也独立发展了这一规定。

国防大臣备忘录

1. 如果能完成如下任务，一些司令官将得以扬名：让被重型装甲坦克夺去的在战场上处于首要地位的大炮的地位首先恢复。有三项规定是为了完成这一任务所必需的：

(1) 让有充足实体的穿甲曳光弹出现在每一门野战炮或机动高射炮上，从而让每一门机动炮都可以成为一门反坦克炮，让每一个炮兵队都能够防御坦克。

(2) 应该寻找让大炮受到坦克的攻击的机会。大炮战斗的时间，应该到敌人到达炮口才能停止。为了让迅速发射的炮火能够攻击坦克持续到它们驶近，炮队应使用烈性爆炸弹。战斗应该持续到没有敌军分遣队为止。只要还有十码[①]的距离，炮弹的射击就不应该停止。为了能够在最近的距离发射穿甲弹，也可以让一些炮兵装作无力作战或者抑制他们的火力。

(3) 面对坦克的进攻，大炮通常会因为运用了以上战术而被摧毁。但在这个时候，炮队应该战斗到敌人抵达炮口的那一刻，而这也是他们的荣耀。只要能够击毁坦克，获得的好处就会超过野战炮或机动高射炮的损失。德国人并不需要虏获大炮，他们本国生产的大炮已经足供使用。我们不足的数额也可以得到自己的供应。皇家炮兵必须改变为了摧毁一大批坦克而总在等待对方进攻的作战方式，因为让一群布置适当的英国炮兵队迎接坦克的进攻是很不合算的事情。像威灵顿[②]的方阵在滑铁卢面对敌人的骑兵逼近不退却一样，当敌人的坦克驶近时，我们的炮也不能退却。

---

① 英美制长度单位，1 码约合 0.91 米。——译注

② 拿破仑时期的英国将领，曾在滑铁卢指挥部队战胜了拿破仑。——译注

2. 德国人将所谓的“高射炮”放在最前面的队伍。他们的一切装甲和辎重纵队也都以这种炮队的形式分布。在开始入侵法国的时候，德国就采用了这种方法，并在以后继续进行了改进。我们也应该按相同的办法做，即出于保护的需要，将一定数量的高射炮放在一切编队中，不论是纵队还是展开的队伍。各种纵队都应该遵从这一原则。此外，还应将大量机关枪和“博福斯”式高射炮供应给这些纵队，因为我们已经能够充足地供应这类武器。

3. 现在，为了让奥金莱克将军在他的各个纵队和进攻过程中所必需的各种部队集合地点和加油站采取最好的方式，我们正在向他运送二百五十门“博福斯”式高射炮。

陆军必须能够完全不依靠飞机的保护抵御空袭。此外，他们也不应该再抱有行动中纵队能够有飞机在上空巡逻的想法，这一点非常重要。因为这样分配飞机是愚蠢的，如果这种有害的行动被大规模采用，我们就会丧失空军优势。

4. 不论有着多么诱人的其他目标，当中东陆军总司令宣布即将要展开一次战役，空军司令长官都应该无条件尽力支援。战役所遭受的一切损失都可以从胜利中得到补偿，而这种胜利还可以创造新的、有决定性的局势。陆军总司令必须对空军司令长官做好如下安排：在准备性地攻击敌人后方设施和进行战斗的时候他应该怎样做，有着什么目标。而空军司令长官则应该将最大的力量投入到行动当中。无论是永久归陆军航空队的中队还是战区内能够出动的空军，这一原则都对他们适用。

5. 为了使军事行动尽可能成功，轰炸机可以根据实际情况作为运输或补给的飞机供远程或边远的纵队使用。我认为这些都不会存在困难，因为两位总司令具有相同的利益。在进行准备的阶段，空军司令长官应该要将全部尽力集中在轰炸敌人后方勤务点上，而把一切日常的事务先放在一边。无论是夜晚还是有战斗机保护的白天，为了完成任务，他都应该发动袭击。他可以通过这

> 一过程获得与敌人战斗机较量的机会，如果能获得夺取当地制空权的机会更加再好不过。一些在准备阶段成功的行动，可以在战役中进行更大规模的应用。在白天的时候，在强大的战斗机的掩护下，轰炸机应该袭击一切敌人集合或加油的地点和敌人正在行进中的纵队。这样的空战对空军本身是有重大意义的，对战争的最后结果也会作出直接的贡献。

蒙哥马利将军并没有过目这个备忘录。当我在的黎波里遇见他让他看一份抄件的时候，已经是 1943 年第八集团军在阿拉曼取得胜利之后的第十八个月。他这样写道：“这个文件直到现在仍然正确。”因为让大炮在战场上地位重新恢复，他那时正非常知名。

第七章　日益增强的英国实力

1941 年秋季

回顾我们的军事地位——我 10 月 4 日的备忘录——有必要保存本土部队的军事作用——限制大不列颠空防——我们大为增长的战斗机实力——我们的轰炸攻势受到了阻碍——10 月 9 日我发布的关于陆军实力的指令——11 月 6 日我发布的关于人力问题的指令——我提出的关于入侵威胁的疑问——关于国民自卫军的计划——恩比克将军的任务和报告——我对此的评论——我们的大西洋命脉——总统在 9 月 11 日下达的“首先射击”命令——致电史末资将军——对运输船队进一步的保护——“鲁本·詹姆斯”号 10 月 31 日被击沉——我们在比斯开湾发起空中攻势——潜艇向飞机投降——通往俄国的海路——我们在 9 月 12 日将第一个运输船队开往了俄国——控制“福柯乌尔夫”式轰炸机——我们对护航航空母舰的发展——我们顶尖的潜艇歼灭者——地中海的德国潜艇——发起对德国海面袭击舰的攻势——1941 年秋季英国的力量——船舶损失表

出于新形势的需要，当冬季快要到来，就有必要重新检查一番 1942 年陆军的人数和编制。因为对于德国在这个时候是否已经建造好各种用于入侵的登陆舰和坦克登陆舰这一点，我们并不能确定。这一任务似乎更为迫切，因此我们便大刀阔斧开始进行。10 月份的时候，在希特勒第一阶段打败逐退俄国军队之后，我们不能确定他是否会像他的一大群将领们建议他的一样，突然停下来占据一个冬季阵地。我们同时也无法确定他是否会从他控制的各条横贯欧洲的道路调回二三十个师，在春季的时候入侵大不列颠，毕竟他已经及时做好了准备。没有一个人知道，在西方的战区内，他是否还有足够的优良兵力。德国空军迅速地再从东方调到西方也是很有可能的。因此，对于我们来说，当出现这样一种突然的变化，有所准备无论如何都是必需的。对这种紧要性的工作作陈述的责任，落在了本土部队总司令艾伦·布鲁克爵士的身上。他将本土防务作了准确的阐述。这一问题的提出，也来自于他和他众多的僚属的主张。他们要求我们派遣大批兵员给他们，否则就很可能削减战斗部队的战斗力。这样一来，作为国防大臣的我和三军参谋长就自然要负责正确地分配我们已经非常紧张的人力了。

首相致陆军大臣和帝国总参谋长　　　　1941 年 10 月 4 日

1. 我心里感到非常的不安。因为本土司令部宣称，除了在爱尔兰的三个师，他将在春季削减他的师的标准编制至十一个完全机动师。我不能忍受这种将我们半数以上的陆军取消的行为。你们本应该在任何这样的局势升华到要讨论之前警告内阁的。

2. 没有任何理由或必要可以支持这种陆军的削减。陆军在冬季由于正常消耗而需要补充的兵力我们已经准备好，而事实上这一数目将会在六万人以下。因此，没有任何理由可以表明，应该削减包括那二十六个标准师、九个地方师和七个装甲师，以及国民自卫军（尚在建立之中）。如果缺少兵力，可以从那四个或五个独立旅以及那十二个未编旅中抽调。

3. 关于总司令的声明，请立即展开对它的研究，并交给我一份报告。只要还没有得到我的同意，请保持现有师编队不作任何改变和削减。你们希望取代现有部队而成立的新部队，他们在人员和装备上的变动，只要是属于编制方面的，我都必须知道。请将正在进行或将要进行的任何变动列表交给我，我急切希望看到。

我同时进行的工作还有：竭尽全力让本土部队的效能得到提高；防止民政部分对他们提出许多牵强和表面动听的要求。

首相致陆军大臣　　　　　　　　　　　　1941年10月5日

1. 我反对这样的建议：在冬季的时候，利用陆军去挖下水道或进行类似性质的工作。尽管类似的计划空军中也有，但他们并不是这样一种情形。他们只是打算以六个月时间为期限，由各工厂借用皇家空军里八千名穿着制服的熟练技师。他们采取的做法完全不同于陆军，我认为他们的计划更正确。

2. 你应该更多地从军事方面来考虑问题。你应该对我国的软弱分子持强硬态度，因为这些人完全不存在素质、效率、快速行动、保持纪律等观念，但却是一支必须要和德军战斗的武装部队。

3. 陆军可以提供及时和慷慨的援助，只要出现了危急时刻，如遭到猛烈空袭或战斗临近尾声的时候。但我们的所有兵员和每一个部队，在春季的时候都必须处于高度戒备的状态。如果情况严重，在春季以前都会有作战的可能。遵从我以国防大臣的资格发出命令，让他们像斗鸡一样做好准备，这就是你的责任。检阅、操练和演习，充分发展各班、各排和各连的个人品质，持续提升和淘汰中级军官，进行各种教程和竞赛活动等项目，应该在全体官兵中展开。应该多举行一些这样的行军：有军乐队伴随，通过城市和工业区。用更多的假期来调剂那些生活单调的官兵也是很有必要的。为了制造一些娱乐与那种必须要面对的艰苦相匹配，应该配备一些车辆供军人到城里去消遣。高级类型的正规部队才是我们想要的，我们不希望看到满身污秽，没有真正临战能力的民团。在上个星期，我已经将制定贪图方便、庸俗的权宜措施所具有的危险性，以及我们因此可能面临的严重后果向下院做了说明。

*　　*　　*

毫无疑问，派尔将军指挥的高射炮部队和其他防空部队是我们机动战斗部队的主要人力补充。在防空方面，人们要求进行实际的扩充，因为他们担心还会有更大规模的空袭。我对这些看法予以了抵制。同时，因为心中始终存在有入侵危险的疑虑，我再次就与入侵危险相关的问题展开了讨论。

首相致霍利斯上校转参谋委员会

大不列颠的防空问题

首相指令

1941 年 10 月 8 日

1. 今年冬季的空袭剧烈程度如何？明年春季会面临怎样的危险？对于这两个问题，我们完全没有答案。它们就像盘旋在我们头顶的两只兀鹰，不到战争结束永远不会离开。为了不让我们的机动野战军和在准备攻势中所作的其他努力因为我们对它们的过分戒备而削弱，我们必须谨慎行事。

2. 根据具体的情况，将目前大不列颠防空人员总数定在二十八万人是比较合理的，其中包括另行招募但是由这些人吸引来的妇女在内。相较于我们去年用于抵御空袭的人数，这次的人数多了三万人。我们无法满足再增加五万人使总数达到三十三万人的建议。我们现在即将拥有更多的包括能够在增设的炮兵队中架设的高空和低空高射炮。但如果英国防空部门无力以可行的方法为这些炮配备上述数目的人员，它们将会被政府保管起来。

3. 敌人还不可能为准备入侵或为配合入侵持续地猛烈空袭大不列颠。这取决于英德空军之间现在保持的平衡以及俄国的因素，因为他们需要为入侵作出节约资源……

4. 这就要求英国防空委员会必须保持最小限度的静止性的防御，使这种防御变得具有弹性。应该让尽可能大的一部分防空采用机动形式以便于实现这一目的。派尔将军应该制订计划为布鲁克将军的军队增援最多的机动高射炮。在某些时候，这些军队必须将他们的炮取下炮位，如果做不到这一点，也可以再增添一套机动的炮。如果真能做到这样，在必要的时候，我们就可以把重心转移。

……

6. 但我们不能因为工厂制造出了炮就不断增加炮和炮兵队，因为这样会导致静止和消极的防御占用我们大量经过训练的有限人力，这一点尤为重要。

7. 为了增加陆军的机动高射炮和增援海岸炮兵队，计划的制订应该由各方协助派尔将军完成。此外还必须维持去年为我们提供良好服务的标准，这种标准必不可少，但前提是不能增加（不包括妇女）他的兵员（二十八万人）。

8. 让参谋委员会就这些事提出看法，并考虑怎样才能实行上述各项原则。

*　　*　　*

就在这个时候，我们的战斗机大大增加了实力。它们不仅已经能更好地抵御入侵，同时还具有了战略策划的其他意义。

首相致空军参谋长　　　　1941 年 9 月 1 日

能在上次的报告书中获知我国在空军方面已经拥有一百个战斗机中队（九十九个半），我感到非常高兴。我们在中东地位（波斯也包括在内）的改善而对战争局势的影响，以及俄国作为一个交战国的加入，为了对土耳其施加影响或者在南部侧翼支持俄国，使得我有了再次大量增援中东的想法。我的注意力已经转而集中到了往伊拉克—波斯和叙利亚战区派遣多达二十个完整的战斗机中队的事情上。这些中队或许会在保卫我们控制的领土或盟国的领土的时候，同德国轰炸机和俯冲轰炸机交战。在那个时候，我们或许可以再次创造一种有利的战斗条件：去年德国人在不列颠战役中对我们发动空袭的时候，我们曾给他们造成沉重的打击。相较于在法国进行的那些艰苦战斗,这一行动意义更大。当然，在必要的时候，我们也仍然要进行像在法国那样的艰苦战斗。但这支空军可能要到年底才能投入战斗，因为它必须要经过漫长的海路绕过好望角抵达。为了充分发挥战斗机的防卫力量，这支空军应该有一两个类似控制中心的组织（如第十一组）。只要入侵时期还没有过去，这支空军就不会离开本国。它并不是一支主要的部队，而是你为了供应东方而掌握的全部空军之外的附属部队。

如果你能研究与这一局势相关的所有问题，同时告诉我你对人员和船舶的需要情况，以及关于这种战争力量的重要转移的看法，我会从心底感激你。在对俄国战争的努力上，在里海以北和以南如果能有这样的战斗机作战，将会是一个巨大的贡献。如果能将它和轰炸机纵队联合，德军向东的攻势将会得到长期的遏制。在相同的区域，印度空军也即将出动。

对于轰炸机的生产，我始终都在尽力增加和促进。相较于主张增加生产它们的人的要求，这项生产已经落后太多，甚至于还不能达到最低的标准。

首相致枢密院议长　　　　1941 年 9 月 7 日

我始终都很关注重型和中型轰炸机生产缓慢的问题。在

1941年7月到1943年7月，皇家空军需要制造出二万二千架重型和中型轰炸机，才能使第一线的重型和中型的轰炸机数目达到四千架。在这二万二千架重型和中型轰炸机当中，美国可能会提供五千五百架。通过最近进行的一项调查，对于余下的一万六千五百架，可以确定我们自己的工厂只能生产一万一千架。我们必须要打破这种局面才能取得这场战争的胜利。所以，为了让我们的努力更为集中，在和飞机生产大臣以及查尔斯·克列文爵士讨论后，我命令制定一个计划：在1941年7月到1943年7月期间，总共制造出一万四千五百架重中型轰炸机。想要完成这一目标，不极其集中地努力是做不到的，甚至还可能占用作其他生产所需要的努力。可以确定的是，不会在原料和机床出现无法克服的困难，驾驶这些飞机的驾驶员也足够。能否找到能够熟练生产这些机器的工人，以及训练出大量男女新手才是最主要的困难之处。要想找到足够的这种熟练工人，除了牺牲其他生产项目的生产能力之外没有其他办法。

关于这一新任务，我已经向飞机生产大臣提出要求：制定一个计划，并说明需要满足他哪些要求才能完成这个计划。同时，我还要求他说出他对如何满足这些需求的看法。为了让这个新的生产计划顺利实施，我已经要求空军大臣调整他扩充皇家空军的计划。这样就可以极大地缓解建造飞机场以及制造弹药和装药工作的紧张。因为在时间上，相较于目前所计划要完成飞机的制造数目，第一线飞机的数目制造的完成时间要更晚。

我希望你完成如下任务：将飞机生产大臣所要提出的计划了解清楚，同时就这项计划提出一些供我考虑的建议，并且召集相关的各大臣举行会议。我们有必要指出我们的其他活动可能或产生什么影响，或许同时还应该暂缓海军部的建造以及削减陆军装备的生产量。停止大批即将兴建或刚刚开始兴建的新工厂尤其重要，因为必须要有足够的劳动力，它们在建造方面以及材料的制造方面的需求才能得到满足。这类工厂的兴建原因是什么，动工日期是在什么时候，是怎样的施工情况，什么时候才能进行生产，你必须获得关于这些问题的报告书。轰炸机制造的急切程度必须凌驾于一切长期计划之上。

在两个星期之内，我希望能收到你关于这件事的初步建议，因为它已经被我当成影响战争的一个重要因素。在接下来的时间，你必须对这项计划的进程予以监管，我也会出于鞭策的目的定期召开会议。

* * *

但对于我们的一些可信赖的官员，我又必须压制住他们固有的热情。对我们的空军海防纵队打击特别严重，因为我们必须要削减它预期准备扩展的规模。因此，在这个时候，处理好行政问题，向内阁就许多相互冲突的需要提出建议，就是我要完成的任务。

首相致空军参谋长　　1941年10月7日

1. 对于空军参谋部的期望，我们都希望通过对德国的空袭得以实现。我们有着一个坚定的目标，并且正在执行：竭尽全力建立一支为我们所需要的规模尽可能最大的轰炸部队。但对于在这种攻击方法上寄予无限信心，尤其是将这种信心用算术的方式表达出来的做法，我并不赞成。要想在目前摧毁敌人的士气，这是一种最有效的办法。在1943年，对于那些可以起义的被占领国家而言，如果美国参战，这一方法将会配合它们同时袭击。要想取得战争的决定性胜利，这个办法是必不可少的。因为德国城市即便被炸得大部分不能住人，他们仍然可能拥有军事控制，甚至军事工业还能进行生产。

2. 空军参谋部将会造成一种错误：把自己的观点说得太过

头。在战争开始之前，他们对空袭造成破坏的情景的描绘曾迷惑过我们：我们曾准备了二十五万张病床以应对空袭事情，而实际上只有六千张的需求。那些对战前政策负有责任的政治家曾因对空袭破坏情景极其夸大的描绘沮丧万分，以至于在一定程度上影响了 1938 年 8 月放弃捷克斯洛伐克的事件。而当这次战争打响，空军参谋部又力劝我们：如果低地国家落入敌人之手，我们将会因为空袭面临极其危险的处境，而占领法国就更加不必说了。但对于这类说法，我们当时已经不太在意，我们已经能够很好底维持局面。

3. 德国或许会丧失信心，如果真是这样，我们的轰炸将会极大地影响这一结果的出现。但是在 1943 年，纳粹的作战能力也可能遍布全欧洲，从而导致对本国的实际建设只有很小的依赖，因为所有事情都是在不断变化的。

4. 如果敌人空军被削减到可以白天猛烈而准确地轰炸他们的工厂，那情形就另当别论了。但根据我们目前所掌握的信息，如果不在战斗机掩护的半径之内的地域，想要完成这样的轰炸是不可能的。人固然要作出最大的努力，但如果有人抱有这样的想法也算不上一个聪明人：认为有确切的方法取得这次战争的胜利，或者有方法能够在势均力敌的情况下取得胜利。想要取得胜利，坚持下去是唯一的办法。关于这些一般的问题，只要你愿意，我随时乐于和你讨论。

* * *

我已经对这些问题有了大概的看法：我们希望在 1942 年陆军要具备怎样的实力和特点，以及为了维持陆军要实行怎样的人力调配。因此，我制定了下列为有关当局同意的方案与需要实行的措施。

陆军的实力

国防大臣指令

1941 年 10 月 9 日

1. 我们联合王国国内（北爱尔兰也包括在内）现在一共有二十七个师，由二十六个标准的摩托化步兵师和波兰师组成。这些师有着精良的配备，有大炮和运输工具，平均约一万五千五百人一个师，有十个军（六万一千人）直属部队来自于一些组织。我们还有每个师约一万人的八个地方师在海滨执行任务，但它们拥有的只有海岸大炮，配备的运输工具也微乎其微。此外，我们还有五个装甲师和四个属于集团军的坦克旅。它们包括：装甲旅(其中还有五个师小队）十四个；配备大炮和运输工具的旅团四个；步兵旅七个；未编制的营十二个；飞机场防守营、本土防卫营和青年兵营八个，计十万人。

2. 对于以上的各项编制，我建议将它们作如下修改：国内现有的师总数依然是二十八个，但变为二十七个标准化师（下文称野战师）和一个波兰师（这个师会有一个装甲小队）；装甲部队增至七个师，再增加八个集团军属坦克旅，合在一起为二十二个装甲旅（还有七个师小队）；四个旅团依然存在。将会有十三个旅、八个“分遣营”和相当于两个同盟国旅的军队代替八个地方师和以上的所有其他部队。以上的所有兵力将会组成相当于四十五个师的本土野战军。八个飞机防守营、本土营和青年兵营依然会被保留。

3. 之所以要作这些改变，主要是为了让陆军、尤其是装甲部队的作战能力得到提高。同时也为了让这些部队以及 1942 年成立的新增的五个印度师新增野战炮、反坦克炮、高射炮。为了完成后一个任务，必须要将十七个英国营放进印度军队。

我们的战争不允许我们削减第二点所叙述的兵力。因为这些兵力每一个季度会有五万人兵员损失量，为了在 1942 年 7 月 1 日之前今后的九个月时间能让这种兵力得以维持，我们必须为印度的军队以及我们在直布罗陀、马耳他、冰岛、香港等地的驻军招募二十七万八千人以补充陆军兵员。我们正在想方设法维持这种供应。陆军方面还需要招募至少十四万二千名妇女，这并不包括已经招募的妇女六万三千名。

我于是将我在国内外的兵力情况作了详细陈述。最后，我就美国还不能因为特殊事件参战之前，我们所应具有的军事资源和布置的实力作出了结论。指令还有：

10.1942 年，如果以师或相当于师的单位来计算，我们的陆军要具备以下规模：

联合王国	45
防空师	12
尼罗河集团军	16
驻伊拉克和波斯的印度集团军	9
本土的印度陆军	8
要塞驻军	7
非洲本地军队	2
共计	99

11. 在 1942 年装备和维持这些部队，以及让它们得到发展就是我们的任务。

*　　*　　*

在这个时候，除了要为军队补充兵员之外，正在扩充的军火工厂和工场人力的要求也增加了。只有能够维持民众足够的营养，全国的士气才能得以保持。贝文先生在劳工和兵役部是一位经验丰富的领袖，对于所需要的人员，他利用一切知识和影响进行了招募。人力无疑也是我们军事和经济资源的一个衡量标准。我们之所以能够在这次战争中动员比其他国家能够动员的人数多得多的男子与妇女在国内或战场上为战争服务，要得益于提供劳工的贝文先生和枢密院议长约翰·安德森爵士共同设计的一个制度。直到战争结束，这个制度仍然对我们帮助很大。这项工作一开始调用的人力来自于一些不很重要的职务。但当没有足够的人力储备时，削减一切对人力的需求就成了不得不做的工作。因为一些相互冲突的要求，枢密院议长和他的人力调配委员会不得不经常排除一些阻力来裁定它们，然后将结果提交给我和战时内阁。11 月份期间，战时内阁收到了这类关于人力调查的首次报告。就枢密院议长在报告中提出的那些问题，我向我的同僚们提出了我的看法。最后得出的结果是，在这个时候，我们必须让妇女担负起沉重的负担。

人力资源调配的问题

首相的备忘录

1941 年 11 月 6 日

对于我们必须要解决的一些重要问题，如果我能说出一些我对它们的初步看法，我的同僚做起事来或许会感到更为方便。

1. 包括五十一岁以下的所有男子在内，应该再延长十年强迫服兵役的年龄。就让更多的男子担负现役的战斗任务这一问题来说，这样做或许不会对其有所帮助，但却有助于劳工大臣找到军队当中担任非战斗职务的人员。

不排除以后再次提高这种年龄标准的可能性，但根据现在的情形来看，在目前将上限增加十年已经足够。

2. 有一件事已经可以确定：以前十九岁青年男子入伍的标准，

可能会被十八岁半代替。这是理所应当的，如果能做出真正的贡献，我甚至愿意在十八岁就让他们入伍。

3. 就主要方面而言，这种方法显然不会为军中男子所喜。我也不满意目前的一种定例——征召妇女加入辅助服务队。但有一种招募方式应该大力提倡，那就是志愿的应募。

4. 如果内阁一致认为需要强迫妇女加入辅助服务队，可以考虑采取这样一种方法：是否应该不按年龄的标准整批征召而区别对待一些所用的方法。因为按照年龄整批征召可以阻止妇女加入。

5. 应该加大对妇女投入军火工业的引导力度。应该抓紧时间利用好现有的各种人力……

6. 如果情况允许，应该让雇主们进一步在工业上让已婚妇女工作。但这样就应该想办法减轻有双重任务的妇女的负担，因为这势必会占用她们更多的时间。

*　*　*

现在又要开始辩论德国的入侵问题了。我第一时间展开了这种辩论，并且更加认定这种入侵不可能发生。这种辩论作用是非常广泛的，它可以使得我们能够适当地安排可供调用的兵力。正在这个时候，本土司令部就增加装甲配备提出了一个庞大的要求，并且认为关于德国大量建造坦克登陆艇的说法很可能是真的。对于当时局势的紧张程度，人们如果不读当时写的文件是无法了解的，也不可能了解到是多么容易作出一些后来被事实证明的错误的可悲的决定。我就好比一个动物园的饲养员，面对一些庞大无比的动物，将一些折半的口粮分配给它们吃。所幸，在它们的眼中，我还可以算得上一个友好的老饲养员。

首相致帝国参谋长　　　　　　　　　　　　1941 年 11 月 3 日

1. 根据所掌握的一切情况，可以确定所有的总司令都采取了这样的做法：将自己能想到的一切东西尽力获取，然而又把自己的实力用最低的数字进行描述……但是在几个月前的一次秋季入侵当中，我高兴地看到了我们能有一千辆坦克进行抵御。我们现在拥有的坦克数量已经达到了两千辆，或许以后还要更多。还有不少于一千五百辆的坦克到了春季可以投入使用。到那个时候，我们总共可以拥有三千五百辆坦克。

对于这些坦克，布鲁克将军应该尽可能用最好的方法将它们编队，而且同时还要遵从一个原则：为了本土抵御入侵的防务，应该在前线的编队配备最大的数目，但没有必要以在中东要求的规模去编制后备队。

2. 为了应对春季的入侵，我正在号召制定最有力的措施。但我仍然有些怀疑关于入侵规模的说法：认为敌人有八百艘时速八海里的平底船，每只船都装运十辆坦克。我们的一个侦察员曾见到在一个地方正在建造几艘这样的船，他认为这种船的建造在其他地方也有，总数有八百艘。这种说法能够成立就是因为这样一个脆弱的依据。如果能找到其他依据，请你告诉我。

3. 应该严禁在低地国家的各河口集结大量船只，因为摄影技术已经大为提高，我们的空军力量也大为增强。在我们已经掌握加莱海峡制空权的情况下，我看不出敌人从敦刻尔克、加莱和布罗涅入侵的可能。可以在白天依靠战斗机的掩护轰炸这些港口和那些较小港口中敌人的船只。而我们去年的情况则完全不同。

4. 我们仍然要遵守对俄国的承诺。但如果阿尔汉格尔斯克港结冰，设法利用其他路线是允许的。但现在我们还不能向俄国人提出这样的问题，毕竟我们承诺的文件才签订不久，而且又不能对他们有任何其他的帮助……

为了能在入侵来临时把精选的一些国民自卫军用作陆军编制，我认为必须拟定出一个计划。

首相致陆军大臣　　　　　　　　　　　　1941年11月23日

1. 大家认为入侵的可能性很大，因为敌人在港口和河口正在聚集着越来越多的船只，军队的调动规模也非常大。我们可能会在这些过程（毫无疑问，没有几个月的时间，这些过程是无法完成的，何况这还很可能是一个骗局）进行的某个时段宣布“警戒”。在入侵开始前的大约两个星期，是最有可能确定这个时刻的。当然，这种“警戒”的行动并不是要让所有国民自卫军停止自己手上的平民工作，而仅仅是像民团那样，征召一些特别的分子进入军队。

2. 其余国民自卫军的征召时间，要等到入侵开始（指我们能够预测的时间）的前几天或者敌人开始登船的时候才能确定。但在“警戒”到“警报”的这段时间内，他们应该保持高度的警惕。

我所认为的那一部分特别的国民自卫军，指的是那些为数众多、尚未入伍但已志愿加入国民自卫军正在后备性质职业的岗位上工作的强壮男子，而不是未满十八岁或已经超过六十岁的人。将会由这一类人承担额外的训练，同时，他们也会因此获得金钱的报酬。在“警戒”时刻还没有到来之前，他们并不会时刻处于备战状态，并且为了使这项提议能顺利执行，他们也不会按照陆军部的装备标准被编成营。

希望你能向我提出明确的建议，提出的建议遵循在每一个军区内成立四个营的标准。

*　*　*

看到美国军事领袖们非常关心我们这个岛的防务我无比欢迎。这个岛在他们眼里无疑已经成为了一个事关美国安全的棱堡[①]。我们曾经看到，对于我们为防守中东作出的努力，他们曾非常担心会对他们的本土安全造成威胁。马歇尔将军在9月和10月之间派遣美国军官恩比克将军来到了英国。我诚恳地邀请他将我们国内的全部海滨防地访问了一遍。同时，我向他提出了自己的请求：希望他能向他的政府说明自己得到的结论。在我看来，恩比克将军既是一名出色的批评家，也是一位英国的好朋友。但是在一开始的时候，我就感到了他在夸大其词。11月底的时候，他将他的报告提了出来。按照当时写的原样，我刊印出了我对这份报告的评论。

首相致伊斯梅将军转参谋长委员会　　　　1941年11月23日

恩比克将军关于英国防务体系的这份报告，其依据来源于一种假设：根据这里进行的各项准备从而预测出入侵的兵力。恩比克将军无疑就是这类准备的调查者。我们尽管可以为了使我们的防务达到标准而接受这些资料，但我也必须指出我们进行这些准备更多的只是出于谨慎，并没有什么可靠的依据……

与关于入侵的许多研究的错误相同，打乱了事件发生的先后顺序是这项报告犯的主要错误。一次如此大的入侵，想要在不被发觉的情况下准备是不可能的。因此，要准备好这次入侵，河口和港口内的船只都可能被集合起来。这就可能使那八百艘登陆艇出现，许多其他不同规格的船只也可能出现。而对于我们而言，我们的空中摄影将会发现这些情况。在两个星期或更长的时间内，我们的空军很有可能猛烈地轰炸敌人。在战斗机的掩护下，我们的空军在白天的时候，已经有足够的力量从敦刻尔克到迪埃普对

① 棱堡是把城堡的要塞由一个凸多边形变成一个凹多边形。这样的改进可以使堡垒一个以上的棱堡面同时发现敌人的进攻，并且可以用多重火力进行打击。——译注

敌人发动袭击。敌人就算能够克服困难登上船，他们仍然有必要调度这些船只并让它们渡海。那时我们就可以调动海军进行强烈的抵抗。但恩比克的看法是，我们将来不会有警报的发生，并且大西洋之战投入了我们所有的小型舰艇。这种看法可能是不正确的，其中的一种不适用情况就是：入侵的规模达到了猛烈袭击的程度。我希望能看到一份说明海军从“警戒”的第一天到第二十天所要进行的工作的时间表（用一张纸写出来），并且还要说明可以调遣哪些舰队。

恩比克将军对这个必要的初步阶段并不在意，但它却关乎这个岛国抵御入侵主要和经历过重重考验的防御。我们自然地强调了在敌人登陆后发生的事情。之所以要这样做，是因为我们有意对我们的陆军进行训练并保持他们的锐气。但是粉碎入侵舰队的集合和在它通过海峡实时对其实行决定性打击的任务，仍然要由皇家海军和皇家空军完成。

* * *

时间已经快要到 1941 年年底，以前那种完全无法预知前途的时期也即将过去。这个时候，我们已经可以安心地回顾那些对德国潜艇致命的战争了。我 6 月底在国会秘密会议中说明的那些有利趋势，这时也开始一周周更加明显地显现了出来。我们正拥有越来越多的资源。7 月份，我们已可以建立起实力虽然弱小却可持续的护航舰队，为北大西洋各处以及弗里敦航线行驶的运输船队护航。当德国正在为增加潜艇竭尽全力，我国已经实现了和美国的积极合作。我们正在就如下一些方面进行改进：海军和空军在消灭潜艇方面有效的战术配合；仍然处于发展最初阶段的新式武器。雷达设备也已经投入生产。这一计划也曾面临失败的危险。这种危险从一开始在制图板上就已经产生。我们主要的防御方法，仍然是采取在海上进行闪避。要想主动对敌人发动进攻，这一天还远远没有到来。

美国驱逐舰“格利尔”号9月4日在单独前往冰岛的时候，遭到了一艘德国潜艇的袭击，但对方并没有命中。一星期后的9月11日，总统发布了“首先射击”的命令。在一次广播中，他说：“从现在开始，美国的防务所必需保护的海域如果出现德国或意大利的军舰，这些海域的防务力量将冒险发动攻击。我以美国陆海军总司令的身份发布命令之日，就是那个政策实行之时。”美国护航舰在9月16日首次为我们在哈利法克斯航线上的航运队护航。我们的小舰队面临的巨大压力立即就因为这一举动得到了缓解。但总统真正不再受中立法限制的时间是在两个月之后，之前美国的船只是不允许向英国输送货物的，甚至武装自卫也不可以。

我向史末资将军告知了这件事情。

首相致史末资将军　　　　1941年9月14日

对于总统的做法我总体上是认同的。但如果要对它作出判断，就必须要联系起我们在会面时商定的实际海军行动。对于我们自防线——从北极开始，沿着西经十度到达法罗群岛附近，然后折向西南，顺着西经二十六度到达赤道——的广大区域出现的任何轴心国船只，他都会进行袭击。在这个禁区内约一千英里、靠近格陵兰岛尖端的海面上，我们的一个运输船队几天前曾被十六艘德国潜艇击沉。于是我请求派遣美国驱逐舰从冰岛出发援助我们的护航舰。在我提出这一请求之后，就在昨天，美国的驱逐舰已经前往目的地。如果德国潜艇仍然在那里，我想英美舰队对它们的联合行动已经展开。对于我们的海军部而言，如果不包括运兵船队在内，因为美国已经承担在美洲与冰岛之间所有英国的快速运输船队的护航任务，它或许可以从我们以哈利法克斯为基地的五十二艘驱逐舰和驱潜快艇中，调回四十艘集中在本土周围的海域。这种增援无疑有着深远的意义。如果它得以实行，如果将护航舰排除在外，大量的猎潜舰将可能首次歼灭德军潜艇，从而使得希特勒面临一种两难的境地：要么接受大西洋战役的失败，要么经常与美国商船和军舰发生冲突。我们知道，相较于入侵，希特勒更喜欢以饥馑来对付我们。对于美国公众而言，尽管他们已经接受“首先射击”的宣言，但并不清楚它究竟在哪些广大区域适用。因此，对于这一原则，我认为他们会支持总统更加充分应用它，从而导致随时都可能发生战争。你应该要成为以上各节的唯一阅读人。

* * *

这个时候，德国出动了五倍于1940年的潜艇数目。但即便如此，我们船舶的损失仍然减少了许多。在哈利法克斯航线上的那些快速船队，从7月到11月被击沉的商船数量为零。在7月和8月，由英国和加拿大的护航舰队保护，从布雷顿角岛锡德尼出发缓慢航行的运输船队也没有受到袭击。但是9月份的时候，像我在上文说过的那样，在从格陵兰到冰岛的海面上，一群十二艘以上的德国潜艇和我们船队发生了战斗，时间持续了七天。在这场战斗中，有两艘德国潜艇被歼灭，我们六十四艘的运输船队只有十六艘被击沉。10月31日，美国驱逐舰“鲁本·詹姆斯”号被鱼雷击中而沉没，造成了巨大伤亡。这终于打破了哈利法克斯航线上的运输船队一直未受到袭击的局面。在美国海军仍然未宣布进行战争期间，这样的损失可以算是第一次。在8月份，所有运输船队的航行船只数目的限制被取消，这使得在一些航程中快速和缓慢的运输船队得以结合航行。8月9日，由一百艘船只组成的联合运输船队安全抵达英国。到已经过去三个月的9月底，输入总额达到了每星期一百万吨，也就是说每个星期增加了约八万吨。

在比斯开湾，我们监视布雷斯特港德国巡洋舰的空中巡逻队，发现这一区域经常有以此为基地的德国潜艇出入，并且沿着固定的路线驶过比斯开湾。我们的空军海防纵队因此而获得一个机会。但是也必须具备那两个条件，这一机会才能充分得到应用。识别问题是第一个条件。在夜晚的时候，我们无法对目标进行识别，尽管我们的航空雷达效果很好。而这一问题被新发展的飞机上的探照灯解决，已经是在稍晚之后。缺少一种可以击沉潜艇的空中武器是第二种。在那些稍纵即逝的袭击机会内，我们飞机上的炸弹和深水炸弹无法总是准确地袭击或造成有力打击。但在到 11 月份为止的三个月当中，我们仍然发动了对敌人的二十八次袭击。这直接导致了在比斯开湾的危险区域中，敌人在 12 月只能在夜晚从水下驶过，让一艘德国潜艇减少了约五天的追击时间。

在西部的入口地区，我们空军海防总队的一架“亨特森”式轰炸机在 8 月份期间，用深水炸弹对一艘德国潜艇进行了袭击。在被击伤后，德国潜艇无法再次潜入水中。潜艇上的水兵试图用他们的炮攻击我们，因为受到这架轰炸机上机枪的攻击，因此只能集中在潜艇的下层。于是，在战争史中，一艘潜艇向一架飞机举白旗投降的现象产生了。尽管海面上波浪滔天，也没有任何船只出现在附近的海面上，但对于自己的猎物，这架“亨特森”式飞机仍然警觉地监视着。面对这样的情况，这架飞机发出了求助信号。第二天，这艘潜艇被一艘渔船拖到了冰岛，随后被编入了皇家海军服役。这样的事情是从来没有过的。

* * *

一个新的难题这时出现在了英国海军面前。因为要援助俄国，我们不得不在阿尔汉格尔斯克和摩尔曼斯克的海路上倾注我们的注意力。海军上将维安奉命前往斯皮茨伯根群岛进行侦察。他用一支军队登陆将敌人的堆煤站破坏了，同时将几个被强迫服役的挪威人救了出来。在这次迅速的行动中，他们还虏获了载有煤的德国煤船。而差不多在相同的时候，位于北角顶端的比特萨摩和基尔克内斯港的德国船舶也受到了我们从航空母舰“狂野”号和“胜利”号起飞的五十六架飞机的猛烈袭击。在这次行动中，我们的飞机损失了十六架，却只对敌人造成了一些损伤。因此，我们后来停止了这类尝试。

我们由六艘船舰首次组成的驶往俄国的“P.Q.”运输队从利物浦港出发。它们的目的地是阿尔汉格尔斯克，途中将会经过冰岛。此后，在每个月当中，总有一次或两次驶往俄国北部的运输队出发。它们受到的防卫是牢固的，而受到敌人袭扰的经历也从来没有过。摩尔曼斯克港口会在阿尔汉格尔斯克港冰封的时候代替它。因为将军需物资成功运送给了俄国军队，我们进行了很多的庆祝和宣传。但在接下来的一年当中，我们马上遭遇了重大的损失。

*　　*　　*

我们海岸附近的船舶，因为俄国的参战已经减少了受到德国飞机袭击的次数。为了应对轰炸范围非常广的“福柯乌尔夫”式轰炸机的袭击，我们正在制造装有战斗机弹射机的船只。这些船只很快就取得了很多成功。德国飞机和潜艇攻击了从直布罗陀和塞拉利昂再到英国的航线，这让我们的三十一艘商船和三艘护航舰在 8 月和 9 月之间被损毁。著名的驱逐舰“科萨克”也在被损毁之列，在虏获德国军舰“埃尔特马克”号和围攻德国战列舰“俾斯麦”号的行动中，它功勋卓著。9 月份，英国的航空母舰“勇气”号正式服役。它是第一艘真正的护航航空母舰，可以从一个飞行甲板上出动六架飞机。在随后的行动中,它很快证明了护航航空母舰的价值。它既可以对“福柯乌尔夫”实行歼灭或驱逐，也可以迫使德国潜艇无法浮出水面和提供有关它们的警报，同时还可以在白天进行空中侦察。“勇气”号航空母舰极大地影响了美国大批对潜艇战争中和以后两栖作战中作用重大的船只的制造。

“勇气”号本身服役的时间并不长。12 月 21 日，在对从直布罗陀驶往本国的一个运输船队进行护送时，它在经过了英勇的战斗后被一艘德国潜艇击沉。它的能力在这次历时几昼夜的战斗中被率领运输船队护航舰的沃克中校极大地发挥了出来：不仅摧毁了九艘德国潜艇中的四艘，还将两架“福柯乌尔夫”式轰炸机击落。一天晚上，沃克所坐的“鹳鸟”号正追击一艘德国潜艇，并撞上了这艘德国潜艇。“鹳鸟”号舰上的四英寸口径的炮因为两艘船靠得太近而无法充分地降低，这让炮手们只能“挥动着拳头咒骂”。直到深水炸弹发挥了作用，这一情形才得以改变。经过了这次事件，沃克中校成为了我们德国潜艇的一流歼灭者。他和他指挥的几队护航队曾击沉了二十艘德国潜艇，其中有一次单次就击沉了六艘，直到 1944 年他因病早丧。

我们在大西洋的局势，因为德国决定派遣潜艇到地中海而得到了缓和。在直布罗陀海峡，我们击沉了五艘德国潜艇，击伤了六艘，这六艘潜艇因此也被迫退回。但仍然有二十四艘潜艇成功地通过了直布罗陀海峡，并且在地中海发挥了巨大的力量，这一点读者将可以在以后一章看到。

* * *

我们的海洋贸易也不断地遭到伪装的德国商船袭击。在澳大利亚西海岸，澳大利亚巡洋舰“悉尼”号就受到了德国的“袭击舰 G”的攻击。在这次事件中，德国的“袭击舰 G”成功地利用伪装将澳大利亚巡洋舰“悉尼”号引入了自己的水平射程之内。在战斗过程中，这两艘船都被击沉，其中有二十五名德国人随后被救起，其余的德国人在澳大利亚西部登上了岸，但“悉尼”号的七百多名官兵却全军覆没。这是一次发生在幽僻海域的惨烈的牺牲。在南大西洋，我们的巡洋舰“多塞特郡”号在几天后对德国的“袭击舰 C”展开了追击，并将其击沉。“袭击舰 C”曾击毁了我方二十艘总计约十四万吨的船舶。有九艘伪装的德国海面袭击舰对我们造成了如下损失：

年份	沉船数	总吨位
1940 年	54	366，644
1941 年	44	226，527
1942 年	30	194，625
1943 年	6	49，482

所以，对于 1941 年我们在商务上因为海洋战争而受到的影响，我们有理由感到满意。我们因为德国潜艇的袭击而受到的损失，在 1941 年 11 月达到了 1940 年 5 月以来的最低数字。尽管德国的潜艇和空军力量得到了增加，以及希特勒不断地夸耀自己战绩，尽管我们在海洋上增加了越来越多的运输船队，但是相较于 1940 年，英国和同盟国在 1942 年船舶损失的数字并没有增多。双方的攻击目标固然增加了许多，但是我们在 1941 却击沉了德国潜艇（意大利潜艇也包括在内）五十三艘，而在 1940 年击沉的数量只有四十二艘。对于本章末所载的表，我想是很值得认真研究的。

*　　*　　*

因此，我们就具备了更多的军事力量来应对眼前的战争的最大一次变化，并且能更加好地把握我们的实际力量以及许多问题。我们毫不怀疑自己的能力：能够保卫好这个岛国，并且向外国派遣我们的船舶所能装的最大量的军队。对于将来，我们尽管并没有一个准确的把握，但在经过克服一切困难后也不会感到恐惧。入侵是完全用不着害怕的。不仅如此，我们在大洋上的生命线的数量、安全性和范围还在一天天地增加。我们已经越来越能控制好这个岛国的入口地区。德国空军和潜艇对我们已经不再具有以前那么大的束缚力，并且，经过我们的驱逐，敌人已经只能在远离我们海岸的地方。我们自己的国家，也不断地在获得更多的粮食、军火和供应品。每过一个月，我们自己的工厂就会增加许多。尽管危险仍然笼罩着地中海区域、北非的西部沙漠和中东，但就陆地、海上和空中三方面的情形来看，战争进行到了这一阶段，我们仍然要感到庆幸。

英国、盟国和中立国的商船和渔船损失的总吨位数统计表

（括号内是船舶数目）

1949 年 5 月 1 日订正

日期	潜艇	水雷	海面舰只	飞机	其他和未查明原因	总计
1939 年 9 月 3 日—12 月 31 日	423，769 (116)	262,697 (79)	61,337 (15)	2,949 (10)	7,253 (4)	758,005 (224)
1940 年	2,186,158 (471)	509,889 (201)	511,615 (94)	580,074 (192)	202,806 (100)	3,990,542 (1,058)
1941 年	2,162,168 (429)	229,838 (108)	495,077 (113)	970,481 (324)	332,717 (167)	4,190,281 (1,141)

第八章　进一步接触俄国

1941年秋季和冬季

英苏关系——军事合作前途多艰——我们努力协助高加索——我们对芬兰、罗马尼亚和匈牙利的宣战——我于11月4日给斯大林的电报——斯大林11月8日给我的复电——艾登先生11月20日与苏联大使的谈话——我主张由艾登先生前往莫斯科——斯大林接受了要求——和芬兰、罗马尼亚以及匈牙利决裂非我所愿——我对曼纳海姆的呼吁——艾登先生被任命前往莫斯科——我12月5日发出的命令——德国首次遭遇闪电战的失败

我们同苏联的关系，这个时候受到了两方面的影响。首先是军事方面商谈的模糊和不令人满意，其次是俄国希望我们断绝和轴心国的卫星国——芬兰、匈牙利和罗马尼亚的往来。因此，对于前者的解决，最近的莫斯科会谈进展甚微。

11月1日，我向外交大臣递交了如下备忘录：

首相致外交大臣　　　　　　　　　　　　1941年11月1日

我们曾经采取过不进行军事会谈的政策吗？我完全不知道这一点。我更为知道的是我们曾经明确地向他们提出：我们会在军事方面进行商谈。为了给比弗布鲁克勋爵提供指导，我曾拟就了一份专谈军事而不谈供应的文件[1]。伊斯梅将军就是为了进行军事商讨才去俄国的。但实际上他去也意义不大，因为到目前为止，我们还不能采取任何真正重要的实际步骤。现在他或许已经在阐释哪项对我们来说不高明而且做不到的要求：要我们往俄国前线派遣“二十五个到三十个师”。他或许已经向俄国解释过：我们向俄国运送供应物资所需要的交通线有可能因为调入两个或三个师受到阻碍，这些交通线甚至包括为俄国前线提供物资的交通线。同时，我不明白在会议中，为什么不进行这类问题的讨论，因为无论是比弗布鲁克还是斯大林，对军事问题他们都是有接触的。

韦维尔将军已经去过第比利斯，但他在那里找不到任何有权能和他谈话的人。他讲有一口流利的俄语，因此我认为他也应该去莫斯科。我们无论如何都要弄清问题的来龙去脉。

附言——你应该将刚收到的韦维尔的来电阅读一遍。这封电报将如何在大不里士或以北用即便两个师完全堵塞穿越波斯的铁路的事情作了说明。

我认为如果想要将联合行动的问题在不被误会的情况下进行讨论，只需要建立一个军事协商机构。下面的备忘录体现了当时不能让人满意的局势。

首相致伊斯梅将军转参谋长委员会　　　　1941 年 11 月 5 日

德国人会在什么时候进入高加索？他们会经过多长时间来到那个山脉障壁？对于这些问题，我们完全不知情。同时我们也不知道俄国人将会怎么做，会将多少军队投入战斗，以及能够抵抗多长时间。如果德国人加紧攻势，英国的第五十师或第八十师无疑是无法及时赶到现场的。“十字军战士”行动对我们造成了极大

① 参见附录八。——原注

的束缚，在目前的情形下，我们能看到的只有那样广的范围。对于德国人占领巴库油田的行动被阻止，或者俄国能够有效地破坏这个油田，我们是不太相信有可能的。对于我们就这些问题提出的询问，俄国人是以非常怀疑的态度来对待的，并且也不将任何事情告诉我们。

如果有可能，派遣四个或五个重型轰炸机中队驻扎在波斯以北帮助俄国人保卫高加索，或者让它们在最坏的情况下轰炸巴库油田从而燃烧这块土地，是我们目前唯一能做到的事情。但前提是要有战斗机保护这些轰炸机中队。并且，必须得到“十字军战士”行动出现结果后，我们才能确定怎样供应这些轰炸机或战斗机。为了长期让敌人得不到油田，我们还应该根据这一主张将大量空军从比利时调到波斯。为了更方便我们发现一些连带的问题，请尽量在下星期内将这件事办好。谁也不能断定俄国人能维持多久自己在黑海的控制权，尽管以他们的兵力来看，出现这样的情形非常不应该。

* * *

我们同芬兰断绝关系的建议，是麦斯基先生 9 月 4 日和我会面的时候提出的，这一点我们已经看到①。我知道这一提议体现着俄国对芬兰态度的强硬。在 1941 年 7 月的时候，芬兰人曾经利用德国进攻俄国的机会在卡累利阿前线对俄国重新采取敌对行动。他们这样做的目的，旨在将一年前签订的莫斯科条约失去的那些领土重新夺回来。在 1941 年的秋季，他们的军事行动曾严重地威胁到了列宁格勒，以及从摩尔曼斯克和阿尔汉格尔斯克到俄国前线的补给线。从 8 月份开始，我们和美国政府曾以严厉的语句警告芬兰人这样做可能造成的严重后

① 见原书第三卷第 406 页。——原注

果。但他们认为，为了防备俄国，他们有必要将成为各处争论焦点的卡累利阿省夺回来，尤其是两年前的历史更加坚定了他们这样的看法。但这显然是不可能的，俄国现在和德国正在进行生死搏斗，它的同盟国不可能允许芬兰割断俄国同西方联系的北方主要交通线，何况芬兰还是德国的一个卫星国。

罗马尼亚也面临着和芬兰相同的情形。1940 年 6 月，俄国夺取了罗马尼亚的比萨拉比亚省，进而将多瑙河纳入了自己的控制当中。在安东内斯库的领导下，罗马尼亚的军队和德国结成了联盟。正如芬兰人在东卡累利阿那样，他们不仅重新将比萨拉比亚省纳入了自己的版图，甚至还深入了俄国的黑海区域各省。匈牙利因为横跨中欧和东南欧的交通要道，因此对于德国的战事，匈牙利人是有直接帮助的。

但我不认为改变这种局势的最好办法是宣战。迫于我们和美国的压力，芬兰并非一定不会同意公平合理的和平条件。在罗马尼亚方面，对于安东内斯库的独裁政权，我们有各种理由相信它不会长久。所以，为了就军事计划、合作问题和向轴心国几个卫星国宣战的问题进行商量，我决定向斯大林发送电报。

首相致斯大林元帅　　　　　　　　　　　　1941 年 11 月 4 日

1. 我准备派遣我国驻波斯、印度和伊拉克的部队总司令韦维尔将军同你会面以处理一些事务和计划将来。至于会面的地方，只要你喜欢，可以是莫斯科、古比雪夫、第比利斯等任何一个地方。与韦维尔将军同去的还有我们秘密选定的新任远东司令帕吉特将军。帕吉特将军会带去我们最高司令部最近和最成熟的意见，他对这里的一切内情都了解。我们面临着怎样的局面，以及我们认为怎样做才恰当等信息，你都可以通过这两位军官获悉。不超过两个星期，他们将会到达你那里，不知道你是否愿意接待他们。

2. 我曾在 9 月 6 日的电报中告诉你，我们是愿意对芬兰发动战争的。但也请你考虑一下，对于英国而言，当下对芬兰、匈牙利和罗马尼亚宣战是否有好处。事实上，由于我们已经用极端的封锁政策对待他们，宣战只是一种形式。我们对宣战是持反对态度的，判断依据有两点。第一点是，出于万全考虑，应该认识到美国还有许多我们芬兰的朋友。第二点是与罗马尼亚和匈牙利有关的问题：我们有许多朋友都来自于这些国家，他们之所以做了希特勒的爪牙，完全是因为希特勒的压迫；一旦希特勒失势，他们很可能是我们的朋友。如果英国对他们宣战，他们的这种可能意向无疑会被扼杀，而让希特勒成为他们眼中反对我们的牢固的欧洲大同盟的首脑。我们之所以对这个步骤的作用产生怀疑，并不是因为我们缺乏热情或者友情，请你务必要认识到这一点。对于这一步骤，除了澳大利亚，我们的自治领都持反对态度。但即便如此，我仍然愿意向内阁提出这一问题，只要这样做对你有真正的帮助，或者有必要这样做。

3. 对于我们的供应物资，我希望它们从阿尔汉格尔斯克运走的速度能像我们将它们运来那样快。我们也正在通过波斯运入少量物资。关于物资的运输，我们将竭尽全力通过这两条线路来实现。而同飞机和坦克一起前往的技师们，也请你让他们能有足够的便利向你们的人员递交这些武器。我们目前派往古比雪夫的使团完全处于闲置状态，而他们只不过是想给你们提供帮助。我们不希望这些武器受到糟蹋，因为它们毕竟是我们冒险运过去的。因此，我认为你应该发布一项命令。

4. 我不能将我们的即时军事计划告诉你，同样不能告诉你的还有多出你们所能告诉我们的军事计划的情况。但我们仍然会有所行动。

5. 出于让日本停止行动的目的，我们正准备向印度洋派遣我们的新战列舰“威尔士亲王”号，它可以俘获和歼灭任何日本军舰，并且正在那里建立一支强大的战列舰队。为了能让海参崴的航路畅通无阻，我正在敦促并要求罗斯福总统向日本施压，以对他们造成恐惧。

6. 由于比弗布鲁克和哈里曼已经告诉你我们对你们卓越战斗的感受，因此我不想再多说赞扬的话。请继续相信我们会不断地支持你们。

7. 我将无比高兴能直接知悉你已经收到这份电报，如果有可能的话。

我 11 月 11 日收到了麦斯基先生交来的复电，这封电报是冷淡且含糊其辞的。

斯大林先生致首相　　1941 年 11 月 8 日

11 月 7 日我收到了你的来电。我和你一样，认为有必要澄清苏联和大不列颠之间的关系。但根据目前的情形来看，这种澄清根本做不到，其原因有两点：第一，我们两国并没有就战争目标和与战后和平组织有关的计划达成一致意见。第二，苏联和大不列颠之间并没有一个协定说明双方需要在欧洲反对希特勒的问题上相互援助。

1. 苏英的关系要想得到澄清，必须要这两个问题都达成一致。而且，可以说，如果目前的局势不发生改变，双方很难产生相互的信任。关于向苏联提供军用物资的那个协定的意义无疑是重大的，但对于我们两国关系的全部问题，这个协定并没有解决的能力，并且概括得也不全面。如果你电报中提到的韦维尔将军和帕吉特将军来莫斯科的目的是为了就上面提及的两个问题进行协商，那么我们将不胜欢迎，并且也会就它们展开讨论。但如果是出于如下目的，我们认为打扰他们是很不应该的：只提出一些关于情报的问题或次要事项的考虑。我也很难在这种情形下抽出时间来进行会谈。

2. 我认为一种令人无法控制的局势已经出现，其源头是大不列颠对芬兰、匈牙利和罗马尼亚宣战的问题。苏联政府是通过秘密的外交途径向英国政府提出这一问题的。但是结果又是怎样的呢？从苏联政府向英国政府提出请求开始，到美国政府开始考虑这个问题为止，这个问题被全面和广泛地公开宣布。无论是在友好还是敌对的报纸或文章（无论友好与否）上，整个问题被随意地讨论着。而英国政府的做法又是怎样呢？当这一切都已经成为现实后，它告诉我们自己持否定态度。我完全不理解这样做的缘由，难道是因为苏英之间意见不统一？

3. 对于从英国运往阿尔汉格尔斯克的所有军械，为了让它们迅速地到达适当地点，我们正在采取一切必要的措施，这一点你可以放心。我们也会采取同样的做法通过波斯的路线。但在这方面还存在一个问题（这虽然并不那么要紧），那就是坦克、飞机和大炮都是在包装不良的情况下运来的。运到的时候，由于包装的不当，一部车的部件居然分装在了几只船上，有些飞机也发生了破损。

* * *

对于电报中的语气，在经过一段时间后，甚至连斯大林也感到了有些过分。我完全不想答复这封电报，因而采取了闭口不言的态度，这是表达我看法的最好方式。苏联驻伦敦大使 11 月 20 日到外交部访问了艾登先生。我用电报的形式将艾登先生关于这次谈话的记录发给了正在古比雪夫的斯塔福德·克里普斯爵士：

今天下午，我接到了苏联大使的会见请求。谈话中他告诉我说："斯大林先生要求我告诉你，他只是因为考虑到了实际和事务性的问题，才会发给首相最近的电报。触犯英国政府的任何成员都是他不愿意看到的，更何况是首相。"

前线的事务的确已经让斯大林先生忙得焦头烂额，甚至可以说完全缺少处理前线事务之外其他事情的机会。他曾经提出了一些实际问题，如为了反对希特勒在欧洲进行的军事援助，以及战后的和平组织。这些问题是那么的重要，以至于受到任何个人的误会或情绪使之复杂化都是他所不能容忍的。对于一些个人情绪，斯大林先生在执行采取的方针时也曾予以克服，如他和苏联全国对芬兰的这件事就是感到极为痛心的。斯大林先生说："我的祖国感受到了屈辱。整件事情就那样被公开了，而我们提出这一问题的方式却是秘密的。不仅如此，在这件事情发生后，英国陛下政府又认为苏联的要求并不可行。一种屈辱因此就降临在了我们的国家，这同时也削弱了我国人民的信心。"这件事是让斯大林先生非常痛心的。但即便如此他仍然认为，当下他只应该达成一项协定，以让为了反对希特勒，在欧洲进行相互的军事援助以及战斗的和平组织问题得到解决。

在目前的情形下，根据俄国领袖们的意见，可以说要想让单纯的军事商谈产生具体结果几乎是不可能，这从斯大林的复电中可以清楚地看出来。我们两国在谅解问题上的看法是不一致的，否则斯大林在关于芬兰的电报中的语调不会那么夸张。所以，为了尝试再一次调和我们的关系，我主张让艾登先生前往俄国。11 月 21 日，我向斯大林先生发了电报：

1. 你的来电我刚刚已经收到了，至为感谢。我和罗斯福总统建立了一种非常牢固的谅解，在处理一些问题的时候，通常可以因此而迅速执行，这缘于我和他在战争刚开始的时候就已经有私人的通讯。和你在同等的友谊和信任下进行合作，同样是我唯一希望能办到的事情。

2. 与芬兰有关的问题。我已经准备将向芬兰宣战的意见提交给内阁，当时我正在给你发9月4日的电报。相较于通过正式宣战将他们和犯罪的轴心国家共同沦为罪犯，我根据后来的消息想到了一种对俄国和我们的共同事业更为有利的做法，那就是让芬兰人停止战斗或回到自己的国家。但在今后的两个星期内，如果他们仍然继续战斗或者你依然主张我们对他们宣战，我们将会同意对芬兰宣战。和你的意见相同，我也认为不应该以任何方式公布这件事。但这当然不是我们的过错。

3. 像以前我们希望的那样，如果我们能将在利比亚的德意军队通过进攻予以歼灭，那么对于战争的全局，英王陛下将会在这之前有一个更从容而全面的认识。

4. 我们之所以派你认识的外交大臣艾登先生经过地中海去莫斯科或其他地方和你会面，为的就是解决这一问题。他在前往时会有高级的军事和其他方面的专家陪同。派军队进入高加索和进入你方军队在南方战线的各种问题，你都可以和他进行讨论。我们是无法使用大批船只的，这囿于我们的船舶资源和交通线。但是，你仍然要选择是在波斯运输军队还是运输供应物资。

5. 你无疑也是希望就战后和平组织问题展开讨论的，这一点我能够发现。我们希望能在和你们联盟的情况下，通过经常和你商量竭尽全力去进行战斗，无论这是一场多么漫长的战争。我们同时也希望，苏俄、英国和美国三个国家，在战争获得胜利后（对此我从不怀疑），将会以摧毁纳粹主义的三个主要伙伴的身份共同出现在胜利者的会议桌上。防止德国，尤其是防止普鲁士发动第三次突然袭击是我们共同最想解决的问题。与英国和美国不同，俄国是一个共产主义国家。不仅如此，英国和美国也不准备成为这样的国家。但这并不妨碍我们为了相互的安全而制定一个完善的计划。外交大臣就是为了和你就这方面的问题进行商量才前往的。

6. 尽管纳粹政权的内部结构很可能因为你们对莫斯科和列宁格勒的防卫，以及在全部俄国前线对侵略者的卓越抵抗而受到致命的伤害，但我们绝不能存在这样的侥幸心理，全力攻击敌人才是我们最好的做法。

两天后，斯大林用较之前平静了一些的语气进行了复电：

1941年11月23日

1. 你能发来电报我非常感谢。你在电报中表示要在友谊和信任的基础上和我进行私人的通讯，这一意愿我是非常欢迎的。我希望这将极大地有利于我们争取共同事业的胜利。

2. 关于芬兰的问题，我们提出的要求原本就只是让芬兰停止军事行动或退出战争，至少在一开始的时候是这样。我相信英国在这样的情况下会对芬兰宣战的：在你所制定的那个短暂时间内，芬兰拒绝你对它的要求。如果不这样做，我们就可能让别人觉得：在如何对待希特勒和他热心的同谋者作战的问题上，我们并没有一个统一的意见，他们完全可以不受任何惩罚地进行自己的阴险行动。我们完全可以晚些时候再决定如何对待匈牙利和罗马尼亚。

3. 对于你派遣外交大臣艾登访问苏联的主张，我当全力促成它早日实现。我毫不怀疑有这样一件意义重大的事情，那就是将一项关于苏英军队在我们前线上的共同军事行动的协定予以共同考虑和接受，同时将它付诸行动。出于对有关战后和平组织的一项计划的考虑，的确有必要防止德国，尤其是普鲁士再次破坏和平，以及再次让一个总概念的基础坍塌：他们是在屠杀各国人民。

4. 我认为不应该存在这样一种差异：在国家组织上，苏联是一方，而英国和美国是另一方。同时我还认为，即便存在这一差异，我们依然可以和你就与我们的相互安全和合法利益的所有根本问题达成一致意见。如果这方面的疏漏和不信任依然存在，在和艾登先生进行谈判的时候，我希望将它们消除。

5. 我祝贺英军在对利比亚的攻势中有了一个成功的开端，也请你能接受我这一祝贺。

6. 在和希特勒的战斗中，苏联军队依然面临紧张的局面。但不管存在多少艰难险阻，我们仍然在加强军队的抵抗能力，并且不会间断。我们有足够的意志战胜敌人。

* * *

迫于斯大林的强烈要求，我当即就准备进行部署：将一份有限期的最后通牒递交给芬兰人、罗马尼亚人和匈牙利人。作出这一决定我是勉强的，正如我在备忘录中所言。

首相致外交大臣　　1941 年 11 月 28 日

在你看来，我们似乎迟早会在 12 月 3 日对这三个国家［芬兰、匈牙利和罗马尼亚］宣战。在确定芬兰会怎样做之前，我是不希望作出这样的决定的，何况在 3 日未免太早了点。5 日这一天，距离我给斯大林致电刚好两个星期。为了能够有足够的时间等待答复，我是在今天晚上才给曼纳海姆我的电报的。

我依然认为这项措施并不高明。并且，对于芬兰人撤兵的可能，我依然保持希望。在这个时候这样做是出乎我的意料的。

首相致外交大臣　　1941 年 11 月 29 日

关于芬兰等一些国家。如果芬兰有可能退出这次战争，我并不想作时间上的要求。在给斯大林［11 月 21 日］的电报中，我说过："如果在两个星期后他们依然持续战斗，同时你仍然主张我们对他们宣战的话……"你可以阅读这份电报。所以，我认为应该这样做。在 12 月 5 日的时候，如果我们依然没有听到芬兰人可能退出战争，或者听到他们要继续抵抗的消息，我们就告诉斯大林说："如果你仍然希望，我们将立即对他们宣战，随后对罗马尼亚和匈牙利宣战，并且会按照你的意愿行事。”

* * *

经过了苏联政府的知情和同意，我认为这时有必要向芬兰领袖曼纳海姆元帅本人最后呼吁一次。

首相致曼纳海姆元帅　　1941 年 11 月 29 日

出于对我们的盟国俄罗斯的忠诚，我们必须在几天内对芬兰宣战，想到这件事即将发生，我感到无比悲伤。如果宣战指令已经发出，只要碰到合适的机会，我们会进行战斗的。在战争期间，你们的军队已经推进了很远距离，你们的安全因此已经足以保证。现在，你们完全可以终止战斗并撤离。想要退出战争，只需要脱离战斗和停止军事行动，并且也不需要进行任何公开的宣告；在严寒的冬季，这样做是完全有理由的。我们击败纳粹党人的决心是坚定的，并且也希望阁下能够相信这一点。不仅如此，与 1917 年或 1918 年相比，我们现在的决心更大了。对于有许多朋友在英国的芬兰而言，如果它将自己归入那些犯罪和战败的纳粹党人之流，毫无疑问会让这些人无比伤心。我之所以要尽早发出这封私人性质的电报供你参考，完全是出于想到了我们关于上次大战的谈话和通讯。那个时候，我们的谈话和通讯是那样愉快。

我于 12 月 2 日收到了曼纳海姆元帅的复电。

曼纳海姆元帅致丘吉尔首相　　1941 年 12 月 2 日

昨天收到美国驻赫尔辛基的公使转交的你 1941 年 11 月 29 日的来电，我感到非常荣幸，同时我也非常感谢你在这封电报中表现的好意。但我确信自己能够明确地告诉你，在我军到达为了保障我们的安全所需要的阵地之前，我目前的军事行动仍然会继续的。我非常遗憾因为保卫芬兰而进行的军事行动使我的国家和英国发生冲突，如果这是一个事实的话。同时，我也会痛心于你认为自己迫于无奈才要和芬兰发生战争。在这艰苦的时期内，我非常感谢你发给我私人电报。

通过这项答复已经可以清楚地看出，要想让芬兰把军队撤到 1939 年的边界，是完全不可能的。英国政府于是开始做宣战的安排，对罗马尼亚和匈牙利也随后采取了相同的行动。

* * *

正是在这样的情形之下，我们准备了艾登先生前往莫斯科的行程。和他一同前往的还有帝国副总参谋长奈将军。在莫斯科的会谈将要达到如下目的：在军事和一般方面全面地回顾战争，尽可能签订一份正式的书面同盟条约。

我在 12 月 5 日写出了一项给外交大臣的总指示。在这项指示当中，我检查了一番我们对于军事形势某些方面的看法，并涉及了如火如荼的西部沙漠的战事。后者也是我现在就要谈到的事情。

1941 年 12 月 5 日

1. 我们曾希望用第五十师和第十八师来保卫高加索或在俄国前线作战，以便延长正耗费轴心国大量资源的利比亚战事。我们或许有必要将它们也投入战争。所以，这些师最近很可能会调往别的地方。将一支强大的空军放在俄军的南翼是我们援助俄国最好的办法（姑且先不看供应物资），如派遣十个中队去那里。这样一来，这些空军不仅可以进行其他的事务，还可以为保护黑海上的俄国海军基地提供帮助。等到利比亚战役结束后，应该第一时间撤出这些中队。这样就不至于像派遣步兵师一样，使穿越波斯的交通线过分受到他们的地面人员和辎重的阻塞。关于这项调动，中东最高司令部已经奉命拟定计划。无可否认，这项调动要想顺利地执行，也要看详细侦察的结果是否足以支撑。

2. 随着时间的推移，土耳其怎样做已经对俄国和英国越来越重要。有一个事实显然已经摆在眼前：我们需要让空军支援土耳其的五十个师。在土耳其受到攻击时，我们已经答应他们会派遣战斗机中队前往，最少是四个，最多可能达到十二个。如果必须要这样做的话，我们就可能要撤出一些准备派往俄国南部战线的中队。英国和俄国政府以及参谋部，需要根据情况商定应该怎样更好地使用黑海两岸的飞机，以及这些飞机应该用什么类型等事情。

* * *

对于俄国前线的军事危机而言，正当交往互相进行的时候，它们已经变得不再那么紧迫。11 月 13 日，希特勒准备竭尽全力再努力一次，发动“秋季攻势”在年终以前攻下莫斯科。但博克和古德里安反对这一主张。在他们看来，德军在冬季掘壕固守才是最好的做法。但希特勒没有听从他们的建议。因此，德军尽管在 11 月下半月取得了一些两翼的进展，但从 12 月 4 日开始，由于严寒在这个时候已经降临，他们中路的主要攻势完全无法展开。他们无法自由地使用自动武器，也不能发动飞机和坦克的马达；德国士兵也因为缺少冬季服装而处于半冻僵状态。

直到这个时候，希特勒才像前一个世纪走过这条道路的那位拥有绝对权力的军事天才①一样，发现俄国的冬天对自己意味着什么。严

① 指拿破仑·波拿巴，法兰西第一帝国皇帝。——译注

酷的现实迫使他低下了头颅。于是，在同时还要抵抗俄国进攻的状况下，他命令军队撤退到后方一条较好的战线上。俄国展开这类进攻是必须的。在莫斯科以南和以北的德国装甲部队，迫于俄军在这一年其余时间持续不断地进攻，不得不进行后撤。直到 12 月 31 日，他们才在离莫斯科城六十英里、一条由北向南的战线上稳定下来。而在以前，德军曾把战线推到了距莫斯科不足二十英里。北方的德军也几乎面临同样的遭遇。俄国击退了列宁格勒和后方的德军的一切进攻，这些地方不仅曾被完全切断联系，而且还被南面的德军和北面的芬兰军队紧紧包围过。与此相反南方的德军却收获较多。通过猛烈的进攻，在某一段时间之内，龙德施泰特到达了罗斯托夫，并且转换方向抵达高加索。但由于冒进，他后来又被击退了四十英里。但他仍然前进了五百英里，将俄国的南部工业区和乌克兰肥沃的麦田都收入了自己囊中。尚有一些俄国人尚未被击退或歼灭的俄国南部地区，只有克里米亚。

经过六个月的战斗，德军就这样获得了巨大收获。他们对敌人所造成的损失，是其他任何国家都无法承受的。但是，俄国人仍然稳稳地控制着莫斯科、列宁格勒和顿河下游。这也正是他们准备攻下的三个主要目标。此外，他们也远远不能到达高加索、伏尔加河和阿尔汉格尔斯克。俄国军队，这一他们进行攻击的对象，不仅远远没有被击溃，而且还不断地增加了自己的战斗力。可以肯定的是，到了第二年，俄国军队还会拥有更强的实力。毫无疑问，战事会陷入持久阶段，因为冬季已经到来。

当看到德国的闪电战首次失败，无论是大国还是小国，所有反对纳粹的国家都受到了极大的鼓舞。对于我们这个岛国而言，因为东方已经吸引德军在那里进行殊死战斗，所以已经没有了入侵的威胁。尽管没有人能知道那场战斗能够持续多久，但有一点却可以肯定，那就是希特勒仍然对前途抱有希望。总司令勃劳希契，因为希特勒在秋季和将军发生过的多次争论以及这些将军无法满足自己的意图被解职。龙德施泰特也受到了同样的待遇。希特勒此后便自己接手了在东方的军队的指挥权。对于自己的做将军的能力他是深信不疑的，他对 1942 年早日击溃俄军抱有极大信心。

* * *

前面已经叙述过我们同苏联的商谈（在以后阶段似乎还进行得颇为顺利）经过，介绍奥金莱克在西部沙漠发动的攻势将是接下来要做的事情。由于 12 月 7 日发生了日本从珍珠港袭击美国的事件，商谈和攻势发展到了另外一个阶段。世界上各种力量的组合，因为这种改变发生重大变化。在适当的时候，我们会继续讲述商谈和攻势的问题。

第九章　向前发展的局势

1941 年秋季英国的计划——存在在西部沙漠获得一次决定性胜利的可能——唯一能够开辟的“第二战场”——罗杰·凯斯爵士的职位将由路易斯·蒙巴顿勋爵接替——奥金莱克要求再给他一些时间——艾德礼先生对华盛顿的访问——10 月 20 日我给总统的信件——我阐述了自己对于战争的看法——建议美国派兵到北爱尔兰——西部沙漠赢得胜利的重大意义——要想在欧洲登陆，必须要坦克登陆艇——10 月 25 日，我向驻中东国务大臣发送的电报——中东司令们的反应——我们准备放弃进攻西西里岛——我 10 月 28 日的备忘录——德国在俄国如果战败的打算——德国在地中海缺少实力的几个月——德国潜艇到达战场——关于沙漠战役的指示

我同总统进行着最亲密的通讯，这既是因为双方的意愿，也是为政策所迫。对于我们英国的想法和战争全部局势的一切情况，只要是我知道的，每个星期，通常是每天，我都会给予他最详尽的答案。他无疑是非常注意这类函电的，强烈的兴趣和同情也开始在他的身上产生。尽管他的答复并非毫无保留，但是我已经清楚地知道了他的态度和想法。对于一些正受到死敌攻击的国家，我负责领导它们进行奋斗。而他则是一个强大中立国的首领，拥有着无上的地位和威势。可以明显地看出，在争取自由的斗争中，他急欲让自己的国家也尽一份力量，只是还不知道怎样去做。如何最大规模地集中我们的军队对付希特勒？

如何对俄国人在军用物资上援助他们和只能进行最小规模的牵制？怎样生存下去？都是英国目前亟待解决的问题，尤其是最后一项。

在我的心中，已经有了一个关于1941年尚余时间和1942年的计划，并且大部分已经为三军参谋长所接受。鉴于所处的时期，这项计划当然是按照一个前提来制定的，这个前提就是处于战争之外美国能为我们提供怎样的援助。我发现他留意一切海军事务，特别是包括达喀尔在内的法属北非，以及西班牙和葡萄牙在大西洋上的岛屿，而后两者他不但是按美国人的想法看待，同时还以自己个人的想法进行了看待。这些我通过和总统的通讯都能看出来。我持有的看法也是和这类想法有相似的。我深信这类看法会与一个战略相协调：怎样在我们单独作战以及在和可能成为交战国的美国联合行动时发挥最大力量。这个战略将在以后会得到证明。

我希望为了在利比亚、的黎波里塔尼亚[①]击退隆美尔，我们能够在西部沙漠决定性地胜利一次。如果这一目的得以实现，那么突尼斯、阿尔及利亚和摩洛哥就可能脱离维希而组成联盟，甚至维希也可能加入这一阵营。尽管这一想法实现的几率并不大，但在德国空军的力量集中在俄国的时候，我们能在联合王国内组建一个装甲师和三个野战师，并且有足够的船舰将他们运送到地中海西部的任何地点。如果我们将的黎波里占领，同时法国又没有任何行动，那么我们就能够在西方开辟我们单独战斗的唯一“第二战场”。因为之前马耳他岛就已经在我们手中，我们可以通过它袭击西西里岛。不管在战场上我们面临的遭遇是好是坏，在1942年这一年，我认为这是我唯一能做的事情。三军参谋长和计划委员会仔细制定被我们称之为“鞭绳”的进攻西西里的计划。

在这样一种情况下，我们精锐的四个师（约八万人）是可能登上西西里岛并征服它的：我们击败了隆美尔并歼灭了他数量有限的冒进

① 的黎波里坦尼亚是指利比亚国土的一部分。——译注

军队，同时还占领了的黎波里。这一计划完全可能实现，因为西西里岛已经没有了德军，从西西里岛的飞机场出发，曾经给我造成巨大伤害的德国空军已经被调往俄国。敌人自然可以知悉我们的远征军在海上航行和进入地中海的动静，但是我们准备去哪里，是开往比塞大、阿尔及尔、奥兰等法属北非地区，或者是开往西西里岛或撒丁岛他们却并不一定知道。这种选择上的自由，就是海军国家所拥有的有利条件。我们在 1942 年有一些问题是无法独自解决的，包括大不列颠和英国能采取什么其他积极的攻势计划；怎样才能和德国人进行大规模的交战；在变幻无常的大量战争中，有哪些计划能为我们提供合适的选择。因此，犯错误是很有可能的。但即便如此，我们仍然可以越过大西洋的生命线和抵御住入侵。

尽管看清方向和能够沿着这一方向走下去并不是一回事，但与完全没有任何计划相比，有一项充满雄心的计划总是好的。所有的转变，都取决于奥金莱克将军是否能成功完成已经准备了很久的西部沙漠的那个攻势。我们必须估量可能让我们陷入危险的一切情况：德军进入里海地区，或者顺着同一方向进入土耳其或包括叙利亚、波斯、伊拉克、巴勒斯坦在内的中东地区。但我始终认为不太可能发生这些事情。最后，我的这一看法得到了事实的证明。我研究这些假定的计划的过程，是在得到三军参谋长、国防委员会和战时内阁我各部门的大臣同僚们的肯定和支持下完成的。按照规定的次序，所有的过程都得以完成，但真正被执行的时候却是在 1943 年。相较于 1941 年 10 月，1943 年的形势对我们已经更为有利。

* * *

我们秘密往来的人的意见，因为这所有的进程受到了影响。但即便如此，我仍然准备毫不松懈地进行进攻欧洲大陆的器材和计划的准备工作。这个时候，在建立突击队以及推进设计和建造进攻时使用的船舰方面有突出贡献的罗杰·凯斯爵士已经七十高龄。因为拥有海军元帅的崇高职位和强硬的个性，在他和后勤部门之间产生了许多矛盾。因此，为了与公众利益相协调，我个人遗憾地认为应该让一位新的年轻人物代替他去领导那个海外组织。我认为路易斯·蒙巴顿勋爵是担任这一职务的最佳人选，尽管他只是皇家海军的一名上校，但他的功绩和才能足以让他胜任。这个时候，他正带着特殊的使命在美国，并且受到了非常尊敬的接待。他是担负着告诉总统我们关于登陆欧洲所进行的准备和我个人的计划而去的，因此，他在美国除了和太平洋舰队一起巡游之外，还在回到华盛顿后和总统商谈了很长一段时间。在对待他的问题上，总统是极其信任的。除此之外，总统还邀请他到白宫小住一段时间。出于需要，我必须在他真正进白宫之前把他召回英国。

首相致路易斯·蒙巴顿勋爵　　1941年10月10日

请立即回来，这里有你最感兴趣的事需要你办。

首相致哈利·霍普金斯先生　　1941年10月10日

我这里有一项任务需要蒙巴顿完成，这项任务有着很多的活动并且非常紧急。请你告诉总统，他非常遗憾自己不能荣幸地履行白宫之约。在离开美国之前，他将会与总统进行一次会面。

*　　*　　*

此时的我，正在为一件事感到无比烦恼：为了完成自己的部署，奥金莱克将军要求延期近两个星期。

首相致奥金莱克将军　　1941年10月18日

因为你的来电，我更加感到了不安。向国防委员会提出日期的时候，我们是遵照你自己意愿而确定的。并且，尽管我们当时认为延期有很大的危险性，但仍然接受了你的要求，而我们的全面计划也是以此展开的。在俄国面临敌人猛烈攻击的时候，我们无法向国会和全国解释我们的中东军队为什么会四个半月时间没有和敌人交战。尽管对于公众讨论我一直都想方设法避免，但它也随时可能发生。不仅如此，那几个能保证我们取得任何成功的宝贵星期也正在一点一点消失。在没有任何通知和理由的情况下，你再次告诉我需要延期。我必须将向战时内阁告知你现在要求再次延期的天数的时间控制在星期一。

在星期一的时候，掌玺大臣将会前往美国，并带去一封给总统的私人信件。我将你准备在11月初一个满月的晚上发动进攻的事情在这封信（单独交给罗斯福先生阅览，并且在他阅览后退回或焚毁）中作了说明，为了让总统采取一些友好的行动，我有必要将我们的机密告诉他。此外，为了更好地防备德军在春季入侵，我还在这封信中请求他派遣三个或四个美国师将我们驻扎在北爱尔兰的军队替换下来，因为我们正准备执行“鞭绳”计划①。如果只拖延两天或三天那是无关大局的，但如果不把对已经商定的计划作出的改变事先通告或提出理由，那么全面协调战事就会遇到阻碍。希望你能够及时来电。

日期最后定在了11月18日，遵从了奥金莱克将军的意见。

*　　*　　*

我准备将自己的全部看法在奥金莱克于西部沙漠进行大冒险之前告诉总统，这是在揣测总统的想法之后作出的决定。我让副首相艾德礼先生将下面这封信带给总统，因为在这个时候，他是公认准备前往

① 进攻西西里岛的计划。——原注

华盛顿参加国际劳工会议的。我的看法和罗斯福先生的看法有着很相似的地方，并且这一点在以后会表现得更加明显。

首相致总统

1941 年 10 月 20 日

第一部分

亲爱的总统先生：

1. 在昔兰尼加，奥金莱克将军将会在今年秋季的某一个时刻，调集最大的兵力攻击那里的德意军队[①]。与敌人相比，我相信他有着更为强大的兵力、飞机、大炮，尤其是坦克。他意欲将敌人的武装部队，尤其是装甲部队击溃，然后把班加西在最短的时间内攻下。

2. 如果这次行动不碰到什么阻碍，那么就可以执行已经准备好了的计划——进一步进攻的黎波里。如果这一行动又进行得顺利，那么必将产生重大的影响。到那个时候，我们应该从长远来进行研究。

3. 魏刚将军很可能也会投入战争，其原因，可能是因为受到鼓动，也可能是因为德国人要求他或维希为自己在法属北非提供便利。

4. 我们保留了相当于一个装甲师和三个野战师的军队，以及约在 11 月中旬即可出动的船舶以利用这些可能发生的意外事件。它们既可能被法国邀请经由卡萨布兰卡[②]进入摩洛哥，也可能为了协助在利比亚取得胜利进入地中海。

5. 我们已经制定了一个大规模的计划以掩护这些准备得以实施，那就是袭击挪威海岸和增援摩尔曼斯克的俄军。但是，这类

① 另外一个单独的备忘录说明了确定的日期和“十字军”战士行动的代号。——原注

② 摩洛哥港口，现名达尔贝达。——译注

计划可能有些已经成熟有些还只是初步的看法。

6. 所以，除了11月7日将第十八师在绕道好望角前往苏伊士的航程中送达哈利法克斯港之外，我们还可能将四个或五个师从大不列颠调出来。希特勒在稳定俄国前线之后，是很有可能在西方集结四五十个师的兵力入侵不列颠群岛的，我们必须要想到这点。我们已经得到了消息：德国人正在建造八百艘每艘可以装八辆或十辆坦克的船，它们可以越过北海在任何海岸登陆；当然，这一消息也有可能是夸大的。此外，我们还可能面临不知道具体规模的伞兵和空运部队的袭击。1939年攻陷波兰，1940年攻陷法国，1941年攻陷俄国，1942年攻陷英国，然后在1943年又攻陷某一个国家，是人们眼中德国一定会进行的步骤。所以，我认为不管怎样，从3月份开始，我们必须准备应付一次规模最大的袭击。

7. 面对这样的情形，我们显然是冒险把四个或五个师（其中还有一个装甲师）调离联合王国的。如果这封函电以上几节中的假设成为现实，又或者我们国内的军队出现了上述程度的削减，那么如果你能给我们提供如下的帮助，我们的军事利益将会得到最大的保证：让爱尔兰北部（当然必须是政府以及英王陛下有这样的邀请）有一个美国师和装甲师以及一些空军。因为这样就可以让我们撤出用来保卫大不列颠的三个师。

8. 如果你愿意这样做的消息能为我们所获悉，那么我们将获得一种便利：更加能够按照我阐述的做法采取有效的行动。同时，爱尔兰自由联邦也会因为美国军队的到达而产生重大影响，从而让我们更为有利。并且，德国的入侵计划也可能因此而受到阻碍。我希望你能从有利的角度来考虑这件事情。我希望我们作出决定的时间，是在能看到即将到来的那个战役的结果之后。

我在信中说了关于指挥问题和海空军对陆军的意义的几段话后又接着说：

第二部分

13. 地中海区域战争的整个局势，都会因为英军在昔兰尼加获得一次对德军的胜利而改变，我所获得的一些消息都指向这一点。这同时也可以鼓舞西班牙转向中立，并且深深地影响士气已经涣散的意大利。土耳其也可能因此而坚定地抵抗希特勒，这是尤为重要的一点。让土耳其加入战争并不是我们的初衷，我们想让土耳其做到的只是：抵抗住德国人的威胁和讨奉承。对于我们尼罗河集团军的东面侧翼来说，只要土耳其能够抵抗住侵犯和诱惑，这一大块长方形有些落后的地区就始终是一道难以逾越的障碍。同时，如果土耳其加入战斗，我们也一定会大量地支援它，并且支援的力量超过任何其他地方（法属北非或高加索）。我们现在正在承诺土耳其（来自于对军事形势的判断），为了保障他们的安全，我们会为他们提供四至六个师以及二十到三十个空军中队的支援力量，并且还会在安纳托利亚和他们共同修筑必要的飞机场。而英军如果想战胜德军以实现一切诺言，其决定性因素就是土耳其的安全得到保证。

14. 在今后的六个月时间内，在对待俄国的问题上，我们并不能极其有力地保卫高加索和里海区域。将聚集在波斯北部的五个俄国师替换下来，是我们能给予俄国人最好的帮助。我已经告诉斯大林，英国可以保证，如果它们被调回俄国投入战争，我们一定不会损害俄国的正当利益，同时还可以保证我们不会因为要在波斯谋取利益而以损害他们的利益为代价。但是我同时认为，在今后的六个月，我们无法在高加索派出一支比象征性的军队更多的军队。并且，俄国人在波斯也无法派出一支类似的军队。波斯已经因为迎来俄国人和他们的观念以及行为方式感到了深深的不安，如果出现动乱，为了维持波斯湾到里海的那些交通线不受到阻碍，我们将要投入三个到四个英印师。这样一来，这额外提供的部队就会阻碍这些交通线，而它们又是我们联合援俄的一个重要部分。我正在想办法让俄国人明白这一点。

15. 我曾向你提到过一个关于1943年的长期计划，说有可能会向三四个已经能够起义的国家，用几百艘有特殊装备的远洋船舶运送一万五千辆坦克在这些国家的海滩进行登陆。这个计划的出处是我1941年7月25日发给你的电报，那个时候我们刚要准备在大西洋上会面。在这封电报当中，我曾说对于你们而言，在目前将你们正在大规模建造的一些商船进行必要的改装是轻而易举的。我现在把有这些船舶处理方法的图纸交给你，它们是由我们的海军部制作而成的。你会发现，只需要花费五万英镑，这些改装就能完成。至于完成的时间，我想应该会耗费一些。我认为应该将超过两百艘的船进行这样的改装。改装这些船的时间是丰裕的，因为我们认为的完成时间是1943年以后[实行]。对于你现在开始实行的坦克制造计划而言，所面临的主要问题是：跨越重重大洋，将这些坦克进行运送，同时能够让它们在希特勒承担防务的海岸线、没有设防的海滩登陆。所以，我相信总统先生会认同这些的。

16. 我寄给你一份我简短的备忘录，其中讲述了野战炮和高射炮的使用情况。这份备忘录关系到第一部分提到的即将来临的进攻，以及英国陆军为应付入侵的编制问题①。对于其中提到的原则，所有的权威人士都是认同的。如果你认为它有价值而将其交给你的军官们阅览，我表示非常欢迎。

17. 我还寄给你一份仅供你个人参阅的备忘录，其中讲到了不列颠和英帝国陆军现在和未来的编制问题。我们原本是准备在1942年实行这一编制的②。无可否认，就像充分说明的那样，约

① 见原书第三卷第446页。——原注

② 见原书第三卷第452页。——原注

一百个师并不代表一百个机动的标准野战师。在这一百个师当中，驻军、高射炮队、旅团都是有的。但如果从更广的范围来看，相较于在战争开始我们的军事力量布置，这种编制的力量更为巨大。之所以会出现这种编制，是因为我们从敦刻尔克遭到损失之后就再也没有进行重大战事。所以，我们的军火和后备兵员并没有被大量地消耗，相反地大量地积累了起来。

18. 还有日本的威胁。在过去的几天里，这种威胁已经愈演愈烈。还有在大西洋上，你给我们的巨大帮助。在那里会面的时候，我们曾就这些重大问题展开过详细的讨论。现在，这些事情正在像我们想象的那样发展。我依然坚持这样的观点：要想更好地获得和平，美国应该对日本采取更加有力的行动。美国如果因为无法取得和平而和日本开战，可以确定的是，不超过一个小时，英国也会对日本宣战。在圣诞节之前，我希望你们能向印度洋和太平洋派出一支足够大的战列舰队。

19. 总统先生，我最后想对你说的是，我对掌玺大臣能飞往美国和你长谈感到无比羡慕。我只能利用给你写这封长信的机会来弥补我的遗憾。我希望只有你知道这所有谈到的关于即将实现的军事行动的话，你能答应吗？我为此已经分开这封信的第一部分[包括我们确切的攻势日期在内]和剩下的部分。因此，希望你在阅读之后也能将它烧掉。

致以一切最亲切的问候和最良好的祝愿，总统先生！

你真诚的朋友，

温斯顿·斯宾塞·丘吉尔

* * *

我也将这些计划通过国务大臣详尽地告诉了中东各总司令。我想让他们明白，对我们来说，他们进行的“十字军战士”行动是可以让我们能够继续前行的一条道路。同时我也想让他们明白，我这样做是因为他们的攻势非常迫切。有一个不同的层面也通过这个文件表现了出来，它从另外一个方面表现我写给总统的信中所体现的观念，而这也是为艾德礼先生完全同意的。

首相致国务大臣　　　　1941 年 10 月 25 日

1. 关于德国是否会继续在冬季和俄国作战，我们谁也不能确定。但在一个月左右的时间内，除了南方之外，俄国前线很可能会进入静止状态。对于俄国而言，即便它能够保住莫斯科和列宁格勒，但是由于损失的军火储备，也只能[暂时]降为二等军事强国。让三分之一的军队进攻俄国，并且依然有足够的兵力对英国造成威胁，对于希特勒而言，他在任何时刻依然可以做到。同时，他也可以随时向西班牙施压和对意大利派援军整顿，以及继续进攻东方。

2. 所以，人们不能存在这样的想法：认为我们的情况到明年春天会变好。但“鞭绳”[西西里岛作战计划]的意义却不同，它或许是一个转瞬即逝的好机会。我认为这种机会到了 12 月底将永远不会再到来。

3. 对于希特勒来说，空军是他的弱点。跟他的空军比起来，英国已经拥有了更为强大的空军。这些空军在美国的帮助下，不断地快速增长着。俄国也拥有相当于德国空军三分之二的空军。这些空军在适合的纵深中布置着，并且情况良好。希特勒的空军是不足以支援他陆军部队采取的行动的，即便将那部分值得算进去的意大利空军也纳入其中。但是英国空军大部分都没有投入战斗，而是为了防御入侵留在了国内。

4. 所以，寻找有利的条件使我们能够和敌人的空军在各个战区交战成了我们最重要的事情。对于这样一个机会，“鞭绳”行动能够很好地提供。

5. 如果我们能将在的黎波里、西西里岛、马耳他和撒丁岛各飞机场达成联合的时间控制在1月份之前，那么我们就可以对意大利——这一轴心国实力较弱的伙伴，利用轰炸机从国内出发对上述飞机场为基地展开猛烈袭击，这些袭击具有决定意义。这样做完全是可能的，因为在西西里岛以北，意大利缺乏飞机场。敌人对大不列颠、尼罗河流域所采取的行动，都可能因为在这个新战区内进行的一切空战而受到削弱。同样受到削弱的还有他们为支援东南方面进攻而采取的正常的空军行动。

6. 由于地中海中部的空中优势完全掌握在英国手里，我们也可以因此而获得其他好处。如在船舶方面，因为从地中海开始的海上航线的运输工作由有着强大护卫的运输船队负责而造成的节省，以及不断加强的对东方战事的支援，但这些当以第九节叙述的为条件。

7. 我们所取得的这些成就（包括英军抵达突尼斯边界），无疑也同时会影响法国和法属北非。魏刚很可能因此而加快行动的进度，从而更快地获得因为这些行动产生的利益。

8. 但一定要“十字军战士”行动取得胜利，上述的结果才有实现的可能。如果“鞭绳”作战计划和“杂技家”[美国对的黎波里塔尼亚的占领]作战计划同时进行，为了让“鞭绳”作战计划产生更好的效果，你应当想办法让敌人的兵力，尤其是空军因为受到巨大的阻碍而无法全部发挥出来。这样做的最佳时间，是敌人为了在其他地方展开战斗，而从俄国战区腾出多余的空军给他们重新装备的几个星期。在经过充分准备后，如果敌人像你和我想象的那样，不在其他地方采取行动而只在利比亚稳步推进，那么我们就会受到最大的抵抗，同时敌人也会利用这种对抗争取时间来集中兵力。如果真是这样的话，这样的方针必然会让德国人增援西西里岛有足够的时间，同时更好地将意大利控制在自己手中。对于目前出现在我们面前的机会，我希望你能和我一样认识到它的短暂，同时认识到德国整理好自己在俄国的战线后，只会留下一个短暂的供我们喘息的时间在其他战区重新布置军队。你说得非常正确，这是只关乎时机的选择。

9. 对于我们的企图，意欲在地中海中部掌握一个区域的空中优势，从而开辟一条航路，由于敌人要花费一些时间来发挥优势的空军力量，敌人将要花费一些时间才能作出反应。取决于他们如果要充分发挥优势空军的力量，根据他尚能在意大利使用的飞机场的布置情况。所以，他们一定会为了掌握对直布罗陀海峡的控制权向西班牙施压。因此，我更加相信在受到侵犯时，西班牙人会因为愤怒而奋起反抗。在西班牙人的眼里，德国人是讨厌的。西班牙政府的态度，无疑也会因为“十字军战士”行动而受到影响，如果这一行动能够获胜的话。与控制意大利相同，希特勒自然也可以强行控制西班牙。但他面临着政治领域的困难。他的目的是想建立一个欧洲合众国，在这个合众国之中，德国是处于首要地位，其他各国服从它制定的“新秩序”。这一目的如果想要实现，前提是要征服各国人民，甚至是要他们的合作。但实现这一目的的希望是渺茫的，它会被在这些国家进行的许多谋杀、报复以及屠杀人质事件有效地破坏。但即便如此，他依然不得不这么做，因为只有这样他才能控制那些已经被征服又难以控制的地区。如果再将西班牙和意大利包括在内，这样做更显得有必要。

10. 因此，根据以上所说的一切原因，同时进行“十字军战士”行动和“鞭绳”行动似乎再合适不过。但除了利比亚之外，我们也应该有所行动。俄国正在向我们提出要求，要我们向俄国左翼尽快派遣一支英国军队。对于他们这样的请求，我们已经不能无限期地抵制，因为英国人民已经因为他们的一个看法对我们越来越不满意：认为我们什么都没有做。所以，如果出现如下情况，我们有必要向俄国派遣另一支实力雄厚的军队：决定不再采取“鞭绳”计划，或者答应法国在法属北非采取另一行动（跟三军参谋长的报告中所述的一样)。

11. 我希望你能在星期一晚上国防委员会开会之前递交给我们。

但开罗的总司令们却看法不同。在他们看来，最需要做的事情应该是搞好苏伊士运河、尼罗河三角洲、高加索、巴士拉以及“陶鲁斯山堡”防御。他们认为不需要攻占西西里岛，并且也不一定能够成功。他们的看法是：从右面向东进攻，如果我们向西行动的决定取得成功，他们也宁愿将西西里岛放在一边而占领比塞大。对于他们的这一看法我是非常了解的，而且在印度的韦维尔将军也充分肯定这一看法。10月27日，在一封体现了我提出的那些观点的电报中，他们把自己的结论做了说明。

最终，我不再坚持要进攻西西里岛(“鞭绳”作战计划)。

首相致伊斯梅将军转参谋长委员会　　1941年10月28日

1. 我已经决定放弃“鞭绳”作战计划，因为它遭到了最近中东方面的来电和你的断然否定。

2. 如果“十字军战士”行动和“杂技家”行动能取得成功，为了充分利用它们的成果，我们应该准备一支相当于两个师和一个装甲师的军队。魏刚将军是不可能因为我们采取的行动而邀请我们进入比塞大或卡萨布兰卡的。如果他果真这样做，那么我们就面临着一个转机，因此必须好好地加以利用。对于这个问题，开罗的总司令们应当立即展开研究，并且和中东总部进行商量，尤其是坎宁安海军上将。

3. 很有可能出现这种情况：如果英国人获得胜利，法国人受到影响。此外，这种情况也有存在的可能：对于已经夺取的的黎波里，德国因为担心失去而要求贝当允许他们将这个战区利用起来(这种情况是很可能发生的)。

4. 我们用“体育家”来命名这个行动。

5. 为了让船舶损失减到最少，眼前最需要做的事情是立即发布将“鞭绳”作战计划改为“体育家”作战计划的命令。将船舶的需求情况和这些需求可能造成的影响了解清楚也很重要。

6. 美国传来的报告已经到了我这里。报告中提到，美国的友人对美国干涉摩洛哥的想法非常感兴趣。报告中还提到了诺克斯上校就派遣十五万名美国军队在那里登陆的事情和哈利法克斯勋爵进行了谈论。在必须要进行的“十字军战士”行动准备好后，我们应该将同样的建议选择适当的时机向魏刚将军提出，要么就将英国自己的一项建议告诉他。这可以使我们能更容易扭转局势。所以，这项建议我们应该用最有力量的词句来表达。我不会将这件事在“十字军战士”行动的结果还未呈现之前预先告诉总统。

7. 路易斯·蒙巴顿勋爵曾交给我一封信，他在信中表示丹吉尔很吸引他。研究一下这件事是有必要的，但前提是要不影响我们同法国的合作，因为这件事显然会让西班牙人和法国人感到不满。

如果不看已经放弃的进攻西西里岛的计划，我在决定联合一致的问题上进展是非常顺利的，因为对于各种价值和机会，我们都坚持着自己的估计。

首相致伊斯梅将军转参谋长委员会和帝国总参谋长

1941年11月2日

尽管对韦维尔将军的看法我们非常了解，但对于程序的先后问题我们已经确定，即先是“十字军战士”行动，再是“杂技家”行动，最后是“体育家”行动。

所以，如果不碰到什么阻碍，先击败隆美尔的军队而肃清昔兰尼加的敌人，然后再向的黎波里进军，最后，如果法国人提供帮助或发出邀请，进入法属西北非洲，将是我们准备进行的计划。前面两个计划可以作为进攻西西里岛的前提，并且可以将第三个计划取而代之。但我不希望再和中东司令部作战战略上的争论继续下去，因为这一切绝大部分都是推想。

首相致国务大臣　　1941 年 11 月 11 日

对于你和奥金莱克关于“十字军战士”行动的电报我只能保持沉默。我们对未来应该采取怎样的看法，只能产生在已经了解这个行动会怎样进展之后。战役是一层面纱，我们不能透过它盯着不放。

*　*　*

我们或许也应该看看敌人的心理。

为了让英国不能再拥有在中东的地位，1941 年 7 月，德国陆军作战计划部研究制定出了“东方”作战计划。他们希望在秋季能够取得俄国的战争的胜利。在 1941 年年底到 1942 年年初的冬季，他们准备（这无疑是一个巨大计划）由从高加索出发的一个装甲兵团经过波斯向南面推进。然后，如果土耳其表示服从，由一支由十个师组成的军队从保加利亚出发，越过安纳托利亚进入叙利亚和伊拉克；这支军队有一半是装甲和摩托化部队。如果土耳其反抗，那么就等到 1942 年再实行这项计划，因强制执行需要双倍相同的兵力。在他们的眼中，在非洲的德意部队无疑只处于第三位。在这里，他们在 1941 年夏秋两季的任务几乎都是防御，唯一的战略任务是攻陷图卜鲁格。他们会在冬季需要补充兵员和装备方面的损失。补充好之后，他们会先利用对波斯和伊拉克进行的总攻分散我们的注意力以及军队，然后再由在利比亚的轴心国军队进攻开罗。

德国只是为了防止意军溃败才派遣军队去非洲的，因为在非洲进行冒险，历来就为德国的最高司令部所反对。因此，当意军不再溃败同时我们被击退之后，德军没有因此而改变任何意图。他们并不希望从马耳他出动的潜艇和飞机对越过地中海的海上航程造成威胁。北非战场始终都不会变得重要，与同盟国相比，轴心国面临着更大的困难是增援问题。德国人也不认为一定要和意大利在陆海空方面合作。同意补充隆美尔部队的不足，德军司令部无疑也非常勉强。如果敌人有意这样做，他们完全可以拨出适量的军队以可接受的代价击溃我们。对马耳他岛发动攻势，是他们面临的最大困难，不久我们可以看到它根本没有遭到袭击。此外，他们之所以不这样做，也是因为他们在克里特岛遭受的惨重损失。

* * *

德国在打败俄国之后将要做的事，体现在了 1941 年 8 月初德国陆军部给指挥西、北、南各路集团军将领们的一封信当中：

(1) 让北非的武装部队得到加强，只是为了夺取图卜鲁格。德国空军应该继续袭击马耳他岛，因为只有这样，必要的运输舰才能顺利地通过。

如果运输船只的服务不碰到阻碍以及时间不会因为气候状况而拖延，那么 9 月中旬以后将是进攻图卜鲁格战役打响的时间。

(2) 1941 年必须实行“菲利克斯”计划［在西班牙的积极支持下参加攻取直布罗陀港］。

(3) 在经过最少八十五天时间的准备后，如果东方战役结束而土耳其加入我们，将会对埃及方向的叙利亚和巴勒斯坦发动进攻……

*　　*　　*

所以，我们最好的时期，是秋季和冬季的各个月份。德国已经撤离了在西西里岛的空军，为意大利所需要的燃料，也已经在俄国前线耗尽。供应给隆美尔的物资和援军在8月份也达到了百分之三十三的损失量，在10月份更是上升到了百分之六十三。出于形势的逼迫，意大利人组建了一条空运补给线代替。运往的黎波里的援军数，墨索里尼在9月底准备每个月空运过去一万五千人，但10月底到达的人数却只有九千人。另一方面，的黎波里的海上运输这时也只有少数运输船队可以突破我们的封锁线前往班加西，几乎可以说处于停滞状态。但是德国的最高司令最终还是向意大利海军输送了汽油，这完全是因为受到10月份的损失所逼迫。此外，他们还采取了一个步骤，这个步骤较其他步骤要重要得多。有一个要求终于也得到了邓尼茨海军上将的同意，尽管很勉强，那就是从大西洋的战斗中抽调出二十五艘潜艇进入地中海。这一举动无疑对德军会是一个重大的打击，用不了多久就可以看到它的体现。

我们在这段时间进行了一个有决定性的行动，那就是以马耳他岛为根据地实行控制。不仅如此，在当地我们的海军遵照我们的意愿建立起来的“K舰队”采取的行动也战果丰硕。根据飞机发来的报告，它们在11月8日的晚上袭击了一支包括七艘商船、六艘驱逐舰、两艘巡洋舰护卫和四艘支援的驱逐舰在内的运输船队，这支船队是从恢复航行以来袭击的第一批意大利运输船队。几乎没有花费多长时间，所有的商船就被消灭殆尽。我们的巡洋舰分别击沉和击伤了敌人的两艘驱逐舰。这场战事并没有意大利巡洋舰的参加。我向总统电告了这个好消息。

前海军人员致罗斯福总统　　　　1941年11月9日

无论是看事件本身还是产生的后果，我们在意大利和希腊之间歼灭驶往班加西的轴心国运输船队都具有深远的意义。在面对我们装有六英寸口径炮的轻巡洋舰，那两艘意大利的重巡洋舰竟然不敢有所行动，面对我们的两艘军舰，他们的六艘驱逐舰[事实上只有四艘]也不敢有所抵抗。这一点尤其需要注意。对于莫斯科前线，我的看法也越来越好。

轴心国再一次中断了自己的运输队，这为隆美尔向德国最高司令部诉苦提供了充足的理由。

隆美尔将军致德国陆军最高司令部　　1941 年 11 月 9 日

我们能收到的北非军队和供应物资已经越来越少了。截至 1941 年 10 月底为止，意大利运抵班加西的供应物资只有八千零九十三吨，而它原先的承诺是六万吨。进攻图卜鲁格的那些军队缺少三分之一的炮队和各种重要的交通队，而欧洲方面甚至在 11 月 20 日也仍然无法运来。我们不知道什么时候才能运来那二十门在突尼斯向法国购买的十五点五厘米口径的大炮……请求派来在 11 月进攻图卜鲁格的军队只有一个意大利师能够投入战斗，并且这个师还没有足够的兵员，而原计划需要派遣的是三个意大利师。

* * *

但这时我们结束了没有危险和有利的时期，因为这个战场迎来了德国潜艇。“皇家方舟”，这艘在许多战事中战绩彪炳的老资格军舰，在 11 月 12 日让更多飞机起飞前往马耳他之后，在返回直布罗陀的途中被一艘德国潜艇发射的鱼雷击中。一切对这艘船的挽救都于事无补，就在距离直布罗陀海峡只有二十五公里的地方，它沉没了。我们地中海舰队所受到的一系列惨重损失，就是以这一事件为开端的。这一事件也暴露了一个我们从来不知道的在那里存在的弱点。但这时我们必须要把注意力转到西部沙漠了，因为那里我们已经准备好发动准备已久的攻势。

*　　*　　*

我在 11 月 15 日以国王的口气向奥金莱克将军发送了一封电报。发送这封电报的目的，是为了让他将其中的内容在自己认为合适的“实际、条件和情况下”进行应用。

首相致奥金莱克将军　　　　1941 年 11 月 15 日

我奉国王的命令将一种信念传达给在西部沙漠的陆军和皇家空军的所有官兵：在即将到来的十分重要的战役中，他为他们的忠诚和尽职尽责感到无比自豪。在具备各式各样充足的现代武器的情况下，不列颠和英帝国将首次和德国展开较量。整个战争的进程，都会受到这场战役的影响。为了祖国、自由和最后的胜利，现在是时候进行最猛烈的进攻了。与布莱宁战役和滑铁卢战役相比较，驻在沙漠地带的军队也可能会创造一个意义同样重大的战役。你们被各国人们关注着。我们所有的心都伴随着你们。我们是正义的，愿上帝站在我们这边！

第十章 “十字军战士”行动

缺乏戏剧意味的现代战役——我们和敌人的军队和作战计划——第八集团军进攻——成功的突击——在最开始的三天——边界防线被第十三军攻破——奥金莱克将军的战事报告——隆美尔的冒险——胜负未知的战局——奥金莱克飞往沙漠司令部——战局因为奥金莱克对坎宁安将军的命令而得到挽救——他决定更换坎宁安将军——11 月 20 日我给总统的信件——维希造成的威胁——海军袭击敌人的运输船队——新西兰师向希迪累泽格的坚决推进——隆美尔舍弃他的边防军而退却——图卜鲁格危险解除——战役中的损失——罗马之殇——陷入灾难的海军——敌人击沉了“皇家方舟”号和“巴勒姆”号——亚历山大港“人控鱼雷”的袭击——遭受重创的“伊丽莎白女王”号和“勇敢”号——遭受打击的“K 舰队”——丧失“海王星”号——英国东地中海舰队的覆灭——希特勒将空军从俄国调回了西西里岛——我们恶劣无比的地中海局势

由于要在一个很广的区域才能展开，并且没有几个星期无法分出胜负，因此关于现代战争的叙述是缺乏戏剧性意味的。而历史上那些有名的战场就不同了，在那里，可能只需要几平方英里的地域，在几个小时之内就能决定民族和帝国的命运。这种现在和过去的对比，被西部沙漠中行动快速的装甲和摩托化部队造成的冲突，以极端的形式表现得淋漓尽致。

与以往战争中的骑兵相比，坦克的威力和活动范围增加了许多，并且机动运用在许多方面更像海军作战，唯一的不同是以沙代替了咸水。装甲纵队在这种战争中取胜的关键，并不是在遇到敌人时自身所处的位置，或者敌人从地平线上哪一个地方出现，而是本身的战斗性能，这与一支巡洋舰需要靠战斗性能取胜是一样的。坦克师或坦克旅，或者更小的编队被包抄，或者后方被袭击和切断的可能性也就降低了，因为它们已经可以在任何地方迅速地组成战线。但相较于海洋上自给的船只和舰队，装甲部队却要因此面临更加复杂的供应问题，因为它一刻也不能离开燃料和弹药。所以，军事学术依靠的原则被重新进行了诠释，并且每经历一场这样的战斗，它都会获得一次新的教训。在这类沙漠的战斗中，需要付出的战争努力是绝对不可低估的。因为虽然敌我双方从事作战的部队只有大约九万或十万，但如果想要让自己的奋力对抗得以继续，这些部队需要投入两倍到三倍的人员和物资。整体而言，表现了许多最突出特点的战斗，是奥金莱克将军在希迪累泽格的激烈冲突，这次冲突也标志着他攻势的开始。和旧时代的战斗一样，双方总司令的亲自参战对战争具有决定意义，并且双方同样要冒着巨大的危险。

* * *

收复昔兰尼加并在这个过程中将敌人的装甲配备摧毁是奥金莱克将军首先要完成的任务。如果这一任务得以顺利完成，等待他的还有攻克的黎波里塔尼亚的任务。为了完成这些任务，坎宁安将军被任命为新命名的第八集团军的司令①，并被授予了第十三军和第三十军，同时还有约六个师和后备的三个旅，后者还包括图卜鲁格的守军。英

① 第八集团军的编制：第十三军（戈德温—奥斯汀）；第三十军（诺里）；第四印度师；第七装甲师（第七装甲旅，第二十二装甲旅）；新西兰师；第一陆军坦克旅；第四装甲旅；第一南非师（两个旅）；第二十二警卫旅。——原注

国在这里总共投入了七百二十四辆坦克，其中有三百六十七辆巡逻坦克和两百辆后备坦克。为了取得这次战役的制空权并袭扰敌人的交通线，在行动前的一个月，皇家空军将会加强自己的行动。组成空军少将科宁厄姆指挥的沙漠空军包括，十二个中型轰炸机中队、十六个战斗机中队、五个重轰炸机中队以及三个陆军航空中队，飞机的总数为一千三百一十一架现代作战飞机。在这些飞机中，能够使用的有一千零七十二架。马耳他还有四个中队可供抽调使用。

有包括五个陆团和一个装甲旅在内的图卜鲁格守军驻扎在距隆美尔前线后方约七十英里的地方。这个地方是一个要塞，同时也是他非常重视的。直到现在，我们对埃及的所有进攻都因为它的威胁而无法进行。他已经做好一切准备在 11 月 23 日进攻图卜鲁格，德国最高司令部制定的政策就是攻下它。组成隆美尔军队的是那个庞大的非洲军团，由第十五和第二十一德国装甲师、第九十德国轻装师、包括一个装甲师在内的七个意大利师组成。我们原以为敌人只拥有三百八十八辆坦克，但根据我们获悉的敌人的记录发现，他们实际上拥有五百五十八辆坦克。其中三分之二的中型和重型坦克是德国的，并且，与我们坦克上发射的二磅重的炮弹相比，这些坦克所携带的炮弹更大。敌人在反坦克武器方面所占的优势也非常明显。在飞机的数目上，轴心国的空军拥有一百九十架德国飞机，可以使用的有一百二十架；同时还拥有意大利飞机三百多架，但能够投入战斗的只有两百架。

* * *

由坎宁安将军指挥的第八集团军将会出动两个军用来进攻。以进入图卜鲁格为目的，这两个军还会向西和北推进。期间，图卜鲁格的守军进行了猛烈的突围。第十三军为了完成这一任务也作了很大的努力。为了切断敌人从哈法亚到希迪厄玛防御工事的军队，然后向图卜鲁格推进，他们将会包抄和包围这一边界防线，然后占领它。第三十军也会大面积地扫荡这一沙漠的侧翼，我们全部的装甲部队几乎都集中在这一支军队当中。为了拖住隆美尔的部队以掩护十三军，他们将会寻找隆美尔的大部分装甲部队并与之进行战斗。

* * *

我们的这次行动在战术上达到了完全的突袭效果，尽管在开始的时候进行了大量准备。在轴心国正在攻取新阵地，以便于在 11 月 23 日能够向图卜鲁格发动进攻的关键时刻，为了重创敌军的指挥中心，苏格兰突击队发动了一次袭击。在莱科克上校的指挥下，苏格兰突击队的五十人由潜艇运送到了距敌军战线后方二百英里的海岸上的一个地点。面对波涛汹涌的海面，有三十人登上了海岸。他们被分成了两组，其中的一组去割断电话线和电报线。另一组，由凯斯海军上将的儿子凯斯中校带领去袭击隆美尔的住所。后者在 17 日晚上进入了德军司令部的一所房屋。在这所房间里，他们击毙了许多德国人，但是并没有发现隆美尔本人。但凯斯在一个房间和敌人近距离搏斗时被杀害。为了对他的行为进行表彰，他在死后获得了一枚维多利亚十字勋章①。

* * *

11 月 18 日，第八集团军很早就开始在大雨中迅速前进。于是，第三十军围绕敌人阵地向边界挺近，第十三军也在最开始没有遇到抵抗的情况下从那面逼近希迪累泽格，和原计划完全一样。这两支部队都断定整个交战地区的关键是一个山脊，同时对解救图卜鲁格之围也

① 两个袭击组幸存下来的人没有再行登舟，因为海面上的风浪太大。在敌人的猛烈追击下，莱科克上校命令他们在倒塌的乡村里隐蔽。只有莱科克上校和曾在对德国司令部袭击中表现优异的特里军曹回到了我们的战线，但其间也经过了五个星期的困苦和拼死冒险。——原注

意义重大。这个山脊的高度约为一百英尺。它的北面几乎全是悬崖，如果进行俯视，隆美尔自西往东的主要交通线卡普措小道尽收眼底。有一个巨大的飞机场就在附近。从这个山脊向南面看并不能有什么特别的发现，但却能完全看清那起伏不平的沙漠。

最开始的三天并没有碰到很大的阻碍。19 日，从他们驻扎的海岸地区，一支德国装甲部队向南移动着；这支部队被认为是德国装甲部队的主要部分。他们第二天在希迪厄玛以西十五英里的地方遭遇了我们的第四和第二十二装甲旅。由于正在搜寻敌人的缘故，英国的第七装甲师非常分散，希迪累泽格被其中的一个旅（第七旅）和支援部队攻陷。但即便如此，这些部队和其他的部队仍然受到了攻击。攻击者是装甲部队一向比较集中的非洲军团。这两天发生的主要战斗，是 21 日和 22 日在飞机场及其周围发生的一场激烈冲突。在这次战斗中，双方投入了所有的装甲部队。在双方的炮火下，这些装甲部队成批地移动。但在这次战斗中，德军因为拥有装备更强的坦克和更多的冲突点仍然占优势，因此也处于有利的一方。尽管我们的旅长乔克·坎贝尔指挥十分英勇卓越，但我们的坦克依然损失惨重。于是，希迪累泽格 22 日晚上再次落入德军手里。由于指挥的第三十军三分之二的装甲部队丧失，为了能在阿布德小道以北进行整编，诺利将军下令全面后撤二十英里。这个挫折非常巨大。

* * *

奥金莱克在 19 日晚上向我发来电报："对于我们的这次袭击，他们并没有看出它的分量和压迫性的接近，因此现在看来它确实并没有在敌人的意料之中。有迹象表面他们正准备从拜耳迪耶——卢塞姆地区撤退，虽然这还有待进一步证实。现在我还不能对战事作出更深入的推断，因为我们还不知道我们的装甲部队今天会到达哪一地区。就我个人而言，我是非常乐观地看待局势的……"特德也给我发来了报告：

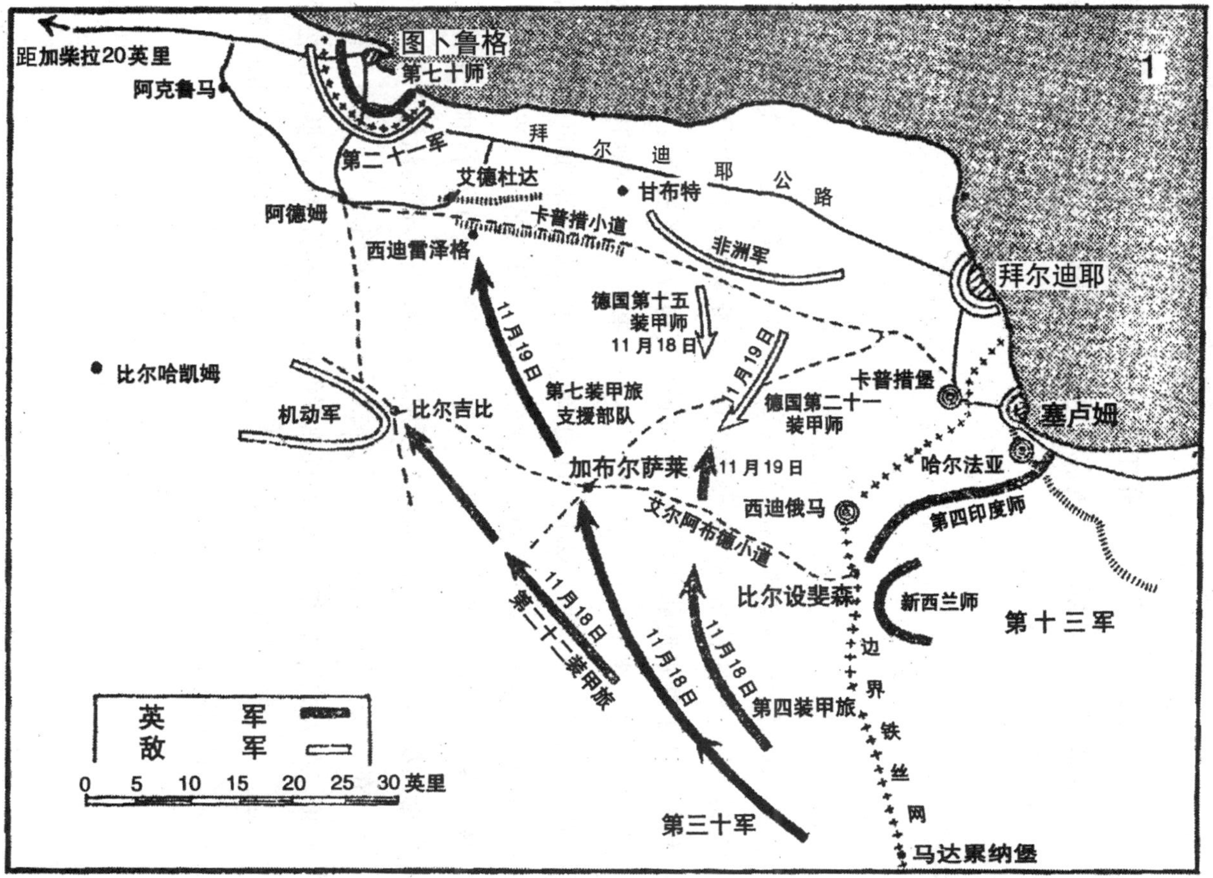

11月18日敌军的部署，11月18—19日战事开始阶段图

“在目前看来，空战似乎在向令人满意的方面发展。虽然我们击毁德国战斗机的计划在 17 日到 18 日宣告破产，但这件事也帮助了我们在最开始的两天限制了敌人的空中行动。就在昨天，我们就在地面焚毁了十四架“容克 87”式飞机，并在晚上出动了五十六架次的轰炸机。班加西也成了驻马耳他的空军的袭击对象。它们曾向第四装甲旅空运过十顿炸药。”

*　　*　　*

11 月 21 日，坎宁安将军命令第十三军往前推进，因为敌人的装甲部队也有作战的意图。在同一时刻，希迪厄玛周围也被第四印度师绕道包围。费雷伯格率领的新西兰师，在希迪厄玛的左侧向北移动。他们到达了拜尔迪耶的郊外，从而将所有边界驻军的交通线切断了。非洲军团司令部落入了他们手中。23 日，第七装甲师刚被逐出的西迪雷泽尔格也几乎被他们攻下。11 月 24 日，在飞机场东面的五英里处，费雷伯格集合了他新西兰师的大部分军队。也正是在这一天，在希迪累泽格被击退后，我们的装甲部队进行了整编。图卜鲁格的守军正在和德国步兵激烈地交火，他们已经发起攻势，只不过仍然处于包围当中。在获得一次胜利后，新西兰师抵达希迪累泽格城下。最终，我们切断了敌人的边界驻军。敌人战胜我们第三十军的装甲部队，也在之后进入了比尔古比以北。猛烈的攻击在双方展开着，虽然并未分出胜负，但损失都相当惨重。

*　　*　　*

奥金莱克将军的最后一次报告，无疑可以作为这个战役的最好描述。这次报告也被公布在了 1948 年的伦敦公报上。

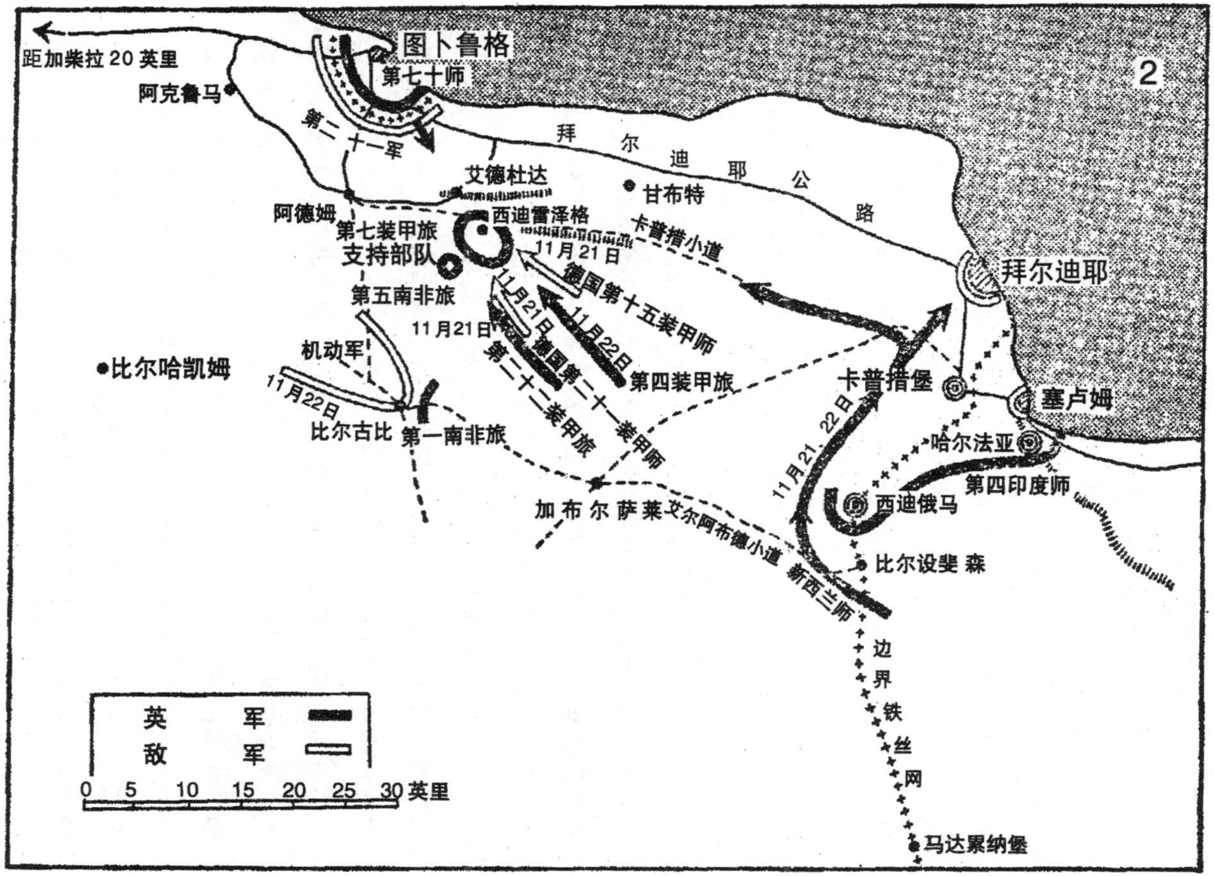

图卜鲁格
2
距加柴拉 20 英里
第七十师
阿克鲁马
第二十一军
拜尔迪耶公路
艾德杜达
甘布特
阿德姆
西迪雷泽格
卡普措小道
第七装甲旅
支持部队
11月21日
拜尔迪耶
第五南非旅
德国第十五装甲师
11月21日
11月22日
11月21日
机动军
德国第二十一装甲师
第四装甲旅
卡普措堡
塞卢姆
比尔哈凯姆
第二十二装甲旅
11月22日
比尔古比
第一南非旅
哈尔法亚
11月21、22日
第四印度师
西迪俄马
加布尔萨莱
艾尔阿布德小道
比尔设斐森
新西兰师
边界铁丝网
马达累纳堡
英军
敌军
0 5 10 15 20 25 30 英里

第一次希迪累泽格之战

坎宁安将军在这时下达了让图卜鲁格守军攻击的命令，一同被命令展开行动的还有第十三军，因为德国装甲师在当时有应战的意向但坦克的损失量巨大。但是我们的困难开始在 11 月 21 日出现。在这一天，敌人的几个装甲师避开了第四和第二十二装甲旅，迅速对希迪累泽格受到的攻击作出了反应。为了将我们逐出这个紧要的战区，并让被隔绝在那里的支援部队和第七装甲旅无法获得援助，敌人将几个装甲部队联合了起来。对于被围困的部队而言，我们并未准备让它们实行长期防御，但是在没有任何援助的情况下，他们竟然作出极大的贡献：在 21 日抵御了整整一天。第五南非步兵师没能在和敌人展开攻势以前到达战场，这与我们的原计划是背离的。造成这一结果的原因，既是由于遭到了爱利尔特装甲师的对抗，也是因为缺少处理出征时携带大量车辆的经验。

尽管三个装甲旅在第二天联合对这个地区进行保卫，尽管我们的坦克和反坦克炮战斗得无比英勇，德国人仍然略胜一筹。于是，在损失了三分之二坦克并留出了让图卜鲁格守军防守的一大片突出阵地后，第三十军在 11 月 22 日傍晚被迫撤退。

以一种极为惊人的方式，敌人取得了成功。他们在一天晚上对我们的第四装甲旅展开了突袭。战斗的结果是，将这个拥有一百辆坦克、占我们装甲力量三分之二的旅击溃。第五步兵旅也在 23 日被他们实际上全部歼灭。这个旅是诺利将军指挥的仅有的两个步兵旅当中的一个（因为缺少运输工具，已经无法运来更多的步兵旅）。此外，他们用几个装甲师还对边界在 24 日展开了有力的还击。有一点已经十分明显，那就是之前关于敌人坦克的损失被过分夸大。事实上敌人至少拥有和我们数量相当且性能更好的坦克。并且，对于自己损失的坦克，他们还可以从他们掌握的战场上恢复。

这种差别在敌对的装甲部队之间无疑是极其危险的……

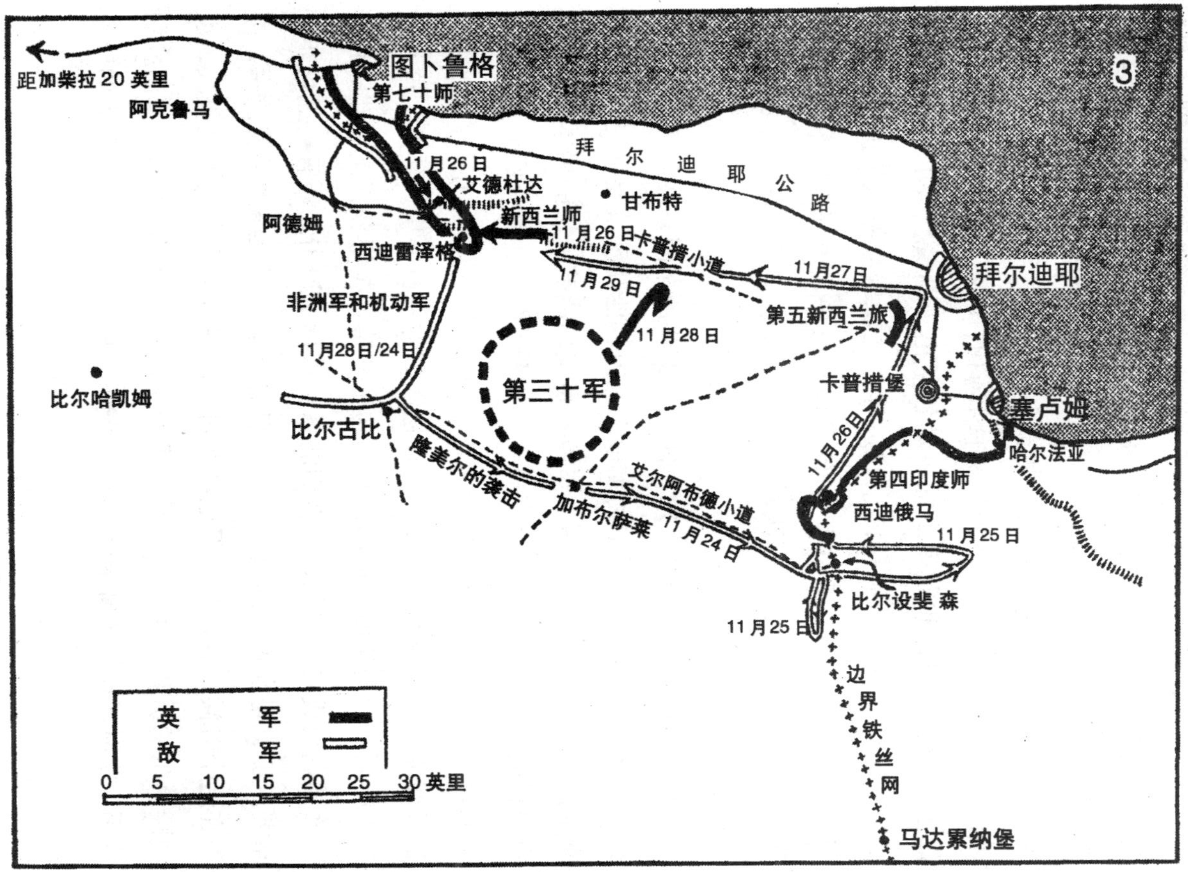

隆美尔部的袭击（11月24—28日）　第二次希迪累泽格之战（11月29—30日）

*　*　*

但一个戏剧性的插曲在这时发生了。人们通过这个插曲，很容易就能想到南北战争时期的“杰布”·斯图尔特[①]。当时他曾从约克敦半岛骑乘绕过麦克莱伦[②]，时间是1862年。所不同的是，这次事件发生的主体是一支轴心国的装甲部队。轴心国军队的命运，随着这个部队的毁灭而被注定。为了诱使我们的司令部不战自退，隆美尔做了一个决定以取得战术上的主动权：出于制造巨大的混乱和恐慌的目的，让装甲部队强行向东到边界。之所以会做这样的决定，很可能是因为想到了在6月15日的沙漠战役中，迈塞维将军在快要胜利的时候却被他的装甲部队击退。读者们通过下文可以看到，他是如何地又将要成功。

从阿布德公路或小路出发，他让一支非洲军团直冲到了比尔舍菲森。这支非洲军团仍然是战场上最大兵力。他几乎就要发现第三十军本部的两个大军需站，这两个军需站是我们能够战斗的根本保证。他将自己的部队在抵达边界后就分成了几个纵队，让几个纵队向北面和南面进攻，余下的部队在埃及境内推进了二十英里。在我们的后方，他大肆地破坏，我们的很多人都在这次事件中被俘虏。然而，这并没有影响到我们的第四印度师。我们匆忙从第七装甲旅、支援部队和警卫旅抽调组成的分遣队，对他们的纵队进行了追击。还有一点也非常重要，那就是在追击的过程中，我们的空军一直在路上袭扰敌军，因为在这个时候，我们的空军已经在对战的双方取得高度的制空权。反观隆美尔的纵队，他们一直在忍受着痛苦。在我们的军队在德国控制战场上空时，他们也曾受到同样的痛苦。在26日这一天，敌人的所有

① 全名詹姆斯·尤厄尔·布朗·“杰布”·斯图尔特，美国南北战争时期南军名将。——译注

② 美国南北战争时期北军将领。——译注

装甲部队向北退到了阿尔迪耶，他们打算在这里暂避。第二天，他们急忙向西回到了希迪累泽格，因为他们接到了退回希迪累泽格的紧急命令。在唯一一个能制止他的人——对方的总司令——的制止下，隆美尔的冒险战术失败了。

*　　*　　*

这件事或许非常有趣，对于其中的一些片段，可以通过奥金莱克和特德这段时间每天发给我的电报中得到体现。21 日奥金莱克发来一封电报，他送来了一个好消息："我们非常幸运地堵塞了狐狸的洞，目前猎犬正在追逐狐狸。"他在当天的另一封电报中又说："11 月 18 日，在比尔古尔，第二十二装甲旅和敌人的装甲部队进行了交战。经过统计，在这次比之前报告更为激烈的战斗中，我们只损失了约四十辆巡逻坦克，而且后来我们又修好了许多辆。根据初步的估计，敌人约损失五十五辆坦克。目前，第七装甲师的支援部队和第五南非步兵旅正据守希迪累泽格。就在今天早上，图卜鲁格的守军也发动了攻击……我们尚不能准确确定敌人坦克损失的数量，因为战斗已经有了新的进展，并且节奏非常快……我们今天已经明显地完全掌握空中优势，陆军和空军也配合得非常好。"他在 22 日总结了自己的报告，其中提到："根据局势的发展，我们很可能会摧毁德国的装甲部队，这也是我们最近的目标。"接着又提到："我们的官兵有着惊人的意志和锐气。在这场极端复杂的战斗中，我认为坎宁安将军是以高超的技巧和过人的胆略来指挥的……要想确定这场战争的胜负，我想一定要先确定如下情况：在以往四天的装甲部队会战中，与我们的第二十一装甲师对峙的德国第十五装甲师是否也投入了很多坦克，以及我们的这个师是否仍然非常完整。我希望出现的情况是前一种，但目前还不能确定结果。"23 传来的消息似乎有些糟糕："战事似乎就要达到顶峰。在比尔古比的北面，有一些德国坦克已经突围。就在昨天，根据传来的消息，敌人出动了一百辆坦克从东西两面强力进攻了我们在希迪累泽格的军队……”

这些断续的引语都是最高统帅部感受到的印象，这些印象传来的速度几乎是以小时计算的，并且只是发来的报告中的一小部分。

*　　*　　*

我们战线后方因为遭受到的重大打击和隆美尔的袭击造成的混乱现象，致使坎宁安将军告诉总司令：我们的坦克很有可能因为我们的继续攻击而毁灭，而这势必会危及埃及的安全；这样一来，我们的整个行动都有可能面临失败。奥金莱克亲自在这个决定性的时刻采取了行动。11 月 23 日，面对坎宁安的请求，他和空军中将特德到达了沙漠地区的司令部。但他在明白这次战役可能出现的后果的情况下，仍然让坎宁安将军继续加紧攻势。奥金莱克将军就这样依靠个人的能力让这场战役起死回生，并让自己作为一名战区司令官的过人才能得到了证明。24 日，他从前方司令部给我发来电报：

> 我到达这里后，发现坎宁安正处于一种恐慌状态，因为报告称我们能用的坦克非常少。我们的装甲师因为五天持续不断的战斗和调动承受了一系列损失。造成的原因，既有我们自己相当程度的紊乱，也有因为敌人袭击带来的损失，还有机械的损坏。这些都在情理之中，但现在情况已经发生了改变……昨天晚上，敌人用意大利坦克对我们发动了进攻。根据这一点，我认定他们自己的坦克非常缺乏，而只是在全力投入自己最后的力量。所以，对他继续发动猛烈的攻击是非常有必要的。我们的坦克尽管有可能因此而丧失机动能力，但如果我们能击毁敌人的坦克，我们就可以得到完全的补偿。敌人希迪厄玛和塞卢姆的守军被赋予了自生自灭的命运，包括一千名德国人在内的三千多名敌军已经被我

们俘虏……这些都是对我们意义重大的事情。所以，我已经下达命令：让坎宁安将军竭尽全力进攻以求攻占希迪累泽格，然后会师图卜鲁格守军；出于配合坎宁安将军军队的目的，让图卜鲁格守军从正面发起攻势。官兵们都士气高昂，在希迪累泽格的前方，配备着步兵坦克的新西兰师在那里进行了集合。敌人发动的进攻是竭尽全力的，但这在我们的意料之中。

我第一时间进行了答复：

首相致奥金莱克将军　　　　1941 年 11 月 25 日

1. 你的来电我在 24 日已经收到。对于你的看法和准备采取的方针，我表示非常的认同，国王陛下政府也无条件地支持你作战到底。我们面临的只有两种命运，那就是一无所有和拥有一切。但我更相信是后者，因为我相信你是更强大的人。

2. 我曾给你发过一份关于第一装甲师的其余部队将在今天登陆的电报，这份电报想必你已经收到。如果迫于形势，你可以在不顾及未来的情况下将它投入战斗，集中所有部队消灭敌人。

3. 我因为你的伟大精神和意志极受鼓舞。请你对特德和皇家空军进行表扬，表扬他们掌握了制空权。

*　*　*

25 日奥金莱克回到了开罗，他在那里给我发来电报说：“我已经决定将坎宁安将军暂时替换下来，由我现在的副参谋长里奇将军接任。之所以作出这样的决定，是因为我已经违心地看出，由于我们的坦克损失量很大的缘故，坎宁安将军已经从守势去考虑问题，尽管至今为止他仍然是一个值得敬佩的人。我对此感到非常的忧虑。我是考虑了很长时间以及在今天下午回来后充分和国务大臣商量过后才作出决定的。无可否认，从一般的立场来看，这并不是一个合适的做法，但我坚信正确站在我这一方。我会竭力避免消息被散播出去。

奥金莱克将军在给坎宁安的公函中这样写道："在我看来……现在的你已经完全不是从进攻的角度来考虑问题，相反更多的是考虑防守。所以，我现在已经不再认为你有足够的能力继续命令进攻。"

对于他这位总司令的决定，国务大臣奥利弗·利特尔顿曾坚决地加以解释和表示支持。我立即发了一封电报给他。

首相致国务大臣　　1941年11月25日

我们同意奥金莱克将军在这次战役中的一切决定，对于所有的司令官，他都拥有绝对的任命权。我们非常认同你的行为和所持有的态度。希望你能向奥金莱克将军告知[这份电报]。

对于那位英勇的军官而言，这次事件无疑会让人难受，我把考虑这个问题的任务交给了他的海军总司令哥哥[①]和他们两人的共同朋友奥金莱克。我非常敬佩奥金莱克抗拒折中和推迟行动的能力，同时也敬佩他对私人顾虑的处理能力。

*　*　*

有几件密切相关的事件，在战争进行到这一阶段时我不能不记述。我在11月20日情形还很好的时候向总统发送了一封电报，请求他竭力让维希不要在这重要关头有什么行动。

前海军人员致罗斯福总统　　1941年11月20日

1.我们的军队已经非常成功地在利比亚进行了进攻和游走。

① 指坎宁安海军上将。——译注

因为我们的这一举动，敌人受到了出其不意的袭击。对于我们行动所具有的规模，他们直到现在才充分了解。在我们和敌人的装甲部队之间，有一场战斗可能会在今天晚上展开。我们的目标是不计一切代价取得胜利，这样的命令现在已经发布。我们面临着一个有利的机会。

2. 但也存在一种对我们极其不利的情况，那就是这一行动进行期间，正处于我们从东方和国内影响北非事务的时候，而魏刚的职务又被某亲德军官代替。因此，魏刚的司令职务，请你一定要尽全力让维希予以维持。如果实在没有办法，用来代替的人一定是要像乔治将军那样的退职友好人士。我对乔治将军是非常了解的，尽管从法国被占领后就再也没见过他，但我认为他是一个非常正义的人。总统先生，对于我们取得的成就，我们是必须充分利用。因为如果我们取得了利比亚的胜利，我们很可能也会使突尼斯和全部法属北非全部倒向我们这边。但同时我也担心比塞大被希特勒占领，因为他可能会担心的黎波里面临危险。这对于维希法国可以说是唯一的一次赎罪机会。

* * *

还有一件事意义也非常重大，那就是让隆美尔无法供应燃料。所以，我给奥金莱克将军和那位海军总司令发去了电报，让他们尽全力攻击敌人的交通线。

首相致奥金莱克将军　　1941 年 11 月 23 日

我们似乎应该冒险让班加西等地方被我们控制，哪怕是三四天，因为敌人正将许多宝贵的燃料运往那里，而空军却集中在博宁那。敌人无疑是害怕我们这样做的。当敌人的战斗进入到最艰苦的阶段，就是我们这样做的最好时机。这种机会，如果等到敌人把从战区撤回或逃回的军队用来增援，就不再有这么高的成功率了。尽管我们现在能够在班加西和阿盖拉轻易地取得很多东西，但这很可能会因为战役的结束而终结。关于这件事，我想你会认真考虑的。想想吧，靠着吹嘘和欺骗，他们在法国崩溃时获得了多少东西。请告知我“绿洲”部队负责的任务。

首相致地中海舰队总司令坎宁安海军上将　　1941 年 11 月 23 日

关于我们去往班加西拦截敌人装运援兵、给养，特别是燃料的船只的重要性，我已经让第一海务大臣今天发电报给你予以说明。根据我们这里获得的许多消息，能够确定的是现在已经有许多船只快要抵达或正起航前往那里。敌人曾要求自己的空军保护他们，但到后来这一要求并没有被满足，他们驻非洲的空军正在竭尽全力作战，因而没有多余的空军提供保护。我告诉你这次消息已经是第二次。因此，关于你准备采取的行动，我希望能从海军部那里获知。拦截住这些船只意义是重大的，它既可以让数千人得以继续生存，同时也可以让我们再一次获得意义重大的胜利。

这位海军上将立即亲自电复我：

你 23 日的来电我已经收到。我这个时候已经让第一海务大臣告知你我们如何应对因为班加西交通线而面临的局势，因为我已经敏锐地感觉到了班加西供应线的重要性。我们的第一步已经取得巨大的成果，那就是让地中海两端的舰队来拦阻敌人的运输船队。敌人现在又恢复了运输船队的航行，因此他们的海面船只、飞机和潜艇所面临的命运，无疑又是无情的攻击。但我们无法确定你提供的情报是否真实，即德军正倾尽全力在进行陆上的战斗。我们不得不认识到，敌人对我们的行动也非常关心。而我们的轻舰队，却因为我们在侦察机方面薄弱的力量而面临严重的危险：

在附近没有任何支援的情况下，它们不得不利用自己的速度展开行动。

为了完成自己的任务，他正在竭尽全力地努力着。但是，马耳他的敌人作出的举动，反而是最有力的一击。24日晚上，敌人迫切需要的两艘运油船被“K舰队”的巡洋舰和驱逐舰驶出这一港口截获。也正是因为这样，我才能告诉奥金莱克这个好消息：

1941年11月25日

“普洛西达”号和“马利扎”号是敌人关系重大的两艘运油船，但它们也被我们昨晚派遣的“曙光”号和“佩内洛普”号从马耳他出发而及时击沉。对于敌人的其他船舰，坎宁安海军上将正在展开追踪。

* * *

在第一陆军坦克旅的掩护下，弗莱伯格和自己指挥的军队开始逼近希迪累泽格，此时的隆美尔正在冒险进行损失巨大的袭击——用非洲军团通过第八军的交通线和后方。希迪累泽格在他们两天的剧烈战斗中被收复了。但埃德杜达也因为图卜鲁格守军的行动而被控制。图卜鲁格守军在26日晚上联系上了救援部队。但被围困的图卜鲁格城迎来了新西兰师和第十三军本部的一些部队。隆美尔因此而从迪尔拜耶返回。这个时候，为了打通到希迪累泽格的道路，他以第七装甲师攻击侧面；这个师是改编而成，拥有一百二十辆坦克。希迪累泽格又再次落到他手里。他将第六新西兰旅击退了，并且让它失去了战斗力。于是，除了让两个营和图卜鲁格守军进行会合，第六新西兰旅和第四旅向东南边界撤退。在这个地方，在损失了三千多人过后，第六新西兰旅进行了整编。孤立无援的境地依然存在于图卜鲁格守军，但他们却作出了一个勇敢的决定：坚守这一阵地。与此同时，里奇将军对自己的军队进行了整改：将新西兰师变为后备队，让第十三军统辖图卜鲁格守军。但有一个地方在这个时候却成为了敌人的攻击目标，那就是位于希迪累泽格以西十五英里一个山谷的艾德姆，这一区域正处于敌人从东往西的主要交通线。我们将第十三军和第三十军都投入了行动，前者向埃德杜达推进，而后者从南边袭来。为了让自己的守军得以解围，隆美尔作了最后一次突击。但他失败了。于是，朝着柴拉防线的方向，轴心国军队开始全面撤退。

*　　*　　*

我不断地收到我们的电报。奥金莱克 26 日发来电报："今天只有很少但非常好的一些消息。图卜鲁格的守军今天早上已经处于新西兰军队的视野当中。就在刚才，我又听到了希迪累泽格被新西兰军队收复的消息。战斗仍然没有停止。在我们后方的拜耳迪耶、比尔舍菲森以及哈法亚这些地区，敌人的装甲和摩托化部队在没有结果的游走着。有一点我们现在已经可以确定，那就是这种行为纯粹是一种失败方针——用装甲和摩托化部队的突击转移我们对图卜鲁格的注意力。"

他又就替换坎宁安将军的事情进行了补充："你的支持我非常感激。我认为对于我们而言，这件事所具有的意义是无法用言语来形容的，同时也不能用装甲师和任何其他东西来衡量。无可否认，尽管隆美尔仍然具备战斗力，但我认为主动权已经到了我们手里，并且会继续地保持。"

首相致奥金莱克将军　　1941 年 11 月 26 日

有一点我可以肯定，那就是你想往战区调后备军。我当然非常明白，你要做到这一点的前提是有非常通畅的交通，并且也非常清楚你必须要保证在需要最少量兵额的条件下工作。但对于你现有后备军的情况，我很想知道。你怎样为自己争取到一个师或三个旅呢？如果你需要这样做的话。如果有必要，我认为你可以从巴格达第五十师调回一个旅。

请告诉我你的实力和想法。

但奥金莱克在给我的答复中认为，他非常愿意让更多的军队去前方增加声势，但因为西部沙漠所带来的给养困难，真正需要做的并不是增加编队，而是能够将疲惫的军队用生力军替换下来。目前他正在往总部的后备军中编入一个步兵旅团，但是对于正在前往伊拉克途中的其余两个旅团，他认为不需要召回。

对于奥金莱克的作为最高司令部所做的一切事情我都是认同，唯一感到遗憾的就是他把指挥权交给了一位在战场上未经考验的部队而不是自己。

首相致奥金莱克将军　　1941 年 11 月 27 日

我和帝国总参谋长感到非常吃惊，想不到你在让一次战事反败为胜之后却不再参与这场战役的胜利。当地如果有你的出现，我想会给大家带来极大的信心。当然，事情的决定权完全在你自己。

他回答：

对于我是否应该担任坎宁安担任的第八集团军司令的问题，我曾经认真地考虑过。这个战役的局势我并非不了解，但我认为自己更适合在总司令部。因为只有这样，我才能对这个战役有一个全面的了解，并且不至于丧失适当的权衡意识……我自然也会去[里奇处]参看，如果有这种需要的话。

对于他的答复，我和帝国总参谋长并不认同，但我们没有提出反对。

20日，奥金莱克在电报的结尾说："在29日早晨，我们的辎重将会抵达图卜鲁格。'图卜鲁格的走廊将不会再具有危险性，它已经被我们完全肃清。我同图卜鲁格都获得了解救。'这是第十三军司令[戈德温·奥斯汀将军]给你的生日贺词。"

奥金莱克12月1日亲自去了前方司令部。在那里，他和里奇将军一起度过了十天时间。指挥任务仍然不是他在负责，他所做的事情只是在对他下属的密切监督。我认为这并不是一种好的做法，无论是对他还是对他的下属。在12月10日，因为优势已经被第八集团军占据，这位总司令告诉我："敌人无疑正在全部向西边撤退。我们已经攻下了艾德姆。我认为现在的图卜鲁格的包围已经被解除，因为南非和印度军队已经和图卜鲁格的英军在那里会师。目前我们和皇家空军对敌人展开大力追击。"

* * *

敌人在这次攻势中的损失，连同一万三千德军和二万意军共有三万三千人，其中还包括三百辆坦克。这些人数主要来自于两个方面：一方面是敌人在"十字军战士"行动中遭受的损失，其数据来自于德国的记载；另一方面来自于此时切断拜尔迪耶、塞卢姆和哈法亚被俘的守军。不列颠和英帝国同一时期（11月8日到1月中旬）的损失则为一万七千七百零四人，其中阵亡二千九百零八人，受伤七千三百三十九人，失踪七千四百五十七人，此外还包括二百七十八辆坦克。在这次攻势开始的一个月时间里，这项损失的损失量就达到了总数的十分之九。

* * *

直到这个时候，我们对沙漠上的战事才感到一些欢欣，才觉得局势有些缓和。但对于罗马军界人士而言，根据德国的记载显示，他们已经感到有些担忧了。

1941 年 12 月 2 日

为了应对北非的局势，德国军队不得不尽全力为德国军队补充大量的损失和最好的援军。要想越过地中海，根据目前海上的情形来看，主要的运载工具非空中运输机莫属。

12 月 4 日又接着记载：

领袖认为，要想克服运输的困难，唯一的办法就是解放比塞大港，而要想占领马耳他却无法办到。在他看来，要想将利比亚长久地坚守住，就必须要通过突尼斯进行供应。轴心国在地中海和北非的形势是非常危急的，因为供应线还没有能够及时地打通。对俄国的战争，曾经在很大程度上影响了我们作出决定。

西部沙漠上的战争向来与海军有着重要的联系。隆美尔的军队，曾经因为第八集团军摧毁了推进，以及轴心国供应的被摧毁险遭灭顶之灾。但我们在东地中海的海军力量，在这个紧要关头却因为遭受一系列打击而丧失。

* * *

在地中海德国潜艇的力量非常巨大："皇家方舟"号已经覆灭；"巴勒姆"号也在两个星期后，被三枚鱼雷击中以损失超过五百人的代价被击沉，时间不超过三分钟。一艘意大利潜艇在 12 月 18 日夜晚驶近亚历山大港。然后，他们放出了每枚由两人操控的三枚"人控鱼雷"。在开放港口栅门让船舶通过的时候，他们乘机钻进了港口，并将定时炸弹安放在港口中。19 日凌晨，在“伊丽莎白女王”号和“勇敢”号下面，这些炸弹爆炸了。两艘舰艇在这次爆炸中都受伤严重，成为了无用的累赘达几个月之久。我们作为一支战斗力量的东方战列舰队，就这样经过几个星期被消灭。丧失于另一个战区的“威尔士亲王”号和“却敌”号我也有必要说。在一段时间内，我们曾成功地对战列舰队的损失保密。我在很久之后的一次秘密会议上告诉下院：“我们有七艘大型军舰在几个星期内被丧失或失去战斗力，其数量超过了我们战列舰和战列巡洋舰的三分之一。”

同样受到打击的还有“K 舰队”。在某一天，马耳他突然收到一个消息，说敌人的一个重要运输船队可能要去往的黎波里；亚历山大港的灾难就发生在这一天。听到这个消息后，“海王星”号、“曙光”号以及“佩内洛普”号巡洋舰连同四艘驱逐舰立即展开追击。我们的船在驶近的黎波里港的时候进入了一个区域，那是敌人的一个新的布雷区。其后果是：“海王星”号触雷，伤害巨大，同时受伤的还有尚能驶离的另外两艘巡洋舰。为了营救“海王星”上的官兵，“坎大哈”号驱逐舰不久后也进入了雷区，但因为也触到了一枚水雷而宣告失败。在布雷区中，“海王星”号任意飘荡，以再次触动两枚水雷的遭遇沉没。除了一个人之外，同时沉没的还有七百多名官兵。在木筏上度过四天后，这个人被敌人俘虏，与他同在一张木筏上的舰长和其他十三名官兵全部牺牲。仍然在海面漂浮的“坎大哈”号最终漂出了布雷区。“美洲虎”号驱逐舰在第二天晚上找到了它，上面的大多数官兵都获救。

对于这一事件，德国参谋部有着非常耐人寻味的评论：“对于据守的黎波里塔尼亚来说，‘海王星’号的沉没意义重大，甚至说有决定性意义也不为过。如果这一事件不发生，意大利的运输船队或许早已经成为了英国舰队的刀下亡魂。在这个危机最大的时刻，损失这些物资能对他们造成严重的后果。”

“K 舰队”就这样丧失了战斗力。“加拉提亚”号巡洋舰也被击沉，其肇事者是一艘德国潜艇。至此，几艘驱逐舰和维安海军上将舰队的三艘巡洋舰，就成为了英国东地中海剩余的全部船只。

当我们开始在地中海由陆海空联合而取得成功时，已经是 11 月底。现在，我们在海军方面受到的损失是惨重的。但希特勒在 12 月 5 日往西西里岛和北非调遣了一个整装的空军大队，他终于意识到了隆美尔的危险处境。于是，一轮新的空中攻势，在凯塞林的指挥下在马耳他展开，对这个岛屿的袭击进入了另一个新的高峰。为了生存，马耳他竭尽全力地战斗着。德国在年底掌握了通往的黎波里海路上的制空权，从而使得隆美尔在战败后获得了重新装备的时间。如此显著的海陆空战事，在这几个月当中得到了少有的表现。

但这种光芒被这时突然发生的世界大事淹没了。

第十一章　日本

日本与十九世纪——顺时而变的奇迹——旧日本的消亡——不确定性——日本的陆军体系——日本的海军体系——德国和英国的授意——做交易的时期——1889 年的日本宪法——“新元老”——1936 年的反共公约——1939 年 8 月的希特勒——斯大林互不侵犯条约——日本在法国被攻克后的精神焕发——近卫公爵执政——三国协定——英国的抵抗因为冬天带来的影响——与日俱增的狂热——我们很可能单独对日作战——我 8 月 25 日和 29 日的备忘录——部署海军——我致澳大利亚、新西兰和南非联邦的报告——近卫公爵于 1941 年 10 月辞职——权力被东条大将掌握——蒋介石的主张——我于 11 月 5 日给罗斯福总统的电报——总统复电——我于 11 月 9 日致史末资将军的电报——我 11 月 10 日在伦敦市政厅的演讲——我于 11 月 30 日交给外交大臣的备忘录——总统对于谈判的看法——含有十点照会的暂定条约——赫耳先生的决定——英国不能顺畅地获得消息——“魔术”——1941 年 11 月 30 日我的电报——被决定的 12 月 1 日要做的事——1941 年 12 月 2 日我发出的备忘录——克拉地峡面临的威胁——一个美国历史上骇人的事件——美国领袖们达成一致——“上帝让他们落入了我们手里”——日本的罪行——一次不受控制的占便宜

一次可怕的冒险悄然进入了久远而离奇的日本的历史。采取这样一次关乎生死存亡的举动，从 1592 年军阀丰臣秀吉执意和中国决一死

战、同时发兵侵略朝鲜以来，还是第一次。许多个世纪，这些可怕的远东岛民都在牢固的传统和风俗中度过。这个亚洲民族的生命力，因为勇武、纪律和民族精神等神秘事物而维持着。欧洲初次知道这个民族存在的消息，来自于大约1300年的马可·波罗。佛教的一个分支是日本的国教。对于欧洲人而言，他们可能不知道还有这样一件事情：日本虔诚的信徒，曾大量屠杀后来侵入的基督教传教士。这一过程，一直持续到经过二十四年的1638年前后。到了这个时候，已经有超过二十五万人以上的基督教民众被屠杀。此后，日本一直在与世隔绝的状态下经过了许多年，直到十九世纪才喧嚣地出现在这个世界面前。日本的艺术、文化和信仰，曾在一段完全隔绝的时期维持着一种严密的社会结构。他们的眼里从来就不存在科学、机器和西方哲学。但是，地球上的距离，因为蒸汽机的到来而被改变了。日本紧闭的封建之门，在大约一百年前，被远洋而来的船舶以武器和思想敲开。1853年，日本迎来了培利海军准将一次不受欢迎的到访。在此之后的相当长的一段时间，凭着自己政府的意志，只需要一支英国或美国的舰队就能够强加给它一些表面上的行为。那些白人们曾经发现而准备传授的技艺，也随着外军的军舰一同到来。于是，十九世纪那微笑、繁盛并且武装得很好的文明，开始和十三世纪落后而朴素的文化交融在一起。

*　　*　　*

新日本的教父和教母可以说是山姆大叔[①]和不列颠尼亚[②]。毫无背景只有悠久历史的日本人民，就这样在不到两代人的时间内，以铁甲舰、来福线大炮、鱼雷和马克沁式手枪替换掉了武士的双手剑。工业革命

① 山姆大叔通常被用来指代美国或美国政府，在美国和英国用得较多。——译注

② 被称为英国女神，被用来指代英国。——译注

也在同一时期发生。在英国和美国的指导下，日本发生了从中古到现代激烈而迅速的过渡。就这样，日本超过并击败了中国。摆在世人面前的许多事都是让人惊异的：1905 年，帝俄在海上被日本击败，在陆地上也被击败过，击败它的是被运往大陆在满洲打过几次大胜仗的“卓越”军队。这个时候的日本，已经是一个大强国。当看到人们投来敬仰的目光时，日本自己也无比惊奇。“当我们为你们送去古代文化和艺术的精美产品时，我们在你们的眼中是可鄙而且没有价值的；但在另一个时期，我们在你们眼中又成为了一个高度文明的国家，这个时期就是我们建立精良武器和首屈一指的海军和陆军的时候。”然而实情并非如此，他们所增加的只是一些表面的东西——实用科学的装饰和甲胄。他们的最深处仍然是古老的日本。有一种印象在我年轻的时候非常深刻，那就是当时的日本在英国漫画家的笔下通常是伶俐而干净，穿着制服的送信男童。但之后有一次我发现这种情形已经发生了很大变化。这个时候的日本，在一幅美国的漫画中已经成了一个上了年纪的和尚模样的战士；他威严地伫立着，一只手搭着自己的短剑。

无论是古代还是近代的日本，我自认为都没有认真地研究过。我脑海中日本的印象，只是来自于报纸、少量书籍以及一些我任过职的许多政府部门的官方文件。我在俄日战争时是支持日本的。对于这次战争前签订的英日条约，我也持认同态度。我曾在第一次世界大战期间感到欢欣鼓舞，因为我听到日本参加了协约国并将德国拒之门外，那时的我正在海军部任职。但非常遗憾，1921 年英日同盟的终止，我也参与了此事。这个盟友曾给了我们力量和好处，但对于我们同日本的友谊和同美国的友谊，如果要作出选择，我们心中的应对之策也是肯定的。

* * *

像俾斯麦所认为的那样，在作战和制定政策的时候，我力求让自己成为“另一个人”。对于一位大臣而言，他想要让自己尽量少犯错误，最好的做法是尽量并且有同情心地这样做；他想要让自己更能看清现实，就必须要知道更多相反的看法。一种看法，如果它的认识度不够充分和深刻，那么就很可能是一种陷阱。也正是因为如此，关于日本人任何的思想和真实的印象，我们的专家只有很少的人能够真正了解。有一点我们无法否认，那就是他们的确拥有深不可测的思想。外国人可能会存在这样一个疑团：都已经相隔那么长的时间，新旧社会是怎样相互融合并相互作用的呢？有一个疑问的确是存在的，那就是我们并不知道日本是否对自己的思想，以及自己天性中决定和支配一切的力量有所了解。

在日本的陆军体系中，存在着一种拥护同一个中心群体，让他们团结在一起的武士道传统。鼓励所有的军官和部下为日本的荣誉而战死，并且能够对得起每个人的祖先，是武士道传统的精髓。有一种计划也在日本冷静而缓慢的发展过程中形成了，那就是要将亚洲，或者在之后还要将世界征服。长期与世隔绝的日本，突然有一天看到了广阔的世界，而战士的手里又刚好有威力至今无法想象的武器，成为了这种计划产生的促成因素。甚至于还传言日本有一个“一百年计划”。这尽管只是不断变化的情况和事件的一种具有推动力的产物，但也可以看出某些端倪。

日本海军是从第二次世界大战爆发之后对日本陆军权力和野心最强的束缚力量。日本陆军和海军，在十九世纪有着不同的训练者，训练前者的是德国军官，后者则是英国军官。一种精神上的差别因为这种不同开始长期存在，并且因为服兵役的条件而日渐凸显。日本的陆军军官除了作战是从不出去的，而海军军官因为经常对外国港口进行访问，因此知道日本以外世界上的一些事情。这就造成了一种局面：与海军军官相比，日本的陆军军官具有一种更加狂妄自大而狭隘的民族主义精神。两者之间的差别还在于：对于陆军来说，他们认为自己可以征服任何来到远东的军队；但海军却痛苦地发现，与英国和美国的海军的舰队实力相比，自己的海军还相差很远，这一点尤其体现在日本本国海域之外的作战。这就造成了海军比陆军有着更为谨慎和稳健的对事物的看法。

相较于陆军和海军，日本的商人阶层就不太受到官方的重视了。他们也没有一个正式的组织，以及一个共同的政策来维护赖以生存的金融、工业和各种贸易事业。他们发挥影响力的渠道，是部分国会中的政党以及宫廷人物。商业利益整体而言对做重大的军事冒险是反对的。但也有一部分支持陆军的扩张政策，尤其是在中国有投资的人。对于日本民众而言，他们认为陆军是存在传统威望的，并且能够反对私人资本家和国家利益。因此，在紧要万分的关头，他们更加支持陆军而非自由主义资产阶级的领导权。

*　　*　　*

天皇所拥有的不受国会约束的特权，根据 1889 年的日本宪法，包括订立条约、宣战和缔结和约。除此之外，对武装部队的最高指挥权也握在天皇手里。但在行使权力的问题上，大家却认为他有借鉴海军和陆军的幕僚长们的看法，指导外交政策也是依据内阁的意见。但对于内阁而言，即便自己立法需要内阁和国会共同多数投票同意，但根据日本的宪法却不需要对国会负责。遴选和任命首相的天皇，他会参考“元老”的意见作出这些决定。曾经有好几位元老存在于本世纪开始的时候，但到了 1940 年就只剩下西园寺公爵，其原因是这些元老去世后没有人接替。等到西园寺公爵去世之后，首相主张通过会议由卸任的首相来担任“新元老”。在 1941 年的时候，这样的“新元老”有八位。

要想组成内阁，就必须由现役军人中的一位陆军大将和一位海军大将来担任陆相和海相，否则就无法组阁或将它维持下去。此外，要想让一位陆军大将或海军大将进入一个内阁担任陆相或海相，这个内阁还必须要为他们所在的军部认同。因此，为了能左右政策的制定，陆军部或海军部通常采取从内阁中召回或威胁要召回担任相职的做法。

*　　*　　*

1936 年，日本曾经和德国缔结反共条约。这一条约是由日本陆军和国社党代表里宾特洛甫通过谈判而签订的，并且双方都没有经过各自外交部的首肯。尽管这不是一种同盟，但同盟的结成却少不了它。在以平沼为首相的内阁的时候，其陆相意欲在 1939 年春季和德国结成一个完全的军事同盟。但因为没有得到海相米内大将的同意，这个努力最终失败。1939 年 8 月期间的日本可以说是非常繁忙，它不仅忙于 1937 年 7 月对中国发动的战争，还因为外蒙古和满洲国之间的边界纠纷而和俄国进行地方性的敌对。双方将大量军队投入了战斗依然持续的前线和后方。但是在欧洲战事爆发的前夕，日本对德国的不满却压倒了同俄国的争论，因为在当时，德国在没有和反共伙伴协商的情况下和俄国签订了互不侵犯条约。对于日本人而言，他们觉得受到轻视完全是有理由的。我们和昔日的盟国关系也一度疏远，因为英国是支持和同情中国的。我们同日本的关系，在欧洲战事开始的几个月内已经恶劣。而在对待德国的态度上，日本人一向缺乏热情，甚至可以说是完全没有。因为德苏条约的签订，平沼内阁丧失了尊严，因此只能辞职。新一任继任内阁的首相，是陆军出身（已退役）的温和派人物阿部大将。在 1940 年 1 月，米内海军大将接替了他。米内大将担任平沼内阁海相时，对日本同德国缔结同盟也是反对的。因此，在阿部和米内的政府时期，鉴于仍然保持着对中国的战争，日本对欧洲的政策仍然保持中立。但没过多久，日本就出现了震惊世界的动乱。长期存在日本心中一些光辉的梦想，因为法国、比利时和荷兰被希特勒的占领，以及英国在 1940 年秋季可能被侵入和毁灭而爆发。日本是否只能看着法国、荷兰和很可能还包括英国的崩溃而不能有所作为，这些国家在远东毕竟拥有广大的属地；日本的历史性时刻是否已经来到。在陆军和民族主义的政界人士中，这类深沉的热情开始激荡。他们对日本提出要求：向南方进军，将法属印度支那、马来亚和垂涎已久的荷属东印度收入囊中。他们以让陆相烟俊六大将退出内阁来强制执行这一政策。因为这一举动，米内海军大将辞去了首相职务。

在日本国内，清醒而慎重的人也有许多。但每当这些人坚持自己的主张，沉重的压力就会向他们袭来。于是，在元老的推荐下，近卫公爵接替了米内。身为一个少壮贵族的近卫，和宫廷的联系非常紧密，但也不排斥陆军的领袖们。他从 1940 年 7 月，一直任职到 1941 年 10 月。作为一名受人尊敬又懂得变通的政治家，他的施政方略是：在不让日本卷入大规模的战争的前提下，给陆军一些象征性的满足。因为有近卫公爵的约束，陆军在 1940 年夏季没有对英国和荷兰的属地进行任何袭击。但他又赞同对维希法国施压以使得日本在印度支那北部获得空军基地。同时他还在 9 月和德国以及意大利缔结了三国同盟条约。日本通过这项条约获得的好处是：在参与轴心国战事的前提下，日本可以为了获得英国的利益而加入欧洲战事。

一些重大事件，在这一时间已经非常明显地表现了出来。希特勒对入侵英国的战斗放出的豪言，在 1940 年 11 月底因为不列颠战役的结果而破产。在日本看来，这件事情的重要程度是第一位的。对于新式空军的威力以及它能做到的事情，尤其是在进行空袭的时候所具备的这些能力，日本海军通过英国空袭停泊在塔兰托的意大利舰队并使之几个月都失去战斗力一事深刻地感受到了。于是，日本改变了先前的看法，转而相信英国还能够维持。在日本人看来，英国无疑会将战斗进行到底，并且还在不断增强着自己的实力。他们通过这件事形成了一种普遍的看法：日本可能不应该签订三国条约。同时，一种恐惧也因为这些事而在他们心里产生：如果英国和美国联合行动，联合其两支海上最强大的海军，如果这两个国家还将资源充分利用，那么将没有谁能与它们抗衡。这种危险无疑正在一步步逼近它们。于是，为了让日本和美国之间搁置的问题得到解决，在得到自己内阁的同意后，近卫在1941年春季开始同美国谈判。对于近卫的这一政策，陆相东条[①]大将是支持的，这一点尤其值得注意。对于外相松冈当时的观点，东条大将持反对态度。东条大将认为，日德同盟会因为同美国的这种谈判而被破坏。就这样，松冈的看法被驳回了。

*　　*　　*

但即便如此，日本人仍然进行着更加强烈的思想变动。有几千名没有拥有很高职位却居于责任地位的军官和一些人，在日本人从事正常的现代政治生活时，似乎已经听到：

> 祖先预言战争即将来临。

他们的心里不禁出现了一个疑问，面对曾经向十三世纪蒙古人以及俄国一样加倍报仇的祖先，自己是否问心有愧？子孙们是应该因为先辈们这种巨大的武功而去作大胆尝试的，何况动乱弥漫了整个世界。有一个“新秩序”将要在欧洲重建，因为新的力量和新的巨人已经出现在了那里。既然如此，那么亚洲什么时候建立一个“新秩序”？在这整个进程中，在世界大变动的每一次变化中，他们都是有着与之相适应、经过仔细和耐心设想的计划的。其中选择时间发布信号的人，陆军的领袖们认为应该是自己。他们这样说是有理由的，因为如果日本要发动战争，那么一个最好的机会已经被小心而懦弱的政客们错过——法国的崩溃。

对于发动一场侵略战争，有最上层贵族依附的天皇和公爵们原本

---

① 即东条英机，二战日本首相，陆军大将，日本法西斯战犯之首。——译注

是反对的，因为在一个暴乱的时代中，有许多东西他们必将不再拥有。在出国旅行的时候，他们当中有许多人曾经见到过与他们地位同等的人物。对于欧洲和美国拥有的强大力量，他们是心怀畏惧的。他们同时也羡慕欧洲的生活和英国君主立宪政体巩固的王位。在他们看来，自己肤浅的议会制度应该得以维持，并且能够安全地在位或统治。但对于陆军接下来可能的举动，谁也无法预先知道。陆军是和他们紧密相连的。从古到今，对于这种联系，任何一个朝代或天皇，任何一种宗教制度，都没有办法取消这种联系。天皇和公爵们无疑是希望和平和谨慎的，但他们也不愿意自己因此而遭灭顶之灾。

* * *

日本政局的内部危机，因为 1941 年 7 月断然实行的经济制裁达到了临界点。这一举动让日本的保守分子惊呆了，同时也让温和派的领袖如热锅上的蚂蚁。这已经对日本陆军在国内享有的威望造成了影响，而正是因为有这种影响，陆军才能顺利制定日本政策。在以前，海军还起到了一些约束作用。但是现在呢？因为美国、英国和荷兰实行的禁运，不仅是海军，日本几乎全部的战争力量都失去了石油的供应。为了维持石油的供应，日本海军不得不动用自己的石油储备。这直接导致了十八个月的石油储备，在太平洋战争爆发时已经消耗掉了四个月的储备。摆在日本面前无疑只有两条路：与美国达成协议或者开战。美国对日本的要求是合乎正义且严格的：撤退在印度支那的新侵略势力以及在中国本土持续已久的战争。这也决定了如果日本在外交上不能获得一种可以接受的协议，海军在对战争的政策上就会偏向陆军。日本采取这一政策的决心因为一个事实得到了加强：海军这个时候已经具备高度的进攻能力。

整整夏秋两个季节，紧锣密鼓的辩论都在日本领导层的圈子内进行着。一直到禁运后的 7 月 31 日，他们才开始讨论是否应该与美国一战这个主要问题。这个日期我们现在已经知道。选择的时间无疑是短促的，因为德国很可能在日本实现任何野心之前就控制欧洲，这一认识所有的日本领袖人物都是一致的。谈判仍然在日美政府之间进行着。对于日本政界的保守派人士和宫廷而言，他们希望通过谈判获得一些条款来控制国内的主战派。日本在这种情形可能采取的做法，美国国务院和我一样，都认为它会妥协。

* * *

我想读者们已经看到，从战争的第一天开始，我们对日本就存在忧虑。因为它具有同样明显的欲望和机会。对于它为什么不在法国崩溃时就加入战争，我们始终都感到惊奇。但之后我们把这种忧虑暂时放下了，转而将精力集中在西部沙漠进行的战事以及保卫大不列颠岛的事情上。相较于我们的其他需求，我承认自己对整个日本的威胁有一种不很清晰的不祥感觉。如果日本进攻我们，美国一定不会袖手旁观；而如果美国不参与战事，对于荷属东印度，以及自己在东方的帝国，我们就无法保全。这是我认为的第一种可能。第二种可能也是我希望看到的，那就美国因为日本的侵略直接加入战争。对于这种可能，我相信它是极有可能成为现实的。首先保卫不列颠岛，其中包括入侵威胁和潜艇战争，其次致力于中东和地中海的战争，然后在6月以后为苏俄运送供应物资，最后抵抗日本的进攻，是我们在1941年的先后战略安排。这些在我看来都是情理之中的事。如果日本对新西兰或澳大利亚发起进攻，看到我们的亲戚和同宗受到的侵略，我们自然应该牺牲中东而去保护。但我们当时认为不太可能发生这种遥远的意外事件，因为日本可以在马来亚、暹罗、尤其是荷属东印度作多次轻而易举的进攻，这些地方已经足够满足它更大的胃口。如果马来亚面临可能改变命运走向的可能，即便要面临中东战区溃败和对苏联的供应断绝，我们也会不惜一切代价来改变这一局面。而且，如果美国参战，这一切损失都会得到补偿。这些豁达的决定，是经过战时内阁和内阁的军事顾问们深刻和不断的用心研究而作出的。

* * *

经过了一段时间，我更加急切地希望英国和美国的海军舰队在太平洋和印度洋对日本进行最大可能的示威，因为当时我已经充分认识到了总统在7月26日宣布由我们和荷兰参加的禁运所带来的巨大影响。我们能够腾出的力量只有海军舰队。对于我们的资源，我们也曾作了仔细检查。

我将一项备忘录在8月25日交给了第一海务大臣，其中对组建一支东方舰队的事情以及我对关于怎样组建这支舰队的意见作了说明。在不远的将来，我强烈地感受到应该在印度洋布置一支由尽量少的最好的船舰组成的一支具有威慑力的舰队。第一海务大臣回复我说，在1942年初，海军部将在锡兰组建一支舰队，“纳尔逊”号和“罗德尼”号战列舰，“威望”号战斗巡洋舰以及“赫耳米兹”号小型航空母舰都在这支舰队之列。后续被派出的还有“皇家方舟”号，但要等到四月份。那四艘“皇家”级的战列舰，在这一时期将会护送舰队至印度洋，其身份是护送军队船队。在备忘录中他还告诉我：大西洋战区的重要性应该提到首要位置；为了防备德国舰艇“提尔皮茨”号的攻击，很有必要让我们的三艘最新式“英王乔治五世”号级别的战列舰停留在大西洋。对于这些安排我并不认同。诚然，如果要对付装有八英寸口径大炮的巡洋舰，用旧式“皇家”级别的战列舰担任护航工作已经足够。但如果对方用来袭击的是快速现代战列舰，这种战列舰和它护航的运输船队就只有挨打的份了。这些旧式军舰根据它们目前所具备的条件，只能成为砧板上的鱼肉。因此，为了防止日本人派出个别的重型袭击舰，调一两艘快速主力舰出来是非常有必要的。

以下是我致海军部信的末尾部分：

1941 年 8 月 29 日

……我必须还要再说一句，面对已经足以和自己对抗的正在形成的美国、英国和俄国的力量，我认为日本绝对不会在入侵中国的时候选择对抗。选择和美国进行谈判，或者在最少三个月内不会有进一步的侵略行动积极参加轴心国，是它最有可能选择做的事情。让它有摇摆不定的最好办法，就是出现我所提到的那个舰队，尤其是出现一艘“英王乔治五世”号级别的战列舰。这个防止方法具有决定性意义①。

* * *

对于我们远东舰队的第一批舰只，我们准备让“威尔士亲王号”和“却敌”号、四艘驱逐舰，以及现代化装甲航空母舰“无畏”号充当。“无畏”号可以算得上这支舰队的主要组成部分，但非常不幸的是，它却因为一个事故而暂时失去了战斗力。但为了让日本的政局快速稳定，并且和美国的太平洋舰队联系起来，我们仍然决定让两艘快速的主力舰向前行驶，暂时先不管“无畏”号的问题。在美国主力舰队遥远的掩护下，建立一支以新加坡为根据地的英国的东方舰队，是我们海军方面的总方针。在 1942 年春季的时候，我们希望这支舰队拥有七艘性能各异的主力舰、十艘巡洋舰、二十四艘驱逐舰以及一艘一级航空母舰。汤姆·菲利浦斯爵士，这位我们信任的海军副参谋长，直到这个时候才被遴选为司令。10 月 24 日，他在“格里诺克”号军舰上升起了自己的司令旗。

---

① 为了能让有意研究的读者更详细地阅读，我在附录（9）内附上了我与第一海务大臣此时的来往信函。鉴于当时有些形势尚不明朗，我们并没有派出“纳尔逊”号或“罗德尼”号，而是派出了战列舰“威尔士亲王”号。——原注

*　　*　　*

在10月底，我向澳大利亚、新西兰和南非联邦的总理发送了电报，把我们准备在远东实行的海军部署告诉了他们。

1. 如果俄国没有真正崩溃（也可能是等到这一天），我仍然认为日本不会贸然发动对美、英、中、荷四国的战争。即便俄国真正崩溃了，他们也只会在春季的时候入侵大不列颠，因为他们已经对德国做过这样的承诺。俄国仍然可以进行强有力的抵抗，其中以莫斯科城下的抵抗尤为显著。何况，冬季已经快要到来。

2. 海军部原计划准备在今年年底建立一支以新加坡为主要根据地的舰队，由“纳尔逊”号、“罗德尼”号以及四艘皇家级战列舰组成。但因为“纳尔逊”号最近受伤，这个计划不得不暂时搁浅。大概需三到四个月的时间，“纳尔逊”才能修理好。

3. 我们在这期间准备让最新的战列舰“威尔士亲王”号去印度洋和“却敌”号会合，以对日本进行进一步的约束。这是一个有巨大风险的决定，同时也为本国舰队总司令反对。用不了多长时间，“威尔士亲王”号就会到达开普敦。那四艘“皇家”级战列舰也即将会被调到东方水域，它们已经完全准备好。“威望”号在此之后将会代替“却敌”号，因为它的续航能力更加强大。

4. 我认为我们应该尽一切努力永久地调出“威尔士亲王”号。要想制止日本，没有它是不行的。但我不得不说，“提尔皮茨”号在12月期间很有可能发动突然袭击，或进行其他类型的作战，因为那个时刻“约克公爵”号没有准备妥当。因此，在“威尔士亲王”号到达开普敦的时候，最好再重新考虑此事。

*　　*　　*

近卫公爵在 10 月份的时候，肩负的沉重压力终于消失。为了他的陆军和海军首长在能够解决的事情上受到约束，他曾经要求罗斯福和自己以及他们会谈一次，地点定在檀香山。但总统没有同意他的提议，这使得这位明智的政治家受到了陆军方面舆论更多的指责。于是，东条大将接替了他的职位，并且集首相、陆相和内务相于一身。他之所以会接管内务省，按照现代习惯，他在战后被战胜国处以绞刑的时候说：如果决定和平而不是战争，日本的内部有可能会出现一种可怕的混乱。依据天皇的指示，他让日本和美国的外交谈判得以恢复。但在他和其他政府成员的内心有一种共同的倾向：如果内阁没有同意提出的建议，日本就应该发动战争。当东条和幕僚长向天皇在 1941 年 11 月告知战事可能无法避免的消息时，天皇的态度仍然是：为了让这次战争得以避免，仍然应该作进一步努力。但他同时也告诉东条："如果在没有任何其他办法的情况下，也只好准备战争。"

*　　*　　*

在 11 月初，我接到了蒋介石的一项警告，内容是关于日本人在中国将会继续行动。在他看来，日本人从印度支那发动进攻而夺取昆明，从而将滇缅公路切断的决心已经非常坚定。他希望能获得英国从马来亚的空运援助。在警告的末尾，他说：

你初步看的时候，或许会认为这是在把贵国卷入对日的战争，而你们正在欧洲和中东进行艰苦卓绝的战斗。但我却持有不同的看法。我认为日本是在中国坚持抗战的时候才会认为自己已经无力进攻。倘若这种局面被打破，我认为日本一定会选择时机进攻贵国……中国进行的抗战，已经事关生死存亡。目前新加坡与缅甸的陆上通路能够保全，取决于英美是否愿意合作包围云南。如果这里的防线被突破，那么我将无法再和英国进行联系。不仅如此，如果这一点成为现实，还会改变贵国在美国和荷属东印度的空军和海军方面协调的所有机构，并且让这些机构受到新的严重的威胁。为了表示我的信念，我愿意投入所有的力量。而对于贵国而言，最好和最有远见的做法就是给予中国像我说过的那样的援助。只要这样做，才能让日本溃败，从而使现在正在抵抗侵略的国家获胜。我急切地希望能看到你的回复。

我唯一能做的是把这项警告转给总统。

前海军人员致罗斯福总统　　　　　　　　　1941年11月5日

1. 关于蒋介石要求我们两人给他空运援助的要求我已经收到。我们面临着怎样的处境，我想你从新加坡的空军实力就能看出来。但如果能够准时地抵达，我仍然准备派遣驾驶员甚至一些飞机去往那里。

2. 找到一种最有效和最全面的制止日本的方法，是目前我们最需要做的事情。直到现在，日本人似乎还犹豫不决。但面对这样的情形，天皇似乎在努力约束。到今天看来，有一个政策似乎已经非常成功，那就是我们在普拉森西亚湾谈论这件事的时候，你说要争取时间。日本正因为我们的联合禁运在作出决定：是战还是和。

3. 他们最有可能做的事，我认为是能够严重损害蒋介石的举动，即进入云南切断滇缅公路。如果蒋介石的防御崩溃，向南或向北的方向，就会出现日本人腾出的大量军队发起的进攻，何况就这件事本身来说，它也可以算得上是一个世界悲剧。

4. 我们已经接到中国人的呼吁，他们希望我们就日本进攻云南一事警告日本人。相同的呼吁我相信你也已经收到。我认为应该对日本人作出警告，让他们认识到自己的行为是一种对美国政府所明白表示过的态度的蔑视：在我们从来没有承认他们有权力驻扎军队的一个地区进攻中国。这样的做法我想你也会认同的。我们应该发布一项照会，内容和我叙述的相同。

5. 由于在其他地方有太多的力量束缚着我们，我们自己独立作出能够阻止日本的方法，可以说是一项也没有。但请你相信，不管你们怎样做，我们都愿意和你们团结一致并竭尽全力支持你们。就我个人的观点，我认为日本毅然投入战争是不太可能的，更多的是因为形势所迫被卷入战争。我希望知道你的看法。

11 月 9 日，总统对我进行了答复。他确定，如果低估这种威胁，有许多严重的后果将会因此而产生。但他也指出，他对日本从陆路进攻昆明是否就表明日本在不久的将来就会推进表示怀疑。他会根据租借法案想尽一切办法对中国进行援助，并且还会成立美国志愿空军驻扎在中国。他认为根据日本的实际情况，已经不能进行任何新的口头上的警告或劝诫，因为那样只会适得其反。他表示，“我们应该继续努力认真地注意和研究整个问题”。

为了安慰蒋介石，我将这一谨慎回答的要点对他进行了转述。

我们唯一能做的，只是继续实行我们在远东的海军计划，同时出于让日本在太平洋尽可能保持平静的目的，让美国试着以外交的方式和它谈判。

* * *

因为史末资将军提出过一些更大的问题，我向他发送了电报。

1941 年 11 月 9 日

在此时时刻，我认为不应该由我亲自呼吁罗斯福参战，那样

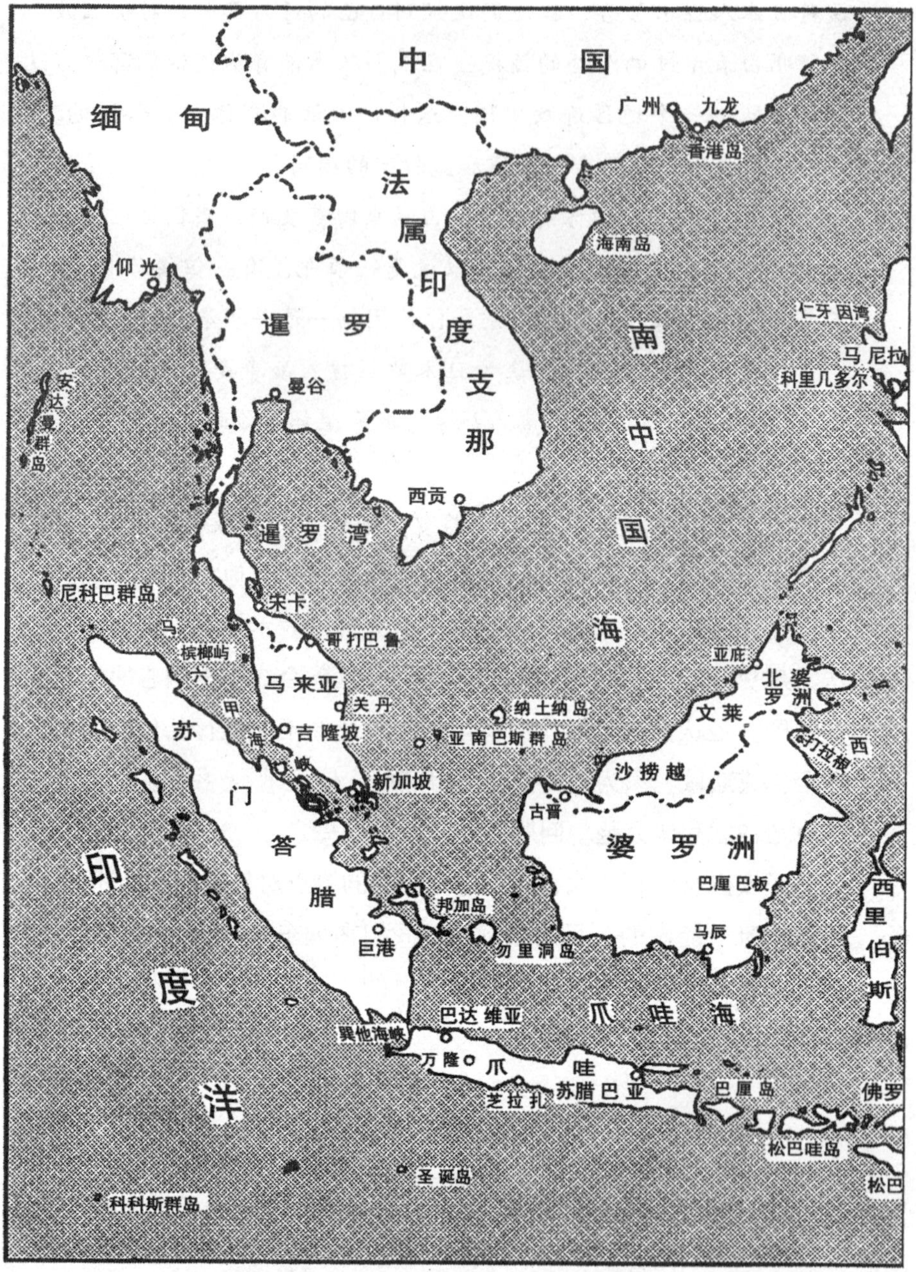
中
国
缅
甸
广州
九龙
香港岛
法
属
印
度
支
那
海南岛
仰光
暹
罗
南
中
国
海
仁牙因湾
马尼拉
科里几多尔
安
达
曼
群
岛
曼谷
西贡
暹罗湾
尼科巴群岛
宋卡
马
六
甲
海
峡
槟榔屿
哥打巴鲁
马来亚
关丹
吉隆坡
纳土纳岛
亚南巴斯群岛
亚庇
北
婆
罗
洲
文莱
打拉根
西
苏
门
答
腊
新加坡
沙捞越
古晋
婆罗洲
巴厘巴板
西
里
伯
斯
印
度
洋
邦加岛
巨港
勿里洞岛
马辰
巴达维亚
巽他海峡
爪
哇
海
万隆
爪
哇
芝拉扎
苏腊巴亚
巴厘岛
佛罗
松巴哇岛
松巴
圣诞岛
科科斯群岛

南

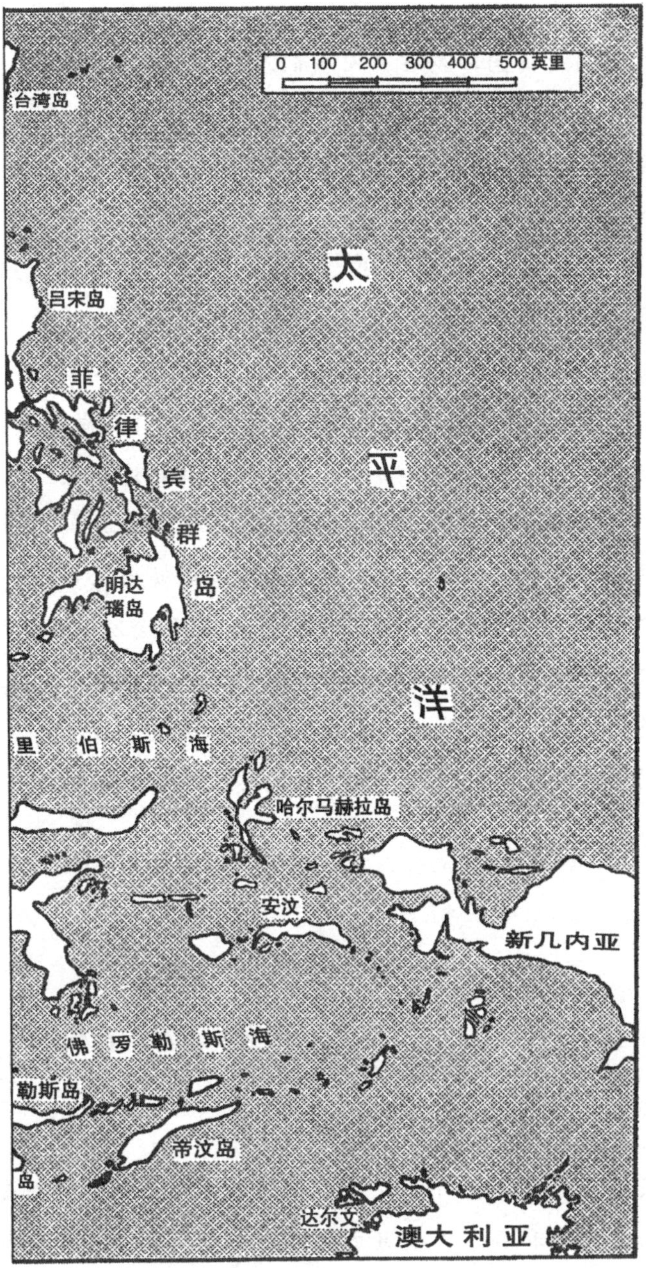
0 100 200 300 400 500 英里
台湾岛
太
吕宋岛
菲
律
宾
平
群
明达
瑙岛
岛
洋
里 伯 斯 海
哈尔马赫拉岛
安汶
新几内亚
佛 罗 勒 斯 海
勒斯岛
帝汶岛
岛
达尔文
澳大利亚

海

没有任何好处。我曾在大西洋会议告诉他的官员：对我而言，更希望看到的是美国即刻宣战而我们在六个月内得不到供应物资，而非美国没有宣战我们可以得到加倍的供应物资。但是当人们向他重复这句话时，他认为这句话过于苛刻。他在宪法上面临的困难，我们绝不可低估。宣战只有国会才能做到，尽管他可以以政府首脑的身份采取行动。他甚至告诉我："我不需要作出宣战的举动，这种期限可以是永远，但战争却能因我而发生。但如果我对国会提出宣战的要求，他们可能就要用三个月的时间来进行辩论。"虽然征兵法案需要有一票的多数才能通过，但那样做却是必须的。如果没有这一过程，美国陆军根本就不可能组建。他已经做出了努力——以微少的多数让参议院通过了中立法令。如果让众议员也通过这一决策，那么大西洋上德国和美国就会经常战斗。在最近这段时间，美国的舆论已经有了新的迹象。国会所需要做的工作，已经仅仅只是统计票数。如果能够做到，我是非常愿意让这种形势更进一步的，无论是用什么方法。在眼下这一阶段，我们最应该做的事情是，保持耐心，相信我们的道路与潮流相符并正在变为重大事件。

*　*　*

我在11月10日说了如下一段话，当时正举行首相照例出席的伦敦市政厅年度宴会。

虽然在四十年前的1902年，我曾经对英日同盟投过赞成票，并且为了维持和日本这个海岛帝国的良好关系而始终竭尽全力。我同时也抱有一种态度，非常希望日本变得更加好，并且欣赏他们的许多才能和品质。但遗憾的是，我现在看到的日本已经完全变了样，它正在准备和英语国家展开冲突。

我想任何一个人都知道美国在远东由来已久的利益。因此，它正在竭尽全力维持太平洋上的和平。对于它是否能够成功，或许我们无法确定。但我必须要说有一点可以确定：如果美国因为失败而卷入对日本的战争，不超过一个小时，英国也会对日本宣战。这是我的职责。

面对这个浩瀚无边的阴暗局面，如果我们尽量冷静地观察当可发现，如果日本投入一场非常不必要的战争，它会发现自己正在进行一个危险的举动：在太平洋上和一些人口将近占人类四分之三的一些国家对抗。如果现代战争离不开钢，在没有任何理由的情况下，发起和一个钢年产量约九千万吨的美国进行战争，对于日本这样一个钢年产量只有七八万吨的国家来说完全是一次危险之举，何况还有一个能作出重大贡献的英国。所以，对于如何保持太平洋和平的问题，我希望它表现出来的是日本最明智的政治家的意愿。但我们已经做好了一切准备，以保护英国在远东的利益以及现在陷入的危机的共同事业。这些准备现在依然在进行。

* * *

华盛顿在 11 月 20 日收到了日本的“最后宣言”。上面的提议都表达了一个宗旨，那就是日本想不经过战争而获取想要的利益。但即便如此，美国政府仍然认为有必要向他们提出最后的外交建议。美国也曾把这项日本照会的通知发给了我们，并希望我们提出一些看法。我在 11 月 23 日给外交大臣发送了一份备忘录：

首相致外交大臣　　　　1941 年 11 月 23 日

对于我们来说，战争带来的痛苦已经尝遍。因此，我们最关心的问题是不再发生进一步的侵略和战争。对于中国所进行的事业，美国是不会不管不顾的。所以，在这一问题上，我们可以放心地追随美国。让日本能在西伯利亚自由地进攻俄国我们当然也不会同意。但我认为这在目前不太可能发生。在大西洋会议上，我记得罗斯福总统曾亲自加上一段话：不允许北方再有侵略的发生。因此，我认为我们可以就这点[和美国人]达成协议。没有必要让日本正式宣布废除轴心国条约。因为对于德国人而言，日本不参加战争这件事本身就已经让他们非常失望，并且受到伤害。关于日本禁止美国或英国援助中国的任何规定我们都应该反对，但我想美国不会让我们走到这一步。

在保证这些条件的前提下，为了让日本能够继续支撑，可以在经济方面对日本有所放松，哪怕只是维持。当然，这只是我个人的初步意见。

如果美日协定已经签订的消息为我所知，那么可以确定的是，因为有这个协定，与现在的情形相比，我们在以后三个月内在远东的情况都不会更坏。如果真是这样，那我当会高兴无比。

* * *

总统在11月25日将谈判的情况用一封电报作了说明。日本政府在谈判中提出的建议是：日本可以将从印度支那南部撤退的时间定在同中国谋取全面解决或全面恢复太平洋地区的和平以前，但前提是要美国为日本提供石油以作为回报，并且不可对日本在同中国恢复和平努力的问题上作干涉。并且，美国还要帮助日本获得荷属东印度的产品，以及让日美两国的商务关系恢复正常；双方同意不在东北亚和南太平洋地区有任何的武装进展。

美国在接下来准备提出一个反建议①。其主旨体现为：大体接受

① 指一方提出一个要求或者贸易条件，另一方不认可这个条件但不作出回答，只是重新提出一个和对方这个条件互为存在的另外一个条件。——译注

日本照会中提出的条件，但要在日本从印度支那南部撤退的条款后附加一个不涉及中国局势的专门条件。美国方面的做法，是准备把一项对原来的冻结命令作过修正的经济协定予以接受，如美国可以按月供应平民石油。对于这项建议，美国将它定为三个月的有效期。出于表现出一种相互包容，美国还答应就包括太平洋区域在内一些问题的解决展开讨论。

对于这项一直被称为“暂定条约”的草拟的复文，当我读到它时我认为是不恰当的。我这样的看法，荷兰、澳大利亚，尤其是蒋介石都有。蒋介石曾向华盛顿送达了一份激烈的抗议。但我对我们去评论他们的政策的限制也有清醒的认识，因为这毕竟是在由美国单独决定。我对一种思想可能带来的危险非常了解，这就是“英国人正在将我们卷入战争”。于是，我遵从完全让总统决定这一问题的前提，没有将这个问题提出来。我仅仅就中国方面的问题向他发出了电报：

前海军人员致罗斯福总统　　　　1941 年 11 月 26 日

在今天晚上，我收到了你关于日本的电报。哈利法克斯的一份关于讨论情形和你对日本的反建议的详细报告也是在今天晚上交到我手里的……毫无疑问，你是处理这件事的唯一决定者。并且，对于我们来说，多进行一场战争也实在没有必要。我们唯一不放心的地方在于：被艰难所包围的蒋介石应该怎么办。中国本来就是我们所担心的事情。我们共同所面临的处境，将会因为他的失败而更加危险，如果这种失败成为现实的话。我们相信美国会以关心中国事业的角度去考虑问题。在我们的眼中，日本的信心是极其缺乏的。

这封电报到达华盛顿的时间，是所写日期的当天黎明。在自己的回忆录中，赫耳先生写道：

丘吉尔先生在夜晚又向总统发送了一封电报，内容是对我们的暂定条约加以评论。他担心蒋介石在暂定条约的影响下只能得到极少的援助。他说他焦虑就是来自于中国，如果中国崩溃，我们所面临的共同危险将会极大地增加。在通过和远东问题专家们再次讨论后，我们一致认为需要取消这个暂定条约，转而向日本人提出那十点建议来全面解决问题。而那个暂定条约，被我们当成这个建议的前言。与日本提出的无限制供应的要求相比，这个暂定条约所提到的仅仅包括棉花、石油和几种其他商品，供应量极其微小。但即便如此，美国舆论对此都持反对态度，甚至反对向日本供应为数有限的石油。中国人的反对态度是极其激烈的。因此，其他有关国家也表示反对，或者表现出一种冷淡的态度……所以，日本人想通过这个暂定条约去保证自己去承担其中的危险，尤其是冒险瓦解中国的士气和抵抗是做不到的。

* * *

直到这个时候，我们对那个“十点照会”仍然一无所知。事实上，这个照会不但让我们和各有关政府的愿望得到了满足，甚至还提出了超过我们曾经敢于提出的要求。赫耳先生 26 日在“国务院”接见了日本的特使们。在接见的过程中，他不仅丝毫没有提到总统 23 日电告我的那个暂定条约，而且还把这个“十点照会”交给了他们。其中有提到两点：

对于日本在中国和印度支那的所有陆军、海军、空军一级警察部队，日本政府都必须全部撤出；美国政府和日本政府只能在军事、政治和经济上支持首都临时设在重庆的中华民国国民政府，除此之外其他的一切政府和政权都不得支持。

这让特使们无比震惊，离开“国务院”的时候也非常狼狈。我认为这是一种真情实感的表现。他们能被挑选来到这里，就是因为他们都是一些著名的谋求和平的温和人士。日本政府想借此在他们一切都准备好之前，让美国对他们不加防备。但对于自己政府的心意，这些温和的人士并不明白。如果告诉他们赫耳先生知道的还要更多，他们一定会惊异万分。日本的那些非常重要的密码，美国人早在 1940 年年底就已经破译了。他们的军事和外交电报，一直在被美国人不断地大量译出。在提到这些电报时，秘密的美国人称之为“魔术”。由于我们只能延迟一些时间，有时是两三天才能收到美国人对我们关于“魔术”的复述，因此我们想要知道总统或赫耳先生所知道的全部事情是有时间限制的。但对此我欣然接受。

总统在同一个下午向驻菲律宾的高级专员发送了如下电报：

> 日本已经有越来越明显的侵略举动……为了让某种性质的侵略行动在最近更好地展开。直到目前为止，对于这次行动的实力，以及会指向的地方，是马来半岛、滇缅公路、菲律宾群岛还是荷属印度，我们并不知情。但我们认为最有可能进攻的是泰国方向。日本的下一次侵略，我认为极有可能引起美国和日本产生敌对行动……

* * *

11 月 29 日，我们的大使哈利法克斯勋爵访问了“国务院”。赫耳先生告诉他，来自日本的危险已经近在眼前。他说：“目前我们实际上已经停止了对日本的外交努力。我们目前准备由陆军和海军的官员们去处理问题。我已经告诉他们……在我们没有想到的时间点，日本很有可能会采取行动……我认为日本人已经有了一种认识，那就是他们现在全面重新开始的无限制征服是一种押上所有赌注的豪赌，因此，想要进行这种冒险需要更大的勇气。”接着他又说：“在蒋介石关于暂定条约的强烈抗议传到丘吉尔手里时，他完全可以给蒋介石一封强硬的电报让他提起信心，让他采取更好的做法——像日本人和美国人那样以极大的热情去战斗。但他仅仅是向我们转交了这项抗议。他那方面也持认同态度……”

但是我对日本的计划是否已经制定，或者总统有着怎样强烈的决心完全不知道。

前海军人员致罗斯福总统　　1941年11月30日

关于让日本和我们两国不发生战争的方法，我认为还有一种重要的没有使用。这种方法就是：将日本采取任何一种进一步的侵略举动可能导致的严重后果秘密或公开（以你的喜好而定）地公布。对于你在宪法上所面临的困难，我并非不了解。但是我同时也想到了一件可悲的事情：因为没有向日本公平而正直地说明进一步侵略行动的意义，而让日本因为侵略而陷入战祸。我希望你能公开宣布，如果日本作任何进一步的侵略，你将会向国会告知最严重的问题，也可以是意思相近的话语。当然，这样做需要选择适当的时间（这一时刻或许近在眼前）。而我们这一方面，也会发表一个类似的宣言，或者加入一个联合宣言。请你相信，不管怎样，我们都在准备和你同时采取行动。我深知让你这样做是冒昧的，但我希望得到我亲爱的朋友的原谅。这样做是完全可以改变局面的，并且会让战争的悲惨得到控制，对于这一点我深信不疑。

遗憾的是他和东条远远走在了前面。同样走在前面的还有世界大事。

*　　*　　*

赫耳先生在30日访问了总统，时间正值午后不久（美国时间），我昨夜发出的同日电报正放在总统的桌上[①]。对于我关于对日本提出一个联合警告的建议，他们认为完全是徒劳。对于这一点，我们现在也已经认为在情理之中，因为有一封截获的电报已经在他们手里。这封电报也是11月30日发出的，地点是由东京发往柏林。电报对日本驻柏林大使提出了要求，要他通知希特勒和里宾特洛甫：

> 向他们极其隐秘地告知，很有可能有一场军事冲突让盎格鲁撒克逊[②]国家和日本爆发战争。另外，还应该附带告诉他们，战争可能以极快的速度爆发。

关于这类电报的译文，我是12月2日才收到的。对于英国而言，应对这件事情静观其变已经足够，完全不需要有任何举动。在11月25日的时候，日本载着袭击珍珠港全部海军航空队的航空母舰实际上已经起航，只不过仍然受到东京的约束。

*　　*　　*

12月1日，东京举行了一次御前会议。会议决定对美国开战。天

---

① 读者读到这里或许会对这些电报上注明的日期感到迷惑，但这是没有必要的，只要这些电报能保证先后的次序。我通常要到凌晨两三点钟之后才停止工作（英国时间），而翻译密码和译释的时间也需要两三个小时。但对于我的目的——在总统睡醒或在必要时被唤醒看到我在就寝以前拟好的电报，它几乎是同时传达给总统。——原注

② 由盎格鲁和撒克逊两个民族结合的民族，一般指生活在大不列颠东部和南部地区、语言种族相近的民族。——译注

皇在这次会议中的表现，按照东条在受审时的作证，他一句话也没有说。太平洋在此之后便没有了任何风吹草动。在美国和日本之间，能够用外交手段解决问题的方法都用了个遍。但在这个时候，任何军事的侵略行动却也完全没有发生。日本人从宪法上不让美国宣战，或者攻击我们或荷兰人是我最担心的问题。12 月 2 日，我们举行了一次长时间的内阁会议。之后我把一份体现我们的结论的备忘录交给了外交大臣：

首相致外交大臣　　1941 年 12 月 2 日

我们准备在美国采取行动之后再有所行动。除非日本准备夺取克拉地峡，否则它不会马上对美国发起新的侵略。美国如果已经行动，为了支持他们，我们的行动也不能迟疑。但在一种情况下我们应该重新考虑自己的立场，那就是美国不采取行动……

荷兰属地随时都有可能面临日本的袭击。不过，在美日谈判后，这种行为无疑是在冒犯美国。对于日本的这一侵略而产生的后果，我们应该告诉荷兰人：我们会顺其自然。因为对于美国来说，它是日本和美国的一个直接问题。如果美国准备发起对日本的战争，在一个小时之内，我们也应该对日本宣战。但即便是出现如下情况而使得我们只能孤军奋战，我们也应该和荷兰人站在一起：在相当长的一段时间内，甚至在我们的支持下，美国仍然不能有任何干脆的行动。

大不列颠会因为大不列颠属地受到任何袭击而爆发战争。

* * *

没有经过多长时间，一些调动和活动就使得警惕的英国情报机构和空中侦察得出了一种认识：暹罗即将面临日本的进攻，这项进攻将会是一次远征，包括由海军部队夺取克拉地峡的战略地点在内。我们向华盛顿报告了这一情况。关于我们是否应该为保卫克拉地峡先发制人的问题，在我们和我们的远东总司令、澳大利亚和美国之间，都在用许多冗长的电报进行讨论。我们最后的决定是，在一个次要战区首先发动攻击使事态更加复杂是没有必要的。这项决定是充分考虑了军事和政治上的理由得出的，也是一项正确的决定。伦敦和华盛顿在12月6日都知道了一项实情：暹罗湾正迎来驶过印度支那的一支日本舰队，其中包括约八艘巡洋舰、三十五艘运输舰和二十艘驱逐舰。在海上执行另外一些任务的还有一些日本舰队。

* * *

1946年，一个庞大的美国国会调查团公布了自己的调查报告。让美日发生战争的那些事件，以及让美国无掩蔽的舰队和守军积极“警戒”但没有被军事部门通过的命令，这项报告都作了详细的叙述。这些调查报告共计四十卷，并且已经全部为世人所知道，其中还包括译释日本的密电和这些密电的原文。美国宪法精神所要求的严格考验，美国已经证明自己有足够的能力承受。对于美国历史上这个让人惊异的插曲，在这篇叙述中，我不想再陈述自己的判断。因为那些为总统信任并在总统身边的美国人士，我们知道他们能够敏锐地感受到美国面临的巨大危险：日本很有可能避开美国在远东进攻英国或荷兰属地，如果这样的话，美国国会将只能批准美国宣战。美国领袖人物已经认识到，如果这一切成为现实，那么许多广大地区都会被日本征服；这一胜利，再加上德国侵俄的胜利和英国以后的被侵入，摆在美国面前的，可能是单独面对洋洋得意的侵略者们无可匹敌的联合力量。这样一来，要被葬送的不仅是那些处于危险中的伟大道德事业，也许还要包括一些已经意识到危险的美国人民的性命。关于美国恪守中立可能面临的危险，总统和他信任的朋友一直就有这种认识。不仅如此，就在几个月前，因为国会感到的不安和约束，强迫兵役制已经在国会的众议院以一票的多数得以恢复。恢复这个制度的意义是重大的，否则在世界的动乱中，他们的陆军早已经被瓦解。有一种共同的信念存在于罗斯福、诺克斯、史汀生、赫耳、马歇尔将军、史塔克海军上将之间，还包括哈利·霍普金斯这一大家的联系人在内。这些人能够具有这种先见之明，后代的美国人以及各地区的自由人民或许应该感谢上帝。美国的问题和任务，因为日本对美国的攻击而变得不那么复杂。对于美国来说，为了本身的安全而空前团结，永远要比这次袭击的形式甚至规模都要重要。这完全在我们的意料之中。像我所看到的一样，日本去袭击美国并与之开战，在美国人眼里无异于自取灭亡，何况他们知道敌人的全部和最近的目的比我们在英国知道的还要更早。当看到苏格兰军队从邓巴的高岗往下冲的时候，克伦威尔[①]曾大声说："上帝已经把他们送到了我们手里。"这句话在这个时候也出现在了我的脑海。

对于日本，利用外交交往的详细叙述将它描述为一个受害的无辜者是我们绝不允许的。我们也不允许它被说成只是想趁着欧洲战争的机会来进行适度的扩张或分享，但刚好遇到了美国向它提出一些建议，而这些建议因为不能被充满狂热的它和它已经准备好的人民所接受。日本以恶意的侵略和征服折磨中国，多少年来一直是一贯的。此时的它，因为一些举动已经将自己放在和轴心国同一条战线上：强占印度支那以及签订三国协定。对于它敢于承担后果的事情，就让它去做吧。

在最开始的时候，我们完全不能想象日本会走向一条自取灭亡的道路——和英美开战，并且最终和俄国开战。日本宣战完全是疯狂的结果。我认为，有一个世代之久的毁灭，都会因为这样一次冒进而在它身上降临。他们间或作出一些疯狂的决定，或者是因为一些人掌握

① 英国的资产阶级革命家，政治家，军事家，曾于1650发兵进攻苏格兰。——译注

了权力而要求别人服从他们，并且将一些不明智的事情的执行让这些人代劳。我曾经一再强调日本不会做出疯狂的举动，并且毫不迟疑。但是我们仍然看到了在理性之外的人类思维和幻想的过程，即便我们非常诚恳地考虑他们的处境。

但是疯狂百害而无一益，在战争的时候，疯狂会让人想占突袭的便宜。

第十二章　珍珠港!

12月7日在首相别墅，这是一个星期日——我的美国客人——九点钟从无线电收音机中传来的消息——美国遭到日本进攻——我和总统连线——我给德瓦莱拉的电报——我非常开心——必然的胜利——我决定前往华盛顿——给国王的信件——总统担心我的回程——英国宣战日本——日本大使收到我的信——宣战得到国会的一致认同——对达夫·库伯先生的任命——美国受到的巨大灾难——受到袭击的菲律宾群岛——希特勒感到惊异——我们就如何使用“威尔士亲王”号和“却敌”号展开讨论——菲利浦斯海军上将的冒险计划——空军支援的缺乏——菲利浦斯海军上将撤退——再一次进攻的尝试——日本人的致命袭击——波涛淹没了一切——恐怖的消息在早晨传来——我准备离开英国——12月12日，我对下院发表声明——艾登先生被任命前往莫斯科——我将一些消息告诉他

时间是在1941年12月7日晚上，那一天刚好是星期日。首相别墅只有我和怀南特、艾夫里尔·哈里曼，我们在一起用膳。九点钟的新闻节目开始后不久，我把我的无线小收音机打开了。许多关于俄国前线和在利比亚的英国前线战事的消息通过收音机传来。随后，我听到了夏威夷的美国船只，以及荷属东印度的英国船只受到日本袭击的消息。一项声明紧接着传了出来，大意是有某位先生在以后会在新闻节目里作评论，然后会有一个节目解答听众的问题。对于这件事，我并没有直接的印象，但艾夫里尔却说日本人袭击美国人非常重要。于是，我们把疲劳和休息都暂时抛开，就那样静坐着。房间在这个时候迎来了膳司索耶斯先生。他说："这件事情千真万确。消息是我从外面亲自听来的。美国人遭到了日本人的袭击。"大家都没有说话。我曾在11月11日伦敦市场官邸的午餐会有过这样的言论："英国完全有可能在一小时内向日本宣战，只要日本人进攻美国。"我站了起来，离开桌旁经过客厅进入我经常工作的办公室。我希望能和总统进行通话。和我一起出来的那位大使对我说："最好还是先证实一下。"他猜到了我将采取某种行动，而行动的性质无可挽回。

罗斯福先生的电话在两三分钟后被接通了。我问他："关于日本的事是怎样一回事？"他回答："他们袭击了我们的珍珠港，我们已经处于同一条战线。"我让怀南特去接电话。只听到他们双方讲了几句话之后，这位大使连续说了几声"好"，随后严肃地叫了一声"啊！"接着我说了一些大意如此的话："事情已经因此而变得简单，愿上帝保佑你。"为了整理一下思绪以适应已经发生的世界头等大事，我们随后回到了客厅。这件事是极其让人惊骇的，以至于惊呆了那些重要人物。对于这次令人震惊的事件，我的两位美国朋友以令人敬佩的刚毅精神忍受住了。对于美国海军已经受到的损失，我们还并不知情，而他们也并不因为自己的国家处于战争中而悲叹。在人们眼中，这件事更多反而是将他们从痛苦中解救了出来。

* * *

国会开会的时间是星期二。当时的交通极其不便利，并且议员们在这个岛国的各个地方都有分布。我让办公室想办法和下院议长先生、国会的各党领袖和其他有关人士通话，告诉他们两院联席会议会在次日举行。我给外交部打电话，要求他们为了能及时赶上国会开会，应该立即办理对日宣战（这是需要一些手续的）的事情。同时，我还要求外交部召集并通知全体内阁成员，以及三军参谋长和陆海空军各大臣参加会议。在我看来，后者已经知道了这一消息，这一猜测在之后已经被证明。在做好这些事情之后，我开始思考一个我已经思考了很长时间的问题。我向德瓦莱拉先生发送了如下电报：

1941 年 12 月 8 日

现在你已经迎来了你的机会，这也是唯一的一次机会，请你一定要把握住！让你的国家再次建立吧！我愿意和你会面，地点完全听凭你的意愿。

奋斗中的中国也出现在我的脑海里。所以，我致电蒋介石：

1941 年 12 月 8 日

日本已经将战火蔓延到英帝国和美国。我们向来是朋友，一个我们共同的敌人现在正出现在我们面前。

我发出的电报还有：

首相致哈利·霍普金斯先生　　1941 年 12 月 8 日

此刻我们非常想念你，这是一个历史性的时刻。

——温斯顿·艾夫里尔

*　　*　　*

对于我的举动，我想任何美国人都会认为正确。如果可能，我愿意非常高兴地宣布：美国已经加入我们。诚然，对于事件的发展方向我无法断定。我也不能断定自己对日本的武力已经有充分的了解。但是我知道，在这场战争中，美国现在已经投入全部的精力，甚至到了一种决战到底的地步。所以，有一点事实上已经可以断定：胜利已经站在了我们这边。我们的确已经赢得胜利。我们经过了敦刻尔克，法国的崩溃，奥兰的那次可怕的事件。在还几乎只有空军和海军的时候，我们经历过入侵的威胁。我们还经过了险些让第一次大西洋战役失败的激烈的潜艇战，十七个月的单独御敌，以及我所承受的面对十九个月的苦难的巨大压力。但我们最终还是战胜了这些苦难。可以确定的，英格兰，不列颠，联邦和英国都将生存下去！固然谁也不知道战争持续的时间以及收场方式，我们在这个时候也不关心这些问题。不管有怎样的创伤和毁坏降临在我们身上，我们在我们悠久的岛国历史中从来就是胜利者。灭亡不会光顾我们，我们的历史终将延续。即便是孤军奋战，我们也能够坚持下去。对于希特勒和墨索里尼而言，他们的结局已经注定。日本人注定会付出沉重的代价。接下来的工作，只是适当地运用占有绝对优势的力量。以我的判断，相较于自己的敌人，同心同德、生死与共的英帝国、苏联、再加上现在的美国的力量要超过两倍甚至三倍。但战争持续的时间，无疑也非常漫长。我认为有惨重的损失将会出现在东方，但这不会永远持续下去。对于世界上的任何其他人，只要我们团结在一起，都可以将其击败。我们最终的结局已经不存在悬念，它不会受到在前面等着我们的许多灾难，以及极大的损失和艰苦的影响。

对于美国所具有的力量，不仅是敌国，其他很多愚蠢的人也会低估。许多人对美国有这样一种看法：软弱而且永远不团结；只会远远地看着眼前所发生的一切；永远不会和别人团结在一起；永远害怕流血和牺牲；他们对战争的努力将会因为他们的民主政治和定期的选举制度而无法进展；敌人永远会将他们看得非常遥远。对于这个遥远、富足而健谈的民族，我们现在定然已经能看出他们有怎样的弱点。美国的南北战争是一场战斗到最后一刻的战争，我对这场战争也研究过。我的血管中也曾经流动着美国人的热血。在三十年前，爱德华·格雷曾[1]告诉我："美国就像一个巨大的锅炉，只要它下面的火苗燃起，它能产生的力量是无穷的。"我这次睡的觉是一个得到拯救而心怀感激的人的睡眠，因为在入睡前我心里已经被热烈的感情和感想充满。

* * *

醒来没多久，我就决定马上见罗斯福。在中午开会的时候，我把这件事提交给了战时内阁讨论。最终的结果是同意。随后，我向国王上书：

陛下：　　1941 年 12 月 8 日

出于对自身职责的考虑，我坚定地认为我应该立即去华盛顿。当然，前提是要得到罗斯福的赞同，但我对此有信心。我们必须要根据实际情况，才能商定美国的防务与攻势的全部计划。此外，为了避免让我们从美国获得那部分军火和其他援助受到不必要的损失，我们也需要对此事留意。对于三大盟国的一些重大问题而言，艾登先生在莫斯科，当我在华盛顿时当更容易解决。

我的内阁和同僚们今天已经同意了我的这些理由。因此，关于我出国的请求，请陛下能够答应。我准备很快就乘军舰出发，大约有三个星期的离国时间。伴随我一起前往的人员和赴大西洋会议的人数一样多。我已经让掌玺大臣在我不在英国的这段时间代理我的职务，枢密院议长、财政大臣和战时内阁的其他成员将会协助他。在这段时间，我准备让战时内阁暂时有陆海空军三位大臣的参与。外交部和国防委员会，在我不在的这段时间，将会分别向枢密院和掌玺大臣汇报。我可以通过无线电了解正在进行中的事项，并在必要的时候做出决断。最要紧的事情莫过于在高

① 英国政治家，曾任外交大臣 11 年。——译注

层和美国人进行协商，因此我准备前往的时候带上第一海务大臣和空军参谋长。我希望陛下同意我的请求。像往常一样，我不能说出我的意图。

陛下最诚挚而忠诚的臣仆

温斯顿·斯宾塞·丘吉尔

附言：我认为德国和意大利都会和美国开战，因为他们要遵守条约的内容。在这一局势没有明朗之前，我不会向总统提出访问的建议。

国王表示赞同。

前海军人员致罗斯福总统　　1941 年 12 月 9 日

1. 你 12 月 8 日的来电我已经收到，至为感谢。你曾说过我们已经是共同进退的关系，那么我认为我们应该再举行一次会议。你怎样看呢？我们全部的战争计划和生产与分配的问题，可以通过现实和新的现实让它们得到检验。在我看来，由最高一级行政阶层来解决这所有的事情（我正关注其中的一些事情），是解决这些事情最好的方法。我非常希望尽快再次和你会面，那将会令我快乐万分。

2. 如果你不表示什么异议，我将在这一两天乘军舰从这里到巴尔的摩或安纳波利斯。大概经过八天的时间，我就会到达。为了解决好每一件重要的事情，我将会待一个星期。庞德、波特尔、蒂尔、比弗布鲁克以及一些必要的人员都会同我前去。

3. 请尽快告诉我你的看法。

总统认为我返回时会不安全。为了让他打消顾虑，我发送了电报给他。

前海军人员致罗斯福总统　　　　　　　　　　1941 年 12 月 10 日

回程我们认为是非常安全的。不能将海军的局势以及与之相关的生产和分配的问题放在最高一级的阶层来讨论才是最危险的事情。我已经准备好和你会面在百慕大。从百慕大飞往华盛顿与你会面也没有问题。鉴于新的不利局势（太平洋中的局势尤甚），为了让损害降到最低，我认为我们不能将共同行动准备一个月。我甚至希望明天晚上就出发。但最终出发的时间还是会延迟，因为我必须知道你所指定的会面地点。我对最后胜利所抱有的信心是空前的。但同时也认识到，如果要想实现这种胜利，仍然需要很好的合作。致最亲切的问候。

总统在第二天又发来了电报。他说："我非常高兴听到你愿意在白宫待一段时间的消息。但我自己离开美国是不适合的，毕竟动员仍然在继续，而且还不能确定太平洋上的海军局势。你们面临的所有生产和供应的困难，我相信你们能够解决好。你来这里是有危险的，请你谨慎行事。"

* * *

关于对日宣战的问题，战时内阁一切都已经准备妥当。此时的外交部事务是由我负责，因为艾登已经前往莫斯科。因此，我向日本大使送达了下列信件：

外交部　　　　　　　　　　　　　　　　1941 年 12 月 8 日

先生：

关于日本武装部队在事前没有以宣战的方式或者用类似的最后通牒发出警告的情况下，就准备从马来亚海岸登陆并且对新加坡和香港进行轰炸的消息，联合王国国王陛下已经在 12 月 7 日获悉。联合王国国王陛下政府驻东京大使已经被要求以联合王国国王陛下政府的名义，向日本帝国政府发出了宣战通知。

致以崇高的敬意。

温斯顿·斯宾塞·丘吉尔

对于这类拘于形式的做法，有许多人都不以为然。但是我想，较为客气地去对待一个你必须要杀的人，无伤大雅。

* * *

下午三点钟的时候，国会举行了会议。尽管只用了极短的时间发出通知，但是国会大厅仍然座无虚席。宣战已经成为了国会必须要面对的事情，因为按照英国的宪法，国王宣战是遵从阁员们的意见而定的。这使得我们对美国的承诺可以提前履行。事实上，我们对日本宣战的时间还早于美国国会采取行动的时间。同样宣战的还有荷兰王国政府。在发言的时候，我说：

我们不应该忽视我们在这里的重要意义，以及美国即将会发生的危险。无论是因为轻率还是相信自己的实力，敌人都已经对我们发动了大胆的进攻。对于英国以及我们勇敢的俄罗斯同盟国来说，这无疑是一种非常艰苦的考验，尤其是在开始的时候。并且，这种艰苦可能也是一个长期的过程。但当这个世界的阴暗景象出现在我们面前时，我们应当坚信我们事业的正确性，坚信我们有足够的实力和意志力去完成它。

地球上至少有五分之四的人口是站在我们这边的。因此，我们有责任保卫他们的安全和延续他们的未来。我们在过去出现过一道闪烁的光，目前我们已经发出一道发着火焰的光。将来将会有一道光照耀全部的陆地和海洋。

这项决定获得了两院的一致投票赞成。

* * *

这个时候，我认为必须立即任命达夫·库伯先生为远东事务常驻大臣，他已经回到了新加坡。

首相致达夫·库伯先生　　1941 年 12 月 9 日

1. 常驻新加坡远东事务内阁大臣现在已经是你新的身份。内阁秘书将会是你受内阁领导的服务渠道，你将会通过他直接向战时内阁汇报。同时，你也会被任命成立一个军事参议院。但在这之前，你需要汇报它的组成以及包括的地域范围。如果不出意外，这些地区将会是军事方面的总司令辖地。协助远东的军事行动成功进行是你的主要任务。你可以通过以下方法去进行：尽可能让各总司令承担更少的额外责任；从政治上明确地指导他们。

2. 你还必须就地解决一些无法及时告知国内的紧急事件。为了让那些时间一长就需要向国内各部请示的次要例行事项得到快速解决，你可以设立一个就地解决问题的机构。只要时间上允许，你可以向国内请示需要特别指示的所有事情。此外，经常向国王陛下报告你也不可忽略。

3. 这一工作的进行，在奥利弗·利特尔顿上尉被任命为驻开罗国务大臣时，曾被规定不能和国王陛下派驻中东的代表们现有的责任，以及他们对国内各部门的公务的关系产生冲突。远东地区也不例外。在这开始的紧要关头你对这个机构有怎样的掌握，很大程度上决定了你是否能成功地建立它。

4. 各公务部门和内阁办事程序既然以为你了然于胸，那么你定然会让远东事务的解决更加有力，更加能够及时沟通。希望你立即以电报的形式告诉我你的具体建议以及怎样任命人员，划定范围和怎样进行公布。愿幸运伴随着你，向你致以最亲切的问候。对于这一战事，我们一定要从各个方面进行到底。

关于这些新任务，达夫·库伯完成的决心是巨大的，并且也有着明确的思想。但是因为我们确定了和美国共同商定任命远东最高司令一职，他的职务已经变得没有必要存在。因此，我在两个星期多一点的时间后就让他回国了。他非常遗憾没有能继续战斗下去。

*　　*　　*

关于发生在珍珠港的事情，我们曾一度无法了解它的详细情况。但是现在它经过的详细记录已经可以获知。

日本对美国的海军直到 1941 年年初为止的作战计划是：当美国的这个前哨据点的守军受到威胁，美国人可以像日本预料的一样打开一条通路横渡太平洋来解救时，他们的主力舰队会在菲律宾附近的海域作战。日本的海军总司令山本大将是袭击珍珠港计划的提出者。这种袭击的准备，在日本还没有以任何方式宣战之前是悄无声息的。11 月 22 日，在日本本土以北，千岛群岛中一个荒无人烟的停船地点，聚集了日本由六艘航空母舰组成的一支袭击舰队，以及由战列舰和巡洋舰组成的支援舰队。12 月 7 日（星期天）被定为袭击日期。于是，11 月 26 日，在南云海军大将[①]的指挥下，这支舰队起航了。南云海军大将是从夏威夷以北很远的地方行进的，尽管面对着北纬地区的大雾暴风，但他仍然在没有被察觉的情况下驶近了目标。在不祥的 12 月 7 日日出之前，在珍珠港以北约二百七十五英里的地方，进攻发起了。敌人投入战斗的有三百六十架飞机，还有在战斗机掩护下的各种轰炸机。第

① 原文如此，珍珠港事件时南云的军衔实则为中将。——译注

一颗炸弹落下的时间是上午七点五十五分，当时有九十四艘美国海军舰艇在港口内。敌人把太平洋舰队中的八艘战列舰定为了主要攻击对象。幸运的是，当时航空母舰和强大的巡洋舰队并不在港口内，它们有其他地方的任务。我不准备再叙述这次袭击的经过，因为它在平常已经被叙述得够充分了。我在这里只需要将突出的事实和日本飞行员的残酷以及高效率叙述出来。第一批鱼雷和俯冲轰炸机的袭击，在上午八点二十五分已经宣告结束。战斗是在上午十点钟结束的。留下了被一片火与烟包围、被轰炸得七零八落的一支舰队和美国的复仇心理后,敌人离开了。造成的船只损失有:“亚利桑那”号战列舰被炸毁,“俄克拉荷马”号倾覆，“西弗吉尼亚”号和“加利福尼亚”号在停泊地点沉没。此外，除了在干船坞的“宾夕法尼亚”号，其他的所有战列舰都遭到重创。丧失性命的美国人有两千多，受伤的也将近两千人。日本人已经掌握了太平洋的优势。在短时间内，战略上的时间力量发生了根本性的变化。

*　　*　　*

还有一些不幸的事件也出现在了我们的同盟国美国身上。

11 月 20 日的时候，曾有一项指出外交关系将会发生严重改变的警告交到麦克阿瑟将军担任司令的菲律宾群岛方面。为了在荷属海面上联合未来的盟友——英荷海军建立一支袭击舰队，美国实力有限的亚洲舰队的指挥者哈特将军曾和英荷海军当局进行协商，让他的舰只按照自己的计划向南散开。如果不算十二艘旧式的驱逐舰和各式辅助舰，那么他就只有一艘重巡洋舰和一支袭击舰队可以调遣。二十八艘潜艇可以算得上是他的全部实力。哈特海军上将在 12 月 8 日上午三点钟截获了一份电报，其中提到了珍珠港遭到袭击这一惊人消息。他将敌人已经开始行动的消息在还没有被华盛顿方面确认以前就告知了各方。日本的俯冲轰炸机在 9 日的黎明开始来袭。规模不断增大的空袭在以后几天始终持续着。卡维特的海军基地在10日完全被焚毁。吕宋岛北部也在同一天迎来了日本的首次登陆。灾难已经日趋严重。在战斗中，甚至在地面上，美国的大部分空军都被击毁。12月20日，美国余下的空军已经撤到了澳大利亚的达尔文港。在几天以前，哈特海军上将的船舰就开始向南散开，留下来在海上抵御敌人的只有潜艇。日本入侵主力在12月21日在林加延湾开始登陆，紧接着对马尼拉发动了攻势。之后的马来亚，一直面临着这种进攻，但是据守的时间很长。

在一片大好的情势下，日本酝酿已久的计划就这样开始付诸实行。但是，这还只是一个开始。

* * *

日本驻柏林大使访问里宾特洛甫的情形，在他的一封电报中得到了体现。

> 我在袭击珍珠港第二天的一点钟对里宾特洛甫外交部长进行了访问。我向他转达了我们的愿望：希望德意两国立刻对美国正式宣战。里宾特洛甫的回答是，为了让德国人更好地接受宣战，希特勒当时正在[东普鲁士]总部的一个会议讨论进行的手续，他会立刻向希特勒转达我的意愿，并且竭力实现这种愿望。

听到这一消息，希特勒和他的僚属都非常吃惊。对于希特勒当时的反应，约得尔在受审时说：“为了将这一消息传达给凯特尔元帅和我本人，希特勒曾在深夜来到了我的地图室。他完全没有料到这件事情会发生。”但就在距离德国正式对美国宣战还有三天的12月8日早晨，希特勒就下令德国海军可以攻击任何地方出现的美国船只。

*　　*　　*

为了对海军局势进行检讨，在9日晚上的十点钟，我召集大多数海军部官员集中在内阁作战室举行了一次会议。会议的人数大概有十二人。大家就我们在日本的战争形势所起的根本变化造成的影响进行了讨论。我们现在掌握的海洋控制权的海域已经只有大西洋。敌人已经很容易就能袭击澳大利亚和新西兰以及在它们范围内的重要岛屿。只有一种关键的武器在我们手里。在新加坡，“威尔士亲王”号和“却敌”号已经在待命。我们之所以将他们派遣到这些水域，就是为了充分发挥隐藏性能最好的主力舰所能给予敌人所有海军作战计划上最大的威慑力。这种时候，将它们隐没在无数岛屿之间，无疑是一种最好的使用方法。绝大部分人都赞同这样做。

就我个人的看法，我认为它们应该越过太平洋去会合美国余下的舰队。因为这样做可以让英语世界结成一个整体，从而表现出一种磅礴的姿态。对于美国海军部希望从大西洋撤离它们的主力舰的要求，我们已经欣然应允。这必然会使得不出几个月，一支能够进行决定性海战的舰队出现在美国的西海岸。我们在大洋洲的同胞，必然会因为有这样的舰队和存在这样的形势而得到最好的保护。对于这个意见建议，我们所有人都兴致盎然。但我们最后准备先在夜晚考虑一下这个问题，然后将如何使用“威尔士亲王”号和“却敌”号的问题在次日早晨解决，时间已经太晚了。

它们沉入海底的时间，仅仅是在两小时之内。

*　　*　　*

到了现在，我已经不得不说，完全是意外的因素决定了这些舰船的悲惨命运。

在12月2日的时候，“威尔士亲王”号和“却敌”号抵达了新加坡。

12 月 5 日的时候，为了就可能采取的联合行动和麦克阿瑟将军与哈特海军上将进行讨论，汤姆 · 菲利浦斯海军上将飞抵马尼拉。哈特海军上将已经答应，在菲利浦斯的舰队中加入四艘美国驱逐舰。在这个时候，以新加坡和马尼拉作为一支联合舰队的根据地，两位海军上将都感到不合适。第二天传来了一个消息，暹罗湾已经闯入了一支庞大的日本海运部队。毫无疑问，决定性的时间已经近在眼前。在 7 日的早上，菲利浦斯返回了新加坡。8 日刚过午夜不久，敌军在哥打巴鲁登陆的消息就传了过来。敌军在宋卡附近和北大年登陆的消息也在随后传了过来。日本开始发动了对马来亚的一次大规模进攻①。

在菲利浦斯海军上将看来，他的任务就是在敌人离船登陆的时候发动攻击。在这个危机的关头，他的一次高级军官会议一致认为应该参与这场战事。他向海军部报告了自己的想法。并对新加坡司令部提出要求，要他们向我们的北部飞机场调遣战斗机。同时，他也要求我们力量薄弱的空军：在 12 月 9 日侦察其舰队以北一百英里的地区；12 月 10 日侦察宋卡海面一整天；并在 12 月 10 日以战斗机掩护宋卡一带。但因为想到新加坡可能面临进攻以及北部的飞机场已经快要陷落，12 月 10 日以战斗机掩护宋卡一带恐怕无法做到。当我们将这个消息传达给菲利浦斯海军上将，他已经率领“威尔士亲王”号和“却敌”号，连同驱逐舰“伊列克特拉”号、“特快”号、“吸血鬼”号和“坦尼多斯”号离开了港口，离开的时间为 8 日下午五点三十分。此时又传来警告的信号说，在印度支那那不的空军基地，出现了一支庞大的日本轰炸

① 日本是在袭击珍珠港几个小时内发起对马来亚和远东的袭击的，但因为各地区时间的差别而不容易看出来。下表是格林尼治时间和相对应时间的发生顺序。——原注

	当地时间	格林尼治时间
首次在马来亚登陆	12 月 8 日中午 12:25	12 月 7 日下午 4:55
袭击珍珠港	12 月 7 日上午 8:00	12 月 7 日下午 6:30
首次对菲律宾群岛发动空袭	12 月 8 日黎明	12 月 7 日下午 9:00
首次空袭香港	12 月 8 日上午 8:00	12 月 7 日下午 11:30

队。鉴于空军不方便在暴风雨频繁和低云层的情况下行动，菲利浦斯决定快速前行追赶他们。但在 9 日的傍晚，天气晴朗起来。用不了多久，菲利浦斯就会相信敌人的飞机正在跟踪他。奇袭敌人的机会就这样丧失掉了。不仅如此，有一种可能还不得不想到：在第二天早晨的时候，敌人可能猛烈地空袭靠近宋卡的地方。所以，对于自己大胆的计划，菲利浦斯海军上将不得不放弃，并且在黄昏后驶向自己的基地。对于自己所具有的力量，他无疑已经充分地发挥。并且，如果不出意外，所有的一切都会非常安全。但一种巨大的不幸在午夜前后出现了。根据传来的消息，另外一股敌军正在哥打巴鲁以南一百五十多英里的关丹地方登陆。菲利浦斯海军上将本来的看法是：他在 10 日白天会驶向南边那么远的地方的行动不会被料到，因为敌人最后一次看见他的舰队是向北而行。

关于日本在 9 日看到这支英国舰队的情况，日本方面并不能找到相关的记录。但是他们的一艘潜艇报告了一个消息：在下午两点的时候,这支舰队正在驶往北面。基地设在西贡附近的日本第二十二航空队，当时正在为袭击新加坡装载炸弹。当他们得知这个消息，立即用鱼雷替代了炸弹，并决定在晚上袭击英国舰队。但他们在午夜回到了自己的基地，因为什么都没有发现。但另一艘日本潜艇又在 10 黎明前进行了报告，说英国军舰正在向南行驶。因此，由九驾飞机组成的一个搜索队在上午六点钟出发了。一支分批组成的强大袭击队在一小时后也开始出发，每一批大约为九架。

敌人在关丹登陆的消息后来被证明是错误的。但即便如此，菲利浦斯海军上将还是等到了驱逐舰“特快”号抵达了那个港口没有发现敌人的踪迹为止，此时已经是天亮了一小段时间，原因是新加坡方面没有发来更正的电报。在花费一些时间去搜寻先前发现的一艘拖轮和其他一些小舰艇后，这支舰艇继续向南航行。但等待它的将是艰苦的命运，因为危机即将将它笼罩。曾在某一个时刻，日本航空队南巡到了新加坡，但是没有发现任何舰船。他们发现了自己的追寻目标，是在往北回航的时候偶然的结果。

一架跟踪的飞机出现在了“威尔士亲王”号的视野，这一时刻发生在上午十点二十分。于是，首批轰炸机在上午十一点之后不久出现了。敌人采取的作战方针是分批连续袭击。“却敌”号在首批飞机的袭击中被一枚炸弹命中，然后船身开始起火。但没过多久，这场起火就得到了控制，因此船依然按原定的速度前行。但“威尔士亲王”号的命运就不同了。在第二批飞机的袭击中，两枚似乎并排的鱼雷击中了它。它的损害非常严重，船舱也开始进入海水。不仅如此，它左舷的两只推进器也失去了作用，以至于之后完全无法控制。“却敌”号在这次袭击中幸运地没有被击中，并且也逃过了发生在几分钟后、向“却敌”号靠近的另一批飞机的袭击。但在这个时候，两艘船的距离已经相隔较远。鉴于这种情况，在将“敌机在轰炸”的紧急消息报告给新加坡后，塔南特舰长把“却敌”号转向了海军上将乘坐的旗舰行驶。

但这两艘主力舰很快受到了敌人的再次致命袭击，时间是在下午十二点二十二分。“却敌”号在闪避过许多鱼雷之后，敌人终于击中了它的中部。它的操舵装置在不久后的另一次袭击中被损坏。接着，又有三枚鱼雷快速地命中了它。此时，对于自己这艘船的命运，塔南特舰长已经有了充分的认识。他及时作了一个决定：让所有的官兵来到甲板。因为他的这一举动，许多的生命得以幸存。“却敌”号沉没了，时间是下午的十二点三十三分。大约在下午的十二点二十三分，“威尔士亲王”号也被两枚鱼雷击中。随后，又有一枚鱼雷击中了它。在此之后，它的航行速度降到了八海里，并且不久后处于下沉状态。下午一点二十分的时候，在被另一次轰炸击中倾覆一段时间后，它沉没了。有近三千名官兵在这艘船上，其中有两千名被几艘驱逐舰救了起来。总司令海军上将菲利浦斯不幸被淹死，连同一起被淹死的还有他的旗舰舰长约翰 · 利希。

*　*　*

对于什么原因导致没能从新加坡派出战斗机援助这个舰队，三军参谋长在要得到这个问题的答案的时候，所得到的已经被证实的回答是：为了不使用无线电，菲利浦斯海军上将并没有把自己改变计划的消息在9日发出,从而使得新加坡方面不能得知他在10日早晨的位置；当中午收到了塔南特舰长的紧急信号时，战斗机第一时间被派了出去，但到达目的时只看到了“威尔士亲王”号正在下沉。

菲利浦斯海军上将是有理由相信自己并不在敌人以海岸为基地的鱼雷轰炸机的能够触及的有效航程之内的，因为西贡飞机场距离关丹有四百英里，在这样一个距离内，还从来没有鱼雷轰炸机试图袭击。因此有必要指出，菲利浦斯海军上将在这样一个灾难时刻所采取的行动并非没有根据，是我们自己和美国人严重低估了日本人在空战方面的效率。

*　*　*

10日，我床边响起了电话铃声，打电话来的是第一海务大臣，当时我正在开箱子。他以一种近乎咳嗽和吞咽、我不能听得很清楚的声音告诉我:“首相，我想说的是，日本人击沉了‘威尔士亲王’号和‘却敌’号。在我们看来，击沉它们的应该是飞机。汤姆·菲利浦斯不幸被淹死。”“你确定你所说的话属于实情？”“千真万确。”我放下了话筒。幸运的是，当时我身边并没有其他人。我感到无比的震惊，在整场战争中，这次震惊是最强烈的。这两艘战舰的毁灭，让我们有多少憧憬、努力和计划付诸东流，读者们当可以从这篇记述中了解到。在睡觉的时候，我在床上辗转难眠，在我的心里，深深地感受到了这个消息的可怕。到现在为止，英国或美国的主力舰，在印度洋和太平洋上的就只有在急速返回加利福尼亚的美国在珍珠港残存的主力舰了。日本完全控制了这广阔的一片海洋，我们面临的却是无力防御的脆弱。

我将这一消息在当天上午十一点告诉了下院，当时他们正开会不久。

我要将一个不好的消息告诉下院，这个消息也是你们早就应该知道的。根据新加坡方面传来的消息，在日本人进攻马来亚的时候，英国军舰“威尔士亲王”号和“却敌”号在和他们作战时被击沉了。目前还没有这两艘舰船击沉的具体消息，根据日本官方公报的记载，它们是在空袭中被击沉的。

我还想说，在过去几天的时间，因为从许多不利和有利的观点来看，局势已经发生了重要变化。因此，我准备在下院下次开会的时候将战争的全面局势简短地说明一下。

* * *

我准备在 14 日启程访美的计划，这个时候已经在秘密地进行。在此之前的九十六个小时内，还有许多事情在等着我去做。我必须在 11 日向下院详细地说明新的局势。我还要处理人们因为利比亚拖得很久、并且还没有得出结果的战役产生的许多忧虑和不满情绪。即将摆在我们的面前的，无疑是日本的严重惩罚，对此我毫不避讳。但在俄国方面，他们已经经历了多次胜利。这无疑是希特勒在东方战役所犯下的致命错误的最好证明。在冬季的时候，这种错误会继续得到证明。但潜艇战大大减少了我们的损失，因为我们已经在潜艇战上占据了优势。此外，与我们并肩作战的，还有五分之四的世界人口。因此，我们无疑可以获得最后的胜利。我从这个意义上进行了发言。为了避免作出早期的承诺，我只用最冷静的语调叙述了事实。在发言临近尾声的时候，我说：

讨论远东和太平洋有着怎样的局势，以及怎样才能让局势得以恢复，很明显是没有必要的。并且，或许还会有巨大的惩罚在等着我们。但即便如此，为了尽最大可能地保护自己，我们仍然将和美国和荷兰保持最大限度的合作。相较于三个轴心国联合在一起的舰队，大不列颠合众国的海军力量曾经远远超过他们，现在依然如此。但是，对于这个已经袭击了我们的新敌人的力量，我们在马来亚和夏威夷遭受的严重损失对我们造成的影响，以及为了取得绝对胜利我们要在远东产生、整顿和调派的那支庞大军队所需要的时间，我们一定不可以低估。

我们每个人必须要重新投入全部的精力，因为摆在我们面前的是一个十分艰苦的时期。我以前曾经说过，我们必须遵守在供应方面我们对俄国作出的承诺。同时，在今后几个月的时间，能够到达不列颠的美国供应物资和美国海军所能够给予的援助，我们也要认识到比以往大大减少。我们必须想尽办法弥补这个差额，而且还要认识到，弥补这个差额的只能依靠我们自己的努力。我们有理由相信我们的军火产量和各种援助将会大大超过现在我们所期望的标准，因为美国的一亿三千万人民对打赢这场战争的决心是坚定的。对于这场战争，他们一定会静下心来全力以赴，把它当做生活中的主要目标。为了自己的生存，英帝国和美国在战斗着，俄国和中国也在战斗着。这四个伟大的作战团体，身负着在敌人残暴统治下欧洲的所有被征服国家的一切精神和希望。站在我们这边的有人类的五分之四人口，这一点我在以前就已经说过。但实际上却远远不止这个数目。敌人诚然给我们造成了严重的打击，但是他们的身份，只是拉帮结派的恶人，只是一些军事或党派组织。对于这样的人，我们必须要给予一个在一千年史册上都被铭记的教训，否则就是我们这一个时代的耻辱。

下院鸦雀无声，似乎暂时不想表明态度。事实上，让他们作出更多的表示，我也并不奢求。

*　　*　　*

我们获知珍珠港的真实消息是在 12 月 7 日到 8 日的夜间，当时艾登先生已经从斯科帕湾启程前往莫斯科。尽管叫他返回也不是没有时间，但是考虑到他因为这个新事件爆发所负有的任务更加重要，我们并没有这么做。美国供应给俄国和英国的所有军火，因为俄国和日本的关系必然会出现调整，而许多微妙的问题必将因为这些微妙的问题而产生。

首相致艾登先生（在海上）　　1941 年 12 月 10 日

你不在的这段时间发生了许多事情。在夏威夷岛，美国遭受到了一次巨大的灾难。在那里，每十艘日本的战列舰，能够与之相对的只有两艘现役战列舰。为了应付这一情况，他们正在调回大西洋所有的战列舰。我们在马来亚和整个远东地区，根据美国方面的消息，也会受到日本军队的猛烈袭击，他们是享有制海权的。对于美国而言，我认为它必然会受到意大利和德国的攻击。但在俄国的列宁格勒、莫斯科全线、库尔斯克以及广大的南方地区，俄国军队却取得辉煌的胜利。我们的第二战场——利比亚，它的形势已经发生了改变，但是仍然要面临许多激烈的战斗。我们必须从中东派遣空军去支援马来亚。

所以，关于你需要十个中队的建议，在目前我认为是不应该提出的。对于我们所处的地位，在我到达美国之前我无法确定，因为这要依美国的供应而定。

希望你的身体正在逐渐恢复。我们这里一切安好。

我在登船的时候又发了续电：

首相致艾登先生（在海上）　　1941 年 12 月 12 日

太平洋的全部控制权，因为“威尔士亲王”号和“却敌”号的丧失，以及美国在珍珠港的损失，已经全部落入日本的战列舰之手。他们可以用任何一支在海外的舰队对我们发动进攻，且不分时间和地点。但所幸他们的力量并不能全部发挥出来，毕竟太平洋有着非常广阔的领域。在我们看来，他们最有可能发起进攻的地方，是菲律宾、新加坡和滇缅公路。我们想要恢复优势无疑还需要几个月的时间，因为只有到了那个时候，英美两国的新战列舰才能建造完成。美国现在运输的物资，鉴于太平洋的灾难和日本宣战的震撼，已经一切都列入了禁运名单。让这一情形得到缓解，是我正在努力的方向。但在目前的情况下，我们仍然不能向俄国许诺提供超过约定供应额的物资，因为我们也面临着新的危险，而他们还打了胜仗。你应该告诉他们，如果满足东方对于战斗机的一切需求，那么我们将会怎样地严重缺少飞机。你同时还应该告诉他们，只要他们耐心等待一段时间，那么胜利最终还是会到来，因为他们所遭受的一切损失，都可以因为美国的参战而得到补偿……

我才出发不久。

第十三章　一次世界大战期间的航行

我们乘“约克公爵”号航行——陪同我一起航行的人员——我们和国内进行通讯和接触——关于是否应该让苏联对日宣战的问题——艾登先生和斯大林以及莫洛托夫在12月16日至18日举行了会谈——斯大林就如何解决战后问题的意见——波罗的海国家被苏联提出要求——我的抗议得到了内阁的支持——莫斯科会谈的继续——俄国和日本——友好的离别——我同维希非祸即福的关系——香港受到日军进攻——为了抵抗守军竭尽全力——投降——马来亚迎来了日本登陆——12月12日我给韦维尔的电报——一个意义重大的战略问题——达夫·库伯的劝告和我的信念——沙漠攻势所面临的情形——隆美尔退却到阿盖拉——德国空军回到地中海——忧虑美国的政策——比弗布鲁克持乐观态度——没有理由的担忧

在这个时候，因为发生的许多事情，我留在伦敦诚然能够得到许多重大理由的支持。但相较于其他所有的事情，我认为英美之间的完全谅解是最重要的。因此，在我看来，立即抽派出来一队最强的专家顾问前往华盛顿，是必须要做的事情。在这个季节乘坐飞机前往一个不利的方向，大家认为过于冒险。于是，在12日这一天，我们旅行到了克莱德河。此时的我们已经没有了“威尔士亲王”号，“英王乔治五世”也被用于监视“提尔皮茨”号。运载我们的是“约克公爵”号。并且，在这一运载过程中，我们也可以顺带让它的性能得到充分的发挥。战时内阁成员比弗布鲁克勋爵、第一海务大臣庞德海军上将、空军参谋长波特尔空军中将和帝国总参谋长蒂尔元帅是我们这一行的主要人员，蒂尔元帅在国内的职务已经由布鲁克将军接替。为了让比弗布鲁克能够更好地解决他需要解决的问题，我非常希望布鲁克留在伦敦。因此，我邀请了蒂尔代替他和我一起前往华盛顿。他对我们的事务内情仍然非常熟悉，并且也为大家信任和尊敬。同时，他也将面临一个新的活动领域。

查尔斯·威尔逊也在同行的人员中，他在 1941 年成为了我的常年医药顾问。和我一起航海他还是第一次，他将会和我在以后各次的旅行中都同行。没有他的照顾，我或许不能确保还一定活着。但我们两个人都活了下来，并且还成为了忠诚的朋友，尽管我无法在他患病的时候说服他，他也无法让我对他的一切指示都完全遵照执行。

对于这次航行，我希望以平均二十海里的速度在七天内结束。因为为了避开埋伏的德国潜艇，我们必须要迂回着行使。我们沿着爱尔兰海峡向下航行进入了比斯开湾，这也是海军部为我们制定的路线。但面临的天气却不那么好，不仅阴云布满了天空，而且还有狂风巨浪。穿过德国潜艇在法国西部各港口和大西洋上的搜索区域之间的通路航行，是我们别无选择的决定。海军部命令我们的舰长不能将我们的小舰艇放在后面，因为附近的德国潜艇实在太多了。在风浪中行驶的时候，我们这个小舰队的航行速度必须限定在六海里之内。环绕着爱尔兰南部，我们就这样经过了四十八小时的缓慢航行。我们通过了离布雷斯特不到四百英里的地区。这让我想起了“威尔士亲王”号和“却敌”号被基地设在岸上的鱼雷轰炸机袭击而炸毁的情形，这件事仅仅发生在一个星期之前。因为云层的关系，我们的所有护卫飞机都无法和我们汇合（仅偶尔有一两架飞机能够做到）。但是一片广阔的蔚蓝天空在之后就出现了，当时我正走到舰桥。这一蔚蓝无疑是不受欢迎的，但是却没有发生任何事情。就这样，巨舰“约克公爵”号和护卫的驱逐舰缓慢地向前方驶去。我们开始不满意它的低速行驶。在第二天夜里，我们靠近了一个区域：德国潜艇出没的地方。庞德海军上将是这一决定的制定者，对于这一区域，即便是他也说：与被一艘潜艇用鱼雷击中相比，我们撞上一艘潜艇的几率更高。这一天晚上完全被黑暗所笼罩。正因为如此，在接连不断的大风浪中，我们甩开了驱逐舰全速行进。船舰的舱口被我们密闭，甲板被巨浪不断地撞击着。这让比弗布鲁克勋爵大吐苦水。他告诉我：乘坐这样一艘军舰已经和乘一艘潜艇没什么两样。

但对于我们的大批译电人员而言，因为我们能收到许多的无线电报，他们仍然有许多事情要做。我们仍然能够发出复电，尽管程度非常有限。当从亚速尔群岛驶来的新派出的护卫舰艇来到我们这里后，我们的情形发生了变化：在白天的时候，我们可以将用莫尔斯电报符号译成的密电发送到它们那里；而为了使我们的位置不被暴露，我们又可以在后方一百英里的地方发送这些密电。但由于处在世界大战的环境当中，我们仍然害怕无线电不畅通。

* * *

即便是在旅行中，我们也将一切问题反复思量。这次航行当中也有外交大臣，不过他是向着相反的方向急速前进。他和我的思想有着巨大的相似性：要求苏联政府对日本宣战，是我们最需要解决的问题。我向艾登先生发送了如下电报：

1941 年 12 月 12 日

对于是否要求俄国对日本宣战，你曾在离国之前征求三军参谋长的意见。我现在将三军参谋长考虑后的意见告诉你。

他们一致认为，现在不应该要求俄国对日本宣战，因为那会损害我们的利益，因为俄国人很可能会认为自己的西部战线在目前或者明年春天不会因为宣战受到影响，而我们却决不能允许这种情况发生。

在此之后，三军参谋长将赞成和反对的理由作了详尽的叙述。他们在经过反复衡量之后，认为最重要的仍然是避免俄国在西线崩溃。

我继续向外交大臣说：

如果你因为你们的讨论认为让俄国人对日本宣战是必须的，最好的方法是让美国人向俄国人施加压力，而不是我们。

我补充了一句附言，以便他抵达莫斯科之后用到：

对于俄国向日本宣战的问题，如果斯大林认为自己那样做的实力足够，你不应该加以干涉，因为美国、中国、澳大利亚都会有此强烈意向。我们也不应该对他施加过大的压力，毕竟我们曾经作出的贡献非常有限。

第二天我又发电报给他：

斯大林很可能会愿意对日本宣战，毕竟俄国前线最近取得了一些成就。对于我们来说，局势是利好的。因此，我应该把握对他施加多大的压力合适。

在我们的航行过程中，我收到了艾登先生发来的一些电报。他不久前已经到达了莫斯科，电报的内容叙述了他对苏联方面其他一些事的看法。

回国以后，他将这些电报用自己的话作了概括。1942 年 1 月 5 日的一份详细报告就是这一概括的内容：

……12 月 16 日，我和斯大林先生、莫洛托夫先生举行了首次会谈。会谈中，斯大林先生将自己认为应该如何划定战后欧洲各国国境边界，尤其是如何处置德国的意见作了详细的说明。他认为应该让奥地利恢复为一个独立国，从普鲁士分离出莱茵地区成为一个独立国或保护国。此外，他还主张尽可能地成立一个独立的巴伐利亚国[①]。他认为应该由波兰拥有东普鲁士，让捷克斯洛伐克重新夺回自己的领土——苏台德地区。他建议恢复南斯拉夫的国家主权，甚至将一些意大利的领土给它。他认为阿尔巴尼亚应该再次成为一个独立国，多德卡尼斯群岛应该给土耳其，以有利于希腊为标准，调整爱琴海中对希腊具重大意义的岛屿。可以让保加利亚以北在叙利亚北部的某些区域给土耳其。整体而言，斯大林希望让包括捷克斯洛伐克和希腊在内的被占领国家的战前国境得以恢复，同时也支持联合王国在法国、荷兰、挪威、比利时和丹麦等西欧国家进行一些特别安排，如获得基地等。在关于苏联的特殊利益上，斯大林希望恢复 1941 年德国进攻以前，俄国在波罗的海国家、芬兰和比萨拉比亚面临的局势。苏联和波兰将来的边界，应该以“寇松线”[②]为依据。苏联应该从罗马尼亚获得建立基地等特权。匈牙利应该在领土上补偿苏联。

对于在这次战争中德国对被占领国家的赔偿，斯大林在这一次会谈中确立了一个原则，那就是不同意德国用金钱作为赔偿，而应该用机床等物品来赔偿。关于“民主国家”结成军事同盟这件事，他表示感兴趣，并说，如果欧洲的某些国家愿意结成同盟，苏联并不反对。

第二次会谈举行的时间是 12 月 17 日。在这次会议中，斯

---

① 巴伐利亚曾一度有过独立国家的历史，但在 1871 年被并入了德国。——译注

② 波苏战争（1919—1920 年）期间，英国外交大臣 G.N. 寇松向苏联和波兰建议的停战分界线。——译注

大林希望对于苏联的未来边界，特别是关于波罗的海国家并入苏联以及恢复1941年苏芬边界，英国能尽快予以承认，并且主张以此为任何英苏协定缔结的基础。尽管我曾经答应苏联在回国后，就这些问题和联合王国国王陛下政府、美国政府以及英王陛下各自治领政府展开商议。但是我也曾向斯大林先生解释，国王陛下政府在目前无法对战后欧洲的任何国界承担义务，因为我们和美国早就有过约定。但对于这样一个根本性问题，斯大林先生认为已经在12月18日举行的第三次会谈中深入地讨论过。

俄国在战争初期征服的波罗的海国家应该并入苏联，是俄国要求满足最强烈的一项。俄国强烈希望得到满足的要求还包括其他主权的扩张，以及一些无限制的供应和无法被满足的军事行动。对于这些电报，我在读过之后不久，就立即激烈地回应了关于并入波罗的海国家的问题。

首相致掌玺大臣　　1941年12月20日

1. 斯大林曾经赞同过大西洋宪章，但其中第一、二、三项却是和他关于芬兰、波罗的海国家和罗马尼亚的要求相悖的。我们无法在没有经过美国同意的情况下就订立这样的协定，无论是隐秘的还是公开的，直率的还是含蓄的。这些问题的解决只能是放到我们战后缔结和平条约的会议上，而目前还不是解决时机。

2. 为了订立一个可以公布的协定而作出不正当的承诺，我们是不允许这种情况发生的。在关于这些问题的应对上，外交大臣的表现非常出色。但即便他必须悄无声息地离开莫斯科，也完全不需要悲观失望。不管怎样，俄国人都必须认识到：他们作战的原因只是为了自己的生存；我们供给他们的大量物资也是他们巨大的保证，为了获得这些物资，我们的付出也是艰辛的，何况我们还忠诚地交到了他们的手里。

关于以上讲述的各节，我希望内阁通知外交大臣。尽管他做事情需要灵活而机敏，但我们的立场他也应该明确。

战时内阁也发出了电报，他们的意见与我的相同。我如此答复艾登先生：

首相（在海上）致艾登先生（在莫斯科）　　1941 年 12 月 30 日

1. 我相信你会谨慎地对待斯大林。我们向美国承诺过，不得单方面订立秘密或特殊的协定。如果要和罗斯福一同来商议这些建议，那么有一点绝对是肯定的：罗斯福会持否定的态度，不仅如此，美国和英国也会麻烦不断。

2. 之所以要缔结和平条约，其中的一个原因就是俄国在西部边疆的战略安全。从眼前发生的事情来看，可以确定列宁格勒的地位已经变得非常危险。不让德国重新发动任何战争才是我们立即要做的事，而把普鲁士从南部德国分离和普鲁士本身实际界定问题只是以后需要解决的问题。不仅如此，后者还距离现在非常遥远，并且具有不确定性。现在，为了获得胜利，我们必须艰苦而长期地奋斗。在目前的局势下，提出这些问题只会让希特勒获得更多的德国人的支持。

3. 不仅如此，我认为也不应该将这些问题以非正式的方式向罗斯福总统提出。为了能让会谈持续进行，这是我不得不采取的一种做法。如果出现这样一种情况，在你回国的时候无法带回一项根据你收到的内阁文件所体现的立场的声明，你也仍然要保持乐观。因为你的访问已经获得了最好的成果，大家也会普遍赞同你的态度，这一点我完全可以确定。

这似乎是一次漫长的航程。

关于在莫斯科和斯大林的会谈结果，艾登先生用自己的话作了叙述。

我们告别时的气氛是非常友好的。斯大林先生在经过我多次解释后，似乎对我们无力在欧洲开辟第二战场已经充分地了解。他非常感兴趣我们在利比亚攻势的发展。对于击溃意大利，他认为最好的方法就是根据轴心国集团最薄弱的环节而让它毁灭或崩溃。

对于在同德国作战的同时又和日本进行敌对，他认为他还没有足够的力量。到明天春季的时候，他希望他远东军队的实力能够恢复到被迫抽调一部分到西方以前的那样。因为他认为日本人会主动对苏联发起进攻，所以他不准备在明年春季对日本宣战，而只是重新考虑一下这个问题。

*　　*　　*

但在这个时候，同法国的关系让我们感到揪心。我们不知道维希法国会因为美国对德国宣战产生怎样的影响。在英国国内，我们保持着和戴高乐的关系。但维希却得到了美国政府，尤其是美国国务院的密切而有所帮助的支持。贝当正处于病患状态，他处在德国人的掌控之中。至于患病的原因，有人说是因为内前列腺扩张而必须进行手术。法国政府已经诏令魏刚回到维希，他已经不再拥有司令职务。因此，在这个时候，达尔朗海军上将无疑正志得意满。而且与法属北非有关的一切问题，也因为奥金莱克在利比亚及其以外的地区的胜利，在最高一级得到了很好的证明。我们必须要面对一些问题：在沙漠地区遭到挫折和在俄国举步维艰的情况下，希特勒是否会不经过西班牙而坚持派遣德军从海上和空中进入突尼斯、阿尔及利亚、摩洛哥和达喀尔；他向美国宣战，是否正表明他准备这样做或者执行其中的一些步骤。

贝当可能会被达尔朗海军上将取而代之，这种迹象我们已经有所发现。不仅如此，对我们和我们的盟国和他有着怎样的关系，我们的外交部也收到了这类询问。土伦舰队、在卡萨布兰卡和达喀尔的两艘未造成的战列舰，封锁和许多其他事情，这些体现我们整个海军局势的许多方面都因为这些可能发生的让人为难的事情受到影响。我曾向第一海务大臣递交了一项关于海军局势的备忘录，当时我们正处于从首相别墅乘坐火车到克莱德河的旅程中，他就在我隔壁的房间。

1941 年 12 月 13 日

关于对维希政府非福即祸的问题，我希望能对他们提出一项相关的建议。倘若向他们提出无效，向法属北非提出就是我们的另一个选择。

对于法国会因为美国参战而受到什么影响的问题，我们目前还无法作出估计。利比亚的胜利，或许会让这种影响向有利的方面发展。除此之外，所有的人的心理或许都会因为德国军队在俄国遭受到的日益严重的损失而受到影响。我们在法属北非（可能会包括马达加斯加）采取的行动，在很大程度上取决于美国是否派一支美国远征军在卡萨布兰卡登陆，以及我们在执行“体育家”作战计划时给予的援助有多少。但不管怎样说，这样做的必要性是存在的。关于“体育家”或“棍棒”作战计划的部署变更，我们不能在没有获知维希政府怎样答复之前透露一丝一毫。

对于是否把北非和西非作为英美联合行动的一个主要战区的问题，美国是有可能赞成的。

我通过电报告诉史末资将军：

1941 年 12 月 20 日

我认为我必须再次渡过大西洋。在几天的时间之内，我希望能通过和罗斯福总统会面解决所有指导战争的问题。如果能让他在法属北非和西非产生一种前进的助益，那将是我非常乐意看到的事情。美国人的意愿也是与此相符的。但是他们可能无暇顾及到这一点，对日本的战争已经占据了他们的所有的注意力。我会随时向你通报情况。

* * *

新旧战区在这段时间依旧持续着战争。在日本压倒性力量的攻击下，我认为香港一定无法幸免。但如果英国能够更好地抵抗，大家将会获得更多的好处。日本对香港发动攻势和珍珠港受到攻击的时间几乎相同。摆在由摩尔特比陆军少将指挥的守军面前的一项任务，是他们从一开始就无法胜任的任务。在这次攻势中，日本人将三个师的兵力投入了其中，而我们对付他们只有包括由加拿大军队组成的两个营在内的六个营。除此之外我们对付他们的力量就只有两千多人的商民自卫团、少数的机动炮兵和保卫港口的海岸炮和高射炮了。制空权在围攻的整个过程都牢牢地掌握在日本人手里。在当地的居民中有一支名为“第五纵队”的军队非常活跃，它们对敌人的帮助很大。

守军在大陆上展开了三个营以及携带的十六门炮，目的在于阻止敌人破坏九龙港。但猛烈的攻击很快就降临在他们身上，12 月 11 日，他们奉命撤回岛上。尽管当时的局势非常困难，但他们还是在之后两天的夜里完成了撤退任务。

首相致香港总督和守军　　1941 年 12 月 12 日

关于你们对香港这个港口和堡垒的防御工作，我们正在时刻予以关注。你们保卫的地方，是欧洲和远东之间的一个地带，它在世界文明史中闻名已久。英国历史无疑会因为在香港抵御野蛮且无端的袭击而获得荣耀。

你要相信，在你们受到磨难时，你们拥有我们所有人的支持。我们必然会到来的胜利，正在因为你们的持续抵抗而不断缩减到来的期限。

在大陆和香港岛之间，有一段一英里宽的海面。为了渡过这段海面，敌人花了几天的工夫进行准备。在这几天的时间，我们的阵地受到他们有一定次序的炮击、轰炸和迫击炮的攻击。他们在 12 月 12 日夜间首次实现了登陆。随后，后续的增援部队也努力向内陆推进。由于面对的是不断增强的兵力，防军一点一点地向后撤退。由于伤亡过大，他们的人数也在不断减少。对于他们而言，获得增援或救援的可能性几乎没有。但他们仍然坚持战斗。

首相致香港总督　　　　　　　　　　　　1941 年 12 月 21 日

听说日本人已经登陆了香港岛，我们非常关注这一情况。对于我们有效反攻侵略军行动是否会因为登陆受到影响，我们在这里尚不能断定。但投降的想法是绝对不能有的，绝不能放弃岛上的每一寸土地，对待敌人也需要坚决抵抗。

应该让敌人的生命和装备在战斗中尽可能多地消耗。在内线防御的作战不能有丝毫懈怠，在适当的情况下逐屋作战也并非不允许。全世界的同盟事业会因为你多一天的抵抗而获得助益。并且，我们确信，你和你的士兵将会因为长期的抵抗而获得不朽的荣耀。

他们从精神上彻底地执行了这些命令。我可以从许多忠诚的行为中拿出一件事情来记述。加拿大旅长劳森曾发来一系列报告：他的本部在 12 月 19 日受到了敌人的袭击；在平射程内，双方展开了战斗；他会到战地作战到最后一息。这些做法被他忠诚地践行，然后，他和同他在一起的官兵全部牺牲。有一个星期的时间，守军都在顽强地抵抗。

参加拼死抵抗的人，包括了皇家海军和皇家空军在内的每一个能拿起武器的人。他们顽强抵抗精神的背后，是英国平民的坚忍精神。他们在圣诞节那天最终不可避免地投降了，当时他们已经到了能够打下去的极限。在总督马克·扬爵士的领导下，一场漂亮的战役产生在了这个殖民地。那种“不朽的荣誉”，他们无疑已经获得了。

* * *

我们在马来亚迎来了另外一系列灾难。在 12 月 8 日这一天，日军在这个半岛的多处进行了登陆。在登陆的过程中，他们破坏性地空袭了我们的飞机场。我们原本已经实力很薄弱的空军，因此而受到了很大的损伤。我们北部的飞机场，也因为这些空袭而完全瘫痪。此外，日本人还成功地让一个师的大部分成功地登陆了哥打巴鲁的一个海滨防御工事，尽管他们受到了我们岸上的军队和空军的重创。守卫这个海滨工事的是一个沿着一条三十英里长前线据守的步兵旅。敌人在经过了三天的激战后稳固了自己的阵脚，并且拥有我们在附近的飞机场。在这样的情况下，已经遭受了重大损失的那个旅奉命向南撤退。

此外，日军曾在同一天 12 月 8 日在北大年和宋卡登陆，没有遇到任何抵抗，这些地区都位于更北的地方。但随后他们的几艘舰船被勇敢出动的荷兰潜艇击沉了。重大的战事在 12 月 12 日之前并没有发生。但在亚罗士打以北的地方，敌人在 12 月 12 日这一天成功地袭击了第十一印度师，所有的军队都是他们的精锐。第十一印度师最终损失重大。

* * *

在离开英国之前，我曾向印度驻军总司令韦维尔将军发送了一封电报：

1941 年 12 月 12 日

1. 将眼光投向东方，是你现在非做不可的事情。你管辖的区域已经加入了缅甸。阻止日军进攻缅甸和印度，并且尽力让他们通往马来半岛的交通中断，是你必须执行的任务。我们正在向孟买调去原准备运往高加索和里海战区途中的皇家空军的四个战斗机中队以及十八师，后者正在绕道好望角前往。我们还准备将一批特别的高射炮和反坦克炮运到你那里，现在它们已经在途中。为了防御日军，你应该让十七印度师保留。你应该按照你的意思来让这些军队进行最好的配合，并且让他们的力量在东方战线上充分发挥。

2. 我们准备在一个方便的时间将伊拉克和波斯划入开罗管区。这项计划用不了多久可能就会付诸实施，到时候由你和奥金莱克商定具体的办法。德国闯入叙利亚—伊拉克—波斯战区的危险，已经因为俄国的胜利和奥金莱克在利比亚的攻势而暂时解除。这种危险并非没有再次发生的可能，但我们需要去应付其他更急迫的危险。

3. 这些新部署都是因为在过去四天世界局势发生的重大变化制定的，我希望能得到你的认同。尽管我们面临的状况非常紧张，但是我仍然会向你提供尽可能多的装甲车辆、飞机和英国人员。请详尽地电告你的意见和需要。

我发出的还有以下电报：

首相致掌玺大臣，并致伊斯梅将军转参谋长委员会

1941 年 12 月 13 日

希望你能够想办法向印度调入人员和物资。此外，还请你从中东派出空军在利比亚获得最后胜利时去支援。你应该在此之后将装甲车辆尽快运出。

首相致缅甸总督　　1941 年 12 月 13 日

缅甸的陆空防务已经由韦维尔接管。为了更好地利用他的判断，我们正在向孟买绕道好望角转运第十八师、四个战斗机中队和高射炮与反坦克炮。我不能将我们在利比亚的任何空军部队调离，尽管那里的战事并没有碰到什么阻碍，但是[战事]还没有确定最终的胜负。我们会向你的战区在这场战争胜利后调去四个到六个轰炸机中队。

愿你一切顺利。

*　　*　　*

马来半岛的防御事实上包含着一种重大的战略选择。我有心这样做，但却缺少将它在大洋中实行的能力。

首相致伊斯梅将军转参谋长委员会　　1941 年 12 月 15 日

在马来半岛的战事中，要注意严防敌人切断或完全消耗最后保卫新加坡岛和要塞必需的军队。这个要塞的重要性是超过一切事物的。请你确认我们作长期的防御是否有足够的兵力。如果没有，可以让奥金莱克和自治领政府商量从巴勒斯坦往新加坡调去第一澳大利亚师。希望你能将具体的办理情形告知。

令我感到高兴的是，我们的国务大臣达夫·库伯先生曾得到相同的结论。

首相致伊斯梅将军转参谋长委员会　　1941 年 12 月 19 日

1. 关于我那封从“注意”一词开始的电报中提到的担心，达夫·库伯也有着类似的忧虑。同这里蒂尔的意见一样，为了能据守新加坡，他认为应该集中兵力保卫柔佛。

2. 我们已经无法阻止暹罗和马来半岛被日本人的大量军队不断登陆，因为英美在太平洋和印度洋上的海军已经遭遇了灾难。所以，要想在柔佛防线以北的任何地区据守，唯一的办法是让敌军难以前进和进行爆破。此外还有一点也必须指出，那就是这条防线的据守，必须要在新加坡要塞和海军基地的最后防御战中进行。

3. 你现在应该向当地驻军总司令下达如下命令：保卫柔佛新加坡是他唯一的任务，并且保卫新加坡一事重要性超过一切。但是也有一个前提，那就是保证阻滞战术和爆破能够在向南撤退时正常施行，并且撤退要进行得有秩序。

4. 对于现在谁是远东总司令一事，你还没有作出说明。我想确定博纳尔是否已经到了那里，如果没有，我想知道他所处的地方，他是早就应该乘坐飞机到了那里的。

5. 关于如何利用从好望角转运至印度的所有增援部队一事，我们的一贯主张是由韦维尔用来保卫缅甸，或者出于形势的需要交给远东司令部。我完全赞同你转运高射炮和战斗机中队的行动。

6. 我不知道为什么第十八师留在原地不动，它同样可以用于韦维尔的需要或者对远东司令部提供帮助。但如果要将十八师调往东边，应该至少让一个澳大利亚师进入印度予以代替，这是最好的做法。

7. 你目前正在处理什么事情？打算怎样克服日益增加的困难运送增援部队到新加坡？请将这些问题向我说明。另外，我还想知道减少新加坡岛无用人口一事的处理进度，以及关于供应物资有着怎样的答复。

* * *

我不能把这个故事在这本书无穷无尽地说下去。在不久的将来，新加坡的悲剧就会得到体现。将在这个月剩下的时间，印度师和沿着这个半岛西海岸南下突进的敌人的主力部队展开的一系列阻击战斗予以说明，是我在这里仅仅需要做的事情。槟榔屿在 12 月 17 日这一天被敌人入侵。尽管在岛上进行了爆破，但是敌人仍然完整地夺去了我们许多小型战舰。敌人在后来能够多次以小股的两栖作战部队从侧面进攻，与这些舰艇所起的作用是分不开的。怡保是距离他们最初据守的阵地一百五十英里远的一个地方，在这个月的月底，我们的军队也在那里作战，并且多次受到了敌人的猛烈攻击。截至那个时候为止，日军已经有包括禁卫军在内的三个足额的师登陆上了这个半岛。与此同时，敌人在空中占据的优势也增加了不少。他们以超乎寻常的速度，在占领的机场上布置了有着极高质量的飞机。就这样，在付出惨重代价的情况下，我们被迫采取守势。婆罗洲的北部在 12 月 16 日也受到侵入。没过多久，它完全被敌人控制。但这是我们成功破坏那些巨大而宝贵的炼油设备之后的事情了。荷兰潜艇在这些战事中也击毁了敌人不少舰船。

* * *

另一方面，奥金莱克将军在沙漠地区的战事在我们航行时也在顺利地进行。面对我军的各种包围策略，轴心国军队都非常巧妙地避开了。他们成功地退到了由加柴拉向南的一道后方防线。在 12 月 13 日这一天，当时包括第七装甲师、第五新西兰旅、第四印度师、摩托化警卫旅、第四装甲旅和支援部队、波兰旅团和第三十二陆军坦克旅的第八集团军对这一阵地发动了攻势。第十三军司令部是这些部队的统一指挥机构。第三十军要负责对付塞卢姆、哈法亚和拜尔迪耶顽强战斗的敌方守军，这些敌军已经处于被切断和遗弃的境地。尽管敌人在加柴拉有着很好的收获，但隆美尔还是由德尔纳撤退到了阿杰达比亚和阿盖拉，我们的装甲部队包抄了他们的沙漠侧翼。在这些辽阔的地

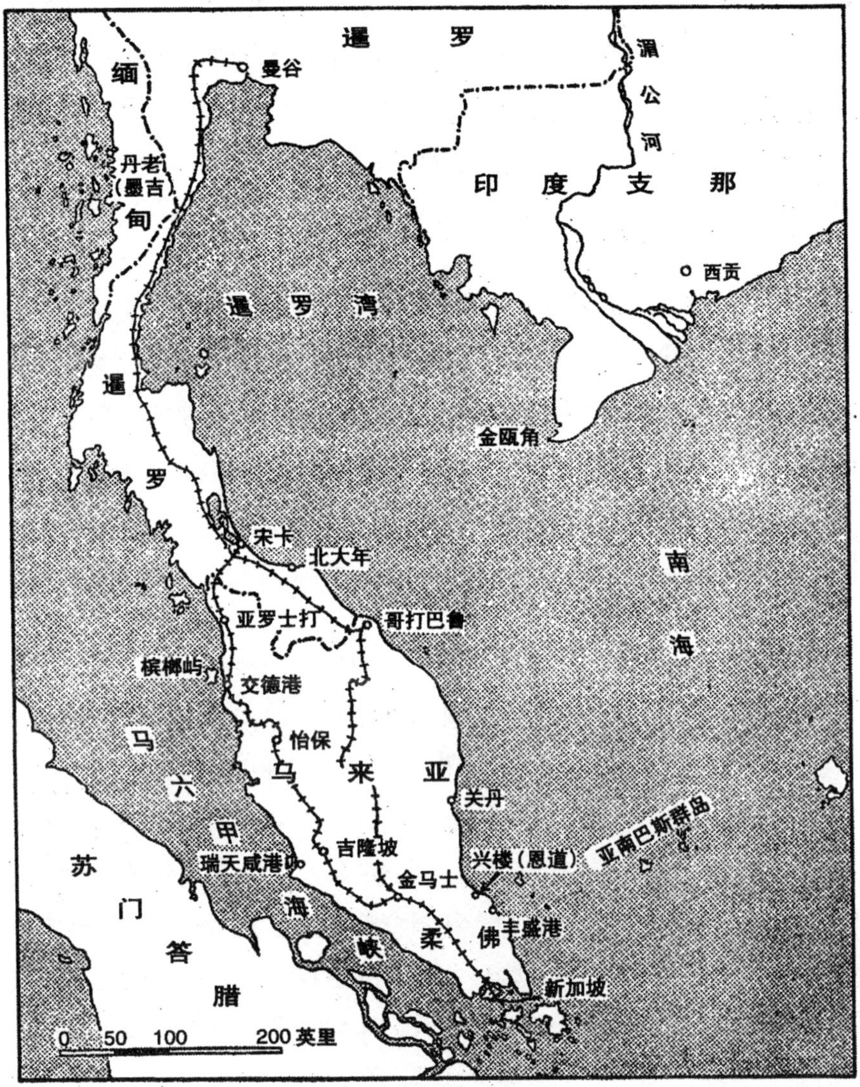
暹罗
缅甸
曼谷
湄公河
丹老
(墨吉)
印度支那
西贡
暹罗湾
暹罗
金瓯角
宋卡
北大年
南海
亚罗士打
哥打巴鲁
槟榔屿
交德港
怡保
马来亚
关丹
马六甲海峡
吉隆坡
瑞天咸港
兴楼(恩道)
亚南巴斯群岛
金马士
丰盛港
柔佛
新加坡
苏门答腊
0 50 100 200 英里

马来亚

区，只要是他们有行动能力和能提供补给的部队，我们在一路上都在实行追击。

但从 12 月的第一个星期开始，敌人明显地加强了空军的兵力。地中海战区迎来了德国空军的第一军团，他们是从俄国战区撤出调来的。在 11 月 15 日的时候，这个军团的飞机数目还只有四百架（有二百零六架可用）。但在一个月之后，它的飞机数量就增加到了六百三十七架（可用的为三百三十九架）。这些数据都来自于德国的记录。为了保护通往北非的海路，这些飞机大多被派往了西西里岛。出现在沙漠地区的都是一些高效率的俯冲轰炸机，由“梅塞施密特 109”式战斗机守卫着它们。在第一个星期的战斗中，皇家空军就已经完全丧失了获得的优势。在 12 月和次年的 1 月，敌人在地中海的空军将会恢复；在几个月的时间里，奥金莱克辛辛苦苦争取到的长期胜利果实，将会因为我们制海权的消失而丧失掉。这些我们在之后就能看到。

* * *

我们这一行人，在“约克公爵”号缓慢地向西行驶时，几乎所有人都在不停地工作。不仅如此，那些新出现、必须解决的重大问题也需要我们当时集中精力处理。对于以盟友的身份和总统以及他的政治顾问、军事顾问首次直接的接触，我们以急切的心情展望着。关于美国人民对日本在珍珠港的暴行反应激烈的消息，我在离开英国之前就已经获悉。根据收到的官方报告和报章的摘要，我们认为日本似乎成为了全美国人民的愤怒集积地。我们存在这样一种担心：人们无法真正了解整个战争的轻重缓急之处。我们认识到美国可能会和日本在太平洋展开战争，而让我们在非洲、欧洲和中东对付德国和意大利，这将是一种巨大的危险。

在对德国潜艇的第一次大西洋战役中，我们曾极大地得益于英国直到此时正在日益增长的力量，后者我曾在前面的一章中讲过。对

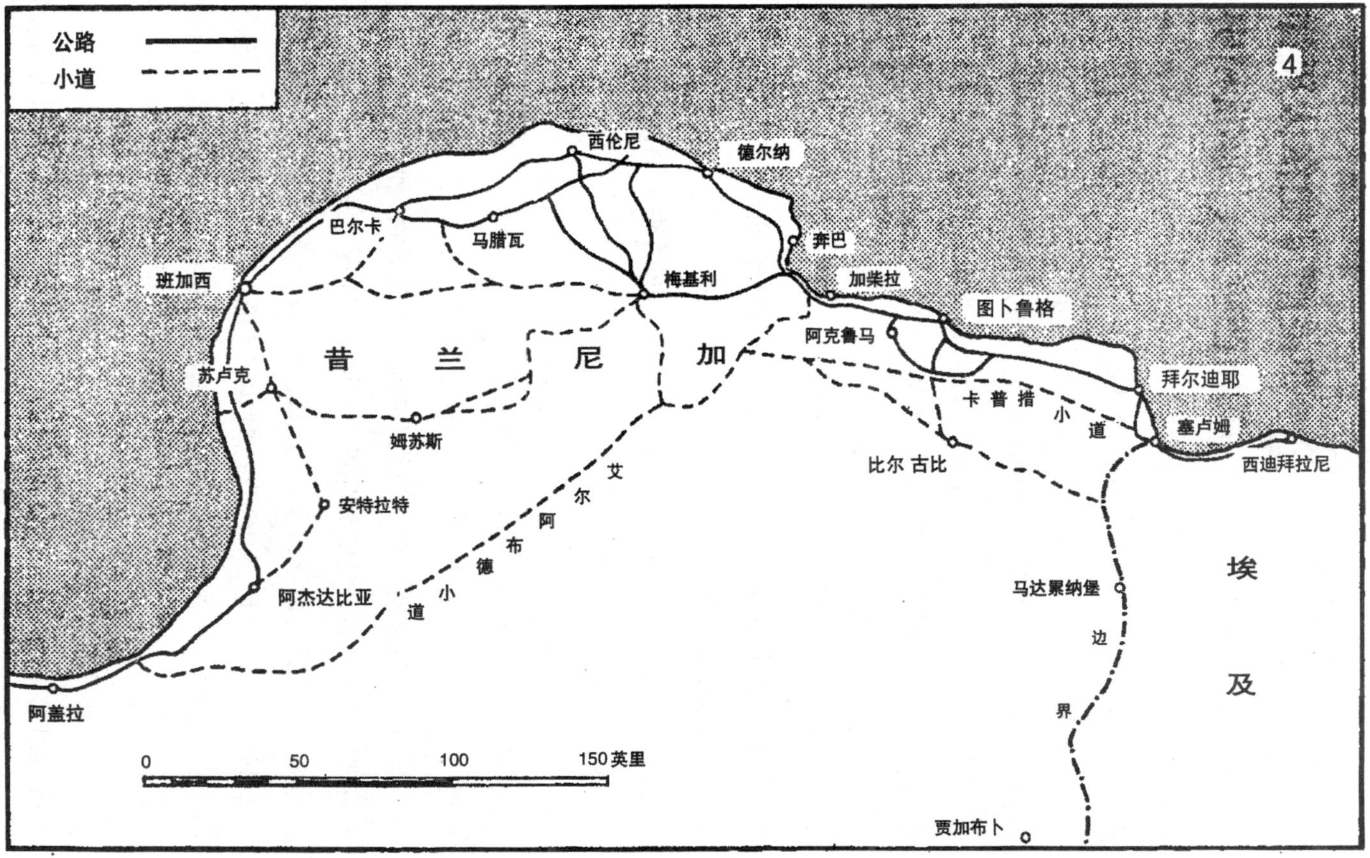
公路
小道
4
西伦尼
德尔纳
巴尔卡
马腊瓦
奔巴
梅基利
加柴拉
班加西
图卜鲁格
阿克鲁马
普
兰
尼
加
苏卢克
拜尔迪耶
卡普措小道
塞卢姆
姆苏斯
比尔 古比
西迪拜拉尼
艾尔阿布德小道
安特拉特
埃
及
马达累纳堡
阿杰达比亚
边
界
阿盖拉
0
50
100
150 英里
贾加布卜

普兰尼加

于我们保持自己在大洋通路的能力，我们从来深信不疑。因此，如果这个岛国受到了希特勒的入侵，我们确定能够击败他。我们因为俄国的抵抗力量已经获得了越来越多的信心，尽管在以前我们曾过多地寄希望于利比亚战役。但是我们将来的一切打算要想实现，与现在这样源源不断渡过大西洋相同，美国大量的供应物资顺利地运入是一种保证。对飞机、坦克以及巨大的美国商船的建造，是我们一种尤其紧迫的需要。因为美国的武装部队没有作战的缘故，总统曾经可以，并且也愿意向我们提供他们的大量装备。但这种做法在目前行不通了，因为美国和德国、意大利尤其是日本也展开了战争。毫无疑问，本国的需求需要占据首要地位。为了援助苏联军队，我们曾正当地将一大部分装备和供应品提供给他们消耗，它们现在已由我们的工厂生产了出来。更有甚者，相较于我们自己获得供应品，我们给俄国的供应品还要更多。但我当初是赞同这一切，因为俄国给予了纳粹侵略者卓越的抵抗。

但即便如此，我们仍然很难让我们自己的军队及时地获得装备，特别是在利比亚激战时的军队获得急需的武器。对于我们的这一盟国来说，我们无疑要将“美国第一”作为对它的主要原则。美国如果大规模出动军队，势必需要准备很长一段时间。我们在这段时间中无法获得充足的物资，是我们一个很担心的问题。当我们在马来亚、印度洋、缅甸和印度面对一个可怕敌人的时候，这种情况便会发生。隐藏着许多困难和微妙之处的分配供应问题，无疑是我们非常有必要关注的地方。为了进行调整，我们已经获知美国已经停止了所有根据租借法案制定的交货计划。但在这个时候，英国的军火与飞机工厂已经扩大了生产，并且正在逐步发展，我们甚至还可以确定它们在不久的将来就会生产出很多产品。这无疑是一件幸运的事情。但一系列困难和可能被拒绝供应的关键项目，在“约克公爵”号乘着狂风前进的时候朦胧地出现在了我们眼前。我们的整个生产部门，都可能因为这些而受到影响。不过，像平时面临困难的时候一样，比弗布鲁克仍然保持乐观的态度。他认为直到今天为止，美国所用掉的资源只是九牛一毛。同时他还认为，如果美国在这场战争投入美国人民的全部力量，将会获得难以估量、远远超过任何计划的结果。他认为，对于自己在生产领域所具有的力量，美国人还没有充分地了解到，他们经过努力很可能刷新目前统计的数字。因此，他认为大家都不会缺少物资。他在这方面作出了正确的判断。

但相较于那主要的战略问题，对于这些问题的考虑就逊色了许多。我们需要知道：我们是否能够让总统和美国的军事首长们相信，希特勒并不会因为日本的失败而面临败局；如果日本覆灭，希特勒仅仅是多花费了一些时间。对于这个重要的问题，我们曾花费了很长时间来考虑。两位参谋长和蒂尔将军以及霍利斯，为了对整个问题进行论述准备了几个文件。他们认为这场战争具有一体的性质。做这些工作和存在这些忧虑都是有必要的，这在不久的将来就会得到体现。

第十四章　变化中的战事

我为总统撰写了三个文件——第一部分，大西洋战场——俄国让希特勒遭受的失败和损失——我不认为奥金莱克将军能巩固在昔兰尼加取得的胜利——高加索可能会被德军侵入——我们迫切需要争取法属北非——英美增援北非——对美国派兵到北爱尔兰的请求——希望美国轰炸机能够从英国袭击德国——在北非和维希的合作可能会被拒绝——鉴于这一可能，英美在 1942 年发起了联合战役——我们同戴高乐的关系——西班牙问题——1942 年的几个主要目标——第二部分，太平洋战场——日本的海军优势——日本的资源正在逐渐减少——我们应该恢复海上优势——英国向美国提供“纳尔逊”号和“罗德尼”号——航空母舰的战争——有必要临时紧急制造舰船——建立一支过分庞大的美国陆军存在危险——我认为应该在欧洲大陆采取大规模军事行动——第三部分，1943 年战役——1943 年年初可能出现的情况——英美控制西非和北非——同盟国战线实质上得到土耳其的加入——在意大利和西西里岛落稳脚跟——有必要在西欧和南欧登陆——1943 年的主要攻势——两栖作战占一大部分——准备不断地轰炸德国和意大利——有可能在 1943 年或 1944 年结束战争——我的观点得到了参谋部的认同——完成所有目标——进攻被推迟，一件非常幸运的事情在这个航程中，根据战事突然扩大的情况，我用了八天时间检查了一番整个战局。能够这样做，是因为我强迫自己在这八天时间减少日常的事务，并且不参加内阁会议或者接见。拿破仑曾经说过："把事物放在一起思索，并一直坚持下去。"我想起了这句话体现的长久思索所起的作用，因而进行了尝试：像往常一样，我用打字机记录下了我的思想。我用三个文件对未来如何进行这场战争作出了思索，以便于会见总统和同美国进行商谈。我制订这些文件是有把握的，因为庞德和波特尔两位参谋长也在我的身边，并且我还可以和霍利斯将军和秘书处核对相关的事实。我用了两三天才制定好这三个文件，每个文件都投入了四五个小时。想出这一切是并不见得有多难的，毕竟这场战争在我心中有一个整体景象，只是速度有些慢。事实上在同一时间内写两三遍也并不是没有可能，但前提是用普通的手法。每当核对完一个文件，我都会将它作为一种信念送给我的同事们。为了让联合参谋会议更好地进行，他们也在准备自己的文件。尽管我和他们体现的主题存在差别——我的概括而他们的专门，但却有着协调一致的原则和评价。我们表现的意见没有任何一项引起争辩，并且也很少出现需要改正的论据。一套具有建设性，并且为我们一致同意的建设性方案就这样确立了，尽管每个人都没有受到确切或严格的约束。

第一个文件对一些理由作了陈述。关于我们在欧洲战区 1942 年的战役为了要以由英美军队占领非洲的全部海岸，以及从达喀尔到土耳其边界的地中海东部的海岸作为主要目标，这一文件作了说明。应该采取怎样的措施恢复太平洋上的控制权，以及怎样才能在 1942 年 5 月达到这一目的，是第二个文件说明的问题。对于为什么要通过临时建造航空母舰来增加它的数量，它也进行了充分的讨论。第三个文件说明的方面包括：将在德国占领的任何一个最适合的地方，由大批英美军队解放欧洲作为最后一个目标；将主要的攻击的日期定在 1943 年。

圣诞节前，我向总统递交了这三个文件。我告诉总统，参谋人员之间的任何正式意见的交换都能够顺利进行，尽管这些文件都只是我个人的意见。以备忘录的形式，我把他们写成交给了英国参谋长。同时我又告诉总统，我并非是为专供他阅读而写的这些文件，我给他读这些文件的目的，只是想让他知道我的想法，以及我希望为大不列颠做到的事情。几乎是在收到的第一时间，他就阅读了这些文件。第二天，他问我说自己能否保留这些文件的抄本。我表示同意。

10 月 20 日，我写了一封信由艾德礼先生送交，其中就涉及了这些问题[①]。这封信没有获得正式的答复，而我也没有这样想过。但即便如此，我仍然感觉到总统顺着和我相同的思路，对法属西北非洲采取行动一事作了很多考虑。鉴于这一原因，我只能将我们英国人在单独作战的想法和计划在 10 月份期间告诉了他。我们必须采取共同的更大规模的行动，因为我们已经是盟友。我认为我和他已经具备了取得相同意见的可能，因为我满怀憧憬。

第一部分

大西洋战场

1941 年 12 月 16 日

在这场战争中，我们必须要认识到希特勒在俄国遭受到的失败和损失。但对于德国军队和纳粹政权受到了多大的灾难，我们却难以估量。这个政权之所以能够成功，就是依靠于轻易得来的成功。它必须承受持续一个冬季的杀戮以及燃料、准备大规模消耗带来的影响，而不能像它想象的那样，毫不费力地迅速取得胜利。

1. 在这一过程中，大不列颠和合众国只需要把我们许诺的供应物资准时安全送达。想要影响斯大林从而将俄国的强大努力收入到这场战争，我们只能用这样一个办法。

---

① 见原书第三卷第 482 页。——原注

2. 奥金莱克将军在昔兰尼加也即将获得一场胜利[①]。这无疑也会较小程度削弱德国的力量。不超过今年年底，我们完全有理由相信能全歼敌人在利比亚的军队。如果这一点成为现实，那么既可以严重地打击德国人和意大利人，也可以让我们在尼罗河流域的军队免于受到西方的入侵，这一威胁已经持续了很长时间。对于“杂技家”的作战计划，奥金莱克将军无疑也要抓紧时间实现。如果实现这一计划，的黎波里就会为他所有，那么他的装甲部队前锋也就可以到达突尼斯边界。在我们离开华盛顿之前，他可能会提供一种预测给我们。

3. 在明年春季的时候，为了突破面临的一道包围圈，德国人很可能会集中精力，朝东南方向发动进攻或进攻到安纳托利亚，也可能是两者并行。他们之所以会这样做，取决于他们在俄国遭受的损失以及利比亚已经将他们逐出。但在我们看来，他们可能做不到这一点。只要俄国军队经过冬季恢复了元气，在从列宁格勒到克里米亚的全线上，他们就会受到俄国军队的沉重打击。他们很容易就被迫从克里米亚撤退。在目前情形下，黑海极有可能被俄国海军控制，纳粹政权也无法凭借德国现在的有生力量进攻土耳其和穿越安纳托利亚。土耳其人毕竟还有五十个师，可能他们还有出名的作战能力以及本土天然的屏障。这一事实并不会受到这一种情况的影响：因为土耳其始终只考虑自己的安全，意大利海军被证明实力很弱，黑海被俄国控制，英国在地中海东岸地区和北非海岸取得了成就，从而导致我们对土耳其采取进一步行动，并且我们有能力让它抵抗德国入侵。我们曾经担心德国轻率地从东南方向突入波斯—伊拉克—叙利亚前线，但根据以往的情况，这种可能发生的概率现在看来似乎已经降得很低。

① 这一节涉及的目的并没有达到，奥金莱克将军后面的败绩决定了这一点。但在这个时候，我们抱有这样的希望完全在情理之中。——原注

4. 所以，对于法属北非地区，我们应该努力争取。在眼下这个时候，我们最应该对维希政府和北非的法国当局进行各种诱导和施加压力。法国和他们国家人民的人心，一定在很大程度上因为俄国德军的受挫，利比亚英军的胜利，意大利士气的降低和军事上的失败受到了影响。现在不对维希和法属北非提出非祸即福的表示，还要等到何时？美国和英国承诺重新恢复法国的强大，以及保证它领土的完整性，就是福之所在。要做到这一点，英美远征军必须要积极援助摩洛哥的大西洋海岸和阿尔及利亚便于登陆的地点，以及奥金莱克将军才能从东面推进的部队。我们应该足量地供应法国人和忠诚的摩尔人，并要求维希向奥兰和比塞大调遣土伦的舰队，同时让法国再次作为一个主要的交战国参加战争。

如果不这样做，就代表着法国全境都会被德国人接管。不仅如此，他们还会将它作为占领区来统治。但被占领区域和至今未被占领区域情况大致相同。欧洲的法兰西，即便发生任何情况都可能遭到完全封锁。要想德国人不在意自己是否要接管法国的被占领区，唯一的可能的情况是俄国牵制住了德国人。

5. 我们必须尽早派出大量军队，只有这样才能使维希政府同意法属北非加入我们，哪怕这种同意的形式只是默许。如果奥金莱克能够在的黎波里塔尼亚获得胜利，那么他就能从东面带来军队。但即便把这一点抛开不论，我们在不列颠准备好的（“体育家”作战计划）包括两个师和一个装甲部队在内的约五万五千人，此外还有运输船只。如果能够得到邀请，不超过二十三天，这些军队在接到登船命令之后进入法属北非。接到通知后，从马耳他出动的主要部队和空军也可以第一时间抵达比塞大。在以后六个月的时间，我们希望美国答应通过卡萨布兰卡和非洲的其他大西洋港口派来兵员，数目至少要十五万人。这些兵员还必须满足一个条件，那就是要有相当数量的美国部队，这一点非常重要。举个例子，如果有二万五千人美国部队，他们会在得到维希或法属北非同意后尽快去往当地。

6. 我们同时还要向美国提出要求，要求他们让相当于三个师和一个装甲师的军队进入北爱尔兰。这些师可以直接在北爱尔兰进行训练，只要存在这种必要。敌人将会知道这一情况，但他们对驻军的实际人数可能多估，因为有美国军队驻扎在那里。有美国军队驻扎在不列颠群岛，可以在很大程度上防止德国的入侵。这样一来，法属北非战役的兵力就能获得我们的另外两个师和一个完整的装甲师。如果在法国军队之上再有这样一系列军队，同时还有适当的空军支援，德国人不经过一次非常艰难且损失重大的战役，是没有办法通过还没有在他们控制中的海面去征服北非的。与他们在利比亚尝试的冒险的结果一样，敌人在地中海海上的通路将会因为我们能直接而方便地越过大西洋而受到阻碍。因此，西北非洲战区势必会更有利于英美采取行动。

7. 美国轰炸机如果能以不列颠群岛为基地来对付德国，我们会非常乐意看到，对此我在这里毫不避讳。关于我们自己制定的轰炸计划，它与我们的愿望是相符的。这是一个规模庞大且不断增加项目的计划，但是却因为时间耽搁而没能得到充分的发展。通过不断加强对德国城市和港口的轰炸，从而让德国的生产和士气受到影响，我们对于这一行动方针是抱有很大希望的。我们希望通过这一行动和他们在俄国的失败，来极大地影响德国人民的作战意志。这样一来，德国政府的内部就可能产生反应。如果出现以下情况，这一过程还可能会得到加速，并且可以有力而直接地回答德国对美国宣战的后果：让联合王国出现美国五十个师。为了让这一过程更好地进行，我们在大不列颠境内作出了安排，并且从现在直至战争结束，由英美两国对德国进行无上限的轰炸。

8. 但是对于我们希望采取的行动，维希很可能不会同意。不仅不同意，他们甚至还可能唆使法属北非积极抵抗。此外，还可能会出现以下情况：维希政府对德国军队进入北非提供帮助；西班牙被德国人强行或被允许通过；德国可能控制在土伦的法国舰队；尽管可能不会有效，但维希可能使法国以及法帝国积极同德国合作来反对我们。在以前，绝大多数法国人支持英国，但现在支持美国的法国人可能更多。德国想获得土伦港的舰队，未必能得到达尔朗海军上将的同意。法国士兵和水兵更加不可能认真地对付美国和英国。但真假参半地和德国联合起来，对于法国和北非那些失败主义的群体是有可能的。如果这一点成为现实，那么我们进行北非的工作就将更加艰难。

为了将包括摩洛哥在大西洋海岸上的港口在内的全部北非海岸占领或征服，有必要在 1942 年进行一场战役。必须将攻克达喀尔和法属西非其他港口的时间，控制在 1942 年年底之前。我们虽然要迫切进兵法属北非以防止德国入侵，但仍然可以获得八九个月的准备时间，因为我们要控制达喀尔和法属西非港口。对于这一切,我们应该立即制定一个计划。这最后的行动是有可能执行的,只要有充分的时间和准备，以及能够获得合适的装备。

9. 对于我们同戴高乐将军的关系，以及我们同“自由法国”运动的关系，我们需要进行检查。对于我同戴高乐将军来往函电体现的一些义务，美国直到现在还没有承担类似的义务。之所以会如此，是因为美国人对他的运动产生了新的敌意，倒并非是他本人的过错。将我们对他和法国的义务重新界定，从而让他和法兰西民族在雪洗国耻方面能够依赖这些义务作出更多的努力，是美国认为对他能产生特别作用所采取的一种行动。对于我们曾经希望维希对法属北非采取的行动，如果维希能够也这样做的话，那么美国和英国必须要促成一场和解，其对象是“自由法国”（戴高乐派）和准备拿起武器来抵抗德国的其他法国人。倘若出现一种相反的情况——维希和德国连成一气导致我们必须攻进法属北非和西非，就必须援助并充分利用戴高乐派的运动。

10. 对于西班牙可能发生的事件，我们无法作出预测。我们认为更有可能的是，德国人想要自由通过西班牙袭击直布罗陀和侵入北非，得不到西班牙的同意。德国想让一支军队正式通过西班牙是无论如何不会被允许的，但是我们无法排除渗入的情况。德国人如果真要采取这样的行动，冬季可能是他们企图强行通过西班牙的噩梦。对于希特勒而言，在必须要用武力去镇压整个欧洲在战败而半饥饿状态下可能出现的骚乱的情况下，再去接管法国的未被占领区以及和伊比利亚半岛上愤怒、凶猛以及饥饿的人民展开激烈的游击战，是不太可能的。关于这些人民的抵抗决心，英国和美国需要竭尽全力去加强。不应该停止目前的有限供应政策。

对于我们而言，直布罗陀港口和基地有着非比寻常的意义。只要我们能牢牢地控制住它，在伊比利亚半岛没有被侵占以及西班牙人没有允许德国人通过的情况下，德国人根本无法侵占大西洋上的岛屿。

11. 在 1942 年，由英国和美国占领并控制法国在北非和西非的全部属地，以及由英国对从突尼斯到埃及的整个北非海岸进行更深入的控制，是西方战事整体而言的主要要进行的攻势努力。如果这些愿望得以实现，只要舰船的情况不出现什么问题，我们完全可以畅通无阻地通过地中海到达中东和近东各国以及苏伊士运河。但如果要实现这类目标，英国和美国必须保持在大西洋上的海军优势和空中优势，保证供应线的畅通无阻，并且让不列颠群岛不被入侵。

* * *

直到我们已经上岸后，我才完成关于太平洋战事的第二个文件。

第二部分

太平洋战场

1941年12月20日

1. 日本人可以向任何地方运送他们的军队，并占领那个地方，然后建立起为空军添加燃料的基地，只要这个地方他们想去。毕竟，海军优势掌握在他们手里。在一段时间内，同盟国将无法进行一般舰队的战斗。只有让有可能遭到拦截的海域面积减少，它们才能提高运送军队的能力。我们无疑可以在各个地方发动突然袭击，尽管我们没有占优势的海军。但即便如此，如果想要越过海洋持续进攻，对我们来说也无法做到。所以，对于太平洋每一个可能被夺去的属地和据点，我们都要心中有底。而对于敌人来说，这每一个立足点，他们都很可能将当地的守军毫不费力地歼灭。

2. 在每一个受到攻击的地点顽强抵抗，只要存在可能，即不顾一切偷运过去物资和增援部队，是我们在这过渡时间所要做的工作。尽管对于敌人来说，在这些地方作战是在承担远离他们本国又日益增加的海外义务，但如果我们的军队完全抵抗，并且尽可能多地予以增援，那么他们别无选择。除此之外，他们还可能面临很紧张的船舶资源局面，容易受到破坏的交通运输。而对于英国和荷兰来说，他们应该集中可以使用的海军和空军，尤其是潜艇进行战斗。迫使敌人供养一切征服的地域，让他们拉长战线，耗尽资源，从而让敌人无法轻易获得大的利益，是我们最重要的任务。

3. 日本的资源会不可避免地进行消耗。这个国家因为在中国进行的消耗巨大的战争，已经处于一种过度紧张的状态当中。他们力量最大的时期，是他们袭击珍珠港的那一天。斯大林曾说他们在自己的空军之外还拥有一千五百架德国飞机（对于这些飞机运去的方法，他一定有获知的机会），如果真是这样的话，不算他们每月微小的飞机生产量——三百到五百架，他们已经无法补充他们损耗的飞机数量。让他们将尽可能多的飞机投入海外征服的地域，同时造成很高的飞机消耗率以及让他们的交通运输趋于饱和，应该成为我们的行动方针。如果他们能够因为我们的无所行动而意态安闲，那么我们就会遭受到巨大的损失，因为这样就可以使得他们承担最少的付出而获得最大的利益，让他们只需要出动少量的海外军队，就能够轻易地扩展他们的征服地。因此，为了使他们不断地消耗和扩展，不断地在每一个有把握的地点和他们作战，对于我们来说是非常正确而必要的举动。

4. 但是我们必须让海上的优势得以恢复，并且越快越好。这个目标可以通过加强我们主力舰的方式来达到。要想对整个太平洋战区造成影响，必须要看到那两艘为了不受制约而建造的日本新式战列舰。此外，根据消息，在5月份的时候，还有两艘美国的新战列舰可以投入战斗。尽管敌人的行动、偶然的事故和不幸的事件是在战争中制订计划的必要因素，但是我们仍然想让装有十六英寸口径大炮的现代主力舰达到四艘——组合两艘美国的新战列舰和我们的“纳尔逊”号和“罗德尼”号，只要我们的战列舰的数目能够保持，并且没有任何不可预测的紧急事情发生。此外，为了让这个舰队能够在5月份的任何时候，在有利的情况下进行一次舰队战斗，还应该有相当的经过改造可供使用的美国旧式战列舰来作为它的辅助。即便不进行对决，如果能让我们在太平洋上的海军优势得以恢复，那么整个美洲西海岸的安全也可以得到保障，并且能够让那些大规模的防御工作占用负有进攻任务的军队。所以，在5月份，作为战略目标，我们必须在太平洋上建立一支占有绝对优势的作战舰队。

5. 尽可能把航空母舰发挥到最大限度不仅要在那个时候实行，即便是在过渡时期也应该实行。在南非、印度和澳大利亚之间的水域，我们正在成立一支由三艘航空母舰组成且拥有相当数量护卫舰只的舰队。美国和日本也分别拥有七艘和十艘正规航空母舰，所不同的是，美国的航空母舰吨位要大于日本。为了能让我们的制海权迅速扩大，我们还必须再在这支正规的航空母舰之外大量建造一批临时的航空母舰，它们应该大小兼备。这些航空母舰即便只能够供少数飞机起飞，但如果将它们和其他航空母舰联合起来，却也可以发挥作用。我们还要发展一种具备如下性能的浮动的空军设施：在很长一段时间内，可以让我们获得或保持对基地在海岸上的飞机的局部空中优势，同时还可以为袭击敌人新征服地区掩护军队登陆。但即使我方的舰队占有相当优势，而这种局部的空中优势无法获得，或者是要等到之后才能获得，我们也很有可能在不利的条件下作战。在战列舰方面，我们能获得的只有 1942 年造好的战列舰，但是航空母舰我们却还可以获得更多。临时建造一艘航空母舰可能只需要不到六个月的时间，但是建造一艘战列舰，没有五年是完不成的。所以，相较于美国南北战争中在密西西比河上作战的那些舰队和小舰艇队，这里也可能在发明与技巧的领域出现相似的情况。因此，如果我们想要对德国进行大规模的轰炸攻势，必然会因为优先发展适当类型的舰载飞机受到阻碍。但我们准备进行的主要作战方式恰好如此。然而，有一个时间与程度的问题我们也不得不面对：对于本年规定在德国投弹的数量水平，我们尽管在 1942 年无法完全达到，但在 1943 年却可能超过。尽管我们不能马上实现我们的联合计划，但是最终总会实现的。并且，德国城市和其他目标在这一段过渡时间当中依然会存在。无可否认，为了让 1943 年和 1944 年规定的对德国巨大规模的投弹率得以实现，我们会通过各种办法来增加。但是我们也不是没有可能因为其他需求而推迟我们的计划。所以，在这段时间内，最需要做的事情是让美国轰炸机中队的一个编队，以不列颠群岛为基地来对德国的城市和海港采取行动，哪怕只是象征性地这样做。

取得空军基地、俄国介入对日战争、太平洋上的护航和利用新加坡，是接下来几段要谈到的问题，但是没有必要在这里刊载。这里只再说一下最后一段：

12. 对于我们来说，担心美国在太平洋上的这次战争首轮突击过后投入过多的美国军队纯属多余。如果他们在太平洋上的行动，能够不过多地受到他们在1942年投入欧洲的军队人数的阻碍，我们将非常乐意看到，尽管这些行动只能在有限的范围内采取。我们最担心的问题是，他们会创立一支一千万兵员的庞大美国陆军。因为它会导致所有可以利用的供应品在这些军队至少两年的训练时期内只能防守着美洲大陆而不能采取任何行动。所以，让美国人恢复在太平洋上的制海权，从而让他们能够进行那些他们准备进行的次要的海外军事行动，是防止这一情况出现，并且让即将出现的大量军队和充足的军火供应得到适当利用的最好方法。

* * *

我有必要重新说明我为什么一贯反对欧洲大陆采取大规模军事行动的理由，因为它曾经受到了为大众熟知的流言蜚语的攻击。我始终都认为，我们要想获胜，唯一的办法是最大规模地、决定性地袭击那些在德国占领下的国家。并且，我也始终认为，为了让这一目标顺利实现，实施的时间应该定在1943年夏季。在1941年年终之前，对于我们最初阶段所需要的基础部队，我就已经规定它为四十个装甲师和一百万其他兵种的部队，这一点我想读者们已经看到。我之所以认为有必要让读者注意到当时撰写的那些真正起作用的文件，并且在叙述的过程中列举了一些别的文件，是因为我看到有一些书籍是根据臆测我对这个问题的态度而写成的。

第三部分

在1943年进行的战役

1941年12月18日

1. 如果能在1942年顺利完成第一部分和第二部分所叙述的行动。在1943年，我们将可能面临如下的局势：

(1) 在太平洋上，美国和英国的海军优势将会得到恢复。因为自身的交通线受到攻击，以及英美派遣远征军去收复失地，日本人在海外的所有侵略事业就受到威胁。

(2) 不列颠群岛不仅依然完整，而且抵御入侵的准备还可能比以前更强大。

(3) 英美两国将会控制整个西非和北非海岸从达喀尔到苏伊士运河，以及从地中海东岸到土耳其边界的抵御。

英美俄肯定会获得土耳其这个盟友，尽管它不一定会参加战斗。俄国的地位会大为加强，对于它丧失的军火生产能力，英美所允诺的物资供应也会给出部分的补偿。很有可能出现极为有利的反应在意大利内部，因为我们已经在西西里岛和意大利建立了立足点。

2. 但是战争想要因为这些而结束还远远不可能。要想战争的结束，只是把日本赶回自己的本土和击败它的海外军队是做不到的。唯一可能使战争结束的情况只能是：在欧洲击败德国的军队，或者德国内部因为战事的不利、经济上的困难或盟国的轰炸攻势出现动乱。德国内部的崩溃，如果德国人认识到了美国、英国和俄国力量的发展，总有一天会成为现实。但是，对于我们来说，仅仅指望这一点是不合适的。我们必须要以保持目前对德国陆军和空军的抵抗水平来制定计划。至于要如何进行和他们的潜艇战争，则要依靠我们的不断增多的许多艇队。

3. 所以，为了解放西欧和南欧被占领的国家，我们必须准备派遣英美军队在适当的地点相继或同时登陆，这些军队必须有足够的力量支持被征服的人民起义。要想让这些国家单靠自己的力量起义是不现实的,因为那样会遭到德国的残酷镇压。但是，在挪威、丹麦、荷兰、比利时、法国的海峡沿岸和大西洋沿岸以及意大利等几个国家，甚至还包括巴尔干各国，如果能够有足够数量有着适当配备的军队登陆，那么想要应付解放军队和愤怒的起义人民，德国的驻军就做不到了。只要我们将选择进攻的地点的制海权牢牢地控制在自己的手里，德国人想要在每一个这样的国家拥有足够数量、能够进行有效抵抗的军队是做不到的。尤为重要的是，如果他们想要从侧面由北到南或由西向东调动他们的装甲部队，他们必须要在各个被征服的国家分配它们。而这样做将会导致这些装甲部队处于毫无希望的分散状态，或者调回德国境内的一个中心据点。这样一来，这些装甲部队就不能将开到的时间，控制在我们从海外进攻并建立大片的立足点之前。

4. 此外，还有一个长期计划和短期计划之间经常出现的抵触问题我们也不得不面对。战争是不可能一天完成的，因为它是一种持续的斗争。为将来作准备，必须遵循一定的标准：经过了相当的困难，保持一定的限度。因为根据经验来看，预测经常并不真实，计划赶不上变化。但为了让战争结束在一个合理的时期，仍然需要有一个计划和主题。而且，计划在现代的情况下更加必不可少，因为想要发动任何大规模的进攻，都需要准备好精心制作的专门武器。

5. 所以，无论是将日本军队赶回自己的本土，让太平洋上应该属于我们的控制权得以恢复，还是为了解放欧洲被征服的国家，在 1943 年夏季由美国和英国的军队在这些国家的海岸登陆，都是我们现在要面对的问题。对于在上述国家进行的登陆，应该要有一个相关的计划。至于应该选择哪几个国家的问题，为了更好地利用局势的变化以及保守秘密，应该留到以后处理。

6. 应该要由装甲和机械化部队负责登陆的任务，它们应该在海滩而非港口，以能够拥有的登陆艇或特别改装的远洋船只上岸，这是一个必须遵守的原则。这样不仅可以让我们能够拥有非常广阔的前线展开进攻，还可以让个别国家的德国军队无法在每个地方都非常强大。为了迅速而稳妥地完成这些大规模的登陆，还必须要制成一种登陆装备。在 1943 年春季，冰岛、不列颠群岛必须要出现英美各个远征军的先头部队。如果存在这种机会，这些先头部队可以在法属摩洛哥和埃及集结。而主力部队将直接越过大洋。

7. 进行这些工作并不一定需要大量兵员。因为如果装甲部队能够成功地侵袭，解放攻势的主体可以由当地人民（他们当然不能没有武器）的起义组成。英美军队的力量将会达到六十万，由每师一万人的四十个装甲师组成，或者是人数相当的坦克旅（英国会努力占到这一数量的一半）。此外，除了这批装甲部队，还有一百万各兵种的军队在严阵以待。对于夺回希特勒统治下大片地区的任务，这一百万军队可以轻松完成。但必须意识到，这类战役的发动会伴随耗费巨大的供应。而在 1942 年年终的时候，我们的各项工业和训练机构已经具有充分的规模。

8. 而要想顺利进行这一切行动，除了掌握对海洋的控制权之外（这种控制权是一切进行的前提），有一支优势空军也是必不可少的。同时还必须大力发展航空母舰上装载的飞机以便于登陆。即便是对于 1942 年的战事来说，这些工作也是必须要做的。必须保证英国以最大的轰炸攻势对德国，以及从马耳他，或者如果可能从的黎波里和突尼斯对意大利发动攻击，以便于消耗敌人，并阻碍他们在防御方面的准备。在 1943 年夏季，我们已经完全有理由确立一种决定性的空中优势，理由是：英国的第一线飞机实力已经超出德国；在俄国的前线上，俄国军队已经大部分确立优势，而且俄国也具备了相当于德国第一线飞机五分之三的实力；美国也在提供资源，并且未来还会发展。这还不算我们在这一期间能猛烈和不断地惩罚德国。让现有的或必须建成的母舰，以及临时改装的母舰上的战斗机和携带鱼雷的飞机优先发展无疑是一个正确的决定，因为轰炸攻势必然是要展开的，所不同的只是一个程度问题。

9. 在 1943 年或 1944 年年终，即使德国还没有崩溃，我们也有可能获得最终的胜利，只要我们将这些任务现在就安排出来，并且不让它们和目前的需要有过多的冲突。将我们要在 1943 年派遣解放军队进入欧洲的意图在现在宣布是有必要的，因为它可以让被征服的人民获得更大的信心，同时让它们拒绝与德国侵略者有任何交往。就这件事本身来说，它还可以强有力地让好几千万人的心思跟着我们转。

我将这个文件在航行中写成的那天对三军参谋长进行了宣读。以下是我们的一些会议记录：

对于这个文件，首相表示希望三军参谋长能够予以通篇审查，他准备在和总统会谈的时候以它为根据。他认为将我们在 1943 年的目标——大规模进入欧洲大陆，让英帝国和美国人民了解意义是重大的。战争的三个阶段大体可以这样来命名：第一阶段，将包围圈收紧；第二阶段，解放各国人民；第三阶段，对德国城堡发起最后的进攻。

关于这些意见，我的专职同僚们完全赞同。他们同时也广泛地赞同其他文件所陈述的意见。我们在这个时候形成的关于战争问题的联合研究和讨论的结果，这些意见也的确很好地进行了总括。

*　　*　　*

关于这三个文件，如果将它们和以后发生的事进行对照并作为一个整体来看，我是感到满意的。现在重新再看它们，与英美两国在1942 年和 1943 年战役中实际所做的事情相比，也发现它们非常符合。对于远征西北非（“火炬”作战计划）的行动，我终于获得了总统的同意。我们的首次大规模联合登陆行动，就这样形成了。我非常希望能够在 1943 年夏季渡过海峡并解放法国（当时我们以“围剿”称呼这一作战计划，后改为“霸王”）。

但如此重大的事件的日程是否会被敌人的行动和反击打乱呢？尽管非常有必要计划未来，并且可以对未来在某些方面预测，但对于这一问题，却没有任何人能够保证。英美军队几乎按照这些规定的次序达到了所有目标。但即便如此，对于奥金莱克将军在 1942 年 2 月肃清利比亚的任务，我对其所抱的希望仍然没有得到满足。一系列的重大挫折包围了他，我将马上会叙述到这些情况。希特勒之所以有勇气为保住突尼斯而付出巨大努力，并在不久又向这里经由意大利并越过地中海运来二十多万生力军，其原因就在这里。所以，摆在英美军队面前的，是一场在规模和持续的时间上，都超过我所筹划的北非战役。日程表因此而推迟了四个月才执行。对于这样一个计划（第一部分，第十一节）——控制法国在北非和西非的前部属地，然后由英国进一步控制从突尼斯到埃及的整个北非海岸，直到 1942 年快要结束的时候，英美联盟仍然没有实现。一直等到 1943 年 5 月，这些结果才成为现实。所以，对于我在那一年夏季无比期望且在努力实行的最主要的计划——越过海峡并解放法国，直到 1944 年夏季才得以实现，也就是推迟了整整一年的时间。

但幸好我们的计划落空，这一点直到我随后进行回顾和现在获得的全部了解到的情况才确信的。推迟了大概一年的时间，那次远征才得以实行。但正是因为这一原因，我们在那时才避免了一次冒险行动，其性质可以算得上极其危险，并且可能会带来震惊全世界的灾难。在我们建立的美国军队和人员还不能成熟而优良地进行业务时，在我们的大队登陆艇和那些浮动港口（“桑葚”）还没有被特别建成时，如果希特勒拥有足够的智慧，他就应该在法国以两倍于他在 1944 年所保有的兵力和我们决战。现在我已经可以确定，如果我们在 1943 年越过海峡的企图，即便像我希望的那样“火炬”计划在 1942 年结束，或者我们干脆没有施行这一计划，摆在我们面前的也是一次最大的、并对战争结果产生难以估量影响的惨败。在 1943 年，我对这一点的感受越来越强烈。因此，即便我对我们的苏联盟友的烦恼和愤怒有着充分的了解，我仍然承认“霸王”作战计划的延期是注定的。

当我们一旦确定要到 1944 年才能越过海峡，就已经很明白应该强迫敌人在地中海作战了。想要和敌人进行一场大规模的较量，或者至少打垮轴心国伙伴当中较弱的一个，我们知道唯一的选择是在西西里岛和意大利登陆。为了让这一决定能够顺利地执行，总统同意让马歇尔将军在 1943 年 5 月随我从华盛顿前往阿尔及尔。对于一些实际的事件，我将在它们发生时再进行叙述。

第十五章　去往华盛顿和渥太华

抵达白宫——受到了热烈的欢迎——繁忙的事务——英美干涉法属北非——我将首次讨论的情况报告给战时内阁——大同盟计划——赫耳先生和“自由法国”运动——诺克斯先生和威克岛——澳大利亚的担心——12 月 25 日，我向卡廷先生提出报告——圣诞节的白宫——我在美国国会发表演说——圣诞节第二天的一次难忘经历——西南太平洋司令部——对韦维尔将军的任命——没有成功可能的任务——我将逗留时期延长——前往渥太华——12 月 30 日，我在加拿大议会发表演说——哈利·劳德爵士——预测战争的前景——元旦在火车上度过

我们准备在汉普顿停船乘飞机，然后在 12 月 22 日黄昏前后在华盛顿机场着陆。这些步骤其实是临时安排的。我们的原计划是准备顺着波托马克河逆流而上，然后再乘汽车前往白宫。但因为我们已经在海上生活了将近十天，都想让这一行程赶快结束。汽车里，总统正坐在那里等候。我握住他那有力的手，感到愉快而欣慰。我们在不久之后就抵达了白宫。在今后的三个星期，这里将成为我们各方面的家园。罗斯福夫人对我们也进行了热烈的欢迎。为了让我们住得更舒适，她挖空了心思。

在我的记忆中，因为当时的我脑海里充满了我所必须完成的个人任务，这些日子事实上只留下了一些模糊的印象。这一点我必须承认。在这期间，我和总统接触是最明显的特点。在一天的时间当中，我们见面的时间有好几个小时。我们总是在哈利 · 霍普金斯的陪同下一起吃午餐。我们在一起的时候，几乎只进行事务上的交流，然后达成许多方面（大小方面都有）的大量协议。晚餐更多的是具有社交性质，但即便是在这样的场合，亲切和友好的气氛也充盈着周围。由于讲求礼节，总统总是把开头饮的鸡尾酒亲自配好。他坐着轮椅，为了表示尊敬，我把他从客厅推到了电梯。在这个时候，我想到了瓦尔特·雷利爵士[①]把自己的外衣铺在伊丽莎白女王面前的故事。在将近十年的时间里，美国的现实生活都贯彻着这位杰出政治家的意志。对于引起我激动的那些推动力，他的心思似乎也感应到了。我对他已经产生了一种非常强烈的感情。随着我们结交时间的增加，这份感情历久弥坚。我们经常会将许多工作放在床上处理，这当然是由两个人的需要或习惯。因此，只要有来找我的想法，他就会来到我的房间里交谈。同样的，他也鼓励我也这样做。我卧室对面的房间住着霍普金斯，而我旅行中的地图室就在他的隔壁。后者是由皮姆上尉完成的，而这引起了总统的兴趣。对于很快就布满了几面墙壁各个战区的大地图，他喜欢来这里研究它们。在很短的时间内，地图上的舰队和军队的调动都被准确地记录了下来。他在不久之后也设置了自己效率极高的地图室。

日子以小时为计量单位在一天天地度过。一些计划很快出现在了我的脑海里：我必须对美国国会在圣诞节后进行演说；几天后，我还要对加拿大议会进行演说。对于这些在我每日商谈和大量日常事务之外附加的伟大事项，我不得不强迫自己以极大的精力和意志来接受。对于这一切的完成，我感到不可思议。

*　　*　　*

在22日晚上，我们进行了首次讨论。这次讨论曾经以一份记录

① 英国的一位船长，曾为伊丽莎白女王的警卫队长，深得女王宠幸，后被处死。——译注

保存了下来。讨论中，我将自己希望英美干涉法属北非的计划立即向总统和他邀请来参加的讨论人员提了出来。关于我在船上写成的文件，这个时候总统当然还没有读到。必须要等到第二天，我才能把这些文件交给他。对于我们持有的立场，我们大家显然发现颇为相同，他无疑对我 10 月 20 日的信思考了许多。在我给国内的报告中，我将在到达的那天晚上就深入谈到的重要问题作了说明。

首相致战时内阁和参谋长委员会　　1941 年 12 月 23 日

1. 在昨天晚上（12 月 22 日），总统和我对北非局势进行了讨论。参加讨论人还有赫耳先生、韦尔斯先生、霍普金斯先生、比弗布鲁克勋爵和哈利法克斯勋爵。

2. 我们都认为希特勒很可能会从西班牙和葡萄牙进入北非，因为如果他在俄国受阻,一定不会完全不采取行动。希特勒想（如果他能做到这一点）尽快占领摩洛哥的企图，可能会因为我们在利比亚的成就，以及我们和法属北非联手的前景而重新燃起。但根据报告，这种危险在目前还不那么紧迫。至于原因，很可能是因为希特勒现在还腾不出时间。

3. 最迫切需要做的事是在西北非洲和大西洋岛屿提前制止德国人，这是我们的一致的看法。如果不出意外，谁能够夺得法国战列舰“让·巴尔”号和“黎歇留”号，谁就是它们的拥有者。因为,我们面临的问题是应该讨论些什么,而不是要不要进行讨论。

4. 曾有各种建议：

(1) 美国政府可以告诉维希，如果他们想重新考虑自己的处境，从而加入到保证光复法兰西这一方，这是最后一次机会，告知的措辞可以严肃而坚决。同时也告诉他们，可以邀请贝当派魏刚作为代表出席在华盛顿举行的一次同盟会议以作表示。

(2) 为了让北非的局势得到根本的改变，可以通过派遣一支军队到北非，以及就英国的推进和美国的参战和魏刚进行接触。

5. 也有人认为这样做只可能得到贝当和魏刚模棱两可的诺言，但同时又使得我们的意图让德国获知。所以，不管他们是否有邀请我们，最好的办法是制定出进入北非的一切计划，如果存在这些接触的可能。我尤其要指出的是，法国以及在北非的法国军队，心理上可能会产生巨大的影响，因为美国已经参与了此事。如果事情继续向前发展，赫耳先生认为很可能会有一个领袖出现在北非。

对于我那个不管是否接到邀请[①]，都制定一个进入北非的计划的意见，总统表示赞同。他同时也急切地希望能够在有最大助益的地方由美国的地面部队进行支援，时间越快越好。

6. 如果能在西北非洲和大西洋岛屿至关紧要地提前制止德国人，并且像预期的那样，利比亚战役已经获得全面的胜利，大家认为可以将这项计划交给各参谋部去研究。对于船舶问题，大家都认为是一个重要的因素。

7. 对于这一点，因为我对利比亚战事的叙述，总统和其他美国人明显产生了深刻的印象。他们同时也因为我的陈述而深受鼓舞。

8. 总统在谈话中提及，在不久的将来他会让美国更替我们在北爱尔兰的军队，并且说还要往那里派去三到四个师。对此我表示了热烈的欢迎。同时我也提出，希望有一个装甲师在这些师当中。大家认为这件事不会影响到派遣一支美国军队前往北非。

*　　*　　*

起草一项有所有对德国和意大利或对日本进行战争的国家签字的庄严宣言，是总统在一两天后向我提出的第一个主要计划。近似于我们制定大西洋宪章的方法，总统和我都各自准备好宣言稿，然后将它

---

① 原文为作者使用的斜体字。——原注

们进行综合。在文字上，我们有着完全相同的原则和情感。计划成立的大同盟具备如此大的规模，以至于让战时内阁既惊异又震撼。在当时，迅速来往的电讯非常多。但在让哪些政府和当局在宣言上签字，以及签字的先后顺序发生了争议。让美国排在首位，是我们一致同意的。战时内阁不愿意让印度也作为一个独立的主权国家出现在签字的行列当中，这一主张是正确的。对于插入“当局”字样，赫耳先生表示不同意。我之所以用这个名词，原是为了将“自由法国”运动的组织也包括在内，但毫无疑问，美国国务院并不喜欢这个组织。

这次和科德尔·赫耳先生的会面，对于我来说是第一次。我和他交谈了几次。在当时，我认为他和总统的看法存在着一些出入。我惊异于他的思想受到了许多大事中的一个小事件的影响。戴高乐将军曾在离开英国之前曾向我们提出建议，他想将由维希总督洛贝尔海军上将据守的圣皮埃尔岛和密克隆岛解放出来。以“自由法国”海军舰队所具有的实力，要想达到这一目的是完全不成问题的，并且，英国外交部也不认为有反对的理由。但是对于这一目标，美国国务院却希望让一支加拿大远征军去占领。所以我要求戴高乐将军放弃他的意图，他本人也予以了答应。但他却命令了他的海军上将密赛里埃占领了这些岛屿。当地的人民热烈地接待了“自由法国”的水兵们。并且在一次公民投票中，维希受到了百分之九十多的票数的反对。

但对于赫耳先生来说，这次投票的事件并没有对他产生什么影响。在圣诞节那一天，他发表了一个声明：“根据初步得到的消息，我们可以确定‘自由法国’的船只在圣皮埃尔岛和密克隆岛所采取的行动，只是一种与有关方面的协议相背离，并且没有为美国政府事前知晓或给予任何形式同意的一种独断行为。[①]”他的想法是让这两个从维希政府手里解放出来的岛屿，不受他们的控制。但美国舆论却不这么看，且意愿很强烈。在这危急关头看到这两个岛解放，他们感到的是一种

① 原文为作者使用的斜体字。——原注

由衷的高兴。因为这代表着一个电台的消失，它曾经将维希的谎言和毒素散布给全世界，并且向追击美国船只的德国潜艇发送秘密信号。人们所有的愤慨，都因为“自由法国”一词被彻底地激发了出来。

我是非常尊敬赫耳先生的，并且也了解他的真正才能。在我看来，他之所以会如此，只是因为将另一范畴的问题用来对这一个领域进行解释。对于这所有的事件，我们从日常谈话中可以看出并没有达到总统的要求。一言以蔽之，我们所面临的烦恼还有许多，并且还有许多即将要到来。关于戴高乐将军和所谓的“自由法国”，由于外交部的强烈要求，我投了支持票。在美国和法国，许多书籍都用了大量篇章叙述过这一事件。但是它却并没有影响我们进行的主要讨论。

* * *

我的房间在一天下午迎来了海军部长诺克斯先生，他表现出一副非常忧愁的样子。他对我说：“为了解救威克岛，我们曾经命令我们的舰队同日本打一仗，但舰队司令在航行的几小时内就决定转回来。我知道你经历过多次灾难，在这样的情况下，我想请问你会怎样对待你的舰队司令呢？”我的答案是：“你不应该在舰队司令们说出他们不能做什么事的时候去干涉他们，那将是非常危险的事情。他们总是有理由争辩的，如天气、燃料，或别的什么事情。”就是在这一天，在经过少数美国海军陆战队拼死据守后，威克岛落入了敌人手里。在阵亡或被俘以前，日本人所损失的人员远远超过了这些陆战队损失的人数。

* * *

有一点是我们不能忽略的，那就是日本战争机构惊人的高效率对澳大利亚政府的影响。澳大利亚政府面临的局面是：失去了太平洋控制权，埃及占用了最好的三个师，新加坡还有一个。关于新加坡所具有的致命危险，他们有着深刻的了解。澳大利亚本身受到侵略的可能，让他们感到非常忧虑。在他们国家的海岸边上，都是一些大城市，居住的人口超过了全澳大利亚洲的一半。在目前的情形下，这些人很可能要面临集体退入内地，在没有兵工厂或供应物资的情况下组织游击队的局面。他们无法期待母国的援助，因为路途非常遥远。而要想在大洋洲的海面建立起美国的军事力量，也非一朝一夕的事情。我深信日本人不会越过三千里重洋去侵略澳大利亚，因为荷属东印度和马来亚已经有足够诱人的利益。但澳大利亚内阁却不这么认为，他们坚信他们所有人面临着强烈的危险。但尽管情况如此危机，他们的党派之争却仍然没有停止。工党政府所仅占有两票多数的支持率，但对于为了防御本土的强迫兵役制，他们竟然反对。尽管他们同意反对党参加军事会议，但是却没有成立全国联合政府。

我致电卡廷先生如下：

首相致澳大利亚总理　　1941 年 12 月 25 日

1. 当日本参战，在得到总统的同意后，我们立即把英国的第十八师调到了孟买和锡兰，当时这个师正乘着美国的运输舰绕道好望角航行。对于由美国运输舰“芒特弗农”号装载的那个主要的[英国]旅，罗斯福先生现在已经同意让它直接前往新加坡。我们已经不准备再从印度向波斯派遣第十七印度师。现在这个师正前往马来亚。我在一个星期前向伦敦发送了一个无线电报，其内容大体如下：建议由你从巴基斯坦召回一个澳大利亚师，然后让它进入印度将派去的其他军队接替下来，如果可以，也可以让这个师直接前往新加坡。经过我的努力，军事当局已经认识到，最重要的事情是不要让对马来半岛北部的防卫完全占用用来保卫新加坡和柔佛通路的军队。第十七印度师将会一边打拖延战一边破坏交通缓慢撤退。

2. 你在 12 月 24 日致凯西先生的电报中曾表示，我们应该要尽最大的努力去保卫新加坡，因为它很可能会被侵占。但我并不认同这一看法，即便日本人因为美国和我们在海军方面遭受到了重大损失而具备了让大批援军登陆的能力。

3. 支援你们的空军部队已经行进在了途中，这一点我想你已经知道。因此，我认为不应该在我们已经有把握获得胜利的情况下，调开奥金莱克将军的兵力而放松对隆美尔和利比亚的控制，将奥金莱克的判断置之不顾。在利比亚局势允许的情况下，我认为应该立即派遣战斗机和坦克前往新加坡，我已经让驻中东的各总司令为此去商定计划。

4. 一场秘密的磋商已经展开，我和三军参谋长是其中的一方，总统和他的顾问们是另一方。我们取得的进展是令人欢欣鼓舞的。对于新加坡，他们已经认识到了它的重要性。不仅如此，如果可能，他们还希望尽快能从澳大利亚调军队和飞机去解救菲律宾群岛。而如果菲律宾群岛不幸失守，总统愿意向新加坡转调那些军队和飞机。由于美国人急欲在澳大利亚建立对日战争的重要基地，总统也非常愿意向澳大利亚派遣大量军队。缅甸和印度的司令已经成为了韦维尔新的身份，他正奉命向马来亚和缅甸前线派遣已经抵达印度的援军。与其他人相同，他也认识到了新加坡非常重要。有着极强能力的陆军军官博纳尔将军现在已经到了那里。

从仰光到达尔文港的整条战线，我会竭尽全力予以加强，这一点你完全可以相信。为了达到这一目的，我已经在同我们的美国盟友寻求合作。不超过一两天，我将会向你电告具体情形。

*　　*　　*

在过圣诞节的时候，我们举行了一个简单的庆祝仪式，这也可以算得上是一个点缀。传统的圣诞树摆设在白宫的花园。在阳台上，总统和我正在作简单的演说，底下是聚集在幽暗中的许多群众。在这个场合和这个环境中，我心中出现的词句是那么自然，因此我敢于把它们在这里发表。

毫无疑问，我的本土和我的家庭在千里之外，但我要说我远离家乡度过这个纪念节日并无不适。在这里，在合众国的中心和最高点，我只能说我自己没有异乡人的感觉。其原因可以是因为经过多年活动频繁的生活我已经在这里发展了友谊关系，也可以是因为我们的语言和信仰相同，或者是因为在很大程度内我们之间存在着一种崇高的感情——为追求一个理想的伟大民族而进行着共同的事业。坐在你们的炉边分享你们的圣诞欢乐，我认为自己完全有这个权利，因为我感觉到了团结一致和兄弟般的联合，也感觉到了你们对我们热情的欢迎。

这个圣诞节前夜是无比美妙的。生死搏斗几乎笼罩了全世界，但国与国之间相互进攻的武器，却是科学发明出来的东西。但这个圣诞季①也很可能是不幸的，只要我们不能确定我们参战的目的不是为了拥有别国人民的土地或财富，不是受到卑鄙的野心的驱使，也不是为了一个不健康的损人不利己的欲望。一场战争的风暴席卷了所有的陆地和海洋，并且距离我们的家园越来越近，世界一片纷乱。在这样的情况下，精神上的安宁依然存在于每一座茅屋小舍中的每一个豁达的心灵当中。所以在今天晚上，我们至少可以暂时丢开围绕我们的那些忧虑和危险，从而在暴风雨的世界留一个快乐的夜晚给孩子们。能够让整个英语世界每一个家庭，能成为一个充满快乐、和平和光明灿烂的岛屿，也只有今天晚上可以实现。这样一个晚上，就留给孩子们嬉戏玩乐吧，让他们因为圣诞老人的礼物而玩得更加高兴。而对于我们这些成年人

① 由于圣诞节的具体日期不同，12 月 24 日到次年 1 月 6 日被定为圣诞节节期，也就是圣诞季。——译注

而言，我们也应该和他们一起欢乐，因为我们就要再次回到我们的严肃任务和摆在我们面前那些不平凡的年代。为了让这些孩子们继续拥有他们的遗产，继续拥有在一个自由而美好的世界生活的权力，我们决心要凭着我们的牺牲和勇敢去争取。

借着上帝的慈悲，愿大家度过一个快乐的圣诞节。

在圣诞节的那一天，我和总统一起去了教堂。在简单的仪式中，我获得了安宁。我以欣赏的态度歌唱了著名赞美诗，其中还唱到了一首我从来没有听过的，它的名字叫“啊，伯利恒小市镇”。这样做无疑是很有作用的，它可以让相信宇宙是在精神统治下的人坚强信念。

*　　*　　*

我接到去美国国会演说的邀请后，是怀着无比激动的心情去履行的。这个场合对于我确信的英语民族的无坚不摧的联盟来说是必不可少的。在一个外国议会上进行演说，我以前从来没有尝试过。但是，面对我们共同事业中这个伟大共和国的代表们，我可以就血统对他们发表演说。因为在乔治·华盛顿的军队中，有一个我母亲方面的男系第五代曾任职尉官。尽管我不认为自己有这种荣耀，但我却感觉到自己的一个计划被采纳了（我或许可以通过提到这点儿被原谅）。我完全没有想到事情会这样发展。

为了准备我的演说，我投入了圣诞日的大部分时间。在参众两院领袖们的陪同下，我在 12 月 26 日从白宫前往国会议事厅。总统告诉我：“希望好运伴随着你。”似乎有大批群众在那些广阔的通路两旁。但由于出于安全考虑，他们被隔得很远（相较于英国对此的习惯做法，美国超出了许多）。在我们的周围，聚集着负有保卫任务的两三辆汽车，上面载满了武装便衣警察。因为受到了强烈兄弟情感的驱使，我在下车后想走到欢呼的群众面前，但没有得到允许。议事厅里的情景动人而又不平凡。摆在我面前的是一排扩音器，透过它们我看到人们已经挤满了那个半圆形大厅。但我却没有任何的拘束感，甚至自信的感觉超过了在英国下院的时候。对于我的讲话，人们以最大的善意和注意力听着。在我的演说中，笑声和掌声每每出现在我所期望的地方。当我说到日本的暴行时，有人问："我们在他们眼中究竟是怎样一种人？"这个时候人们的反应声响最大。美国的能力和意志力，在这个庄严的集会中不断为我感受到。我相信，没有人会怀疑一切好起来的可能。在演说结束的时候，我说：

参议院和众议院的议员们，在目前我们正谈着纷争和动乱的时候，请允许我用一点时间转而谈一谈未来的更广泛的基础。在这里，我们正在共同做着一件事：抵御毁灭我们的强大敌人和保卫自由人珍视的一切。我们已经经历了两次世界大战，但却都是发生在一个世代之中。在我们的一生中，远隔大洋的美国已经两次被卷入了战争。我们之所以会出现这种灾难，在很大程度上是因为在上次战争后我们不够团结，并且没有采取共同的措施来应对自身的安全。

为了我们自己，我们的子女，以及遭受苦难的人类，我们有责任不让第三次灾难再次发生。有一点已经得到了广泛的证明，那就是如果让旧世界爆发的恶性疫病蔓延，那么它就可能污染新世界。因此，我们出于职责和谨慎，我们必须以警觉的心理经常检查以及及时处理憎恨和复仇的病源中心。为了将这种疫病扼杀在摇篮里，在它还没有在全球蔓延和猖獗时就将它控制住，我们必须成立一个适当的组织。

五六年那样的时机已经永久地失去了：在不付出任何流血代价的情况下，对于在世界大战后德国签订的条约的裁决条款，美国和英国很容易就让它予以了履行；并且也有机会让德国享有我们在大西洋宪章中所宣布的一个条款——应该让任何国家（无论是战胜国还是战败国）享有那些原料。对于那个让我们走到一起，我们曾经需要大力惩罚的人，如果你们允许我这样形容的话，我会说，如果他看不出来一种伟大的目标和计划正在这个世界上完成，而荣幸成为它忠诚的履行者就是我们，那么他一定心灵受到了蒙蔽。我们并不能够未卜先知，但是我仍然要说：在未来的岁月中，为了本身的安全和大家的利益，我坚定地相信英美两国人民会庄严、正直和和平地并肩前进。

后来那些领袖们随着我走出了议事厅，然后走近了围绕议事厅的群众。这个时候，我终于能够亲切地问候他们了。最后，在秘密警察和他们汽车的左右护卫下，我被送回了白宫。我的演说总统也听了，他的评价是：讲得好极了。

* * *

一系列紧张的活动包围着华盛顿的人们。通过这段时间的不断接触和讨论我发现，总统和他的幕僚与顾问们或许正在拟定一项准备向我提出的重要建议。美国人喜欢在军事、商务以及生产领域进行明确、全盘和最大规模的讨论。他们就是通过这些结论来建立他们的实际思想和行动的。在他们看来，只要按照真实和广泛的方针建立基础，自然而然就会出现其他的阶段。但是英国人持有的却是一种不同的思想。英国人认为，在迅速变化而又不可限定的形势下，并不一定要依靠合乎逻辑而又明确的原则来决定应该怎样做。随机应变和临时安排，我们在战争的时候尤其注意。我们通常不会将一些事件的解决寄托在一些基本的决定上，相反地喜欢根据正在进行的事件去生存和制胜。有许多可以争辩的地方存在于这两种意见之间。着重点的不同就是根本的分歧之处，但它却是无法轻易改变的东西。

哈利·霍普金斯告诉我："你可以在知道我们对谁感到满意之后再

考虑是否拒绝总统对你提出的建议。”通过这一点我知道即将要面临一个问题：在东南亚成立盟军最高司令部和划定界线。

美国建议选择韦维尔，是我在第二天知道的。我因为一位英国司令官的选出而得到了祝贺。但是我认为用不了多久，因为日本的进攻，这位司令官指挥的战区将会陷落，而能够调遣给他的军队也将面临牺牲的命运。当英国三军参谋长知道此事后，他们也有着和我相同的反应。

在 12 月 26 日的一次会议上，我曾经告诉三军参谋长，我认为这个安排不可行或不合适，这是有记录载明的。我当时的理由是：“那里最迫切需要做的是据守某些战略地点。而对于这一任务，每个地区的司令部知道自己应该怎么做。那里的最大困难是，怎样将运到那个区域的资源进行应用。但这一问题只能由那些有关的政府去解决。”但即便如此，我们无疑仍然要遵从美国的意见。

* * *

关于我向美国国会所作的演说，艾德礼先生给我发来了他本人和内阁的贺电。我将西南太平洋司令部的问题在给他的复电中提了出来。

首相致掌玺大臣　　1941 年 12 月 28 日

非常高兴获悉你们对我的演说感到满意。我在这里受到了他们超乎寻常的欢迎。工作在这里也异常热烈地进行着。就在今天，有五个小时的时间我和总统都在忙于接见其他盟国或友好的国家，以及英国自治领的代表们，同时也对他们进行了一番激励。在供应问题上，比弗布鲁克取得的成就也是卓越的。

其中一个最为迫切的问题，就是在西南太平洋统一指挥的问题。对于英国、美国和荷兰陆海空军的指挥人选，总统昨天晚上竭力主张要我任命一个单一的军官。应我的邀请，马歇尔将军也在今天早上来到了我这里。他也坚定地支持总统的主张。但对于总统的提议，美国的海军部官员都表示反对，并且肯定会作出一种全新且有着深远影响的安排。韦维尔将军成为了总统的中意人选。毫无疑问，马歇尔已经拟定了一个更深入的详细计划，同时也起草了一份训令稿。对于这一计划，我尽管欣赏它体现的胸襟，但直到今天我仍然持批评态度。我已经担心它会影响美国的舆论。对于这一问题，参谋长们整天都在进行研究。在我获知他们的意见之后，我在今天晚上向你电告我经过考虑的看法。

明天下午我将前往渥太华。我可能会在那里停留两天。在星期二那一天，我会对加拿大议会发表演说。因为还有许多事情要处理，我会此后再在美国呆三四天。对于军队调动所需要船只的各项需求，我们正在做出努力的寻找。致以对全体同事最亲切的问候。我非常愉快能在这样一种确实的基础上行动。

对于总统和马歇尔将军的迫切愿望，在我还没有得到本国任何经过考虑的意见之前，我只能予以满足。事情发展的速度使我们不能隔着大西洋讨论太长时间。28日的一整天时间，我都在和总统举行会议，以及和同僚们草拟下面的一系列说明事实的电报。电报中的一字一句我们都经过了仔细考量。

首相致掌玺大臣　　　　1941年12月29日

1. 我已经同意了总统的意见。对于他的建议，只要能够得到内阁批准，我们是应该接受的。马歇尔将军也非常赞同他的建议：

(1) 应该统一指挥西南太平洋地区。还没有最后确定界线。粗略考量应该会包括：马来半岛；缅甸前线；菲律宾群岛；向南主要是达尔文港那些必要的供应基地，澳大利亚北部的供应线也在其中。

(2) 对于由美国、不列颠、英帝国与荷兰等各相关政府派遣的陆海空军所在战区，其总司令由韦维尔担任。也可以称之为最高司令，如果当事人不反对的话。

(3) 泗水[①]可能成为韦维尔将军最初的本部。至于副总司令的人选，他会挑选一位美国人，我认为可能会是布雷特将军。

(4) 像 (1) 和 (2) 当中规定的一样，应该由美国的海军司令指挥战区内的美国、英国、澳大利亚和荷兰的海军舰队。

(5) 像以前福煦[②]的高级统辖参谋部与法国的那些庞大的英法军队参谋部一样，我们也准备在南太平洋部分让韦维尔将军成立一个参谋部。他所接到的命令，将会来自于一个对作为国防大臣的我和总统负责的联合机构。总统也是所有美国军队的总司令。

(6) 缅甸总司令、新加坡和马来亚总司令、荷属东印度总司令、菲律宾群岛总司令和经由太平洋和澳大利亚北部的南方交通线的总司令，是韦维尔将军管辖的主要司令官。

(7) 需要有一位代理总司令在印度，澳大利亚有自己的总司令。韦维尔将军的管区，只应该包括上述的印度和澳大利亚地区。如果要想从英国和中东，以及美国向战斗区运送人员和物资，这两个地方将是必经的两大基地。

(8) 包括美国到大洋洲的通路在内的菲律宾群岛和大洋洲以东的整个太平洋，将继续要美国海军负责。

(9) 给最高司令的训令正在进行草拟，不久你就可以收到它。有关政府必需的剩余利益将会受到这个训令的保障。它同时还规定了最高司令的任务。

我不准备去辩护或反驳让我们接受这项雅量和无私的美国建议。我已经深信依靠这项建议来取得胜利的好处。应该抓紧时间行动，甚至要把行动的时间定在1月1日我从加拿大回来之前。

---

① 此处指印度尼西亚城市泗水。——译注

② 指斐迪南·福煦，法国元帅，一战最后几个月为协约国军队总司令。——译注

当然前提是要和澳大利亚、新西兰和荷兰进行商议。但对于商议的时间应该要有所选择，即要等到我获悉内阁的意见之后。如果不存在反对的方面，那么这里的人员将会指定具体细节。

首相致掌玺大臣 1941 年 12 月 29 日

事情发展速度之快超乎想象。在总统的努力下，美国陆军部和海军部已经同意我在上次电报中提出的、参谋长委员会已经认同的办法。所以，我对你的批准急切地等待着。只要我将你同意的意向告知总统，他就会向荷兰人提出建议。同样的行动外交部也应该进行。

你应该向韦维尔将军发送电报，告诉他我们在这里的人既在独自拟定细节,也有和美国人一起商量拟定。应该检查一遍达夫·库伯面临的形势，但这类更大的解决方法应该遵从简单的原则。请告诉我你的看法。

我要告知国王的消息以及获得他的批准，还需要有你的帮忙。

关于我必须向韦维尔将军提出的建议，如果想让他接受，恐怕必须要有极高的责任感才能做到。在混乱的局面中，他无疑要承受失败的负担。

首相致掌玺大臣 1941 年 12 月 29 日

等到内阁批准总的政策之后，请一定要向韦维尔将军发送如下电报：

1. 关于调拨给那个战区的盟国陆海空军，我们希望由你担任他们的最高司令。之所以要作出这个决定，原因是总统和它的陆海军顾问们向我着重指出非常有必要统一指挥西南太平洋，其中以总统和马歇尔将军要求这样做的意愿最为强烈。现在正在草拟有关的训令，用不了多久，它的条款就会被公布。我完全希望你没有因为其中首次出现的各点感到不安。但即便如此，我仍然希望得到你对于各点的看法。

2. 对于你所得到的信任，我相信你会倍加珍惜。因此，我希望你能将你的任务立即承担起来。条款被公布的时间将不会因为参谋长委员会正在研究细节而拖延，因为事情刻不容缓。1月1日，也就是星期四，是最迟的公布日期。

3. 鉴于同时管辖几个战区经验的人员只有你，我们会支持你并让你得到公正待遇的。对于这一点，想必你自己也有所认识。局势是无比阴暗和困难的，这是大家共同的看法。总统将会宣布：你之所以会得到任命，得益于他的意愿。

4. 请向我告知你对参谋部有着怎样的看法。这个参谋部并非一个实际的指挥机构，更多的是一个前线的参谋部。如果你的参谋长由博纳尔担任，那么新加坡和马来亚的司令就会由珀西瓦尔担任。

* * *

12月27日，我向艾德礼先生发送了如下电报：

首相致掌玺大臣 1941年12月27日

你能同意我延长停留时间，我表示非常的感谢。

12月30日星期二的时候，我才会对加拿大下院发表演说，因为我无法在新年期间再次生下一个蛋[指在英国下院发表的演说]。

去往渥太华的行程，我将会乘12月28日至29日的夜车。到那之后，我将会在总督阿斯隆勋爵那里下榻。29日我会出席一个加拿大战时内阁的会议，并在之后会在总理麦肯齐·金介的介绍下，会见反对党保守党的领袖们。随后，我会被留下来和他们在一起。这几位先生有着无比的忠诚和决心。因此，对于无法有幸亲自参加战争而只能倾听他们的自由党这一他们的反对党的人们表现出为他们毕生拥护的许多意见，他们感到非常遗憾。

30 日，我对加拿大议会发表了演说。这无疑是一种极其辛苦的工作：在处理无休止的行政工作的同时，将两份要越过大西洋讲述而又会为全世界所知的演说词拟定出来。尽管进行讲演对于一位完全的政界人物来说完全可以胜任，但却也同时面临一个难题：在这样一种敏感的空气中对该说和不该说的话进行选择。我只能竭尽全力。在说到维希政府时表示加拿大仍然和这个政府保持关系，是在加拿大演说的最成功之处。

> 他们有义务，同时为了利益也应该去往北非[指 1940 年]。在那里，他们可以掌握法兰西帝国的领导权。美国会承认他们。不仅如此，对于他们在海外的所有黄金，他们也可以利用美国进行存储。对于意大利而言，如果他们能够这样做，它或许在 1940 年就已经被迫退出战争。而这样一来，在同盟国的会议中和在战胜国的会议桌上，法国将可以保持自己的地位。可因为他们的将军们方向的错误，他们没有选择正确的道路。在当时，我曾这样警告他们："不管他们怎样做，不列颠都将独立继续作战。"而他们的反应是，他们的将军们告诉自己的总理和分裂的内阁："看着吧，英国在三个月后就会像一只小鸡那样被扭断脖子。"这话多么刻薄啊，我弄不清小鸡和脖子是指什么。

我这边一切顺利。我还引述了哈利·劳德爵士关于上次大战的歌曲，目的是为了勾起大家的回忆。这首歌曲的开头一句是：

> 在我们回忆过去历史的时候，

我们就能够将我们现在的地位准确说出。

我在讲稿提到的那个人，是那位伟大的老喜剧作家。在就要讲到这儿时，“吟游诗人”这个词语突然出现在了我的脑海。这个改变美妙极了！到后来我知道，他那时也在倾听，并且因为被引述而非常高兴，这让我感到欣喜不已。对于一个凭着激动人心的歌曲和勇敢的经历而对苏格兰民族和英帝国作出极大贡献的人，能够为他找到一个正确的形容词，这就是我高兴的原因。

而对于战争的前途，我也在演出结束时作了大胆的预测。

当前的战争无疑会经历三个主要时期或阶段，我想这一点我们已经可以观察到。

巩固、联合和进行最后的准备是第一个阶段。这个时期的主要特点无疑是会存在许多的激烈战事。但即便如此，为了让我们的无数的陆军能渡过隔开我们的和敌人的海洋（不包括俄国的情况），我们仍然会集中力量抵抗敌人的进攻，并且让我们的空中力量和船舶吨位取得必要的压倒性的优势。面对敌人的进攻，我们要想投入我们的全体男丁以及现在科学装备的力量，无疑需要一个前提：美国已经取得巨大的进展，你们以援助为目的的那个庞大造船计划已经进入高潮。我们能够投入多少热情进入军事工业和造船厂当中，是这个时期持续多长时间的决定因素。

然后就可以开始第二阶段。这个阶段可以称之为解放阶段。收复已经失去或者尚未失去的领土，让被征服的民族在拯救和解放他们的军队与空军大批进入他们国境时进行起义，是这一阶段需要完成的任务。被攻占的国家和地区，被征服的政府或政权，必须要积极进行物质和精神上的努力，以等待救援那一天的到来，从而实现这一目的。不论在什么地方，都应该像避开和隔离传染病患者一样避开侵略者（无论是德国人还是日本人）。抵抗是必须的，在无法积极抵抗时也必须进行消极抵抗。要给侵略者和暴君们一种这样的印象：他们取得的短暂胜利将会付出代价，他们正遭受到追击，他们进行的注定是无法成功的事业。而对于那些充当敌人工具的卖国贼和叛徒来说，惩罚将会降临在他们身上，他们的同胞将会审判他们。

同时，也有必要筹划第三个阶段——进攻欧亚两洲的犯罪国家和城堡。

对于未来的光明的前景，以及我们可能遇到的困难，我就这样用几乎话进行了阐述。但是我们也必须认识到，在我们预测我们应该努力争取的明天时，我们的命运的每一阶段也会受到敌人的力量和行动的影响。此外，还有一点你们也必须认识到，那就是我没有给各个阶段规定时间。因为我们的努力和成就，以及战争变化无常的危险，才是这些时限的影响因素。

我在华盛顿和渥太华的这些演说都很合时宜，这让我感到无比幸运。我是在我们因为日本对我们长期而疯狂袭击而遭到一系列损失之前发表这两篇演说的，当时的我们正因为同盟的建立和它带来压倒性的优势的潜力而高兴不已。对于我们裸露的皮肉在不久后将要遭受的鞭挞，我甚至在自信讲话时就已经能够感觉到。英国、荷兰、甚至美国，将会在太平洋和印度洋上，以及这些大洋中的一切亚洲的陆地和岛屿付出巨大代价。我们必然要面临一个军事灾难接连不断的时期。我们必须要经许多黑暗和遭受到许多令人厌倦的失败和损失的月份，才能迎来光明。元旦前，我乘火车准备回到华盛顿。期间我被邀请坐到了一个车厢，这个车厢坐满了许多美国的重要新闻记者。我祝贺他们度过一个光荣的新年，并且忠于现实地告诉他们：“即将到来的 1942 年，必然会是充满奋斗和危难艰辛的一年。但我们会在这一年向胜利迈进一大段距离。对于这光荣的一年，我希望大家都能平稳度过！”

第十六章　英美达成一致的意见

签订联合国公约——李维诺夫的怀疑和恐惧——美国军队被派到北爱尔兰——1 月 3 日致战时内阁的报告——联合参谋长委员会——它高效地顺利进行——参加者缺少俄国代表——地位特殊的约翰·蒂尔爵士——比弗布鲁克勋爵的促进力量——美国军事生产局的历史——发展巨大美国供应产品生产——发展巨大的商船产量——棕榈海滨小憩——有效的保密工作——坏消息从亚历山大传来——意大利的“人控鱼雷”——我们失去战斗力的地中海作战舰队——空军增援埃及——一个不合时宜的建议——让印度自治——俄国和波罗的海国家——1 月 8 日我给艾登先生发去电报——有趣的温德尔·威尔基事件——回到白宫

关于在联合国公约上一切的签字手续，在我回到白宫时已经准备妥当。曾有大量电报在华盛顿、伦敦和莫斯科之间来往，但一切问题在这个时候都不存在了。对于其中提到的“宗教自由”，总统曾经竭尽全力让最近由于局势变化而重新得势的苏联大使李维诺夫接受。所以，当我们在总统室里共进午餐时，他也在被邀请之列。他行事非常谨慎，这缘于他在本国受到的痛苦经历。对于这位俄国人，罗斯福先生后来和我单独交谈了几次，灵魂问题和地狱之火问题也在被谈论的范畴。我曾告诉罗斯福先生，如果他下次竞选总统失败，我会推荐他担任坎特伯雷[1]大

① 英国国教的最高领导人。——译注

主教。对于这一正式推荐，我却从来没有向内阁或国王提出过。最后，因为他赢得了 1944 年竞选，这个问题自然就不存在了。在向斯大林报告“宗教自由”问题时，李维诺夫显然是在恐惧和战栗中度过的。但对于这一问题，斯大林很容易地予以了接受。由于是我起草的第一次失业保险法，因此我真诚地同意了战时内阁提出的关于他们对“社会保障”的看法。大同盟的所有国家，就这样在经过一个星期在世界各地的电报来往之后达成了协议。

出于替换“协约国”的目的，总统提出了“联合国”的说法。在我看来，这一改进的意义非常重大。我让我的朋友参看了拜伦的《柴尔德·哈罗德游记》中的几行诗句：

> 联合国拔刀的地方就在这里；
> 在那天，我们的同胞们都在战斗！
> 这些事无疑永远被世人铭记，
> 一切都将永远被世人铭记！

总统在 1 月 1 日早晨被推到了我那里。我走出浴室，对宣言稿表示同意。要想赢得各次战役的胜利，宣言本身并不起作用。但关于我们为什么作战以及我们是怎样的人，宣言却进行了很好的说明。随后，在这个庄严的文件签署的那天，我、罗斯福、李维诺夫以及代表中国的宋子文，在总统的书房里在上面签了字。国务院处理了其余二十二个国家的签字任务。在这里只记录宣言的最后部分。

> 大不列颠和北爱尔兰联合王国、美利坚合众国、中国、苏维埃社会主义共和国联盟、澳大利亚、加拿大、比利时、哥斯达黎加、古巴、多米尼加共和国、捷克斯洛伐克、萨尔瓦多、希腊、新西兰、尼加拉瓜、挪威、海地、洪都拉斯、印度、卢森堡、荷兰、危地马拉、巴拿马、南斯拉夫、波兰和南非联合宣言。

本宣言签字国政府：

同意1941年8月14日美利坚合众国和大不列颠与北爱尔兰联合王国首相称作大西洋宪章的联合宣言中包括的关于目的和原则的共同纲领。

为了让本土和其他地区的人权和正义得到保全，为了保卫生命、自由、独立和宗教自由，坚信必须取得对敌国的完全胜利，坚信目前进行的事业，是一场反对企图征服世界的野蛮和残暴势力的共同斗争。因此特别宣告：

(1) 对于与自己处于战争状态下的三国公约成员国及其附属国家，每个国家都利用本国的军事或经济的全部资源来进行反对。

(2) 对于本宣言签字国的政府，每个国家的政府都必须保证同它们合作。同时，在面对敌国的时候，每个国家不能单方面停战或媾和。

以上宣言的参加人，包括一切在战胜希特勒主义的斗争中，能作出贡献的国家。

* * *

派遣三个或四个美国师进入北爱尔兰一事，是我向总统提出的一些其他请求中最重要的一项。在我看来，美国要表示直接干涉欧洲，让六万或七万美国军队到达厄尔斯特[①]是一个最好的方法。像在美国国内一样，这些新招募的军队可以在厄尔斯特完成训练。这样一来，他们就可以成为一个战略上的影响因素。而对于这一行动，德国人必

① 爱尔兰北部六郡的总称，居民多为新教徒，反对爱尔兰的统治，愿意同英国合作。——译注

然又会认为我们是出于保卫大不列颠群岛才这样做。关于我们登陆军队的数目，我希望他们能夸大些，这样西方就会受到他们的持续关注。并且，每有一个美国师渡过大西洋而来，中东就能够拥有一个我们训练有素的英国师。或者，像我想的那样，让每一个这样的英国师去北非。尽管拥有这种看法的人很少（即便有的话），但如果要使我所希望的、由同盟国军队突袭摩洛哥、阿尔及利亚或突尼斯，第一步就应该这样做。对于这一点，总统也已经完全认识到。不仅如此，虽然我和总统还不需要具体讨论这一概念，并且也没有一个明确的形式定义它，但我却感到我们的思考方向相同。

对于进入爱尔兰的行动，陆军部长史汀生和他的专职顾问们也认为它吻合他们尽早进袭欧洲的意图。所以，这一行动进展得非常顺利。对于这一战略性的行动，我们虽然没有向敌透露军队的数目但却将这个事实予以了公布，这样做的目的在于我们希望让敌人尽快了解它。这种公布的举动也帮助到了俄国的战事，因为它让德国军队留在了西方。但由于英国公众和报纸无法明白我们的理由，许多不合理的评论也因此而产生。“我们对把美国军队派往厄尔斯特的行为感到费解，在我们看来，它最好的去处应该是新加坡。”这就是我们碰到的其中一个问题。当这种观点后来为我们所认识时，波普的诗句不禁出现在了我的脑海：

> 各位神灵啊！
> 为了让两位情人快乐，
> 将时间和空间毁灭吧！

要让一支军队通过那一大段路程而及时发挥作用，当然是不现实的。

* * *

我向战时内阁报告了这些决定。

首相致掌玺大臣　　1942 年 1 月 3 日

1. 关于昨天的事情，我向你发送了两封与之相关的电报。对于这两封电报，我想你已经收到。“联合国”是总统为进行合作的所有国家选定的名称。相较于“同盟”或“协约国”两个名称，“联合国”的称谓要更为适合。因为“同盟”这一词语与宪法相悖，而“协约国”则不够生动。

2. 李维诺夫因为自己的遭遇已经乱了方寸，再加上他原本就是一个不懂得变通的人，所以他死活不愿意让我们在宣言中插入“或当局”这几个字。这一问题由换函的方式得到了解决，即将“国家”包括“自由法国”组织，或者是在西班牙、北非或德国本身产生的起义组织在函中进行说明。对这件事作出决定是刻不容缓的，总统希望在 1 月 1 日进行签字，因为它将会通知近三十个国家，而这难保不泄露秘密。

3. 也有必要尽快对韦维尔下达命令。但因为已经不再是单独作战，这也必须考虑到美国的意见。如果论个人的意愿，我希望韦维尔的战区包括缅甸。但需要注意的是，当地的缅甸司令也要有自己的任务，同时也必须把印度作为根据地。因为他和布雷特在蒋介石的眼里都没有很好的印象的缘故，他也必须友好地和蒋介石进行接触。

4. 为了让“超级体育家”作战计划能在这些军队运动期间就执行，因为大批美国军队和空军就要调入北爱尔兰，我们现在就要开始收集必要的船只。

5. 在这里，我们非常亲近和随便，有如生活在一个大家庭。并且，我已经在思想上非常敬佩总统，他有着让人无限敬仰的远大目标、坚定决心以及对共同事业的忠诚。人们丝毫不为最初的一些不幸激动或烦恼。在大家看来，这些不幸是必然会发生的，它们的补偿将由集合拥有压倒性优势的各种兵力来提供。但也不得不说，在不久之后，公众之中将会爆发一场激烈的争论。

6. 请将我对战时内阁非常善意的新年贺电和谢意向他们转达。我非常高兴你能喜欢我在加拿大的演说。对我自己在那里受到的接待，我非常感动。

* * *

设立现在著名的“联合国参谋长委员会”，在未来的历史学家们的眼中，很可能会成为我们代号为“阿卡迪亚”的第一次华盛顿会议最宝贵和最持久的成果。华盛顿是这个委员会的总部。英国常驻华盛顿的高级军官被委任为英国三军参谋长的代表，因为后者必须住在靠近本国政府的地方。几乎是每一天每一个小时，这些代表们都在和伦敦接触。这就使得英国三军参谋长对于任何一个战争问题的看法，能够在一天当中的任何时候都为他们的美国同僚们熟知。长官们因为频繁在卡萨布兰卡、华盛顿、魁北克、德黑兰、开罗、马耳他和克里米亚半岛等世界各地区举行会议长时间地聚在一起，有时甚至达到了两个星期。有超过八九十次在这样的会议中的集合，都成为了联合参谋长委员会在战争期间举行的集会，后者达到了两百次。在这些隆重的集会中，有许多重要的决定被定了下来。

通常每到清晨，每一方的参谋长就会自行开会。而在当天的晚些时候，双方又会在一起集会，并在晚上举行一次联合会议。他们会将全盘的战争指挥问题予以考虑，并将商定的结果告诉我和总统。在这样做的时候，我们会同时通过电话和电报自己直接进行讨论。我们自己的参谋长也会在这时和我们保持密切的接触。但对于其中专业顾问们的建议，我们不得不告知战场上的所有司令官，因为它必须要全体会议加以考虑。在这些进程中，对共同事业的真诚始终都高于国家或个人的利益，不管联合参谋长有着多么尖锐的不同意见，以及争辩如何的坦率和热烈。当决定达成并且得到了政府首脑们的通过，大家，尤其是原来意见被否定的人都会完全忠实地执行。至于没有达成有效协议，或者无法有明确的命令传达给每个战区司令官的情况，一次也没有发生过。对于自己执行的每个命令，每个军官都能认识到它具有双方政府联合观念和专家权威的性质。比这个机构更有作用的作战机构，在同盟国中还从来没有出现过。我非常高兴看到它尽管有一些形式上的变化却在今天仍然存在。参谋长委员会并没有俄国代表的参加。参谋部的合并对于他们来说是做不到并且也没有必要的，因为他们的战场具有独立、辽远、单一的性质。对于他们而言，唯一需要实现的就是和我们互相知道对方行动的一般范围和时间。但只要条件允许，我们也尽量在这类事情上和他们保持密切的接触。在适当的时候，我将会亲自访问莫斯科几次。德黑兰、雅尔塔和波茨坦的三国参谋长，都分别在三个国家进行了聚集。

关于英美之间的一切商讨，共同语言无疑是最大的便利之处，因此并不存在用译员时发生的拖延。但是在语言的说法上却存在差异。在一开始的时候，这一点曾引起了一个有趣的事件。英国的参谋人员曾经拟好了一个文件，并且准备把它作为一件紧急的事情提出来。于是，他们向美国同事们表示，他们希望把这件事列入议程当中。美国参谋人员对这句话的理解是，将文件放在抽屉里不再提起。事实上双方对这件事有着完全一样的看法，并且所希望做的事也是同一件事，但这是经过长时间甚至激烈的争论之后才明白的。

*　　*　　*

关于蒂尔元帅不再是帝国总参谋长，却仍然同我们一起乘“约克公爵”号前来的事情，我在以前就曾叙述过。不仅是在海上，就算在会见美国领袖们的时候，他在一起的商讨中都起到充分的作用。在他们面前，我立即发现了他已经具有了最大的威望和影响。能够获得美国人同等程度尊重和信任的，在这次战争期间由我们派遣到大西洋彼岸的英国军官，可以说完全没有。总统几乎立即因为他的品格、谨慎和机智而信任了他。并且在他和马歇尔将军之间，一种真诚的同事关系和私人友谊也开始产生。

* * *

我们也曾大规模地扩充生产领域。比弗布鲁克在这个问题上所产生的推动力非常强大。对于这一点，可以从美国官方发表的战时工业动员经过得到大量证明。唐纳德 · 纳尔逊，美国战时的生产局长，他曾经就此拟定了一些庞大的计划。美国的记载曾这样说："但在大胆尝试的问题上，比弗布鲁克 12 月 29 日却给了纳尔逊非常大的影响……"要想叙述具体经过，纳尔逊先生自己的话或许更加适合：

> 为了应付一个资源丰富而顽强的敌人，比弗布鲁克强调，相较于 1942 年，我们需要以更加广阔的眼界来进行生产。他认为我们还没有经验应对这样一种战争中所特有的物资损失……对于我们需要以更广的眼界来计划生产必要的战争物资，他进行了多次强调。例如，对于 1942 年坦克的生产数量，他认为不应该是努森先生说的三万辆，而应该设为四万五千辆。

这项美国记载继续说：

> 比弗布鲁克不仅让纳尔逊逐渐拥有了这种看法，并且也让这种看法对总统产生了影响。关于 1942 年的生产量，比弗布鲁克将美国、联合王国以及加拿大，与英国、俄国和美国进行了比

较。经过比较，发现了实际生产量远远不及1942年的实际生产量。在坦克、飞机、大炮和步枪方面，分别存在了一万零五百辆，二万六千七百三十架，二万二千六百门，一百六十万支的不足。比弗布鲁克写道，增加生产指标必须实行。美国工业所具有的巨大生产潜力，是他坚信的原因。他认为1942年的生产指标应该达到：四万五千辆坦克，一万七千七百门反坦克炮，二万四千架战斗机，两倍于原计划产量的高射炮，并且还要完成计划增加的产量。

最终所制定出来的生产指标，远远超过了纳尔逊所提出的数量。总统认为必须要经常检验，我们的工业能力概念才能最终确定……他要求必须完成一项这样的军火生产计划：在1942年要生产出作战飞机和坦克各四万五千个单位，两万门高射炮，一万四千九百门反坦克炮和五十万挺机关枪。

我向国内报告了这一消息。

首相致掌玺大臣　　1942年1月4日

我们曾举行过一系列会议来讨论供应问题。总统和副总统是这些会议的主持人。谈判和对细节的讨论每天都在进行着。总统和我在星期五主持了一次会议。星期六又举行了两次会议。最后决定：

将1942年美国商船的生产量提高到自重八百万吨，将1943年的提高到一千万吨。让1942年的造船计划增加三分之一的生产量。

1942年和1943年作战武器的生产计划如下：

武器种类	1942年	1943年
作战飞机	45,000	100,000
坦克	45,000	75,000
高射炮	20,000	35,000
反坦克炮	14,900	未定
地面和坦克用的机关枪	500,000	未定

相较于 1942 年的原生产计划，新的 1942 年的生产计划有了一定程度的增加。这一项新的计划在美国参战后为：

作战飞机	31,250
坦克	29,550
高射炮	8,900
反坦克炮	11,700
地面和坦克用的机关枪	238,000

有关部门已经收到了指令。这一生产计划，[总统] 本星期给国会的咨文会简略地提到。必要的财政项目也在预算之列。马克斯极其完美地完成了此次任务。在完成的过程中，霍普金斯也提供了很大的帮助。在听到生产计划有了大幅度增加后，我希望你感到欣喜。

这些数字诚然非常惊人，但 1943 年年底的生产量却超过了它们。例如美国建造的新船吨位如下：

1942 年	5,339,000
1943 年	12,384,000

*　　*　　*

在华盛顿期间，由于要对整个战事殚精竭虑，同总统和他的主要顾问们以及我自己的顾问们经常进行商讨，我发表的两篇演说以及到加拿大的行程，以及对不断出现的紧急问题和国内同事们相互来往的电报作出决定，我感到的不仅仅是紧张和辛苦，甚至达到了精疲力竭的地步。我的美国朋友们提议我应当休息一下，因为我看起来实在太疲倦。出于善意的目的，斯退丁纽斯将他靠近棕榈海滨僻静场所的一个小别墅交给我使用。就这样，我在 1 月 4 日乘坐飞机去往了那里。在我动身的前一天晚上，我在白宫的房间气温调节突然失效。由于气温过高，我感到非常闷热。于是，在我想打开窗子时，我的心脏产生了轻微的紧张。在接下来的几天时间内，这种不舒服的感觉都延续着。但对于我去往南方的行程，我的医药顾问查尔斯·威尔逊却认为不能拖延。和我一起乘飞机前往的还有马歇尔将军。在途中，我和他进行了一次愉快的交谈。在斯退丁纽斯的别墅，我们停留了五天时间。在这期间，我们要么在阴凉处或日光下躺着，要么在令人愉快的波浪中沐浴。但有一次出现了一条相当大的鲨鱼。他们说那条鲨鱼只是一条“海底鲨”。但话虽如此，我仍然有所戒备。从那个时候开始，我就开始待在浅水的地方，毕竟被一条海底鲨吃掉和其他种类的鲨鱼吃掉都不是一件好事。

我的行踪是不允许泄露的。总统和我的一切行动，被白宫曾经告诉新闻界，说它的性质等同于美国战列舰的行动。正是因为这一原因，与之相关的字句一个也没有出现在报纸上。但在佛罗里达却有许多人在迎接我。并且，在我休憩的地方，还等候有许多曾和我们愉快交谈过的新闻记者和摄影记者。但这些消息在报纸上也从未出现过。

首相致掌玺大臣　　1942 年 1 月 5 日

为了完全隐蔽一下，我将要到南方几天。总统会去海德公园。在这几天的时间里，参谋人员依然会不懈地工作。他们得出的结果，我们在回来后将会加以处理。尽管拟定攻势计划不可能一帆风顺，但是我们却不能放弃。这边已经准备好让美国军队进入爱尔兰的巨大行动。因此，你也要准备好我们那边的事情。关于这方面的工作，请你务必要作出很好的安排。对于他们如特殊饮食之类的事务，需要进行认真的研究。

事实上我们不仅准备满足眼前的需要，甚至还准备为在敌方战线任何一个可能的地方使用美国军队制订计划，这一点我想你已经猜到。船舶是这一计划制定的阻碍因素。

我准备经常保持电报联系，因为我很乐意电达一切事项。为了对我所在的地点进行保密，他们在这里正在想尽一切办法。最好不要让我们的报纸推测我回国或我的行踪的消息。

首相致掌玺大臣　　　　1942 年 1 月 7 日

查尔斯·威尔逊[1]在我经过一段长时间的劳累后对我进行了劝告。我现在正遵从他的劝告在南方作几天的休息。对于这件事，总统正在阻止美国报纸透露。为了不让美国报界恼怒，以及不让我受到他们和游客们的纠缠，请确保英国也不发出任何消息。

*　　*　　*

当“伊丽莎白女王”号和“勇敢”号因为遭到意大利“人控鱼雷”袭击亚历山大港而丧失战斗力的消息传来的时候，我正在“棕榈海滨”柔和的阳光下躺着对这一切电报和备忘录进行口述。我在前一章就已经谈到过这件事情。最让人烦恼的事是，如何确定这个不幸事件是巧合出现，还是和伴随我们其他军舰的损失而来。对于这件事的严重性，我立刻就看了出来：我们已经丧失了地中海上的作战舰队，并且也暂时停止了对我们保卫埃及使其不受到海上直接进攻的海军力量的供应。一切能在英国南部海岸搜集到的鱼雷飞机，在这紧要的关头似乎应该全部派出。但一个令人不愉快的结果也因此而产生，它在不久之后将会看到。

首相致伊斯梅将军转参谋长委员会，并致空军大臣

1942 年 1 月 7 日

当务之急无疑是从海防空军纵队或轰炸机纵队派出强大的空

① 查尔斯·威尔逊现为莫兰勋爵。——原注

军支援，尤其是鱼雷飞机。对德国等国家船舶的轰炸机攻势。阿诺德将军[①]告诉我，他将往厄尔斯特派遣共计八十架轰炸机的两个轰炸机队，另外还有一些战斗机中队。请务必告诉我你正在做什么事情和坎宁安将军是否已得到安慰。

由于担心斯科帕湾会重现意大利的冒险行动，忧虑笼罩了我的国家。

首相致第一海务大臣　　1942 年 1 月 9 日

因为令人沮丧的亚历山大港事件，我想到了斯科帕湾是否也应该防范这种方式的袭击。我想确定我们利用深水炸弹对入口的巡逻是否是每隔二十分钟一次。相较于亚历山大港的平静水面，这一港口强大的水流无疑会让它更为安全。

我想知道你现在面临怎样的情况。

不让敌人知晓在亚历山大港停泊的那两艘大型战列舰的真实情况，是我们最需要解决的事情。

*　*　*

对于困扰我的几个困难问题，我现在抽出了一些时间来处理。为了使国民大会党在一部宪法下面团结起来，来对共同的事业和本身的安全共同出力，印度总督和内阁将制定一部新宪法并重新提了出来。事实上这只是一种无用的幻想，在后面的一章我们将会提到这一点。

首相致掌玺大臣　　1942 年 1 月 7 日

在敌人已经到了边界的时候在印度提出宪法的问题是非常危

① 美国陆军航空队队长。——原注

险的，特别是修改宪法。我希望我的同事们了解这一点。我们没有理由因为想要从印度获得更多东西，而在这个时候让国民大会党掌权。但这一点在一种情形下很可能成为现实，那就是采取任何选举形式或其他以议会形式。如果让防御机构渗进敌对的政界人士，那么行动就会变得无法执行。如果只让友好的印度人入选，不会有严重的危害但也无法让政治上的要求得到满足。印度的自由党人巧舌如簧，但对于讲过的话，他们从来也仅仅是说说。印度军队的战斗非常出色。不过有一点不能忘记，那就是他们效忠的对象是英国国王和印度皇帝两个对象。至于国民大会和印度僧侣机构的统治，对于一个正在战斗着的民族而言，它是绝对没有生存土壤的。

美国舆论方面在我看来会一切顺利。对于印度的评论，尤其是从美国人参加战争后，一切报纸都非常克制。尽快打赢这场战争，是这里所有人一致的想法。再次将部长的责任担负起，在这个紧急的关头，将被委托的巨大任务很好地完成，是已经获得省政府控制权的国民大会提名人的第一任务。请务必向内阁转达这些意见。我相信我们会一如既往地审慎。

但我开始感到不安起来，因为艾登先生在从莫斯科归来的同时，也带回了苏联的领土野心（波罗的海国家尤甚）。彼得大帝曾经征服过这些国家，两百多年以来，沙皇一直统治着它们。从俄国发生革命开始，欧洲对布尔什维克主义的反对就将这些国家变成了前沿阵地。现在被称为“社会民主主义的国家”的那些国家，就是这样的一些国家。但是它们却非常活跃和凶暴。在 1939 年战争爆发以前，希特勒曾在和苏联打交道时将它们当作抵押品。俄国和共产党人曾对这些国家实行严厉的清洗。在这件事发生之后，这些刚强的民族就转入地下生活了。然而在不久的以后，希特勒会重新为他们带回一种反清洗，我们即将会看到这一点。最后，苏联在总胜利到来之后又会重新控制这些国家。

爱沙尼亚、拉脱维亚和立陶宛在这一过程中会受到几次致命的梳理，但公理毫无疑问会站在他们那一方。对于波罗的海国家而言，他们应该独立自主。

首相致外交大臣　　　　　　　　　　　　　　　1942年1月8日

1. 对于1941年的俄国边界，我们从来没有予以承认，所承认的只有这件事本身。俄国是通过勾结希特勒进行的侵略行为而获得这些边界的。我们进行这次战争的所有原则，以及我们的事业，和违反波罗的海国家人民的意愿而将这些国家移交给苏俄都是相违背的。比萨拉比亚和北布科维纳也适用于这一原则。并且，由于我认为芬兰进行征服和吞并并非完全有意，因此芬兰在一定意义上适用于这一原则。

2. 芬兰人曾利用往列宁格勒的通路来进攻俄国，因此从战略上考虑，俄国可能将通往列宁格勒的通路问题提出。他们也可能认为波罗的海有一些岛屿关系到自己的安危。布科维纳或比萨拉比亚的边界，在某些情况下也可能被俄国以战略上的安全为由提到。因此，如果符合这些条件，并且居民不反对，就必须撤出这些居民，并予以赔偿。除此之外一切情形的领土转让问题，都应该由公民在战争结束通过自由和公正的投票方式来决定。这完全不同于俄国建议的方法。只要缔结和平条约的会议还没有举行，对边界问题的解决在任何情况下都不应被提及。对于我们在莫斯科所采取的坚定路线，罗斯福总统几次都表示出欣喜。因此，我认为他持有的观点和我完全相同。如果英国内阁同意在这样的会议举行之前就解决边界问题，那么我是不会赞同的。

3. 斯大林曾表示赞成大西洋宪章的原则，而我们也是因此才表示诚意的。它也是我们同英美联合……

5. 俄国是在遭到德国袭击时才参加战争的，并且在此之前完全不关心我们的命运。不仅如此，它在我们最危险的时候还成为了我们的负担。必须在认识这一点之后，再去看待我们在战争的现阶段，为什么拒绝可能损害和平谈判的事，为什么违背大西洋宪章的原则而影响俄国。在战争中，他们的军队无疑是非常勇敢的，在保卫本土的战斗中，他们也体现出无可抗拒的巨大力量。但是，在他们为自己的生存而战的时候，我们却从未在他们脑海中闪现。不仅如此，因为敬佩他们在保卫自己的国家，同时也因为反对希特勒的行列中也有他们，我们反而在尽最大的努力对他们进行援助。

6. 对于战争结束时双方有着怎样的力量对比，或者什么地方才是战胜国军队的止步之处，我们谁也不能预测。美国和英国不会出现难以为继的情况，反而成为空前强大的军事和经济集团看来是最可能的事情。不仅如此，相较于我们那时需要苏联提供的援助，他们建设方面需要我们的援助可能还要更多。

7. 我们必须遵守你曾经的那项承诺，即承诺由我们和美国以及自治领共同研究俄国的要求。但是，对于以我为首相的英国政府而言，它的看法就是坚持大西洋宪章中公布的关于自由和民主的原则，并且在产生割让领土问题的时候让这一原则发生作用。对于这一点，绝不可以有任何误解。所以，我认为我们必须要坚持这样的立场，只有缔结和平条约的会议才能决定一切关于领土边界的问题。

事实从法律上来讲就是如此。

* * *

通过电话经常接触总统和在华盛顿的英国参谋人员，是我在“棕榈海滨”时难以避免的事情。并且，如果有需要，我还可以和伦敦通话。有一桩令人尴尬但却有趣的事情在那时候发生过。温德尔·威尔基先生在和总统关系紧张的时候曾要求见我。我一直未能与美国的反对党会面，因为罗斯福对于这件事完全不热心。但是，我和我们的大使都认为，不应该没有和他见过面就离开美国的海岸。他曾在一年前的 1941 年 1 月期间访问过英国，并且和我建立了诚挚的关系。因此，在 5 日的傍晚，我给他打了电话。我没过多久就听到了“你的电话接通了”的答复。于是我说：“能和你谈话我感到非常高兴。我希望我们能见一面。在明天晚上的时候，我将会乘火车回来。我想知道你能否在某一个地方上火车，同我一起进行几个小时的旅行。你下个星期六会在哪里？”然后我听到了一个声音：“哦，我现在正在写字台旁边。”我回答：“我有点弄不清楚状况。”对方回答：“你以为和你说话的人是谁？”“不是温德尔·威尔基先生吗？”对方回答：“不对，和你说话的是总统。”由于没有听得很清楚，我问道：“是谁？”得到的回答是：“和你说话的是富兰克林·罗斯福。”我告诉他：“我这个时候原打算是和温德尔·威尔基通话的，无意打扰你。我想你们的电话交换机可能弄错了。”总统回答：“我真心希望你在那里过得舒适，并且非常愉快。”随后，我们将一些私人的行动和计划进行了愉快的谈论。快结束的时候我问他：“我希望能和温德尔·威尔基讲话，你不会介意吧？”罗斯福回答：“我并不介意。”就这样我们结束了谈话。

但对于我们的这种友好相处，我不能忘记它还处于最初阶段。因此，在回到华盛顿的时候，我认为必须要有一项举动——从哈利·霍普金斯那里打听是否有在那里得罪总统。所以，我给他写了信：

> 关于和我们曾说到的那个人谈话，我想知道这样做是否有什么不合适。因此，出于职责的需要，我确实应该对一位重要的社会人士以礼相待。所以，只要你不反对，我那样做的决定仍然不准备改变。

霍普金斯的回答是：并没有什么不合适。

*　　*　　*

回国在即。

首相致掌玺大臣　　1942年1月9日

3. 我在这里也非常忙碌，你从来往的电报中就能看出这一点。相较于在华盛顿的忙乱状态，通过这种隐居生活我已经能更清晰地集中事情。在此间，我正拟定一个论英美合作的重要文件。等回去以后，我会第一时间将它和三军参谋长以及总统先后商讨。

4. 获悉8日的辩论已经和平地过去，以及对于其中的主要问题下院愿意推迟讨论，我感到非常高兴。但有一点必须认识到，那就是那些争论已经完全到了这里，并且会被当成下院的意见为人们所知。在这些意见中，有几句话并不会有利于美国的舆论。因此，我也会告诉总统说，同他无法控制美国国会来自边远地区的议员们的看法一样，对于我们个别议员的观点，我们也已经无法再作控制。我希望知道你和安东尼[①]发言的要点

5. 我认为我可以以一种报告的方式把星期二的讲话体现出来，然后由别人提议休会。这样一来，我不仅可以提出通常的批评，而且还能够进行答复。但这在你看来或许完全没有必要。尽管我不能说出精彩的部分，但我认为我们仍然需要谈许多话。

在9日的晚上，我会坐火车准备回华盛顿。11日，我会抵达白宫。途中会一直处理公务。

① 指艾登。——译注

第十七章　重新走入暴风雨

在英美商谈后，另外一些关于战争的文件——扩充美国陆军——扩充空军——军火和船舶产量的不断增加——有必要往北爱尔兰派遣一支美国军队——隆美尔的完全抵抗和北非计划的延迟——为了消耗德国的空军，有必要不断地交战——我们的处境因为俄国军队在南方的抗战的胜利而变得安全——有潜在危险的高加索地区——我们必须要重新夺回主动权——以机动攻击部队袭击日本的征服地——白宫在1月12日的最后一次会议——完全相同的英美意见——马歇尔将军的问题——我们准备返回英国——总统的忧虑——“波音”式飞机——我意欲使用这种飞机——专家波特尔和庞德的看法——不乘“约克公爵”号而乘飞机的决定——我在百慕大议会发表演说——一次长途飞行——黎明时的危机——安全抵达普利茅斯

我曾将一个分为两部分的备忘录在佛罗里达休息的时候拟定。它是我在这期间拟定的第四个备忘录，我准备将它分别交给参谋长委员会和战时内阁。之所以要写这份备忘录，其中的一部分原因也是为了给美国人看。这个文件的写成背景——在总统和他的顾问们，以及联合的三军参谋长相互在华盛顿开始商谈之后——是和之前三个文件的不同之处。在回到伦敦之后，我向战时内阁提交了这些文件，以给他们提供参考之用。有许多协议在我们两个国家之间达成。而对于战时内阁而言，对于为我们事务所规定的方向，它更多的是持赞同态度。

我在这里只提出一些较为概括的方面[1]。

致伊斯梅将军转参谋长委员会及国防委员会　　1942 年 1 月 10 日

关于这次战争的特点，以及它于我在这里进行商讨后表现的情况，我已经利用几天安静和隐居的机会进行了回顾。

1. 美国所面临的状态，是已经受到攻击而同三个轴心国展开了战斗。将自己受过训练的部队，迅速而有效地派往前线作战，是这个国家的迫切心愿。但这要在 1942 年大规模实现还不现实，因为船只过于紧张。美国陆军的兵力将会在这期间发生变化，它会从以前约三十个师和五个装甲师提高到约六十个师和十个装甲师的总额。让大约三百七十五万人编入陆军和空军（不少于一百万人），是他们目前会保有或通过召集达到的兵力数量。尽管并不需要担心人力储备的不足，但在目前的情形下，召集更多的兵员只会误导战争的努力。

2. 在 1942 年一年当中，似乎不会有超过美国军队四分之一到三分之一的兵员被运往实际的战斗前线。但是在 1943 年可能会有多出很多的部队运过海洋，因为最近的造船计划已经能生产比以前吨位大上许多的船舶。所以，我们应该在这期间仔细研究这些行动，因为可能大规模的攻势会成为 1943 年夏季的行动特征。

3. 在 1942 年期间，力量已经非常强大且在不断增加的美国空军可以参加大规模的作战行动。计划中已经包括由以大不列颠群岛为基地的强大轰炸机对德国和入侵港口进行袭击。大不列颠的防御战也可以有美国战斗机中队的参加。它同时也可以加以控制战斗机航程内的法国沿海地区。

4. 在 1942 年，美国的军火和船舶产量会开始大量增加，并在 1943 年达到最大限度；总统对此已经向国会宣布。这很可能会

① 囿于篇幅，并没有详细记述第 9、10、14、15 和 16 节。——原注

使得希特勒将决战的时间定在1942年，因为在此之后他就会充分感受到美国的压力。

5. 关于运送能够在任何海滩登陆的坦克的车辆，希特勒曾有充分的时间来加以准备（进行大量生产也不无可能）。他无疑已经在大力发展降落伞，特别是用滑翔机来进行空运部队的袭击，只是对于这种程度我们仍然难以估量。美国主要战略家普遍认为大不列颠是联合国的重要堡垒，总统曾经也宣布了这一点。在即将展开的1942年的紧要战役中，使这场战争有可能失败的地区，的确只有大不列颠。所以，最不经考虑而做的事，莫过于让不列颠有效地防御面临危险。

6. 因此，一项最需要而不应该受到阻碍的措施，就是派遣四个美国师（要有一个装甲师）进入北爱尔兰。因为这样做可以让英国在冰岛的军队获得更替，从而能腾出另外一个英国师。但由于考虑到要想把将来解放斯堪的纳维亚半岛作战准备好，必须拥有人数众多的受到在山地和雪地作战训练并且能滑雪的山地部队，也有一些人建议让美国当局考虑在冰岛尽可能多地训练这种部队……

7. 但我们不能放松警惕敌人在昔兰尼加的顽强抵抗，隆美尔将军有可能撤退或率领一部分军队逃走，所以已经到达的黎波里的增援部队以及拖延期间可能出现的增援部队，尤其要警惕我们前进部队可能面临的给养困难。因为如果这一切出现差池，“杂技家”作战计划[消灭的黎波里的全部敌人]可能就无法全部完成。所以，我们必须要更加彻底地研究“超级体育家”作战计划[美英军队联合占领法属北非]，以及将“磁石”行动[让美国军队进入北爱尔兰]最快地进行。

8.……同英国在前线的空军相比，德国在前线的空军已经处于数量上劣势。俄国无可置疑地留住了它相当大的一部分空军。尽管目前德国的轰炸机和战斗机比以前分散得多，但因为敌人还有良好的内部交通线，以及能够迅速地进行移动，大部分英国的空军还只能留在国内不能调开。并且，我们还必须要考虑到意大利的空军。

11. 对于德国的空军力量，我们应该通过用不断交战的方法来消耗，并且要优先其他的行动。在俄国的前线，这样的行动正在执行。但它在英国的前线上执行却不得不受到一定的限制，因为敌人并没有恢复轰炸攻势或白天的攻势。我们应该在地中海区域安排优势兵力，因为敌人无疑有意在那里开展一条战线。但要想获得优势兵力，必须要等到美国空军到达之后。我们的当务之急是抓住一切机会，在每一个攻击地点持续使德国空军作战，因为我们拥有比他们更卓越的消耗能力。这是毫无疑问的，像格兰特①将军在他的最后一次战役中一样，我们因为即将要获得大量供应，所能承受的损失是敌人的两倍。而对于德国来说，它在1942年失去战斗力的一架德国飞机或一名德国飞行员，可能相当于1943年的两倍。我们想要迫使敌人把空军力量消耗到他的飞机工厂和航空学校无法补充的程度，使他们进行空战是唯一的办法。这样一来，主动权就可以再次回到我们手里。因为，像我们一贯面临的处境一样，敌人也必须完全忙于应付日常需要和勉强支持。

12. 俄国军队沿着顿河在克里米亚半岛上进行的抵抗获得了成功。这让俄国得以继续控制黑海，而且在很大程度上帮助了我们。为此，我们无疑应该欢呼雀跃。但三个月前我们也曾不得不考虑另一种可能——德国通过高加索而到达里海和巴库油田。但在直到冬季结束的四五个月的时间内，冬季无疑会防止那种危险出现的可能。而且，我们也会因为俄国军队在南方不断地成功抵抗得到完全的保护。

① 美国南北战争时期的北军总司令，同时也是美国第18任总统。——译注

13. 但在晚春的时候，这种危险可能又会重新出现。德国和被德国征服的国家，已经极其需要石油的供应。这无疑会使得除了成功侵入不列颠群岛之外，夺回巴库和波斯油田变得最为重要……德国陆军在气候改善以后，可能重新焕发出巨大的力量。如果出现这种情况，他们很可能在俄德战线的北段和中段只采取一种守势，而将东南方经由高加索那边的油田作为主要的进攻目标。

对日本的战争

17. 德国如果因为战败而崩溃，一种势不可挡的压力就会降临到日本的头上，但世界大战却不会因为日本的战败而结束。这已经成为了人们的普遍看法。认为侵入日本本土的过程会是一个长期的过程，因为太平洋上有着辽阔的距离，并且有一些关键性的前进据点已经被日本夺取或者可能被夺取。同样是一个长期过程的还有：将西南太平洋区域的岛屿、飞机场和海军基地由以澳大利亚和印度为主要根据地的军队去逐一克服。现在这些地区被委任于韦维尔将军。大概说来，战胜德国要快于战胜日本。但在一个很长的时间段内，期望在上述区域发展足够的海军、空军和陆军优势也是不现实的，因为我们不仅需要完成其他任务，同时还面临着船只的限制。

18. 尽管我们要因此而将主要精力放在对德国的战争上，但绝不能够采取守势应对敌人。我们最应该在德国战败以前恢复主动权以度过在远东的这一段时期，哪怕这种规模很小。

19. 有一些无法解决的问题，会在这一过程中出现：在有许多岛屿的一些区域可以变为临时海军基地的上千岛屿中，单纯采取消极的防御。对于日本人来说，他们既然能够暂时获得海上的控制权，以及在广大区域内保持空中优势，只要是自己想要的地点，他们就有足够的力量来夺取；但是人们希望新加坡这一要塞不被他们占领。对于我们或荷兰人至今还能防守的任何驻地，他们可以用一支巡回部队在各处出动就能够肃清。他们会想尽办法将他们占有的地方用一种计划周密的空军基地网予以维持。除此之外，他们还会希望在几个月的时间内能够占领新加坡的要塞。只要这个地方和马尼拉落入他们手中，然后将空军基地在各种中枢地方建立，他们就会拥有一种能够长期抵抗的海军防御体系……在 1942 年的时候，在英国竭力协助下的美国海军优势将会得到恢复。

20. 在此之后，就应该袭击日本人已经占据的岛屿或海港组织，时间越早越好。在美国西海岸，据我的了解，总统已经下达建立一支类似游击队军队的命令。在两栖作战中，由于自身具备的特种性能，这种军队非常有助于攻取关键性的据点和防御工事。但这种军队需要由机动性和配备适合预料特殊任务的旅团组成，并且这些任务不能够随便规定。一般情况下，这种军队并不需要驻留在攻占或收复的岛屿之上，除了在战略上需要这样做。它只需要将当地守军歼灭或俘获，并把有用的设施破坏，然后就可以离去。在执行每一次任务和行动时，都需要分别研究它所需要的军队的确切组成。根据以往的经验，我们认为有足够的舰载飞机、坦克部队以及坦克登陆艇进行掩护，是必不可少的一项。敌人一定有许多极其容易受到攻击的地方，他们不可能面面俱到。只要有像这种性质的成功行动（部队司令们，可以因为这些行动获得极其宝贵的训练部队的经验），甚至是有少数的几次，敌人就会被迫在一些坚固的据点集中兵力，因为他们已经被吓得不敢在一些地方只安排少数的兵力。到那个时候，我们就可以获得一些适当的岛屿，如果我们不想保有太多岛屿的话。除此之外，我们可以将一些暂时的或永久的空军基地和加燃料的基地，在这些岛屿上临时建立。在更大规模地收复失地和建立作为自澳大利亚北进跳板的强大基地的问题上，在敌人的各孤立的驻防地之中造成恐怖，是一种极有价值的准备。

我向总统递交了这个文件。

* * *

联合参谋长会议的工作，在我回到白宫的时候已经有了很大的进展。不仅如此，其中的大部分都和我的看法相同。在1月12日的时候，总统召集了一个会议。在这个时候，大家对战争总原则和目标都有了完全一致的看法。先后顺序和着重点是仅有的分歧之处。并且，这一切还要受到船舶的支配这一严酷而无可更改的事实的限定。英国记录曾记载："对于组织一次由美英联合远征北非的'超级体育家'行动，总统非常重视。已经拟定了一个暂定的时间表，以用于派遣九万名美国军队和九万名英国军队，以及一支巨大的空军进入北非。"出于前面已经说过的目的，已经决定往爱尔兰派遣两个师的美国军队。在私下的场合，总统曾告诉我，他将往澳大利亚和控制着日本人进路的那些岛屿派遣五万名美国军队。其中有二万五千名军队将会用来占领新喀里多尼亚和介乎美国与大洋洲之间的其他落脚地点，他们将会尽早被派出去。参谋人员在"主要战略"方面则有着一致的看法，那就是——对于其他战区的重要利益，只应从对德作战方面作战的军队中抽出一小部分加以保卫。这个基本的决定的促成，马歇尔将军居功至伟。

这位将军在一天晚上对我进行了拜访，并且将一个困难问题提了出来。他曾经同意往北爱尔兰派遣近三万名美国兵。为了让这一目的得以实现，我们当然将世界上两艘仅有的八万吨的船"女王"号交给了他使用。他问了我应该让多少人登船的问题，同时告诉我艇、筏和其他漂浮器材只能供大约八千人之用。如果忽略这一因素，他认为可以将一万六千人装载上船。我告诉他："我只能告诉我们会怎么做。对于其中的可能出现的危险，只能由你自己去把握。如果这一行动隶属于一个实际的军事行动，那么我们装载上去的军队数量，会是这两只船容纳的全部数量。但如果只是在合理的时候调配军队，装载的数量则应该符合救生艇、筏所允许的范围。但这个决定权完全在你。”听到这话之后，他陷入了沉默。随后，我们谈起了其他的问题。在作第一次航行的时候，只有较少的军队装载在了这些船上。但到最后的时候，这些船所装的军队数目则蔓延到了船边。不过无独有偶，命运帮助了我们的朋友。

* * *

现在已经是我离开白宫和美国人民的殷勤好客以及让人兴奋的气氛的时候了。我不会忘记美国人民当时顽强不屈，义愤填膺对抗暴君和侵略者的态度。充满阳光的景色在要必须回去的地方并不存在。我尽管非常希望赶快回到伦敦，并且也确信最后的胜利一定属于我们，但是我仍然感觉到即将要降临一段巨大的灾难，并且会持续许多个月。我已经不再期待在西部沙漠使隆美尔覆灭而获得胜利。在那里已经找不到隆美尔。要想在西部沙漠获得胜利，奥金莱克在希迪累泽格和加柴拉的成就并不足以决定。对于我们拟定英美突袭法属北非的一切计划，这些成就都减少所能够给予的声势。正是因为这一原因，在推迟了好几个月之后，这个行动才得以执行。

* * *

首相致掌玺大臣　　　　1942 年 1 月 12 日

请在今天晚上我动身之前用电报发给我需要作出决定的任何问题，因为我不久之后将会沉默一段时间（尽管我相信这样的情况不会永远持续下去）。

14日，我向总统告别。对于这段航程所面临的危险，他似乎颇为忧虑。全世界知道我们待在华盛顿的消息已经有许多天。不仅如此，根据图标显示，有超过二十艘德国潜艇在我们回国的航线上。天气非常晴朗，我们从诺福克乘飞机到达了百慕大。在这个地方的珊瑚礁里，"约克公爵"号率同护卫的驱逐舰正在等着我们。我们乘坐的飞机，是一架巨型的"波音"式水上飞机。我对它有着非常好的印象。我们飞行了三个小时。在这一过程中，驾驶员凯利·罗杰斯上尉和我建立了友谊。一位具有很高才能并且有着丰富的经验，是这位驾驶员给我的总体印象。为了试一试这个三十吨或者超过三十吨重的空中庞大机器，我也对操纵器进行了一段时间的操纵。我对这架飞机的喜爱之情不断增加。没有经过多长时间，我问这位上尉："它能从百慕大飞往英国吗？是否有足够的汽油？"他虽然长着一副迟钝的外表，但却明显很兴奋："完全没有问题，我们能够做到这一点。根据目前的天气预测，有一阵时速四十英里的风会出现在我们后面。只需要不到二十个小时，我们就可以完成飞行。"我问他距离，他告诉我："约三千五百英里。"这不禁让我有些担心。

但我在我们着陆后向波特尔和庞德提出了这件事。一件同样很重要的事情也发生在马来亚。因此，我们应该抓紧时间回国。空军参谋长立即说他不会对这种冒险负责，因为它完全是一种不必要的行为。第一海务大臣支持他的同僚。为什么不坐"约克公爵"号呢？它已经和它的驱逐舰为我们准备好了一切，我们将得到舒适和稳妥的服务。我说："你怎么看你曾经指给我看的那些德国潜艇？"一种蔑视的手势立即被这位海军上将比划了出来。从这一点也可以看出，对于一艘有适当吨位而又快速的战列舰可能面临的危险，他有着真正的看法。我想到了这两位军官可能存在这样的看法——认为我准备自己坐飞机回国而让他们坐"约克公爵"号。于是，我告诉他们："我们每个人的座位都有。"听到了这句话后，他们两人明显改变了表情。在停顿了很长一段时间后，波特尔说："我认为这件事可以研究。我会和飞机机长详细讨论，并且和气象局研究天气形势。”到了这里，这件事就便没有再谈下去。

他们两人在经过了两小时后回到了这里。波特尔认为可以这样做。他表示，对于回国这一任务，那架飞机完全可以胜任，只要条件适合。而对于天气的问题，他认为强烈的顺风会带来很好的天气。迅速回国无疑非常重要。庞德的意见是，对于那位机长他非常器重，因为他的经验非常丰富。尽管这无疑是一次冒险，但也不得不考虑德国潜艇。因此，在天气不变坏的情况下，我们决定飞行。第二天下午的两点钟，是我们准备出发的时间。对于我们的行李，大家一致认为只能留下几箱重要文件。由于要担负我与总统联系的私人军事代表，蒂尔将会留在华盛顿。我、两位参谋长、马克斯·比弗布鲁克、查尔斯以及霍利斯是我们这一行的全部人员。余下的人将会乘“约克公爵”号航行。

我在那天下午向百慕大议会进行了演说。这一议会是西半球最老的议会。我对议会的议员们进行了劝说，希望他们尽力援助在这个岛上建立美国海空军基地。他们的态度是，这件事不容易办。我认为，危险正充斥着整个帝国，尽管胜利的过程会非常漫长，但是因为同美国联盟的顺利发展，它一定会到来。他们同意这一看法。在那天晚上，洛里斯勋爵对岛上的著名人士和即将离去的客人设宴进行了招待。大家的兴致都非常高。唯一害怕自己上不了飞机的人只有汤米[①]，我称他为中校参谋。他告诉我，一想到自己要由水路回国，他就无限悲伤。我告诉他，作为一个勇敢的水手，他应该想到自己从对海军服役和海上生涯中获得的乐趣。对于来自于德国潜艇方面的危险，我进行了详细讨论。他并不容易安抚，然而他自己也想到了一个对策。他已经将飞机上的一个膳务员说服，让他和自己调换位置，洗餐具的事由自己负责。但是我不禁问他，你问过机长的意见吗？汤米认为，机长将不得不同意，只要他将这件事在最后的时刻告知。而那名膳务员的体重，

① 皇家海军汤普森中校。——原注

他已经查明还比他重。看到这种情况，我只得耸耸肩。由于此时已经到了深夜，我们开始去就寝。

在很早的时候，我就醒了过来，并认为自己不会再入睡。无可否认，我感到非常恐惧。大洋的浩瀚无垠，必须要飞跃一千英里才能到达临近不列颠岛的陆地，这一切在这个时候出现在了我的脑海。我想我过于冒失,因为这件事具有运气的成分。对于在大西洋上飞行的举动，我从来都是害怕的，但这件事已成定局。甚至还会有这种可能：如果他们在早餐或者午餐以前的时候，来到这里告诉我天气已经变化不得不由海路回去，那么对于大老远赶来的那艘华丽军舰要载我们作一次航行的举动，我会很乐意赞同。

这个岛沐浴在了灿烂的阳光中，这同时也证实：天气很好。我们在正午乘汽艇到达了飞机所在地。由于一艘到“约克公爵”号那里去取行李的值日艇花费了过多的时间，我们在码头上多等了一个小时。由于机长以机长们一贯的方式不理会自己的计划，汤米显得有些不高兴。机长不允许再让一个人搭乘，但那名膳务员又是一个受过训练的机组人员，这还不论汽油装满了每一只油箱。并且即便如此，飞机也很不容易离开水面起飞。因此，留下了像诗中厄林勋爵[①]一样悲伤的汤米后，我们滑行到了港口的远处。他的确如此，所不同的只是悲伤的理由。在这样的旅行中，在这之前和在这之后，我们是始终都在一起的。

飞机的确很不容易飞离水面，这一点完全和机长的看法相同。面对那些围绕着港口低矮的小山，我以为我们难以飞跃，但因为有着技术优良可靠的人，这一困难并没有成为问题。在离开珊瑚礁四分之一英里的地方，飞机笨重地起飞了。我们因此并不需要升高几百英尺。人在这类巨大的飞机上无疑是感到非常舒适的。在飞机尾部的双人室里，有我一张精美宽大的床铺，巨大的窗户分布在两边。从这里往下

---

① 指苏格兰诗人托马斯·坎贝尔诗《厄林勋爵的女儿》。——原注

走，会经过各个房间。在走过一段三四十英尺相当长的通道之后，会到达会客室和餐厅。餐厅里有各种食物。飞机在平稳地飞行着，过程中的震动并不使人感到不悦。在愉快的气氛中，我们度过了一个下午。晚餐也吃得非常快活。这类飞机分为两层，操纵室就在一架常规扶梯的另一端，登上它就能够到达。夜幕降临了，所有的报告都显示正常。这时的我们正位于七千英尺的上空，飞机正在穿过浓雾。如果人们这个时候看机翼，就可以发现巨大而炽热的排出气流正在它的前沿和翼面上倾泻。在这这类飞机上，这时可以看到一只作防止冰冻之用的、间歇性膨胀和收缩的大橡皮管。机长将它的工作原理对我进行了解释。每过一段时间，我都能看见在它膨胀的时候就有冰裂开而脱落。我上床熟睡了几个小时。

*　　　*　　　*

在即将黎明的时候，我醒了过来，随后走往操纵室。天色越来越明亮。连绵不绝的云层在我们的下面铺着。

我用一个小时左右的时间坐在副驾驶员的座位上。这个时候，我开始意识到有一种不安的感觉在我周围充斥着。我们飞抵英国的方向应该是西南方，并且在这个时候，我们应该已经飞离了锡利群岛。但是透过云层的空隙，我们并不能看到它们。我们很可能在以稍微偏离了原航线的航道飞行，因为我们已经有十个多小时在雾中飞行，并且期间只看到过一颗星星。像正常时的作战规则一样，无线电联络依然受到限制。对于我们所处的位置，根据正在进行的讨论来看，显然已经不能确定。波特尔在不久之后同机长说了一句话，他一直都在研究位置。随后，他告诉我 ：“我们将立刻转而向北飞行。”这一做法得到了执行。在云层中出来半个小时之后，英格兰出现在了我们的眼帘。没过多久，我们出现在了普利茅斯的上空。在避开那些闪亮的防空气球后，我们安然着陆。

机长在我离开飞机时告诉我说，在他的一生中，最让他感到快慰的事情就是能够让我安全降落在港口。对于这句话代表的意义，我当时并不理解。直到后来我才知道，只要我们在转向北飞之前再按照原来的航向飞行五六分钟，出现在我们下方的就是布雷斯特的德国炮台。原来，我们在夜间飞行的时候偏向南方太多了。还不止如此，飞机飞到这里的方向，在作出断然改正之后，也已经不是西南方向，而是南方偏东的方向，即我们是从敌人的方向而非我们先前预测的方向抵达。这种情况背后的情形是我在几个星期后才听说的：由于我们所乘的飞机被报告为从布雷斯特飞来的一架敌人的轰炸机，战斗机纵队的六架“旋风”式战斗机奉命击落我们，当然，它们的任务并没有完成。

我向罗斯福总统发送电报：“我们从百慕大启程作了一次长途的飞行，在一股时速三十英里的顺风的帮助下，我们抵达了这里。”

附录

一

略语表

A.A.guns.	高射炮
A.D.G.B.	英国防空委员会
A.F.V.s.	装甲战车
A.G.R.M.	皇家海军陆战队高级副官
A.R.P.	空袭警备处
A.T.rifles	反坦克步枪
A.T.S.	(女子) 地方辅助服务队
C.A.S.	空军参谋长
C.I.G.S.	帝国总参谋长
C.-in-c.	总司令
Controller.	第三海务大臣兼军需署长
C.O.S.	参谋长
D.N.C.	海军建设局局长
F.O.	外交部
G.H.Q.	总部
G.O.C.	总指挥官

H.F.	本土部队
H.M.G.	国王陛下政府
M.A.P.	飞机生产部
M.E.W.	经济作战部
M.O.I.	信息部
M.of L.	劳工部
M.of S.	军需部
P.M.	首相
U.P.	不旋转的炮弹——火箭的代号
V.C.A.S.	空军副参谋长
V.C.I.G.S.	帝国副总参谋长
V.C.N.S.	海军副参谋长
W.A.A.F.	空军妇女辅助工作队
W.R.N.S.	皇家海军妇女服务队

二

密码代号表

（加星号的为德国密码代号）

Acrobat（杂技家）：由昔兰尼加进攻的黎波里。

Arcadia（阿卡迪亚）：1941 年 12 月第一次华盛顿会议。

*Barbarossa（巴巴罗萨）：德国入侵俄国。

Battleaxe（战斧）：1941 年 6 月进攻塞卢姆、图卜鲁格和卡普措堡地区。

Canvas（帆布）：对基斯马尤的进攻。

Colorado（科罗拉多）：克里特岛。

Crusader（十字军战士）：1941 年 11 月在西部沙漠的作战计划。

Exporter（出口商）：在叙利亚的作战计划。

*Felix（菲利克斯）：德国夺取直布罗陀的计划。

Gymnast（体育家）：英国占领法属北非。

Influx（汇集）：占领西西里岛。

Jaguar（美洲虎）：1941 年增援马耳他岛。

Lustre（光彩）：援助希腊。

Magnet（磁石）：调遣美国军队至北爱尔兰。

Mandibles（下颌）：进攻多德卡尼斯群岛的作战计划。

*Marita（马瑞塔）：德国入侵希腊的计划。

Mulberry（桑葚）：人工港。

Orient（东方）：德国准备让英国在中东各处的地位丧失的计划。

Overlord（霸王）：1944 年解放法国。

Pilgrim（朝圣者）：占领加那利群岛。

*Punishment（惩罚）：德国轰炸贝尔格莱德。

Round-up（围剿）：准备在 1943 年解放法国（以后改为霸王）。

Scorcher（炎热）：保卫克里特岛。

*Sea Lion（海狮）：德国入侵英国。

Supercharge（加压）：将图卜鲁格的澳大利亚军队调换。

Super-Gymnast（超级体育家）：英美联合占领法属北非。

Tiger（老虎）：W.S. 第八号运输船队的一部分通过地中海。

Torch（火炬）：英美对法属北非的作战计划。

Truncheon（棍棒）：联合袭击里窝那。

Whipcord（鞭绳）：进攻西西里岛。

Workshop（车间）：夺取潘泰莱尼亚岛。

三

首相以个人名义发出的备忘录和电报（1941年1—6月）

1月

首相致爱德华·布瑞奇斯爵士、伊斯梅将军和西尔先生 1941年1月1日

新的一年已经开始。为了更好地对一切与指导作战有关的事务进行保密，一定要以此为目的开展一次新的、有力的运动。以下的几点是你们需要考虑的，在经过共同研究后，请向我报告。

1. 我们在一年前曾颁布了一项不准闲谈和讨论陆海空军的情况的报告，请将这项报告重新颁布。新颁布的报告可能需要重新拟定，以便于更能引起大家的注意。

2. 将一年前发给各部门的命令重新发出。

3. 将秘密文件，尤其是与军事行动、武装部队人数、外交政策相关的文件传递的范围作更深入的限制。关于怎样做，应要求政府各部想办法。这一点是非常重要的，因为各部和白厅①的机关人员面临的工作会不断加重。

4. 应该要用有弹簧锁的匣子装机密文件。各部大臣和他们的私人秘书也应该将装有弹簧锁的匣子设在办公桌。在离开的时候，他们绝不能在公文盘里放机密文件。

5. 在不使用匣子时应该锁好。机要秘书和各部大臣的办公室，应该尽量不要进入外人。为了方便接待来客，这些地方还应该设置接待室。

6. 对于涉及军事行动和武装部队人数的机密文件，应该在它们的上面设计一

---

① 指英国伦敦市的一条街，连接议会和唐宁街。英国的国防部、外交部、内政部、海军部等一些政府机关都在这条街及其周围地区。——译注

种带红星的小标签。这类带红星的文件并不需要办公室里的秘书全都阅读。只有放到锁好的文件匣之后，这类文件才可以传递。传递完毕后，为了便于我和各大臣使用，应该用另外的一个匣子盛装并锁好。

7. 应当要更加严格发送有关未来军事行动的电报。在最近讲述未来军事行动的电报中，有时地名和将来的代号我都能看到，如昨天与“汇集”作战计划有关的电报。对于这类既有地名又有代号的文件，要么集中焚毁，要么装入保险箱。

8. 对于参加讨论机密事务的人员，应该要求各部大臣尽量限制。对于进入国会的私人秘书（不包括枢密顾问官）而言，他们只需要知道执行国会方面和政治上的任务所必须了解的事情。

9. 我们目前对外国男女新闻记者的活动感到头疼。最具有代表性的例子就是今天的一个消息——恩格尔因为报纸的刊载而泄露。应该想办法让他们难以获得机密消息。有一点一定不能忘记，德国会知道对美国报界透露的所有事情，而我们对此只能束手无策。

10. 应该尽量避免广泛传阅情报报告，对增发各种报告的一般趋势也需要节制。对于每一部门提出的与战争有关的报告，应该要求他们将在新的一年打算进一步采用限制和缩减的措施作出说明。如果不是战事内阁的大臣要发表谈话，应该要让新闻大臣审阅其中关于战争的讲稿或讲稿中谈到战争的部分，这是前任内阁在不久前作出的决定。但是现在这个办法明显已经不需要。请你告知我与此相关的具体情况。由提出这类问题的大臣，提前将它们和代表国防大臣的伊斯梅将军商量，是一种更为方便的做法。在没有得到主管部大臣同意的情况下，出使国外的官员公开发表讲话以及谈论自己的工作都应该禁止。

11. 我已经处理好友好国家的武官[①]传达机密消息的问题。传达给他们的消息，我们已经有所选择。我们可以继续让刊登在报纸上的有趣的补白材料组成大部分传达文件的内容。

12. 尽管大多数都是出于无意，但是不利于我们战争的事实被报纸一再刊登。从今以后，只要没有经过检查，这种新闻一经刊登都要对其提出控告。对于信息

① 指主要从事军事外交和军事情报的官员。——译注

部目前所进行的工作，它需要提出报告。

以上所述的问题，希望都加以考虑。也请告诉我你们想到的其他问题。我也想知道关于将这些问题通知各有关当局的方式和途径的意见。

首相致雅各布上校 1941年1月3日

对于这个[德国]军团，为了确保里面再也没有纳粹小组的发展，需要进行极其仔细和反复的清洗。对于招募友好德国人入伍，然后用严格的纪律加以约束，以避免他们没有任何意义地留在营中的做法，我是非常赞成的。但是为了避免混入坏蛋，我们需要小心再小心。

首相致海军大臣和第一海务大臣（并抄送军需大臣和海运大臣）

1941年1月3日

1. 对于"贝德福城"号所载货物受到的损失，我感到非常悲伤。我们在军火方面受到的损失，这样大的还是第一次。对我们来说，损失七百万发子弹是一次非常大的打击。如果用较多的船分装这些货物，所受到的损失无疑会更小。

2. 我想你们已经调查过这次互撞为什么会发生，以及驶入和驶出的两支运输船队的航线为什么这么近。这次损失非常严重，我再一次强调。

首相致爱德华·布瑞奇斯爵士 1941年1月4日

1. 请将所有和部相当、构成中央政府一个部分的委员会，以及可能存在的下属委员会列表，然后交上来以供阅览。

2. 同样要列表交上来阅览的还有各个部门目前存在、与各个部门相当的委员会。

3. 要想精简这类委员会，这个调查材料是必不可少的。

首相致爱德华·布瑞奇斯爵士 1941年1月4日

关于拟制声明草稿的工作，战争目标委员会已经大体完成。现在要做的事情，是把它交给内阁审阅。战争目标和本国的重建（已交不管部负责）两个问题是一个很不相同的问题……一定不能让后者将进行战争（可能要花费几年）所需要的精力消耗，这一点必须注意。

（即日办理）

首相致伊斯梅将军转罗赫将军及其他相关人员　　1941 年 1 月 4 日

1. 光电信管[①]在高空对付飞行在一万英尺以上飞机的效能，是人们对于它最感兴趣的部分。利用改进的投弹瞄准器集中英国舰船或陆地上目标，是这种飞机的主要功能，它并不会进行俯冲轰炸。为了摧毁敌机，我们希望在它旁边能够有八只或更多的排炮同时爆炸。尽管这种办法的奏效环境仅限于晴朗的天气，但仍然有着一定的价值。因为可以将重要的军事行动根据天气的情况来布置。

2. 我想知道不论是的在制造还是在研究和训练上，对于这项高空工作能否抓紧。同时我也想知道对于它的全部情况，相关的军官是否全都了解。防御俯冲轰炸机，是这种信管最初的用途。对于这一目的，光电信管和防空信管都能实现。但是在目前的情况下，高空工作应该成为重点。

3. 在高空点燃空雷的防空信管[②]也适用于这一原则。要想最大程度地发挥战术和作战的效果，往这个方向发展是唯一的出路。

首相致内政大臣和卫生大臣　　1941 年 1 月 4 日

请告知处理防空洞不安全但仍然在使用（这种情况目前很多）的问题的方法。我认为应该这样做：由卫生大臣负责一切正在使用的防空洞内的布置，不管是否安全，并且对合格和不合格的防空洞同等看待。卫生大臣应该过问一切正在使用的防空洞。对于那些不安全的防空洞，随着防空洞设备的增加和改进，国内安全大臣应该将其逐步关闭。请告诉我这种看法是否恰当。

首相致外交大臣和经济作战大臣　　1941 年 1 月 5 日

在草拟对意大利讲话的时候，我曾刻意区别开意大利人民以及法西斯政权和

---

① 早期一种近距离引发的引信。——原注

② 种对付飞机的火箭和降落伞装置。——原注

墨索里尼。到了现阶段，我们应该少谈一些日耳曼人而多谈一些纳粹党人，因为法国已经退出了战争。让仇恨和感情占据是我们尤其需要避免的。

区别开普鲁士人和南日耳曼人，是一种更为有效的方法。在最近这段时间，我注意到大家已经不常使用“普鲁士”这个词语。“纳粹暴政”和“普鲁士军国主义”，正是我准备强调并重视的提法。

(即日办理)

首相致工程与建筑大臣 1941年1月6日

(卫生大臣一阅)

你有必要更加重视对轻度损坏的建筑物的急修工作，因为已经出现更多破坏的房产。你在这方面所做的工作，请每周向我汇报。对于房屋和屋顶都完整，不能住只是因为窗户没有修理好的房子，这样的房子经常看到很多。我认为你目前首要的战时任务，就是解决这些问题。除此之外，你还需要注意不要将保全旧世界剩余之物所需要的精力，浪费在建设新世界的普遍的计划上。

首相致外交大臣 1941年1月11日

你前几天曾就电报篇幅的冗长和我进行了交谈。我也认为这是一种恶习，需要加以制止。国外的公使和大使们可能存在这样一种看法：他们向国内作的报告篇幅越长，就代表他们更好地完成了任务。无论是否真实，各种闲言和传闻一律发来。似乎谁都不想更为简洁地说话，只想滔滔不绝地讲话。我认为你可以发出一项通令对过分唠叨或琐细的电报进行指责。你同时也可以告诉发电报的人：此电报写这么长是不必要的。不想用适当的篇幅概括自己的思想，只表现出了一种极端的懒惰。尽管这些电报我很想全部过目，但是它的篇幅不断在增加。

我希望知道处理这一问题的方法。

首相致陆军大臣和帝国总参谋长 1941年1月12日

1. 驻巴基斯坦骑兵师的机械化问题不容易解决。这些军队连同马匹，在战争开始后几个月就已经运往中东驻扎，花费很多的钱维持着。陆军部在几个月前决定将这个师改为机械化军队。对于这一建议，我欣然同意了。但事实上这件事根本就没有落实，这是我在亲自调查之后才发现的。不仅如此，这个师的全师人员（马匹大概除外）还将会被运回国内，并且运送的时间要等到6月1日。在回到国内后，还必须要经过七八个月的时间，他们的作用才能充分发挥。于是，在两年零五个月的战争岁月中，包括我们一些最优秀的正规和义勇骑兵团在内的八千五百名官兵，只仅仅做了一些守卫的工作，并且还花费了大量金钱。

2. 请将以下各项所需的费用统计，然后作出详细的报告：

（1）往中东运送这些军队。

（2）他们从战争开始到1942年3月初需要的口粮、薪饷和津贴。

（3）运送他们回国。

3. 如果将这些军队留在中东，他们所发挥的用途一定更多更好。对于需要完成的额外的新训练，以他们的优良素质一定可以完成。关于是否需要按照国内机械化或装甲编队的规模来进行组织和编制的问题，可以任意选择。相较于师的编制，我认为将这些军队编成独立摩托化旅团更为适合。1918年春季或1917年秋季的近卫骑兵队，都曾把自己改编成机枪团，并且时间非常快。其产生的结果是，只花了两个月的时间，他们在埃塔普勒就完成了训练。骑兵师为什么不在巴基斯坦进行训练呢？在那里，他们始终都能算得上是当地的守卫部队。而对于这个地方，我想谁都会认为合适。

4. 我们可以让这些能力极强的正规或半正规部队来接受我们缴获的一部分意大利坦克装备。如果不想将这些坦克装备投入使用，也可以用机枪战车来代替（当然不是全部代替）。我们完全可以派出二百辆这样的战车，因为这种战车的储备很多。

5. 其他的解决办法也有一些。像上次大战中的那几个骑兵师一样，他们可以改编成为一个步兵师，组成几个独立的旅团。这样一来，他们就可以被编为一些足额的步兵营。如果这个办法无法施行，把他们调往印度去替换出在那里服役的相等营数（如八个营）的正规部队，也不失为一个办法。要么就让他们作为一支核心军队控制伊拉克。运送这一大批兵员和这些宝贵的干部回国无论如何是不可能的，因为我们正在减少开支，以一天少于一天的船舶往东方运送军队，何况现在中东战事正吃紧。

首相致空军大臣和空军参谋长 1941 年 1 月 12 日

我不明白从中东方面发来的作战报告为什么要这样长。我已经详细地解释过，没有必要在有十多架飞机空袭敌人战线的时候，在两个地方密码电报进行来回翻译，从而造成电报线路的极端拥挤。

我认为应该统计一下最近两个月这些例行电报每个星期的发送字数。除此之外，还要要求朗莫尔空军中将把电报篇幅减少，例如缩减到只有现在篇幅的三分之一。

缩短电文的要求，外交部也在提出来。

首相致内政大臣 1941 年 1 月 12 日

鉴于这种宣传[1]有悖于国会的意愿，并且对我们的抗敌工作造成了阻碍，所以它应该被禁止。对于那些破坏分子和共产党人，我不明白为什么不把他们予以拘禁，而莫斯科也已经拘禁。应该按照法律和规章惩处一切对我们的作战努力造成阻碍的人，不管是左派还是右派。保守党就持有这种看法，我认为这非常正确，并且我相信全国人民也会赞同。你无疑是希望公平办事的，这一点我非常清楚。但你如果将这个问题向内阁提出，我相信你会获得充分的支持。“用同样的方式，对待同样的对象！”

首相致伊斯梅将军，转参谋长委员会 1941 年 1 月 13 日

对多德卡尼斯群岛中的这些较小岛屿发起进攻，我认为不是一个很好的做法。对于我们来说，它们没有任何价值。并且，由于我们已经占领了克里特岛，我们就算要进攻那些较大岛屿也不需要这样做。如果这一区域受到惊动，毫无疑问会造成一种结果：敌人会有所防备，希腊和土耳其也会因此不和。对于这

① 共产党给一切积极劳动的男女工人写的传单。——原注

一问题，我们已经进行了实验性的调查。这些军事行动并没有得到国防委员会的批准。

首相致自治领事务大臣　　　　1941年1月17日

这两个文件我已经读过。我认为我们并不能从中获得比我们了解的、或者说是显而易见的南爱尔兰局势更多的信息。我们已经多次研究过战略上的形势，并且关于我们对爱尔兰基地和南部以及西部海岸的机场的迫切需要，有一个海军部的文件也已经谈到。我正在向伊斯梅将军发出要求，让他注意通知你这一情况。

我不认为这些基地关系到了我们的生死存亡，或者我们少了它们会受到巨大的损害和妨碍。在目前的情况下，说得太过分只能凸显出不真实。但是，对于狄龙先生建议作出的关于“始终保持爱尔兰的中立”保证，我却不敢接受。照我个人的看法，我认为爱尔兰的中立是不合法的。爱尔兰事实上处于一种特殊的地位，因为那个条约并没有得到南爱尔兰的承认，而且我们也没有承认爱尔兰是一个主权国家。如果我们的作战努力所受到的危害，因为不能使用爱尔兰基地而使我们面临生死关头（目前还没有达到这个程度），采取自卫和保卫我们的事业的行动对于我们来说势在必行。你现在正在施行我们最近决定的政策，在目前阶段确实需要这样做。不仅如此，还应该想方设法将美国的影响利用起来。我曾和霍普金斯长谈过几次，他可能会对爱尔兰进行亲自访问。对于他的这一做法，我认为不会没有好处。我同时也认为你现在还不应该访问爱尔兰，当然，你接到德瓦莱拉先生的直接邀请除外。最稳妥的做法是，从经济上和航运上施加压力，看看会有怎样的效果。德国的入侵很可能会粗暴地中断爱尔兰事态的缓慢进展。到那个时候，无论我们是否收到邀请，都应该去赶走侵略者。所以，我认为实行我们最近采取的政策是唯一能做的事情。

首相致外交大臣　　　　1941年1月18日

如果你不反对，我希望用英文名称来亨（Leghorn）来称呼里窝那（Livorno），用英文名君士坦丁堡（Constantinople）来称呼伊斯坦布尔（Istanbul）。而在写或说土耳其语的时候，仍然可以用土耳其名称。但里窝那在一种情况下也是正确说法，那就是你能够用意大利语和墨索里尼进行愉快的交谈。我还想知道泰国这一名称为什么取代了暹罗。

（即日办理）

首相致伊斯梅将军转参谋长委员会和内政大臣　　1941年1月19日

1. 敌人很可能较早地对我们使用毒气，有很多迹象都表明了这一点，并且还在不断增多。如果发生这种情况，武装部队已经完全能适应，因为现在的他们，对面具和眼罩已经使用习惯。但为了稳妥起见，最好还是给各司令部发出指示。同时，为了防止可能使用的新式毒气，也要考虑对任何新式过滤器的需求。

关于这一点，请拟定一份报告交给我（不能超过一页纸）。

2. 请告知平民所有防毒面具的情况，以及它们是否经常检修。解决这个问题已经刻不容缓，因为现在携带面具的人已经越来越少。请尽管交给我一份报告，告诉我目前的情况以及如何让效率更高地发挥。其中应该包括消毒方法和工作人员等项目的情况。

3. 最后还有一点需要尤其注意，那就是丝毫不能将我们正在大肆筹划预防毒气的工作在报纸或英国广播电台上透露。因为这样可能给敌人以口实，让他们说准备用毒气对付他们。但我仍然认为在全国范围内努力一次是很有必要的。

首相致本土部队总司令　　1941年1月20日

如果有少量的大型水陆两用坦克登陆，并且在陆地上横行无忌，我想知道你对此的处理方式。我猜想你可能会这样做，但不一定正确：让轻装部队包围住它们，然后为了防止坦克兵增添燃料或得到食物和睡眠紧紧盯住它们，或者它们只能被车辆上的装甲保护而不能离开。假如只有少于四十辆这样的坦克，我想知道如果不依靠大炮、地雷和坦克陷阱的作用，是否能够凭借这一办法让它们走投无路。

请告诉我你的计划。

首相致枢密院议长　　1941年1月21日

在最近的几个星期，我了解到运往伦敦的煤是每个星期二十五万吨的运输量。

如果矿务局没有统计错需求量，想要不出现煤的短缺，从现在起到 3 月底为止，每个星期要运到四十一万吨煤。你认同矿务局的统计数据吗？如果认同，我想知道你如何增加供应以满足需求量。最近三个月铁路的运煤量为什么只有去年的五分之三？我对这一点感到费解。

首相致卫生大臣　　1941 年 1 月 21 日

我想知道能否减少伦敦收容所里无家可归者的人数。如果能在这个星期将他们全部遣散，我将感到无比高兴。能有一个没有空袭的星期是非常宝贵的，因为没有人能够知道下一次猛烈的袭击会在什么时候。

首相致伊斯梅将军，转参谋长委员会　　1941 年 1 月 22 日

能确保挪威海岸不会受到对罗弗敦群岛作战的影响吗？这一作战是否会使得德国增援这一半岛？对于这些问题，我希望三军参谋长已经有过慎重考虑。我认为这种危险并不存在，因为我们只是对一些岛屿进行袭击，并且只关乎一些风险措施。这一次的作战，根据我掌握的信息，向陆地上推进是完全没有必要的。

你们的看法怎样？[①]

12 月 26 日，我们的军队发起了第二次袭击，港口再次被他们占领。

首相致空军参谋长、第一海务大臣和第五海务大臣　　1941 年 1 月 23 日

（抄送海军大臣和空军大臣）

对于在地中海作战的航空母舰，最重要的是配备十几架“格伦门 · 燕子”式或改装的“布鲁斯特”式战斗机，我愿意为你们作这种提醒。在对这件事的催促上，我已经花费了一些时间。现在，地中海区总司令又发出第 824 号文件，指出：“海

---

① 挪威北部的罗弗敦群岛曾受到了两个突击队一次极其成功的袭击，时间是在 1941 年 3 月 4 日。这次袭击毁坏了敌人的重要供应品和一些船只，俘虏了二百名德军，并且还救出了三百一十四名挪威志愿兵。在同一年的 12 月 26 日，我们又发起了第二次袭击。在这次袭击中，港口被我们的军队再一次暂时占领。——原注

燕”式战斗机速度太慢。因此，完全有必要在我们的航空母舰上配备数量较少的真正快速的战斗机。要想我们的船舶的全部行动顺利进行，这些战斗机是一个保证。关于机翼不能折叠、缺乏制动钩等困难我并非不了解，但我仍然对在 4 月份以前解决这些困难抱有希望。在这件事情的完成上，我请求你们认真考虑能否提前。因为你们可以因为拥有飞机而获得极大的缓和和好处，即便只能提供少数飞机。用手工将几十架飞机的机翼改装成折叠式，如果作为一种特殊任务我认为完全可以做到。关于这种小规模改装的迫切性和重要性，我认为人们还没有充分了解。

首相致军需大臣　　　　1941 年 1 月 23 日

1. 与步枪(新的)相关的问题。步枪的生产从去年 8 月份以来下降的情形如下：

8 月	9,586
9 月	8,320
10 月	7,545
11 月	4,363
12 月	4,743（现存的零件是主要装配来源）

根据我所掌握的信息，伯明翰的小西斯工业区遭到几次空袭，导致完全无法生产，是造成这种下降的原因。我想知道目前生产的恢复情况。

2. 9 月、10 月和 11 月三个月，三点七英寸高射炮架的生产量为每个月八十架。但是在 12 月份的时候，这种生产量只有原来的百分之六十七。至于造成的原因，据我所知是由于伯明翰和考文垂遭受空袭。我想知道这会怎样影响到原来预计的交货量。

首相致伊斯梅将军，转参谋长委员会　　　　1941 年 1 月 26 日

我在星期五视察了多佛，看到了一些非常忧虑的情形：最新和最好的炮台的安装工作在以很缓慢的速度进行，并且还经常中断。

(1) 因为无法获得如瞄准器和控制器等附属器材，一些随时可以架设的炮无法投入战斗。为了使这些大炮能尽快投入战斗，海军部军需署长建议暂时巧妙地制作简单可以使用的控制仪器，即便它们不如以后供应的正规控制器那样好。

（2）缺乏固定炮架的木材、没有很好的劳动效率和天气的缘故，是造成一些大炮无法及时安上炮架而不能装好使用的原因。

关于第一点这方面的情况，所附的《工作进度报告》已经作了说明。我还想说的是，如果对“交货日期尚未确定”这样不负责任的说法都能够接受的话，就只能说明这里的工作缺乏主动性。谈到第二点，在为工作进展所必需的一些设备缺乏的情况下，即时采取某些措施非常有必要。可以将劳工问题交由劳工部解决。

各种拖延的原因，根据我所掌握的信息，似乎都已经在报纸上以“一般的途径”登载。但是，从对当地情况熟悉的人了解的信息来看，却很少有所作为。所以，为了弄清是哪一个地方在处理这个问题时造成拖延，最好的方法是从“一般的途径”的另一面自上而下的调查。

这项工作的进展力度之所以会如此小，拉姆齐海军上将认为是除了几位级别稍低的军官积极负责自己范围内对这项工作的职责外，还因为没有任何高级军官把这个问题当成自己的事。这是在我和他谈话时了解到的。

关于缺乏五英寸半信管和六英寸炮弹的两个弹药不足的问题，海军部军需署长曾说他可以想办法解决。但在“一般的途径”中，关于这件事的报告似乎也不了了之了。对于每周的报告，我请求参谋长委员会发出一切有必要的命令并敦促上交，因为完成这些炮台的任务是极其迫切的。

首相致自治领事务大臣 **1941 年 1 月 31 日**

对于你［和杜兰迪先生］谈话的总体思路，我持赞同态度。像你所说的那样，我无论如何都不能做出那样的保证。

与武器相关的问题。我们可以分给（如果条件允许，可以优先分给他们）爱尔兰我们的防空武器，并且为了他们的防务还可以秘密地和他们共同作出一切必要的安排，只要他们愿意参战。但在我们还不满意南爱尔兰的时候，我们也可能不希望他们拥有更多的武器。当然，在这种情况下，我们也不可能给他们提供自己的武器。

斯威利海湾的让步是事情发展趋势的体现，因此具有重要意义。向德瓦莱拉先生隐瞒爱尔兰中立的政策的深刻和强烈的情绪，对于我们来说绝不应该。而我们也正是这样做的。但即便如此，对于南爱尔兰，我们从来没有在法律上承认它是一个独立的主权国,何况它已经放弃了自治领的地位。有一个事实我们无法否认，那就是它并没有一个明确而正常的国际地位。对于目前的这种局势，如果它到战争结束的时候才终结（应该不会到达这种地步），那么一道一代人都无法越过的鸿沟就会在南北爱尔兰之间形成。

2 月

首相致经济作战大臣 1941 年 2 月 1 日

（抄送财政大臣、军需大臣）

对于铝和铜这两种金属，德国即使可以拿前者来代替后者，但它们总的供应量很可能极其紧张。因此，你们一定已经在考虑如何才能让德国无法获得铜了。

根据我所掌握的信息，南美的铜矿产品似乎大为过剩。尽管还不能证实南美已经把铜运往德国，但是我听说去年俄国获得了约七万吨南美输出的铜，日本也获得约十五万吨。在我看来，俄国和日本现在铜的储量已经足够消费一年。德国如果将自己的储存量用完，毫无疑问会想办法获得南美的铜。因此，当务之急是预先让日本和俄国无法再获得铜，并且让德国也无法获得智利过剩的铜。

我们正将约六十万吨铜从罗德西亚、加拿大、比属刚果和南非输入。我们也可以不必担心德国从我们放弃的来源获得铜而转向南美购买，因为这些来源都为我们控制着。对于这个问题，我知道你们正在考虑。同时我也知道，对于我们是否应该在抢购方面花费金钱的问题，财政部非常怀疑。我希望知道你们的计划。

首相致伊斯梅将军，转参谋长委员会 1941 年 2 月 2 日

“玛丽”[吉布提] 这一军事行动或许极为重要。对于这些塞内加尔人，将他们派往阿比西尼亚不是一个很好的做法，最好的办法是在外籍军团开来之前将他们留在当地。我想知道安排他们的地点以及方法。

魏刚随时都有可能加入我们这边，这一点一定不能忽略。如果它成为现实，“自由法国”的军队就可以采取如下行动：进入吉布提去对那些复归于正道的守军进行鼓动，甚至和意大利军队开战。

如果英国军队因为我们在厄立特里亚进军而联系到吉布提的法国移民，那么另外一种有利的局势可能就会因此而出现。现在既然出现了这种有利的可能性，为了不让自己后悔，我们必须要掌握住现有的自由法国军队。但对于这一举动可能造成的政治后果，只能在发动战事的前几天才能确定。

首相致陆军大臣 **1941年2月4日**

请将2月4日的《泰晤士报》进行浏览。我想知道上面记载的“无论是将军还是士兵，这个师一律强制参加七英里越野赛跑”这回事是否属实。对于这样一种方法，军事参议院是否认为很好？我认为有些过于苛刻。为了和年轻小伙子比赛，仓促在野外跑七英里从而让自己精疲力竭，对于一位校官或将官来说是完全不应该的。让自己的身体保持强壮尽管非常必要，但军官们的主要责任应该是替手下士兵们着想，并考虑怎样才能让他们更加安全和舒适。我想知道谁是这个师的司令，以及七英里的竞赛他本人是否也有参加。如果参加了，我想他更适合去踢足球。在奥斯特里茨的野外，拿破仑能跑七英里吗？我想只有他逼着别人跑步的可能。在较高级别的军官中，据我多年的观察，一名成功的军人并不一定具有高级运动员的资格。

首相致伊斯梅将军，转陆军大臣和帝国总参谋长 **1941年2月4日**

（抄送本土部队总司令）

有这样一种说法：要从大不列颠调一个师到爱尔兰，没有十一天的时间无法做到，不管有多么紧急的情况还是预先怎样地进行仔细准备。你应该注意这种说法。去年5月份的时候，在敌人不断的袭击下，我们曾从敦刻尔克将大批部队转移到多佛以及泰晤士河。每当我们回忆起这件事情，就感到人员的调动并不会成为一种阻碍。所以，大炮与车辆的运送才是问题的所在。应该仔细研究这一问题。我需要阅览安排这十一天时间的精确日程表（对人员、大炮和车辆登船的次序也要说明），请将它送过来。让这个师约十分之九的人员参战，似乎不需要十一天的时间，这一点从这个程序表中就能大概看出。从我们本国的储备中调出一部分运输车辆，甚至一些包括大炮和轻机枪战车在内的军需物资到爱尔兰也不失为一个办法。它们如果在那里无法派上用场，也可以作为我们在那里的储备。在两个有着良好设备的港口之间，我们似乎还可以想出一些巧妙的办法通过少于十一天的时间来运送一万五千名士兵，因为我们现在的时间很充裕。为让军队迅速调动和疏散这一战术上的目的顺利实现，在必要的时候可以修改既定的编制标准。

在我们最近的“胜利者”演习当中，不是在有码头和起重机港口而是在空旷的海滩上，面对着顽强的抵抗，[我们假定的]五个德国师中的两个装甲师、一个摩托化师完成登陆的时间没有超过四十八个小时。这件事情我想我们一定还记得。因此，我们如果假定德国人完全有能力做到这一点，或者只能做到一半，我们就有必要将“要花十一天从莱茵河口调一个师到贝尔法斯特”的说法和这种情况进行对比。参谋长委员会甚至还说：必须要有三十天，一个英国师才能在无抵抗的情形下沿着丹吉尔的码头登陆。怎样才能用不到十一天的时间，将这一师人经过贝尔法斯特运到爱尔兰？对于这个问题，那些在“胜利者”演习中为德军设计登陆的军官们或许可以提一些建议。我想知道是哪些军官拟定详细步骤准备用十一天来完成这项调动的。我认为应该让他们接触一下那些设计大量德军迅速在我们的海滩上登陆，并用不超过四十八小时的时间就能让整师的装甲部队和摩托化部队完全处于作战状态的军官们。

关于运送这个师的决定，在较短的时期内显然是不应该作出的。因此，为了能将这个师的最大部分在最短的时间调到爱尔兰参加战斗，我们显然需要拟定出最好的计划。关于这个师的调动，我不准备在这项调查研究作好之前批准。我们还需要经过很长一段距离，才能做到敌人能做到的事情我们也能做到。这种差距，我们应该尽力弥补。

首相致内政大臣 **1941年2月5日**

让士兵们或达到从军年龄的男子来担任烟幕防护工作，在我看来是非常不应该的。这项工作的担任者，你应该尽量利用超龄的志愿人员、妇女或少年。对于适合现役的人力，我们在将来会有很大需求。关于你目前向陆军部提出的要求，请恕我无法支持。

（即日办理）

首相致海军大臣和第一海务大臣 1941 年 2 月 5 日

1. 你们就要迎来几支运输船队，上面装载着极其重要的军火。对于你们的紧张情况我是非常了解的，但我仍然相信你们会全力以赴。

2. 二十五万支步枪和五千万发 0.300 英寸的步枪子弹，是我们得到的又一批赠品。将这些武器迅速而安全地运到这里非常重要。希望你能将这个问题和其他有关方面一起研究，并且将研究结果报告给我。让一艘船装载五万支以上的来福枪或一千万发以上的子弹，对于我来说是绝对不允许的。只能够尽量少装。

首相致农业大臣 1941 年 2 月 6 日

因为无法销售而必须将五十万吨北爱尔兰马铃薯销毁，我看得出来你害怕出现这一情况。饲料的出路已经因为养猪数目的锐减而受到了限制。

对于粮食政策委员会第五次会议，我曾注意到你持乐观态度，但却只对二十万吨提出了解决方案。二十万吨只够解决一半问题。

如果出现这样一种情况那将非常糟糕：存在一大批这样的饲料，但养猪的数目又因为惧怕饲料不足而锐减。对于这批过剩的饲料，我相信你能够利用得很好。扔掉几十万吨食物，我们已经受不起这个打击。

首相致空军参谋长 1941 年 2 月 6 日

前段时间我们曾向希腊提出要求，希望它为十四个空军中队准备飞机场。这项工作现在已经付诸实施。土耳其人还没有接受你提出的、经过多次讨论的让十个中队前往土耳其的建议，但是存在接受的可能。接到我电报的时候，土耳其总统已经将他的旅行提前结束。我想知道你会如何应对这样一种情况：这个建议为土耳其人接受，而土耳其看到这一情况后，希望我们在已经提供给他们的五个中队之外援助他们更多。这个问题是你必须要认真考虑的。与此同时，我也会投入大量精力来和你一起考虑。请告诉我我们是否是在同意将同一头猪卖给两个顾客。我们或许可以从法律上模糊解释“同意”这个词语。但即便如此，对于这个问题，我仍然认为我们需要研究得更深刻。你有怎样的看法？你会怎么做？

以前并没有提到过时间和优先顺序，因此我们在这一点上能施展的空间很大。

（即日办理）

首相致海运大臣 **1941 年 2 月 11 日**

请告诉我“新多伦多”号轮船是否真的在抵达利物浦后，被命令转向北方开往伦敦。我之所以要确认这件事，是因为船长对此是持反对意见的。他认为船上装载的货物太过重要，仅手提机枪就有一万九千六百七十七架，子弹二百四十五万六千发。我听说这项命令后来才取消，是否真是这样？如果有这种载有大宗宝贵军火的船只会抵达，你应该要保持高度关注。请务必给我一份报告。我将一份即将抵达的船只的名单也附在这封信当中。关于这些重要货物的动向，我一直是根据这个材料来了解的。在它的第五页有上面提到的那艘船。

首相致海军大臣和第一海务大臣 **1941 年 2 月 12 日**

关于“狂野”号现状的报告，我希望每隔三天就能看到一份。为了让它服役，必须抓紧时间赶工。这项工作最为紧迫。

首相致外交部 **1941 年 2 月 12 日**

我们已经将一项重大的建议向魏刚提出。但是答复我们还没有收到。要想让他尽快答复，无疑需要纳粹党人向维希施加压力。在目前阶段，采取恳求的态度对待他是不适合的。只要他没有通过某种方式给我答复，就不应该对他提供供应。对于高贵或勇敢的品质，这些人直到今天也没有表现出来，哪怕只有一点点。因此，减少供给他们的粮食直至他们清醒是对待他们最好的办法。

在必要的时候，如果海军方面同意，应该实行封锁政策。

（即日办理）

首相致伊斯梅将军和布瑞奇斯爵士 1941年2月12日

[在电报稿纸上]有一种新的标记曾被我发现，那就是“只需要军官阅读”。对于一些最机密的事情，应该知道的除了军官之外还有许多人。因此这不是一个恰当的做法。这个办法有着怎样的实行原委？我现在完全看不到它实行下去的理由。

首相致枢密院议长 1941年2月12日

伯金博士[在不满政府机构的老板作风的信中]说的话合情合理。所以，不应该用官腔敷衍他。我认为你应该对他进行拜访，并将他提出的问题处理。关于政府不能秉持公正的态度对待人的事例我听到过很多。我认为要想让这些部门真正打起精神，伯金博士的信是一个很好的契机。对于老百姓怎样看待一些恶劣事物的问题，人在当权的时候是看不明白的。伯金博士是一个能力和经验兼备的人。我想知道你能否和他畅快地沟通，看他会提出一些怎样的建议。在我看来，他对有些不足提出的意见是不无道理的。希望你能让他列举一些实例。

首相致军需大臣，转进口管理局 1941年2月14日

在W.S.第七号运输船队前往中东时，我急需派遣连同大炮和车辆在内的一个完整步兵师一同前往。对于步兵师兵员的运送，可以采用换下别人安插的办法，但是需要另备船只运送大炮和车辆。对于这个运输船队，根据我所得到的消息，除了要有准备足够的船只运送原来就准备运送的四百五十辆车辆，还需要另外准备八艘汽车运输舰。

我了解到除非在2月21日开始装船工作，否则这些船只就不能同时或者在运输船队到达之后抵达埃及。你会怎样安排这八艘船只？如果按你所说的方法做会有怎样的影响？请将答案告诉我，但暂时不要采取行动。

首相致帝国总参谋长助理 1941年2月15日

你的报告会让人[对多佛的防务]有一种这样的感觉：所有的事情都进行得非

常顺利。但事实上我在当地见到的那些负责军官们并没有这样看。在我的眼里他们的情况非常令人痛心：老是在抱怨，情绪充满着话语。关于海防炮队司令的报告，我希望每个星期都能看到一次。你可以将这项报告先在你那里停留，然后再转过来。你尽管可以在上面附上的你的意见，如果有的话。

首相致爱德华·布瑞奇斯爵士 1941年2月15日

（我特别提示只需要抄送战时内阁和陆海空各大臣）

我们在去年9月份就[白厅容易在空袭时遭到破坏]这种情况进行了研究。经过研究，我们认为可以在伦敦坚持到底。尽管各个建筑还算不上安全，但是比之前的情况已经好了很多。迁都的确不容易办到，但在3月1日之前，一定要建成另外一处随时可用的大本营。本土部队总部仅有房屋结构的坚固提供保护是我最担心的问题。

我想知道在离中央作战指挥室一千码①之内的地方，曾经落下过多少炸弹。尽管我们进行过认真准备，但是我们仍然要准备经受一种新的袭击——受到二千磅或者五千磅炸弹的轰炸。

应该加速对本土部队总部的掩护进程。

首相致经济作战大臣 1941年2月16日

（抄送新闻大臣）

我赞同[在法国和比利时用做宣传的]联系传单的事情。但是要认识到，你和新闻大臣能够和戴高乐密切联系是一切工作的保证。切忌对戴高乐进行过多的限制。我们的主要政策依然是促进“自由法国”的运动，因为我们从来没有从维希方面得到丝毫的优待和礼遇。只要你能同戴高乐以及他的人员商量，就没有不能解决的问题。在现在相互竞争的法国人当中，我认为他是最好的一个。因此，我希望他能获得尽量周全的照顾。

① 长度单位，1码约合0.91米。——译注

（即日办理）

首相致陆军大臣和帝国副总参谋长 **1941 年 2 月 17 日**

1. 我认为不应该调遣这个师［去爱尔兰］，何况我们有可能调走第五十师。

2. 但为了能在需要调遣时能够急速按照需求行动，同步拟定计划却是有必要的。这些计划包括三点。第一，将反对使用默尔西河口和克莱德河口的意见重新予以考虑。请确定是否有较小的港口可以作为上船的口岸。第二，为了方便有时间集中额外的车辆运输舰，是否可以在安排调动工作时先安排四天的预备期。第三，有必要深入研究反对调动部分车辆的意见。当这些军队还在英国时，为了便于他们进行练习，可以再发给他们另外一批车辆，然后再把这一批或旧的一批运往爱尔兰。这就可以作为一个可以展开研究的例子。对于这样小的需求量，我认为从汽车的机动储备中一定能抽出一部分来满足。要想得到所需的车辆，只需要稍微寻找和紧缩一下斯劳等地的汽车。

有十一天的时间，在海峡的两边，这个师在调动时都是不能作战的。我们必须要把这一时间缩短五天才能令人满意。而如果让这一时间段成为六天，就有必要给各方面适当的预防通知。

首相致陆军大臣 **1941 年 2 月 17 日**

对于这一批优秀士兵［巴基斯坦的骑兵师］的遭遇，我感到非常遗憾。陆军部只能把他们全部遣送回国进行训练，因为没有其他更好的办法。如果真是这样，就意味着他们长期不能参战。我也很可惜他们面临的境地。

我不明白帝国总参谋长所说的“深秋”的具体含义。

这个师在这段时间内可能会保卫苏伊士运河和维持秩序，或者在必要的时候，为了方便替换出一些英国营来参战，在必要的时候护送战俘。

在 1941 年 7 月 23 日的时候，第一骑兵师已经改名为第十装甲师，但很长时间都没有出现在战场上。1942 年春季，这个师的塔克已经抽去补充第一和第七装甲师的作战损失。它的司令部和一个旅（第八旅）在 1942 年 8 月去了前线参加阿拉姆 · 哈勒法战役。随后，另外一个旅（第九旅）也到了前线。这个旅被并入了新西兰师并参加了阿拉曼战役。

首相致伊斯梅将军 1941 年 2 月 17 日

我想知道如果日本进攻英属哥伦比亚应该作那些准备以应付当地的日本移民。这一问题的处理者，无疑是加拿大政府。但是这也会产生一个有趣的问题，那就是这个自治领有无足够可供调用的军队。曾经有一场反日暴动发生在大约三十年前，但日本人以极其坚强和有组织的表现完全地控制了局势。

首相致外交部 1941 年 2 月 17 日

对于这种局势 [让达尔朗接替贝当元帅]，我是以疑虑和不安的心情注视着它发展的。不友好的待遇，是维希方面给我们唯一的东西。如果从我们的角度出发，我认为更应该让莱法尔当继承人而非达尔朗。因为达尔朗确实是一个危险的人物，刻薄而充满野心，但又没有莱法尔那样糟糕的名声。在目前看来，我认为对于这类人最好的办法就是采取强硬态度。只要我们有船，就应该实行封锁。在对待戴高乐和自由法国运动的问题上，我们不应该再态度冷淡。因为帮助我们做过事情的，只有这些人。并且，还有着非常庄严的约定存在于我们和他们之间。稍微转移一下重心是有必要的。

首相致亚历山大·卡多根爵士 1941 年 2 月 17 日

关于艾登先生反对驻外国代表向外交部发冗长电报的命令，请再次引起注意。衡量一个外交代表是否具备热情和效率，是他所提供的情报的质量而非数量。他不应该将自己听到的相互矛盾的闲谈混在一起一股脑儿通过拥塞的线路发来给我们，而是要进行许多的筛选工作。事情的真相可能因为发来的消息太多而无法看出，造成只看见局部而看不见整体的局面。但将“背景材料”成袋送来是有必要的。

首相致参谋长委员会、陆军大臣和帝国副总参谋长 1941 年 2 月 17 日

1. 严禁我们的概念被“师”这个名词混淆。所谓一个师，是指一个集合了各个兵种成为一个整体、用来对付敌人的战术单位。军、集团军和集团军群，就是由几个师混合组成的。所拥有的军队随着编制的大小而变化，编制越大，拥

有的军队越多。上述的特点不存在于无法将一个师作为一个整体使用，以及将一个师作为一个更大建制的一部分来使用的情况。尽管为了方便执行任务，可以以师来定义负有特别任务相当于一个师的军队，但我们如果因此而造成误解就很不应该了。

2. 举一个例子，在冰岛的一个“师”经常为我们谈到，但我们无疑不能将这个师和对德国人作战的师等同起来。对于这个师，我们现在已经知道了它有哪些事要做以及有着怎样的分布。它在一个广大区域的各个登陆地点分成几个守卫队驻守着，并且有着能迅速前往任何受威胁地点的一部分机动纵队。毫无疑问应该根据适合于冰岛的实际任务的规模来组织和支配它的炮队和师以外的部队，以及补给线上的勤务。对于这样一种完全不像一个常规师的部队，最好的办法是将它称为“冰岛部队”。在某些方面，它可能需求多一点，但在另一些方面需求又没那么多。

3. 确实不应该将非洲殖民地师称作师。谁也不准备让它们对阵一个欧洲军队。组成它们的，只是一大批西非和东非的步枪兵。在某些时候，这些步枪兵会被编成营，而在执行行政方面的任务时，它们又会被编成旅。北非的意大利军队，在经过几个月之后，我们现在可以预料到将会被消灭。而在那以后，这三个非洲殖民地师又会面对怎样的敌人？对于这个问题的答案，只要是对这些广大地域熟悉的人都会知道，除了让一些包括装甲车等在内的机动纵队保留外，这些非洲师将会分散派往多个小的哨所和要塞。不应该将师或军所拥有的炮队提供给它们，以及按照英国的标准为它们提供一些补给线军队。也不能将这些军队在向利比亚等北方地区使用，因为那里的气候较冷。在阿比西尼亚一解放就马上对它进行压制，对于我们来说简直无法想象。迅速让整个东北非回到和平，的确是人们的愿望。所以，将这三个非洲殖民地师称为师，对于我来说是不可接受的。他们的身份，只是非洲防卫部队里的一些杂牌军队。

首相致帝国副参谋长和作战局长　　1941 年 2 月 17 日

在韦维尔将军拥有的三十一个英国正规营，我能统计出的编入师建制的营数约有十五个。如果我的说法不正确，请给出正确的说法。人们不禁感到惊奇，他为什么如此难以为克里特岛和马耳他岛找到几个营。如果往弗里敦调遣肯尼亚的西非旅，那么在目前阶段，就可以为尼罗河集团军调来正在不断减少的肯尼亚的两个英国营。

如果能巧妙而经济地利用大批据说还没有按照正规编制标准装备的澳大利亚军队、波兰旅、三个用来护送俘虏去印度的营、现在巴基斯坦整个还未使用的义勇和正规骑兵师完好无损正在等待编入的特遣部队，它们都能成为很好的兵员。我想确定东非是否有英国营。

对于这些问题，请帮助我一起研究。

首相致运输大臣 **1941 年 2 月 18 日**

我对那些决定“新多伦多”号的卸货或转移港口的人尤其感到惊奇，他们竟然对船上装了什么货物一无所知。对于装载大批军火驶来的船只，我个人是要亲自核对的。我想知道你是否有及时取得这类船只的清单，以及亲自注意这些重要的货物的转运。答案如果为否，请你完成如下工作：对这件事作出安排并将怎样安排、安排完成的时间向我报告。

首相致劳工与兵役大臣 **1941 年 2 月 20 日**

（转军需大臣一阅）

弹药对于我们来说是非常缺乏的。装药阻碍生产，而劳工阻碍装药。到 5 月中旬的时候，我们的弹药产量增加至两倍半也不是没有可能，前提是我们能够给我们现有的这些工厂提供劳工，使它们能够继续作业。

需要增添的劳工如下：

	3 月 31 日以前	5 月 15 日以前
熟练男工	340	940
其他男工	9,100	20,100
女工	22,500	40,900
总计（大约的数字）	32,000	62,000

有什么阻碍了你们提供这批劳工，以及正在采取什么措施克服这些阻碍因素，请告诉我。

首相致军需大臣 1941年2月20日

我非常满意已经将航运数字同用以拟定消费计划的数量更加紧密地联系起来作了安排。

但相较于过去的三个季度，本季度开始的五个星期对消费者钢的交货率并没有更高，尽管需求量有所增加。

在过去的七个月里，根据我所掌握的信息，钢的输入量和产量分别为二百三十万净吨和五百一十万净吨，但交给消费者的数量只有六百一十万净吨。我认为能够为消费者提供这明显多出的一百三十万吨的一部分，将可以极大的缓和情况。

就我了解到的信息，相较于原计划，铁矿砂的输入额有超过，而钢和其他货物则落后。这如果从航运的情况来看不能不说是一件怪事。

首相致石油管理委员会秘书 1941年2月21日

之前就有报告说1月11日前的一周石油输入额很低。我想说的是，1月11日以后的输入额仍然会很低，仅仅为去年1月份一半的输入额。不仅如此，这一半的输入额还只够一半的消费量。为了避免从波斯湾绕道好望角长途运输，我相信你们正在想办法从美国取得石油。可以同美国进行商量，出于让我们相应数量的石油得到补充的目的，让他们的东方购买者从波斯湾、缅甸和荷属东印度获得供应。除此之外，也应该想办法保持声誉。

首相致加拿大总理 1941年2月21日

我以愉快的心情读到了你2月17日在加拿大下院的演说词。在这篇演说词当中，你要人们在精神上准备承受未来的一次极其严重的动荡，我认为这非常恰当。相较于去年秋天，我们现在已经有了好得多的准备，这不能不让人感到高兴。

我还想说的是，我们这里的所有人，都因为你2月2日在广播中强有力地列举你所搜集到的事实而充满信心。在这里，你们的船舶和飞机正在伟大地工作着。在这场战争中，你们的空军训练意义重大，并且很可能起到决定性作用。你们的陆军计划对战争助力很大。在上个星期，我同麦克诺顿一起吃了一个午餐。过程中我和他以及他的重要军官们畅谈了驻扎在我们国防重地的加拿大军团问题。在我这里的还有陆军大臣。他希望这一切能够得到认同，并亲切地问候你。

能看到这个英帝国上下一心，我非常开心。朋友，你之所以能成功指导加拿大巨大作战努力，其中的原因我是知道的。这一点你不用怀疑。

首相致陆军大臣 **1941年2月22日**

1. 五十五个师再加上一个额外的南非师，是我们经过批准的陆军规模。但我的意思是将三个非洲殖民地师裁掉，由包括十一个装甲师在内的五十三个师组成战术师。在目前阶段，我认为可以保持这个目标。

2. 陆军在今后六个月需要的人数为十三万人，但劳工大臣准备提供十五万。这样做是否更为稳妥？目前只需要作出六个月关于陆军数量的决定。在我们用四个月进一步了解作战的规模和性质之后，再将局势重新研究。

3. 我需要知道你如何看待劳工大臣的报告以及林德曼教授为我准备的几个文件（将会被作为密件）。我的建议是将装甲师在现有的基础上再大大增加一部分。当然，由于目前的困难在坦克和坦克炮方面而非人员，所以不要马上作出决定。

4. 对于陆军我一定会竭尽全力支持的，这一点你不必担心。但也有一个前提，那就是会自行精简。

首相致亚历山大·卡多根爵士 **1941年2月23日**

通过这一切，我们无疑可以看出应该继续更多地支持戴高乐将军。对于任何一个因为受到德国人喜爱而成为元首的人，我不相信他会得到法兰西民族的效忠。我们最应该做的事情是，说服华盛顿不为法国未被占领区或北非提供粮食。应当让我们驻华盛顿大使了解人们对于维希—魏刚活动的种种不满以达到这一目的。达尔朗无疑是一个充满野心的坏蛋。人们正在一天天更为看清他的虚伪和魏刚的软弱无能。戴高乐的声誉将会因此增长。

首相致帝国副总参谋长 1941年2月26日

印度目前的旧式大炮有几种？每一种的数量多少？我希望用发射二十五磅炮弹的大炮来训练那里新成立的一些团队。那里现有未经改制的能发射十八磅炮弹的旧式大炮已经足够使用。请告诉我那些不包括那四个师的炮队在内的印度老炮兵团队是否获得定期的大炮补充。

印度是否还有旧式的大炮储备？

首相致伊斯梅将军 1941年2月26日

我需要知道马来亚的军队和新加坡的驻军的分布和军事编制情况，以及给养人数。

(即日办理)

首相致海军大臣和第一海务大臣 1941年2月28日

原定于3月2日抵达尤湾的“加尔各答城”号，据报告将驶往哈尔并于3月9日抵达当地。由于上面载一千七百挺机关枪、四十四台飞机引擎和一千四百万发子弹，而这些子弹对大不列颠的防务至关重要，因此不能让这艘船驶往东海岸。海军已经委托陆军和空军担任了这项防务的很大一部分。但尽管有着许多新危险，仍然有人提议让这样一艘船驶往东海岸，这不能不让人感到恼火。我准备向运输大臣抄送这份备忘录。

“幼利阿底斯”号也是现在另外一艘非常重要的船只，在3月3日的时候，它应该会抵达利物浦。有九百多万发子弹都装载在这艘船上。

对于处理这两艘船的方法，我希望看到你的一份专题报告。

3月

首相致陆军大臣 1941年3月1日

对于那二十五万支步枪和五千万发子弹，我直到听到它们已经随同运送加拿大军队的船队安全抵达之后才放心。有人在其他报告曾在我提出让海军部放弃美

国的 .300 英寸步枪替换 .303 英寸步枪时向我建议：如果让英国的驻军拥有新运到的美国步枪，将二十五万支 .300 英寸步枪腾出作为正规军的储备会使得效果更好变化更大。我认为这件事可以这么办。我们在上次美国步枪运到时曾例行演习了一次，并且还做了让专车等候等工作。为了能让需要这批武器的人尽快获得它，我现在希望你为这批新的意外收获尽快演习一次。

你们现在正在作什么安排？

首相致殖民地事务大臣 1941 年 3 月 1 日

和大多数英国军官相同，韦维尔将军是坚决亲近阿拉伯的。他在发放许可证给那些乘船遇难的非法移民时曾发来一封电报，其措辞的激烈程度完全不亚于这一封。在电报中他做出预测：一场普遍的灾难正降临到阿拉伯世界的头上，巴士拉—巴格达—海法这一条线将会丧失。应当仔细阅览这封电报以及我的复电。我在复电中对韦维尔将军进行了驳斥，并将内阁做出的决定向他进行了解释。这一切都得到了顺利的完成，没有人有意见。

而我也并没有受到这些胡言乱语的丝毫影响，你从上述情形就能看出来。在我看来，现阶段阿拉伯人一定会安分守己，因为他看到了我们最近获得胜利。但在这个时候，让韦维尔将军因为一些与当前战局无关的问题而争论不休也是我所不愿意看到的事情，毕竟还有“光彩”[援助希腊]计划在后面。所以，应该告诉威兹曼博士推迟六个月再实行犹太部队的计划，但在四个月后可以再作一次考虑。至于提出这项要求的理由，只需要说缺乏装备。

首相致国内安全大臣、新闻大臣和空军大臣 1941 年 3 月 7 日

对于我们慎重考虑过用以度过 7 到 11 月（含 7 月和 11 月）的办法，我看不出现在有什么理由需要放弃，因为空袭在过去两个月已经大为减少。我也不认为公众士气已经变得消沉。相反的，在我看来，他们对这些事早已经习以为常。所以，我准备像现在有人建议我的那样，坚决反对对我们为了应付敌人轰炸平民（或许敌人现在已经取消了这样做）的做法进行改变。并且，如果特殊的军事目标被敌人命中，我们将会十分遗憾地发出明确信号。当然，这些只是我的一家之言，因此，

我十分赞同由内阁再次讨论这些问题，如果你们认为有必要这样做的话。[①]

首相致伊斯梅将军 1941年3月9日

关于这次军事行动[进攻卡斯特洛里佐]，我完全摸不着头脑。在我看来，三军参谋长应该认真调查一下这件事。无法想象海军居然让这一大批援军登陆。必须要在能够有把握孤立该岛的情况下，才能采取这种行动。我们有必要澄清这件事，以便于即将到来的、更为重要的一些作战行动顺利进行。我们这样做只是为了不再出现这类事以保证我们的成功，并且也是有必要的，而不是为了和那些在很多方面取得了优良成绩而又高度紧张的人们过不去。[②]

首相致伊斯梅将军 1941年3月10日

在低云层或有雾的天气状况下，低飞袭击才能真正地造成危险。因为在这个时候，我们无法确定敌机的位置。应该考虑用小气球悬挂空雷以保卫工厂。这样的气球体积可以很小，因为承载空雷只需二十磅的上升力度。人们曾建议防御河口也用这种方法，并且认为为了起到双重的防御作用需要在较高的空中布雷。但要想实现这一目标，就要求生产大出许多的气球，并且还有要电力绞车，所需要满足的其他条件还有很多。因此，如果要进行防御，我们应该尽量利用不用电力绞车能达到一千或一千五百英尺高度的较小和较简单的气球。如果当天有风，可以用风筝代替绞车。

但因为我们自己的飞机在起飞和着陆时必须拉下气球，所以这种防御的方法

---

① 安全大臣、空军大臣和新闻大臣曾在一份备忘录中就防止广为流传的关于空袭造成伤亡和破坏的有害谣言提出了一些措施。这是对这份备忘录的答复。——原注

② 卡斯特洛里佐岛既位于罗德岛和塞浦路斯岛的中途，也隶属于一条从多德卡尼斯群岛延伸到叙利亚的链形岛屿。它在2月25日的时候为一支英国突击队在遭遇到轻微抵抗后占领。但因为没有对事态的发展引起注意，海军撤到了塞浦路斯。敌人后来猛烈地袭击了这个岛屿。在没有遇到我们海军的抵抗下，他们的援军登上了这个岛屿，于是，我们只有把这个岛屿放弃。——原注

并不适用于飞机场。将空雷用火箭带到空中似乎更适合保卫飞机场。

(即日办理)

首相致新闻大臣 **1941年3月10日**

显然存在战斗正在进行的地区和战斗并未进行的地区两种情况。对于后者,“原地不动”(stay put)这个词似乎完全不适用。但全国百分之九十九的地方都是这种地区,毫无疑问是最多的。因此,用“照常活动”(carry on)来要求这些地区更为适合。即便是在战斗正在进行的地区,“原地不动”这个说法也不一定就完全合适。这里面有两个影响因素,其一它是美国的方言,其二它并不能表达实情,因为人民并没有被安放在某个地方。我建议可以使用“守卫原地”(stand fast)或“坚守原地”(stand firm)等字眼。就我个人的意见,我更喜欢后者,因为它是英国的说法,对第三段的意思表达得更确切。与毁灭地图等相关的那几段,归入战斗区域无疑更好。对于全国范围内的地图、汽车和自行车,如果结合该文件的上下文来看,无疑都可能遭到销毁。

这样开头是适合的:“如果敌人严重侵犯了这个岛国,全国人民将立即被命令‘照常活动’或‘坚守原地’。下列文件中开始三段所规定的‘照常活动’,将是绝大多数情况下会用得最多的命令。‘坚守原地’命令的适用范围,仅限于战斗正在进行的地区。下达这一命令的目的,是为了使道路不被逃难的人堵塞,以及在邻近地区的敌人被歼灭或赶走之前,决定在可能遭受袭击的地区停留的人能在自己的住所或防空洞‘坚守原地’,如东海岸和南海岸一带就是如此。”

首相致粮食大臣 **1941年3月10日**

已经收到你3月8日的电函。我希望知道你建议派到美国的粮食代表团的目的和任务。在这个时候,我正在对是否让阿瑟·索尔特到美国去推动商船的建造进行积极考虑。由于我们在美国的船厂要进行一项庞大的计划,因此这项工作需要不断地努力和关注。我们已经建成的船,到目前为止还没有达到我们需求的一半。当然,粮食问题是另外一个问题。美国的粮食是十分丰富的。凭借我们现有的美元分配额,我们完全可以明智地选择如何分配我们的粮食。因此,我不明白为什么就这个问题还要派一个专门的代表团。

对于派往美国的代表团，我一直都在限制它的数目，但我很乐意倾听你提出的理由。

首相致陆军大臣等　　　　1941年3月10日

对于美国，为了让他们为我们作出的努力不因为他们怀疑我们的重要要求和这些要求的先后顺序而受到阻碍，我们尤其需要注意应该将我们的需要向美国政府清楚明白、前后一致地进行陈述。

我最近处理了这个问题的某一方面。我当时做出指示：所有关于我们的作战努力为美国政府准备的统计报告，应该要到我这里集中，在经过相互磋商后，再由我们派往华盛顿的大使传送。

但我现在又注意到了这个问题的另一方面。霍普金斯先生发来报告，说美国驻伦敦大使馆的武官发电文喜欢参照他们同伦敦海陆空军和军需部门的下级官员接触而得来的消息，而这些消息与交给华盛顿海军部和陆军部的情况却大有不同。他举了这样一个例子：在美国海军部被敦促拨给我们驱逐舰的时候，伦敦的一个军事部门某个不知姓名的官员曾说我们在获得更多的远程轰炸机以前，用驱逐舰来对付潜艇很有可能会失败，结果这被美国驻伦敦大使馆的一位武官听去进行了传达。

为了保证陆军部的官员们在接触美国大使馆人员，尤其是大使馆武官时，不发表有悖于一些人为了我们的理由在华盛顿极力主张的见解的意见，请你采取一些必要的措施。对于这些官员来说，他们可能并不知道华盛顿很容易就会知道他们偶尔发出的观点。还有一件事情也非常重要，那就是为了让同美国大使馆武官接触的官员不说出不符合那些要求的话，你应该让他们大体知道我们经常向华盛顿美国政府提出的要求的性质。

首相致林德曼教授　　　　1941年3月11日

为了方便我考虑在哪些地方用铅笔划掉五十五吨进口的粮食，我希望你能将分门别类的进口计划概况表在今天晚上为我准备好。

首相致空军参谋长 1941年3月12日

我见到了关于德国人在法国北部增建飞机场的报告。在本岛的东南部，我们前段时间曾打算修建飞机场。现在我想知道它们是否已经逐渐启用。对于增建工作进展或完成的情况，请提交一份简短的说明报告给我。

(即日办理)

首相致空军参谋长 1941年3月14日

就在昨天晚上，敌人的轰炸机又取得了一次成功。尽管损失了一架，但它的猎物却没有逃脱。我们在设计和制造投弹装备方面为什么落后这么多？暂且不论有许多正在解决的问题比这项任务困难得多，光解决这一问题就已经花费了三个多月的时间，不是吗？如果实在无法从机械方面找到突破口，在飞机腹部开一个洞让一个人俯卧用手把炸弹（其大小略相当于斯蒂尔顿干酪[①]）从洞口投弹又有何不可？虽然无法保证投弹间隔的绝对规律，但碰上运气是完全有可能的。对于这种投弹装置，我一定要亲自看看。你如果能将相关人员召集，在今天（星期五）下午四点钟，我就可以去往诺索尔特飞机场。你如果也能来并在契克斯停留一晚上，那更加理想。

一种新的危险也在现在出现了。我们的空雷和空雷的电线、降落伞等想法，已经被海军部气球防空网人员散布了出去。这势必会造成在不久之后敌人会派来快艇。当敌人这样做的时候，等我们准备就绪之后已经时间太晚。

敌人现在已经将默尔西河和克莱德河作为新的关注点。但他们一定会将视线放在那些既定的地点上，唯一的不同只是时间的早晚。轰炸机在目前确实可以大显身手。

首相致空军大臣 1941年3月14日

四个月丧失[驾驶员]一千五百五十人，是你[扩充皇家空军的]计划制定的

---

① 产于英国斯蒂尔顿的一种干酪。——译注

根据，但一千二百二十九人才是实际的数字。所以，你省下来了三百二十一名驾驶员。这也证明你原来估计的百分之二十六是一个保守的数字。这无疑非常令人满意。

在冬季的几个月里，我一直预测战争活动会明显减少，并且我也这样对你说过很多次。而这也的确是实情。我希望知道你对今后四个月或六个月(包括3月份)作怎样的估计。我认为你的“假设”（这个词你很喜欢用，但我认为“估计”更自然）可能学理上的价值更多，但我们计划制定的依据不是指定的任务而是训练机构的规模，何况我们正在尽快造就更多的驾驶员。

首相致伊斯梅将军 **1941年3月15日**

让第五十师和W.S.第八号运输船队同行，对此我表示同意。为了让原来准备运送主要人员的物资不因为要运送第五十师（会全部出发）而被挤掉，我同时也同意为这个运输船队增添舰船。

(即日办理)

首相致海军部军需署长 **1941年3月15日**

请写一份报告告诉我载运坦克的船只的建造进度。我现在想知道船只的数目，吨位，每次出海坦克的运载量，每艘船建造好的时间，建造的地方以及能够装载的坦克的型号。

首相致外交部 **1941年3月15日**

对于君主制度，我是坚决拥护的。所以，对于君主立宪制，我在原则上也是赞成的。赞成的原因还包括它可以抵制独裁制度等等。但是英国不应该将自己的制度强加于别国，因为那样除了引起偏见和反对之外不会有任何好处。以善意的态度看待其他国家逐渐自然向君主立宪制转变，是外交部应该持有的主要政策。我们如果无法支持别人，那么阻挠自然也不应当。

首相致粮食大臣 **1941年3月15日**

对于“公共食堂”(Communal feeding centres) 这个名称,我希望弃之不用。

这个词汇是可鄙的，每当人读到它，共产主义和救贫院就会出现在人的脑海。我认为叫“英国餐厅”（British Restaurants）或更加好，没有人不会在提到“餐厅”这个词时不想到一顿美餐。因此，如果他们无法获得其他东西，起码可以得到一个好名字。

（即日办理）

首相致海军大臣和第一海务大臣　　1941 年 3 月 21 日

1. 关于海军部要求更好地发展在海上添加燃料的工作的问题，我在海军部曾时有耳闻。而在德国方面，我们现在发现他们的战列巡洋舰可以一次出海几个星期而不需为添加燃料而驶进任何基地或港口。如果他们能够在海上添加燃料而我们做不到，这无疑是很失颜面的事情。曾经有这样的情况：我们的舰只在多次搜捕敌舰并成功在望的时候，却不得不为添加燃料而去往六七百里开外。也有这样一种说法：对于自己的舰船，德国知道所处的位置因而可以往这些地方派出他们的油船；但是我们却因为不清楚情况的变化而只能采取守势无法掌握主动权。我不相信这种说法属实。应该在离航线不远的适当位置布置几艘油船，以便于我们的船舰在照目前的情况行事时，能够随时有一艘油船驶往目的地。英国的海军力量将会因为对海上添加燃料这一原则的忽视而碰到巨大困难。对于这一问题，海军部是有责任想方设法解决的。

2. 在非洲海岸外比较平静的海面上，我们同样不能为我们的驱逐舰添加燃料，是令人痛心的另外一件事。一想到这个大运输船队从塞拉利昂往北行驶，每天都有一两艘船只被一艘跟踪的德国潜艇击沉，并且鱼雷还命中了那艘护送的战列舰就让人感到痛心。这样做只是一种自己找罪受的行为：在只有三艘驱潜快艇而没有强大的反潜艇舰只护送的情况下，让一艘战列舰跟着速度六里半的运输船队缓慢地行驶。那些塞拉利昂的运输船队没有驱逐舰随行是不可行的。舰船无论在这些海面上还是在我们的西北海口被击沉，其意义都是一样的，都代表了我们的巨大损失，都属于大西洋战役。我听说航行这么远对于驱逐舰来说根本做不到。既然如此，我搞不懂它们为什么不能像目前迫于形势对驱潜快艇所做的那样在海上添加燃料，听到有空军增援我感到非常开心，但依然不能缺少驱逐舰。整个航程都必须有它们，并且将为它们增添燃料的任务交给护送舰。

3. 现在必须重新研究佛得角群岛被德国人用来当做潜艇加油基地的问题。至于研究的方向，主要是考虑采取什么行动。对于以上各点，我希望听到你们的看法。

首相致海军大臣和空军大臣　　　　1941年3月21日

我们在西北海口的损失，大半是由于敌人能用飞机和由飞机指示潜艇来攻击我们的船只。对于摧毁“福柯乌尔夫”式轰炸机的工作，我们应该竭尽全力。由于洛考尔处于一个很好的位置，我希望知道能够设置一个雷达站在那里。因此，作出巨大努力是有必要的，不管怎样不方便和不好办，有一个雷达站在那里是最起码要得到的结果。同时也不能忽略洛克·厄恩以南山丘的重要性。最好是能将雷达站想办法建在托里岛或克里海岸外的某个岛上。让几位富有的美国朋友私下租用这些岛屿是一个可行的办法。关于上述问题，只要能够办到任何一项，就请从技术的角度告诉我能在军事方面达到怎样的效果，以及可以进行研究或已经进行研究的可能性有哪些。

此外，我们还有必要研究怎样干扰德国飞机与潜艇之间的通讯。根据我所掌握的信息，它们联系的方法是这样的：在一个半小时左右的时间内，“福柯乌尔夫”式轰炸机向布雷斯特发出信号，然后由布雷斯特向潜艇发出信号。我想知道是否可以干扰他们的通讯，或者用连续的假电讯来干扰各方面。我想我们一定有关于能够干扰“福柯乌尔夫”式轰炸机无线电导航法（在恶劣天气进行海上飞行的保证）的常用设备。

对于敌人发出信号的地点，我想我们能够测定。如果敌人在飞机上安装雷达，想要做到这一点，只需要用适当的设备来测定它的位置和起飞地点。

（即日办理）

首相致海军大臣和第一海务大臣　　　　1941年3月22日

1. 如果有敌人的战列巡洋舰在比斯开湾的港口内，那么海空军就应该毅然准备付出巨大的危险和牺牲去把它们予以歼灭。但是如果出现不幸的情况，即它们逃脱并回复劫掠行为，就有必要考虑采取以下行动，而且考虑的时间应该是在现在。

尽早成立“威望”号和“皇家方舟”号、“胡德”号和“狂野”号、“却敌”号和“阿尔戈斯”号共三个搜索组，以恢复大西洋上的主动权。必须要有一两艘油船在每一组当中，同时应该想方设法能让这些船在海上添加燃料。不要求油船一定要和搜索组在一起，但油船停留的地方应该要使搜索组能够随时汇合。

2. 可能会用三段来大体划分从冰岛到佛得角群岛的海上战线，每一段都会设一个经常工作的搜索组。这些经过的搜索组并不涉及运输船队，但却会额外地保护临近地带的运输船队。在4月底之前，这些安排就会完成，并且被分期尽可能快地付诸实施。

3. 为了让“狂野”号尽快退役，应该准备将一艘或者更多的舰船改建为飞机运输舰。此外，空军部会想办法向塔科拉迪增运飞机。

4. 不应该反对用“纳尔逊”号代替“胡德”号，因为我们执行护航任务的舰队已经非常分散。

5. 必须有一支小舰队为弗里敦的运输船队服务。鉴于剩下来的二十五艘美国驱逐舰最终都会在弗里敦的南部海域活动，因此可以让它们组成这支舰队。但要尤其注意想办法让护航的巡洋舰或战列舰添加燃料。

6. 根据目前的迹象看来，德国人似乎正在渗入佛得角群岛。不仅如此，他们还可能利用这些岛屿来为德国潜艇添加燃料。所以，实行“敏捷”作战计划已经迫在眉睫。当这些岛屿落到了我们手里，我们就必须驱赶那里敌人的潜艇供应船，并且建立一个良好的燃料基地。对于这一问题，我愿意研究它在政治上的得与失。

让弗里敦地区尽量使用（达到六架也并无不可）一些水上飞机。它们将从新攻占的岛屿起飞。

7. 请告之你如何看待上述各点，以及怎样才能让其早日实现。

首相致林德曼教授 **1941年3月22日**

你应该有这种考虑，如果我们的三千五百万吨的[进口]计划能够得以维持，让军需部转移二百万吨到粮食部，但前提是要尽量不产生危害。但如果这种计划不能实现，在保证现有的粮食最低要求得到满足的前提下，就要减少这种转移的比例。

（即日办理）

首相致伊斯梅将军　　1941年3月23日

对于陆军部和中东方面征用的全部肉类冷藏船只，应该要求他们说明这些船只目前使用的地点和方法。有人说，有些船只在中东充当军需的仓库。我希望见到一份对已经经过重大改装成为军需运输舰队和那些易于恢复原来任务的船只进行过区别的详细清单。

首相致伊斯梅将军转参谋长委员会和海军部　　1941年3月23日

1. 我想知道陆军部给运兵船上的人供应的水是否真是每人每天8加仑，运载兵员的数量因为这一原因而减少了许多，以及是否真正公正地研究过陆军部的标准。有这样一个说法让我感到非常吃惊：“伊丽莎白女王”号和“玛丽王后”运载兵员的数量只有三千五百人。相较于从事豪华客运时的运输人数，这个数字并不见得多。我记得1915年5月“阿奎泰尼亚”号或“毛里塔尼亚”号到达达达尼尔海峡时运载的兵员达到了八千多。

2. 我认为可以考虑是否能将这些运输船上的人员转移到开普敦的巨型班轮上以达到节省船舶的作用。安排一次从开普敦出发的航运是很有价值的事情，因为在不久的将来，敌人的潜艇和飞机将不再会在红海出现。因此，有必要研究一下这个问题。

首相致伊斯梅将军　　1941年3月23日

这些话大部分都是纸上谈兵。比方说，没有为较少港口安排起重机就没有意义。我们没有感受到这方面的困难是有理由的，因为这些较少的港口还没有得到利用。但搞一些设备对于我们来说的确是应该的，这样可以方便把货物卸到驳船和沿海船上，同时为了让小港口不担负运输任务改进公路和铁路交通。为了方便我以后草拟一份备忘录（其作用是为了采取有效的保证措施），请交给我一个关于这样使用的港口的一份清单，并提出一些建议。

你可以向我提出任何为了达到上述目的所需要的帮助。

首相致诺瓦那加邦主贾姆先生 1941年3月24日

我和我的同事因为3月17日邦主院通过的决议获得了很大信心，并且就我个人而言，我非常感动于决议中还充满情感的文字。关于北非印度军队为帝国的胜利所作出的贡献，联合王国的国王陛下政府怀着感激的心情进行了表扬。同时，关于这种贡献的规模和范围，他们深知在一天天增加。对于印度各邦主和各民族表现出来的刚毅精神，我代表我的同僚请求殿下将我们的赞赏之情转达邦主院。

首相致自治领事务大臣 1941年3月25日

我不明白为什么用这些问题很大的事情[有可能入侵]来干扰各自治领，它们并没有要求我们作出这方面的判断。当然，说明问题的另一方面是有必要的：

1. 即使敌人一开始登陆成功，不超过一星期的时间，我们的海军也可以截断它们在当地的交通。

2. 对于各个登陆地点的敌人，我们的轰炸机队不但可以在晚上，而且也可以在白天予以集中轰炸，迫使它们撤退，一如“纳姆索斯”战役。

3. 在4月1日，我们将会向各个入侵地点投入近三十个师一千辆坦克以作为预备力量。

4. 我们拥有一百六十万人国民自卫军，其中有一百万人有步枪或机关枪以应付伞兵等不时降落。

但坦率地说，我不认为说出这些情况有什么好处，不仅没有好处，说出其中的一些情况还是有害的。但在这种情况下是可以说出的：为了让各自治领尽好自己的职责而必须以此进行恐吓。

首相致外交部 **1941 年 3 月 28 日**

在对待斯托亚丁诺维奇先生的态度上，应该予以正式的礼节，但也必须经常加以监视。应该让统管监视的人知道，他不是一个好人，不仅如此，还可能是一个潜在的塞尔维亚“吉斯林”[①]。因此，不应该让他和总督或总督的家庭，或者和毛里求斯人民之间产生联系。但应该以上校的规格对待他的饮食和起居。

首相致伊斯梅将军转参谋长委员会和本土部队总司令 **1941 年 3 月 30 日**

我们所进行的“胜利者”抗击入侵的演习，我们进行的假定如下：由两个装甲师、一个摩托师和两个步兵师在诺福克海岸不顾顽强的抵抗而登陆；在杀开一条血路之后，他们登上了岸，全程的战斗时间为四十八小时。

对于这一让人惊叹的事情，我想有关参谋人员已经把它的细节完全设计好。我希望看到相关的报告，其中包括但不局限于以下问题：需要多少船只和运输舰装运这五个师；应该要安排多少装甲车辆在这五个师当中；运货汽车、炮、弹药、士兵、军需品的数量又是多少；在最初四十八个小时内，他们要向前推进多远；在最初的十二小时之内，登了陆的士兵和车辆损失的比例；在最初四十八小时的战斗中，运输舰和军需船面临着怎样的情况，是已经卸完了货物还是依然停留在海滩外近岸，拥有的海军护卫有哪些；敌人这时是否是在他们优势的白日战斗机队的掩护下进行登陆，如果是，敌人需要多少架战斗机才能掩护各个登陆地点。

对于我们将来的攻势行动来说，这些资料的价值是极其重大的。我很希望让这些参谋人员就我们在法国海岸登陆再拟定一个方案，但必须要遵循一些条件，即登陆的部队要完全相似，登陆的地点在我们战斗机的保护范围内，并且假定德国人在英吉利海峡更占有优势。这一行动如果能在四十八小时内完成，那么它就会具有历史意义。因此，如果能够满足以下条件，为了让这一行动尽早采取，我非常乐意将它向国防委员会提出：这些参谋人员下决心要采取这项冒险行动，并且能够对它进行详细的说明。

---

① 挪威的军人与政治家，由于在第二次世界大战中和德国纳粹的合作，使得他的名字在英文中等同于“卖国贼”。——译注

4月

首相致安德鲁·邓肯爵士和进口委员会 1941年4月1日

经过了上次“大西洋战役”委员会的会议，大家似乎认为对抽油方法的改良，是油船周转大有改进的主要原因。但事实上并非如此。能够将时间从11.3天缩短到3.3天，主要还是因为进行了很好的组织，并且对机构进行了改进。这一点从附表当中可以看出。能节约下来这些时间，三分之一的原因是因为改进了输油的方法，三分之二的原因是由于组织的周到，前者产生的影响不如后者。

首相致内政大臣 1941年4月2日

根据《每日电讯》上的一则消息，得知不久你将会把赛马业的发展前途向国会说明。我想在事前知道你会说些什么。如果出现以下情况，就必须将整个问题提交内阁研究解决：赛马业因为采取的措施而受到威胁要在战时停止营业，或者纯种马会因为那样做而灭绝。

首相致海军大臣和第一海务大臣 1941年4月4日

与燃料相关的问题。我认为不应该过分看重由“马来亚”号给一艘航速十二海里驱逐舰加油的危险，因为它正在为一个航速仅仅为八里（六里甚至都有可能）的运输船队提供护航任务。当然，有一个事实也不容否认，那就是这艘战列舰在加油的时候无法运用技巧避免被鱼雷袭击。但这种缺陷却可以由驱逐舰和运输船队同行得到很大的补偿。可以这样做：派四艘驱逐舰和这些运输船队同行，在其中一艘添加燃料的时候，其余三艘进行保护。但如果在没有反潜艇舰只的保护下，把一艘战列舰拴在一个航速六或八海里的运输船队里，则是一种最糟糕的做法。上面谈到的那个运输船队面临的情况就是这一种。

首相致空军参谋长 1941年4月5日

[关于中东方面的空军]有两件事让我不敢相信是真的：

1. 在拥有二万六千六百人员总额，一千一百七十五个驾驶员，一千零四十四架飞机的情况下，我们只能对二百九十二架敌机作战。

2. 在拥有这样一大批人员和老式的飞机的情况下，空军总司令造成了毁灭性的拖延，其原因只是因为在新飞机运到时，他因为找不到必要的勤务人员而不得不派遣许多人员绕过好望角前往中东。

首相致海军大臣和第一海务大臣　　1941年4月5日

我不明白在一个星期内能够从纽约取得七艘快艇的情况下，为什么不能直接从冰岛将它们交到兵员手里，从而使它们能在两周后参加战斗。请务必准备好这一切，为这些船只配备人员使它们加入战斗。

首相致爱德华·布瑞奇斯爵士　　1941年4月8日

有一点非常重要，这就是在复活节期间不应该严重中断工作。在今天下午五点的时候，应该举行星期一的例会。到时候各部大臣应该保持电话的畅通。对于休假的问题，各大臣最好能轮流进行。关于休假和留在办公室的人员，我需要知道他们的名单。复活节期间据说是最好的入侵时机。

首相致伊斯梅将军　　1941年4月8日

关于图卜鲁格，我们必须知道它最详细的情况。请就图卜鲁格和艾德姆拟定一项最大规模的计划。此外，还应该尽早制成一个模型，并为我准备从空中和地面摄制的最清晰的照片。

首相致军需大臣　　1941年4月8日

我不禁感到一些担心，因为1940年6月到11月机床的生产工作，我从机床调查表上看到每周的平均工作时间从六十六小时降到了五十八小时。尽管不可能在各种不同的机床之间取得完全的平衡，从而让闲置的机床不会出现。但是，实际工作的时间似乎还低于合理的期望。这些损失，其中一小部分（每周一个半小时）是直接由空袭造成，剩下的部分则是由于在熄灯期间绝大部分工厂关闭的缘故。

我需要知道现在各工厂实行几班制。

如果现有的机床不能被我们充分利用，那么我们就很难要求美国的机床赶紧交货。

我正在向飞机生产大臣和海军大臣递交同样的备忘录。

（即日办理）

首相致印度事务大臣 1941年4月10日

非常感谢你昨天采取了迅速而有效的行动。在这几天的时间里，你将会就让巴士拉成为一个巨大的美国装配点而制订一项计划。对此，我的兴趣也是非常浓厚的。为了在这个计划发展的过程中能够随时加以利用，你应该分成几个阶段来制定你的计划。此外，准备一个广泛的防空计划也是有必要的。为了让我们的战斗机能够及时起飞，还必须设置一些必要的雷达站。请向军方索要这个地方的大量图片，并把它们和你的报告一起交给我。报告越短越好。

首相致帝国总参谋长 1941年4月15日

我们的重型坦克有一千一百六十九辆在军队手上，这一点你从这份报表（研究报表是我每个星期都做的事情）上就能看出来。相较于现在每月二百多辆坦克的产量，在不远的将来我们坦克的月产量将会更多。因此，如果人员的训练仍然落后于久经拖延的坦克交货情况，那只能怪陆军部。让一个装甲师拥有二百三十八辆巡逻坦克，而让另一个装甲师只拥有三十八辆，我完全不奇怪这会导致训练出现困难。如果第十一装甲师拥有的步兵坦克再多几辆，就会有更快的训练进度。

就我个人而言，我并不认为应该让各个师变得完全一样，但可以让一个师的武器（速度不同也无关紧要）得到很好的配合。必须要有野战炮在这些装甲车辆之中，甚至可以是一两门大炮或迫击炮。我需要一个关于德国做法的报告。

首相致海军大臣 1941年4月15日

有这样一个消息为我所知：海军部正在研究用长形的艾克提恩鱼雷防御网或

类似的装置，用来装在航行于运输船队两边的护航舰后面。进展情况如何？[①]

如果这种东西能够研究成功，我们所面临的问题就能在很大程度上得到解决。

首相致空军大臣　　　　1941年4月15日

关于化学进攻战，如果敌人发动的话，我很不满意我们在这方面进行的准备。海陆空军化学战委员会关于这一问题的一份报告，以及军需部作出的一份评论，现在正摆在我的面前。可以从这两个文件中看出以下一个特点：

(1) 仍然非常缺乏毒气弹。本来应该在2月份的时候，六英寸和三英寸的毒气弹就应该开始生产，但直到现在也没有成为现实。导致二十五磅毒气炮弹短缺的缘故，根据我的了解，是因为缺少空弹壳。

(2) 对于陆军使用的五英寸火箭推进武器的生产，三十磅的I号L.C.炸弹的生产可能跟不上。不仅跟不上，甚至供应的数量还不足以进行训练。

(3) 同时也无法生产出足够的光气。相较于原计划的产量，光气[②]现在的产量只有百分之六十五，而在前几个月却达到了百分之五十。我的建议是，让国防委员会（管供应的小组）尽早举行会议来全面检查情况。

我希望飞机生产大臣和军需大臣能就自己各部门的相关情况交上一份简短而概括的说明，以便于让这次检查尽可能地详细并能在会议之前传阅。它必须就每一种毒气武器和组成材料（包括毒气）的以下情况作出说明：

①注明提出的总需求量日期。

②各部4月1日保管的组成材料存货量。

③皇家空军或陆军当局截止到4月1日的供应量。

④以后六个月每月的大概生产量。

我希望星期一就能看到这些说明。可以让布瑞奇斯爵士接收它们。我正向陆军大臣、军需大臣和飞机生产大臣分致同样的备忘录。

---

① 当时正在对用阿克蒂恩网装在商船上用来防御鱼雷的方法展开研究。一旦将这种网装上护航舰，护航舰的行动就会受到阻碍。原书的第一卷，附录(2)，1939年9月21日的备忘录对这一点作了叙述。——原注

② 一种能造成剧烈窒息的毒气，高浓度吸入时能导致肺气肿。——译注

首相致雅各布上校 1941 年 4 月 16 日

关于现在和去年 9 月份英国本土部队所具备的实力，请用一页纸列表作出说明。其中必须包括但不必过于详细：步枪和小型高射炮的数字；包括各种野战炮和中型炮（这两种合为一个项目）、海防大炮、重型炮以及轻型高射炮数字；军队中步兵坦克和巡逻坦克的数字；战斗队伍的给养人数和步枪数字；师及旅团的数字。其中包括海滨上方和海滨后方属于集团军或总司令后备队、其他部队的人数，现在和去年 9 月份轰炸机的投弹数目和重量数字；现在和去年九月份可以作战的战斗机数字，以及现在和去年 9 月份本国海面的小舰队实力的数字。

（即日办理）

首相致空军参谋长 1941 年 4 月 17 日

1. 轰炸机部队这一兵种无疑是失败的，因为轰炸机司令部无法击中布雷斯特港内的敌巡洋舰。对于白天的低空袭击，他们并不准备认真地进行。空军部忽视俯冲轰炸机类型飞机的方针无疑是一个非常严重的错误，这一点所有的经验都可以证明。而我们为空军部的错误付出的代价就是：我们现在不仅缺乏进攻的能力，而且普遍害怕损失。

2. 由于没能将德国的两艘战列巡洋舰俘获或击沉，因此它们仍然是战争中最重要的船只。我从来没有要求你同时和敌人以及天气搏斗，并且我还可以告诉你，以后会有越来越多的好天气。我认为仍然需要坚持对这两艘敌舰的战斗，并且尽力获得成功。对于以下问题，希望你和海军部进行研究：

可以将二十架“旋风”式战斗机放置在“胜利”号的甲板上，尽管后者还没有准备就绪。我想知道在如此多战斗机的保护以及只有我们才能改进的最准确的投弹瞄准器的情况下，是否可以让十多架轰炸机在黎明发动袭击。请立即研究这一问题，并向我提交相关报告。

3. 对于是否应该袭击德国的问题，我当然持赞成的态度。与此同时，我也赞成用最重的炸弹对柏林实施猛烈的轰炸，以及用轰炸机司令部的大部分飞机来对付德国。我认为还需做如下工作：每天对那些巡洋舰摄取照片，不仅要像上面讲述的那样在白天对它们进行特殊袭击，同时还应该进行经常性的袭击。这些袭击，在天气适宜的时候可以用少数飞机实施，在黑暗中察觉舰只移动时则出动较大的编队。[①]

（即日办理）

首相致帝国总参谋长 **1941年4月18日**

1. 第七装甲师曾经进行过的艰苦战斗和取得的出色成绩都很多。2月6日，在攻克班加西后，这支部队奉命回到开罗重新装备。想要完成这一任务，就需要行进四百多英里，而许多坦克的履带也会因此而完全磨损。有人报道说已经有德国人在的黎波里活动，如果这一情况属实，那么就不应该从这么远的地方将这个师调回。同一时间对这个师的坦克进行大修无疑是做不到的，最好的办法是在前方设立临时工厂将它们进行小修，同时送往工作人员那里。出现这种情况的不止是第三装甲旅，第七师还有一些装甲旅也出现了这种情况。但韦维尔将军和他的军官们却认为在5月底会一切相安无事。这种判断是非常错误的，它造成的恶果已经来临。

2. 在这些装甲部队回去之后进入埃及工场的坦克至少有一百六十二辆，由一百一十四辆巡逻坦克和四十八辆步兵坦克组成，这些坦克现在还在那里。预料尽快要出场的坦克，5月15日有四十辆，到5月30日有四十一辆。无法相信靠本身动力驶回的坦克都要花费这么长时间，以及从工场驶出的图卜鲁格坦克只有少数几辆。我希望能见到一份报告，其中要准确地说明：巡逻坦克和步兵坦克进入埃及各工厂的日期，已经修好的坦克的出厂日期，其余坦克将要出厂的日期。有一点无疑已经非常明了，那就是修理工作出现了一定程度的懈怠以及严重的管理不善。

---

① 在4月6日的时候，“歌奈森诺”号实际上已经在布雷斯特港被鱼雷击中，施放鱼雷的是空军海防总队的一架飞机。这架飞机在这次英勇的袭击中坠毁，一同牺牲的还有机上的全部人员。对于其中的驾驶员，我们追授了他维多利亚十字勋章。这艘军舰在几天后又被轰炸机司令部的飞机投弹命中四次。但在当时，我们并不知道这些成就。——原注

3. 有这样一种说法：在4月底会有六十辆第三型号巡逻坦克从美国运来。我想知道那是些什么坦克，因为直到今天，我们仍然对这方面一无所知。

首相致陆军大臣 1941年4月20日

在利比亚，我们目前已经获得了一些德国坦克。对于这些坦克，我们应该想方设法找一位熟练的英国坦克设计师或其他合适的工程专家来检查一番，即便他们是坏的。

只要形势允许，有必要在一定的时候往本国运送一辆德国坦克或适当的部件。如果这类专家目前中东不具备，应该出于就地检查的目的派一位前去。我正在向军需大臣致同样的备忘录。

首相致伊斯梅将军 1941年4月21日

我希望邀请各坦克司令官和军需部的代表们召开一个会议，就坦克问题和未来的发展进行讨论。下星期一，也就是5月5日是召开会议的日期。

对于坦克部队的军官们，应该鼓励他们提出建议并自由发表意见。同时也应该制订一个议程，制订的方式可以仿效总司令的会议。

请务必安排好一切，同时拟定一个方便送交陆军部的合适的备忘录。

（即日办理）

首相致帝国总参谋长 1941年4月22日

关于坦克的情况，我同克劳佛德将军已经进行了检查。在送出那六十七辆巡逻坦克和它们的备用部件之后，能有二百八十八辆巡逻坦克在下面三个月交货。此外，步兵坦克的交货量可以达到五百辆，在5月和6月，还有大批A.22式坦克可以交货。IV号和VI号坦克的配用部件大致是相同的，不同之处只在于驾驶盘和一两个比较次要的部件。它们具有相同的引擎，并且VI号坦克中东方面已经有大量部件可供调用。因此，我们的任务就是送去不相同的部件。

为你收到的坦克找到合适的受过训练的部队，是你今后三个月所要面对的困难问题。

对于那由军队掌握的一千一百部坦克的训练问题，我希望你亲自把握不要有太大的磨损。我不愿意听到这样一种声音：我们所依赖的、像第七装甲师的坦克一样的那一个师的坦克，在我们需要它们的时候必须要进行长期的修理。我认为应该分两个部分进行训练：

第一部分是坦克的训练。即使是整备尚未齐全的师，都必须配备模型坦克实行这种训练。第二部分是战术的训练。尽量避免坦克的大规模移动在训练当中出现。这种办法只能偶尔使用，因为很多演习可以用轻机枪战车以坦克的驾驶速度来进行，只使用坦克来演习只会磨损坦克的履带。应该鼓励骑兵军官们在交锋前骑“驽马”。

关于上述问题，请交给我一个报告。

首相致帝国总参谋长 1941 年 4 月 23 日

我作出了这样一种假设：在不久的将来，你面临的困难将是[国内]坦克过剩。你曾提及这些车辆的速度和行程，但在实践当中的情形并非如此。在一般情况下，一支由相同成分组成的大军并不会作长时间的进军或运动。在每个行动中，由于只有少数人能够前进而绝大部分人都在一旁，因此有许多个小时都会被浪费。这样一来，混合编制就能获得充分的赞成理由。最愚蠢的行为莫过于为了让一个师保持清一色的坦克而撤销五个师的巡逻坦克。“坦克会议”上必须要讨论的问题，这就是其中的一个（我正准备将一份关于这个会议的备忘录送给你）。在不久的将来，我们必须要举行一次会议。英国的巡逻坦克和步兵坦克之间的差距很少，甚至接近于没有，这是因为英国的距离一般都很短，并且乡间都是圈地。如果一个部队的坦克都是一类，那么这个部队的编制不能超过一个旅。在这远离战事平静的片刻，应该让各个部队拥有更多的坦克。

首相致陆军大臣 1941 年 4 月 23 日

优良和充足的反坦克炮必不可少，是我们从这次战争付出的一切代价所得到的最重要的教训。应该加紧制造反坦克炮的代替物，因为反坦克炮的生产并非源源不断。

我曾认为对付这场战争最好的武器是迫击炮。与此同时，我也听到你准备订购二千门这种炮、三十万发对付坦克的炮弹和六十万发对付人的炮弹。我想知道这些武器什么时候才能送往军队，第一批会在什么时候送出。请给我一份与此相关的计划。

首相致陆军大臣 1941年4月23日

有这样一个谣言正在不断地传播，说德国人正在制造四到六英寸的厚甲坦克。这种坦克具有所有的反坦克炮甚至机动大炮都无法穿透的特点，并且履带和其他脆弱的目标都非常小。

要想解决这一问题，经过试验证明，必须要在甲板上使用像布莱克上校和杰弗里斯上校加以改进的那种穿透力很强的黏性炸药。因此，我们一定要有所准备。对于厚甲坦克的威胁，我确定陆军部已经有所觉察，并在积极商量着对策。我希望看到一份相关的报告。

首相致韦维尔将军 1941年4月24日

1. 请告诉我图卜鲁格的船只会不会因为从不同的角度施放的烟幕获得保护，以及你是否拥有必要的物资和器材。

2. 我们希望了解图卜鲁格的驻军最近缴获的德国坦克的具体信息，尤其是它们是否能够用于热带、沙漠以及很热的天气当中。

首相致陆军大臣和军需大臣 1941年4月24日

关于坦克和反坦克的问题，我已经提议举行定期会议来进行考虑。5月5日(星期一) 上午十一时，将会在唐宁街十号举行第一次会议。对于这次会议，请你们在适当官员的陪同下予以参加。帝国总参谋长、帝国助理总参谋长和波普将军，是我认为应该出席这次会议的人员。此外，马特尔将军和他的装甲师师长也应该出席。军需部方面应该出席的人员我认为应该包括伯顿先生，布朗海军上将和克劳佛德将军。

2. 对于与会的官员，我尤其希望他们能够就应该讨论哪些问题提出建议，并且能够各自发表自己的见解。我的真正目的，实际上是成立一个“坦克议会”。

3. 对于每次会议，我的国防部都会拟定议程。你们愿意列入的任何事项，以及坦克司令官员们愿意提出的任何建议或问题，都会在议程当中得到体现。但就我个人的意见，我想就装甲师的编制，装甲师目前在机械效率方面的情况，以及1943年的一些较重大的问题展开讨论。

首相致哈利法克斯勋爵　　　　1941年4月28日

如果总统想向我直接提出问题，请不要予以阻拦，同时还请你制止其他想这样做的海军官员。我和他有着很重要的私人关系，我不希望一般的日常公事关系将这种关系取而代之。否则就太可惜了。

首相致伊斯梅将军　　　　1941年4月28日

1. 我在去年夏季曾写了一份关于命令准备好五千名伞兵的备忘录[①]，请将它在今天交来给我。让我后来同意把人数减到五百名的各有关部门的所有备忘录也一并交来。我希望能在中午以前收到。

2. 我希望看到目前所有赞成跳伞和滑翔机部队的建议，以及关于预期结果的时间表。

首相致帝国总参谋长　　　　1941年4月28日

关于在必要时从埃及撤退的计划，作战局长昨天说已经拟好。请将这些计划以及相关的资料交给我。

---

① 伊斯梅将军转参谋长委员会　　　　1940年9月1日

倘若滑翔机计划优于降落伞计划，那么执行它对于我们来说无疑是理所应当的。但对于这项计划能够认真执行这一点，我还有些疑虑。我们可能会面临这样一种危险：忽视另外一种被证明行之有效的办法而盲目相信一种不知道结果且尚处于实验中的办法。请就滑翔机计划进行的情形拟定一份详细报告，然后交给我。

——原注

首相致海军大臣和第一海务大臣 1941年4月28日

现在，中东总司令必须重新致力于封锁昔兰尼加各港口以及尽力捕获那些船只，而把前段时间集中精力对付的并且顺利进行的撤退工作先放在一边。相较于封锁的黎波里，封锁昔兰尼加各港口更为容易。所以，两个地方的封锁要兼顾，如果不能封锁的黎波里就太遗憾了。

首相致伊斯梅将军，转参谋长委员会 1941年4月29日

在占领班加西港的时候，我们曾经宣称它完全没有作用。并且在我们撤退的时候，我们又宣称已经完全封锁了这个地方。但敌人却在这个时候随意地使用该港，我感到很费解。

首相致伊斯梅将军 1941年4月29日

在星期六着陆的伞兵当中，我了解到有几个人曾经严重割伤了指关节。关于保护他们的手和[给他们]护膝问题，我想确定你们是否有予以考虑。

5月

首相致伊斯梅将军 1941年5月4日

关于在新加坡管理15英寸口径大炮和探照灯的炮手和人员，请写一份报告并交给我。同时我还想知道那里是否有雷达设备。

首相致空军大臣 1941年5月4日

应该从正常途径将这份[关于在美国扩充轰炸机生产发给罗斯福总统的电稿]送出。关于总计划，应该由精心组成的机构彻底地加以讨论。因此，我并不愿意向罗斯福总统发出与此相关的电报。

首相致财政大臣 1941年5月4日

我想确认这件事是否真实：在休假时因为敌人的行动而死亡的士兵，他的遗孀获得的抚恤金是否只有她的丈夫在值勤时的一半。

首相致财政大臣 1941年5月10日

有人曾告诉我一件事，说一名水兵值勤时因为醉酒而溺亡，他的遗孀获得了全额的抚恤金，而另一名水兵因敌人的行动致死，他的妻子则只能获得小得多的待遇，原因只是因为后者是在休假期间身亡。对于这种区别，你认为合理吗？还是进行这种抚恤需要很多钱？我非常怀疑把服役期间的正当休假视为服役就会花费你很多金钱。相反地，如果能够把服役期间的正当休息也视为服役，反而还可能消除一些有理由的不满情绪。

首相致财政大臣 1941年5月16日

因敌人炮火致死和因普通事务致死是有明显区分的。这样一种区别，战争损害赔偿法案当中一直都有沿用。我们受到空袭并不经常发生，它只是最近才发生的事情。不仅如此，在一定范围内，它还可以得到限制。所以，我不同意把普通事故进行特殊对待，以及对除武装部队之外的，受雇于从事部分工作时间，如民防队员之类的人员进行特殊对待。而对于在正规部队中被长期雇用而受到军纪约束的人，无论是休假还是在部队，他的遗孀都应该在抚恤金方面获得同样的特权。这是另一条需要保持的区别。休假在一个有纪律的正规部队当中是理所应当的，并且也是部队正常制度的一部分。因此，如果因为士兵是在休假时被敌人炮火击中就对当事人遗孀的抚恤金减半，只会引起别人轻视管理机构。我希望获知如果按照我的建议做需要多少开支。

首相致帝国总参谋长 1941年5月6日

对于在克里特岛的军队，应该弄清他们是否有足够好的地图。答案如果是否，在不久的将来我们将会看到，相较于我们的士兵，来到这里的德国人将会更了解这个岛屿。

首相致第一海务大臣 1941年5月6日

我想知道它[海军基地机动保卫队]为什么用了十二个星期才完成旅程，以及已经装箱的设备为什么不能使用。为了能使用海军基地机动修配厂的全套设备，应该在一开始就把它们装到船上。

我认为应该调查办事出现疏漏的地方。

首相致外交大臣 1941年5月7日

是否可以公开发表我给松冈的信？请你将这一问题代为考虑。在我看来，让一般日本人民以及松冈派的军人更大的集团知道自己正在走向何方，是非常有必要的事情。

首相致伊斯梅将军 1941年5月8日

既然拜尔迪耶、阿萨布、马萨瓦、图卜鲁格、基斯马尤和其他意属非洲港口都已经落到了我们手里，那么为了方便和我们情报部门原来的预计进行比较，我需要一份说明我们在这些地方发现的敌人海空防御设备确切情况的报告。你写出的报告的时间可以有两个星期。但我也要指出，我主要是为了知道事实，因此不能让情报部门知道我要将他们的数字进行比较。

首相致史末资将军 1941年5月8日

我想知道你是否同意担任英国陆军名誉元帅，我正准备将这一决定告诉国王。以你在我们的军务中所起的巨大作用，我认为无论是从哪一方面来看，这一个任命都是合适的。不仅如此，如果对你进行这样一项任命，你的老友和同志也能够以此对你表达敬意而感到无比高兴。

首相致比利时首相 1941年5月10日

我愿以国王陛下政府的名义，在德国政府背弃最庄严的约定，无端进攻比利时一周年的今天，感谢比利时政府、比利时帝国和比利时武装部队以及商船在过去的一年中给予同盟国事业的帮助，这些帮助都非常有效。同时我们也无法忘记，你们的士兵们在比利时战役中的英勇抵抗，而目前他们又在自己的家园抵抗侵略者。国王陛下政府和英国人民极端钦佩和同情在目前的情况下处于纳粹暴政下的人民。在保卫自由的问题上，凭着自己的勇敢和坚忍，这些人民每天都有所贡献。

（即日办理）

首相致空军参谋长 1941年5月10日

相较于对坦克的依赖，目前埃及战役的结局更依靠空军的增援。一定要从各个地方和各条路线向埃及调去战斗机，接下来要实行的“美洲虎”计划也要考虑在内。必须要将塔科拉迪这个狭窄通路上的拥堵疏通。在其他的文件当中，我曾要求再将一批“威灵顿”式轰炸机派出，其数量至少要有六个中队。为了方便召回在埃及的多余驾驶员，有必要筹办一个经常性的水上飞机航线。值现在空军上将朗莫尔在英格兰的时候，应该制定一个全面增援的计划。由于各方面都报告敌人正在加紧活动，这些事情都不能拖延。

首相致麦肯齐·金 1941年5月11日

得知孟席斯先生的访问非常成功，我感到非常的高兴。他曾经在这里和我们一起度过了非常紧张的一段时间，在我们看来，他是一位可靠的同志。如果有可能，可以在7月或8月举行一次英帝国会议，时间最好是一个月或六个星期。如果我们在中东能取得良好的成就并且尽最大的努力，那将是我非常愿意看到的事情。诚挚地向你表达一切良好的祝愿。我非常敬佩你能够领导加拿大团结一致地前进。

前海军人员致罗斯福总统 1941年5月10日

关于阿诺德将军对我们提出的很好的建议——美国迅速扩充的训练飞机的驾驶员将给这里的学员留下三分之一，我想你已经知道。我们已经做好了积极的准备工作，五百五十人的第一批青年即将出发，紧接其后的是五百五十人的第二批。现在，我了解还存在一些法律上的困难。总统先生，由于事情搁浅将会让我们非常扫兴，并且使得我们不得不重新进行筹备，我希望困难并非不能解决。我们对因为阿诺德将军的建议给我们训练工作带来的便利感到非常高兴和欢迎。能够这样快地找到这么多现成且配合得很好的飞机、机场和教练员，我们无论如何也做不到。我们在空军方面的成就，将会因此而大大加快进程。

首相致阿诺德将军 1941年5月11日

1. 能够知道你们在埃及的观察员报告的情况，我表示非常感谢。根据空军部告诉我的消息，在最近这段时间，我们已经能找到最好的军官送往塔科拉迪，但相较于美国式的飞机和发动机，他们可能更熟悉英国式。因此，我欢迎你能够提供美国专家。空军部会尽快传达需要的人数和军阶的详细情况。

2. 谁也不可能在西非的热带气候下像在国内一样辛苦和长久的工作。因此，我们愿意分成三班工作。目前我们正在对利用船舶来增添一些居住的地方进行筹划。

3. 我们正准备向非洲派遣一名最精明能干的高级技术官员。他将在埃及管理维修工作，并对总司令负责，同时还掌管由空军部单独负责的塔科拉迪的增援航线。有必要将管理权适当地分散到从英国或美国的工厂开始到埃及为止的线路上的局部环节。

4. 曾有批评说送到塔科拉迪的某些新兵缺乏技术上的经验，这一批评是有道理的。出现这一情况的原因，是因为有大量的生手混在皇家空军当中。现在，我们正在派出经过挑选的人。你满足我们暂借专家的建议，我们感到非常高兴。我们正在催促飞机生产部备好工具和设备。

5. 我们也同样认同购买代表团进行视察意义重大。我正向飞机生产部转达我们的批评。

我非常感谢你们已经提供的帮助，以及你们提供熟练技术人员的建议。但从塔科拉迪交货所面临的困难，飞机的装配只是其中的一种。如果不相应地增加运送飞机机件的驾驶员使用的运输机，我们很难做到加速交货。我想知道你答应的将美国运输机运往非洲交货的事情是否可以加快进行。你能直接给我打电话，我表示非常感谢。

（即日办理）

首相致海军大臣和第一海务大臣 1941年5月14日

对于第二号“老虎”计划，我还需要作出一点说明，那就是人们希望在6月半以后无月光的时候进行这项计划。最好派出“胜利”号立即前往以备不虞，而这也可以为地中海战区总司令送去两艘装甲的航空母舰，他们正非常需要。最好让“胜利”号以及在可能的范围内让伴随它的其他航空母舰获得一批能从浮船上射出去的最好的和速度最快的战斗机，以便实现这一目的。我想知道美国的那些“燕子”式飞机处于怎样的情形之下。在几个月的时间内，我都没有听到与它们相关的消息。但它们据说非常有前景，因为有着很高的速度。请告诉我“老虎”计划的卸货工作的进程。

首相致伊斯梅将军　　1941 年 5 月 16 日

请告知我以下问题的答案：马提尼克面临怎样的局势；那五千磅黄金是否仍然在那里；有哪些法国军队在那里；港内有哪些法国船只。鉴于维希政府的卖国行径，我想美国或许能够接管马提尼克，从而防止德国潜艇将它作为基地。

首相致帝国总参谋长　　1941 年 5 月 16 日

你 5 月 15 日的备忘录已经收到。在备忘录当中，你告诉我第七装甲师中一个旅的巡逻坦克共有二百一十辆（不排除百分之二十的后备），步兵坦克旅的坦克共有二百辆步兵坦克。如果依照你所说，第七装甲师就拥有四百辆重型坦克。对于这些实力，我们必须想方设法用类似的东西来作出评估。德国的每一部重型坦克，我听说原则上是配合两辆轻型坦克，这样一来，一个德国装甲师就具备约一百三十五辆重型坦克。换一种说法就是，一个德国装甲师的重型坦克甚至要少于我们一个坦克旅的重型坦克。我想知道除了重型坦克之外，我们的装甲旅在轻型坦克或装甲车方面有着怎样的装备。我想在这类辅助装备方面一定有很充足的配备吧。如果你能交给我一份报告，其中分两栏列出了第七装甲师的标准装备（根据你说明的情况）和一个德国的完整的装甲师的装备，并且再用一栏列出一个德国殖民地师的装备，我们将会获得很大的帮助，并且让我们的工作也得到大大的简化。

各方面送来的报告都说明，通过接触而弄清的德国师只有一个炮兵大队在使用。不知道你是否注意到了这一点。

首相致海军大臣和第一海务大臣　　　　1941年5月17日

海军部在2月底改装成巡洋舰的商船似乎已经有四十一艘一万吨和一万吨以上的船只。在那个时候，如果我没有记错的话，似乎有三艘已经被击沉。我们只能要求你们从这些船只当中拨出几艘，因为运兵船只对于我们来说目前非常缺少。我的建议是，在超过三十艘的船只当中，抽出装载军队最多的七艘来保留他们的武装，但要把水手减少，从而能够让它们自己以及所属的船队得到保护。

首相致海军大臣　　　　1941年5月17日

当这张关于打捞处所做的大量工作的图表摆在我的面前，有一种想法即在我的脑海中产生：让你向该处的负责人员转达我的高度和肯定的赞扬。我希望看到你拟的一份草稿。

首相致伊斯梅将军　　　　1941年5月26日

我对我们的情报部门非常夸大一些意属港口（我们现在已经夺得）的防务感到有趣。我早已经产生了这种疑惑：意大利人（这样做的或许还有法国人）希望人们相信拥有十分宏大的防御规模。举个例子，我们曾听说马萨瓦的防御设备有四门八英寸、十门大口径和十六门六英寸的大炮，但实际上呢？一门也没有。因此，为了不让我们的行动产生障碍，对于各部门估计的外国海防的规模，这些部门应该重新仔细检查。[①]

---

①

港口	情报部门估计大炮总数	攻克后所报大炮总数
图卜鲁格	26	15
班加西	37	12
拜尔迪耶	7—9	5
马萨瓦	64	29
斯基马尤	10—11	23
总计	144—147	84

首相致伊斯梅将军，转参谋长委员会 1941年5月27日

1. 由于感受到了来自某方面的阻力，我认为我应该对这一段［关于降落伞部队和滑翔机的］经历负主要责任。而这一经历无疑也是可悲的。这种阻力的依据非常错误，我们对照正在克里特岛，以及可能不久发生在塞浦路斯和叙利亚的情况，在阅读空军参谋部的报告时就能看出这一点。

2. 可以对照我1940年9月1日关于滑翔机的备忘录①。其中记录的就是已经发生的情况。在目前阶段，我们面临的实际情况是只有这五百架滑翔机，因为我们滑翔机的生产规模一直很小。除此之外，我们也没有伞兵。

3. 也正是因为这一原因，我们总是落在敌人的后面。我们本来应该具备的实力是：拥有五千名伞兵和按照德国标准的一个空降师，并且力量会随着时间的增长而不断增加。此外，我们本来还应该有一些载运飞机［运输机］。在1942年（也有可能提前，如果条件具备的话）在地中海的战斗中，这一切都是必不可少的。对于敌人毫不费力就占领的那几个岛屿，我们必须想办法收复。我们的战线，可能被迫在东方的波斯或伊拉克北部的广大地区展开。时间已经过去了整整一年，我现在要求三军参谋长尽可能提出建议以弥补局势。

在今天晚上，全部的档案将会交给三军参谋长。

首相致伊斯梅将军，转参谋长委员会 1941年5月27日

关于帝国总参谋长的评论，我总体上同意。但各个作战行动的优先次序和重点，显然必须由参谋长委员会决定。

对于以下指令，请三军参谋长们立即予以考虑：

1. 应该命令韦维尔将军撤离克里特岛，并且不惜一切物资损失无论是用增援还是其他方法救出尽可能多的人员，只要方法有效。之所以应该这样做，他最近的来电就是依据。

2. 敌人一定非常急于从海上运一支部队登陆，因为他们已经在南面攻下了苏

① 见原书第三卷第677页脚注。——原注

达湾或卡斯特里。因此，对他们的海上保卫工作，海军仍然不能放松。不仅不能放松，为了让我们自己的一些损失得到补偿，还要想办法重创敌人。

3. 有一个标准的军事问题因为从西北和从北部来保卫埃及而形成，那就是一支中央部队要抵抗两个相反方面的夹击。如何在这种情况下进行选择，似乎完全取决于实际情况。

4. 敌人在许多星期内都无法通过土耳其及（或）叙利亚发起大规模进攻。在这段时间内事态演变，可以决定他们的这种进攻是否能够进行。

5. 想要取得决定性的军事胜利，只有在西部沙漠才有机会。同时也要注意，在西部沙漠的作战目的应该是在一次我们全力以赴的决定性战役之中，将敌人的武装部队摧毁或摧毁绝大部分，而非仅仅是把敌人击退到任何特定的一些地区。完成这一切后，应该尽可能在两个星期内大败昔兰尼加的德军。韦维尔将军拥有的重型坦克超过四百辆，而敌人除了拥有一百三十辆重型坦克之外，还拥有自己的九吨坦克。轻装甲部队则双方都有。但韦维尔将军拥有大量的其他武器，尤其是大炮。除此之外，他还拥有可靠的交通线，充足的军需品，以及来自海上的许多援助。所以，在西部沙漠中，面对在军需与弹药方面有着巨大困难的敌人，他应该进行有力的打击。想要取得巨大的军事胜利，这个机会是唯一的，绝对不容错过。

6. 对于韦维尔将军提出的占用一支部队进入叙利亚的建议，我们也同样持赞成态度。他可以在德国人的空军力量经过巨大消耗还没来得及恢复的时候将那里的飞机场（费雷伯格的军队出乎意料地猛烈抵抗，是造成德国空军力量消耗的原因）夺取。

7. 但在我们不能取得叙利亚的飞机场时，我们不应该在这样一个紧要关头在塞浦路斯岛浪费兵力，否则塞浦路斯就会失守。要想进入塞浦路斯，只有在得到这些飞机场，并在昔兰尼加取得一次决定性的胜利，同时还有足够的空军掩护才有可能实现。我们绝不允许让塞浦路斯重现克里特岛的艰苦战斗。

8. 还必须将“美洲虎”计划恢复并扩大以达到上述目的。在目前阶段，“胜利”号处于闲置状态。同时还必须尽最大力量催促所有的军队和运输工具从阿比西尼亚向北移动，因为即将要迎来从英国调出的第五十师（缺一个旅）和别的援军。

整体而言有以下命令需要发布：

(1) 撤出克里特岛。

(2)出于让图卜鲁格解围并取得它西面飞机场的目的,将昔兰尼加的德军摧毁。

(3) 当第 (2) 项计划获得成功，尽量为增援部队在叙利亚划定驻防范围。

上述行动的完成时间应该控制在6月中旬以前。

首相致澳大利亚总理（孟席斯先生）　　1941年5月29日

衷心祝贺你在加拿大、美国，尤其是在回国后发表了有力而动人的演说。英国已经充分报道了这些演说。从这一点可以看出，你已经获得我们的人民的一切友好情谊。同时，我也非常感谢你在其中提到了我。“成为一个民族吧！”这是查塔姆[①]有名的祈祷语，我在谈到澳大利亚消息时经常想起这句话。祝你一切如意。

首相致农业大臣和苏格兰事务大臣　　1941年5月30日

你们曾在4月初送来关于在苏格兰生产甜菜的备忘录,我一直都在进行考虑。我认为大家都同意这一建议，即应该继续生产甜菜以节省船舶的吨位。我听到了另外一个说法，说每英亩所产的甜菜的淀粉含量超出马铃薯三分之二。但是农民为了收入，我根据你们所说的来判断，他们似乎更愿意生产储量已经足够的马铃薯。

基于这一原因，无疑应该采取措施保证甜菜的足够生产，并且在必要时牺牲马铃薯。各有关部门可以就是在苏格兰还是在北英格兰增加生产进行商议。但我认为这增加的数量应该在苏格兰生产，然后在库百工厂加工。

在这样一种情况下，应该想办法保证1942年不再出现这种短缺：今年已经无法及时获得这项额外的产量。考虑将来是否增加甜菜的种植面积无疑是很有必要的，因为甜菜在目前情况下无疑是很有价值的农作物。对于这个问题，请过段时间再给我一份更进一步的报告。

---

① 指威廉·皮特，英国第9位首相，指导了七年战争的胜利，被誉为英国历史上最伟大的首相之一。——译注

6 月

首相致伊斯梅将军，转参谋长委员会　　**1941 年 6 月 1 日**

我尽管［目前］有着坚定的主张——我们不应该在保卫塞浦路斯岛方面耗费兵力，但我并不否认有必要对其进行空防，并保护该岛直至我们控制叙利亚的飞机场。如果有这样一种可能，“虎仔”计划的成功让三个战斗机中队可以抽出，那么就应该往那里派遣这些中队。总而言之，为了方便能在塞浦路斯接收这些战斗机，这个时候应该做好一切准备。飞机场现在有着怎样的处境和情况?

对于这个问题，希望各参谋部能够展开研究。

(即日办理)

首相致伊斯梅将军，转参谋长委员会　　**1941 年 6 月 1 日**

我的想法是，把西非旅立即调回弗里敦，并让目前正在弗里敦或它附近进行组编的预备旅装备缴获来的意大利武器。我就这个问题还和吉法德将军交谈过一次。他的看法是，分配八十名英国军官和士官平均给西非各营，但不包括预备旅，最好把我们能够弄到的任何现代配备供给这些军官使用。我曾听到这样一个建议：由于波兰师中有多出几千名军官，应该让这些军官去西非预备旅。在我看来，要想说服西科尔斯基将军挑选出二三百名很好的军官是轻而易举的。

为了通过把西非旅从东部调到西部，以方便利用意大利装备和注入波兰白种人成分来加强他们，请对这件事展开研究，并且拟定出一项计划。应该和吉法德一起商量这件事。我希望他能在离开英国之前收到报告。①

首相致新闻大臣　　**1941 年 6 月 1 日**

告诉敌人国会开会的日期是非常危险的举动，他们可以因此而在开会之前布置空袭。我不认为敌人知道的情况都是自己获得的。

---

① 根据所提建议被派往西非师的波兰军官约有四百名，在那里他们表现不俗。——原注

（即日办理）

首相致空军参谋长　　1941年6月2日

很高兴获知你正在加紧进行[让战斗机航程得到增加]这项紧要的工作。这是一项非常值得做的事情，尽管所有人都知道顾到航程就会牺牲火力和机动性。关于你的论述，我认为还不够全面。为了让我们能够在白天用轰炸机和战斗机都能够在指定的地点作战，我们必须对飞机进行修改。对爱琴海来说，这一点尤为正确，因为在战斗机的保护下，我们在这里应该能在白天对克里特岛和多德卡尼斯群岛的飞机进行轰炸。我们必须对飞机进行改进，使之能在必要的航程中飞行。同时，我们还应该准备在白天进入德国实施猛烈轰炸，因为很大一部分德国的空军正在向东移动，并且他们在法国的力量也大不如以前。我们必须通过延长我们的战斗机航程以便于达到这个目的。否则我们就无法在西部战场采取行动，并且在东部战场只能处于挨打的局面。

首相致马耳他总督　　1941年6月6日

你的总体看法我完全同意。关于你提出的各项，陆军部将会进行仔细研究。在两三个星期内，进攻马耳他的举措还不太可能。但在这段时间内，为了能够或迫使我们采取新的看法，一些其他重要的事情将要作出决定。马耳他在我们眼里是英帝国实现一切的前提，这一点你完全无需怀疑。在我们眼里，你就是让一切得以实现的关键人物，因此，我们会投入一切人力来帮助你。

（即日办理）

首相致林德曼教授　　1941年6月7日

我曾几次对你提出请求——让你在欣格尔顿法官调查完德国和英国的空军实力后，核对它们的具体情况。关于这项报告，我希望最迟在星期一能够看到。

我认为相较于我们飞机的损失，敌人可能还要更多。但我想知道他们飞机新的生产率。

请告诉我目前的情况，我进行详细核对的时间已经是在两个多月以前。

首相致澳大利亚总理 1941 年 6 月 9 日

塞浦路斯要想能够守住，前提是要控制叙利亚的飞机场。所以，为了让我们在守卫塞浦路斯的时候能够进行有效的支援，我们一定要想办法取得这些飞机场。一个澳大利亚师的机械化骑兵团、一个英国营、六架“旋风”式战斗机以及当地的军队，是我们此刻在那里具备的力量。只要敌人不以太大的兵力发动袭击，想抵御住他们这些军队已经绰绰有余。但如果敌人将大举进攻的时间放在我们掌握叙利亚之前，进入嶙峋的高山躲避，并在那里坚持游击战，就会成为塞浦路斯的一千五百名士兵唯一的选择。如果叙利亚不能为我们所有，又或者我们在山中的游击队被德国人击败，那么我们或许就不得不撤出许多人。这种对军队的安排，三军参谋长认为并没有什么不妥当的地方。战争中曾出现许多比这更糟糕的情况，但唯一的办法仍然是立即撤退(敌人也因此可以在不受到抵抗的情况下成功登陆)。在你有困难的时候，我非常愿意帮助你。因此，不管是否有增援部队，我都愿意想办法让澳大利亚军队从塞浦路斯撤退，只要你不反对。

首相致殖民地事务大臣和伊斯梅将军 1941 年 6 月 11 日

尽可能对吉布提港实行严密的封锁，是我们一贯奉行的政策。对封锁在其中的人，我们提出的条件是绝对公平的。因此，我们决不能让封锁的严厉程度减轻。但如果报告有新生的婴儿和幼儿，只要报告数目，我们会往城中送入极其有限的营养品，但必须要受到最严格的限制和监督。

关于封锁的行动，亚丁总督绝不能进行削弱。并且，在没有得到我首肯的情况下，不得向城中运入任何种类的供应品。

首相致枢密院议长 1941 年 6 月 14 日

在今年的 8 月份，我获悉将会减少民用汽油定量计划的规定——每隔三个月，配售按基本定量减半。我认为应该尽量避免在 8 月份实施，因为我们必须想到例行假日，以及很多人的休假自战争以来还是第一次。一定有一个这样的想法存在他们心底，那就是将他们的汽车在 7 月底装满汽油，并且能将 8 月份的全部配给量自由支配。

如果有可能，应该将这种试行的办法安排在10月。可以在冬季增加一次减半配售以补充损失。

(即日办理)

首相致伍尔顿勋爵和农业大臣 **1941年6月14日**

1. 获悉为了方便实行“要想官方给饲养十二只母鸡以上的人配给饲料，必须要加入公共养鸡场”的政策，你们将要放弃“十二只母鸡”的计划，我感到非常高兴。一定不能忘记，“公有鸡饲料只能用来生产公有鸡蛋。”

2. 我想知道对兔子的生产是否也合理地作了这种处理。无可否认，兔子本身并不富于营养，但总好过每餐都吃素。鼓励饲养和繁殖兔子是有益无害的，毕竟它们主要吃青草和蔬菜。

3. 你要能增加肉类的配给量，我完全不反对这一点。但是要保证一条，那就是不能到了新鲜蔬菜减少的冬季，又减少肉类的配给量。如果可能，你可以考虑增加进口美国罐头碎牛肉、猪肉和咸肉来弥补冬季的不足，因为这种运输量会因人们必须要多吃面包而增加。单纯靠面包生活，只会让事情变得更糟。基于这些原因，你似乎有必要努力开辟肉类来源。

4. 我为我们大批屠宰牛羊感到非常不安，因为我们主要的储备就是活着的牛羊。

首相致空军大臣和空军参谋长 **1941年6月15日**

休·道丁爵士曾在去年7、8、9三个月指挥了不列颠战役。我在以前某个时候还建议你让他将这一战役的经过撰文叙述。对此空军参谋长并不反对，我想你也一定这样看。

如果可能，请立即采取必需的行动。

首相致伊斯梅将军 **1941年6月18日**

请将叙利亚和利比亚的地名在今天编制出一个表格，但要注意每个地名的写法和拼法是最简单和大家最熟知的。编制好以后，将它连同补遗部分用电报发往中东各方面。

首相致空军大臣和空军参谋长 1941 年 6 月 18 日

1. 在日前的报纸上，我看到了一项报道，内容说空军正召集几千名志愿人员去保卫飞机场，其原因是部分吸取克里特岛的教训。我想知道这样做究竟是出于什么目的，因为很多人对大力宣扬这样一个很小的措施感到奇怪。也许这些消息根本就是空穴来风。

2. 我借此机会想要表达的意愿是，所有在飞机场的空军地勤人员，都必须紧张、有效和严格地进行使用武器方面以及为保卫机场所必需的一切演习。每一个人在保卫方面的作用都必须充分发挥，同时想方设法来达到高度敏捷性和效能。

我需要一个相关的报告。

首相致戴高乐将军 1941 年 6 月 19 日

非常感谢你在 6 月 13 日给我发来电报。你的意见我无比珍视。这些意见无疑非常有好处，如果结合最近在叙利亚发生的事件来看的话。对于自由法国运动的利用，我是时刻都放在心上的，因为它关乎法国的新生，这一点你完全可以放心。致以最良好的祝愿。

首相致伊斯梅将军 1941 年 6 月 20 日

请将下列问题以书面的形式集中说明 ：

(1) 在目前阶段，已经就陆军能够密切联系配合陆军作战的空中军队的问题想出了哪些办法。

(2) 敌人如果入侵，联合王国的飞机场应该如何分配责任。

首相致伊斯梅将军，转参谋长委员会 1941 年 6 月 23 日

1. 在对加莱海峡的出色的攻势中，只要皇家空军能够取得有利于这一攻势的成果，我们就有足够的信心逐日加紧这种攻势。为了方便分袭在白天能见到的各

个目标，应该尽量增加白天起飞的轰炸机数目。应该要求内阁同意轰炸所有被敌人利用来大规模进行修理或制造飞机的重要工厂，并且有效地破坏和在白天猛烈地轰炸敌人控制区域内的任何重要目标。同时应该在我们能够在他们得到通知前开始轰炸的前提下，警告法国工人远离工厂。

2. 各参谋部可以以一种假设——我们在这个区域确立了空中优势，来判定是否有必要在空军的充分掩护下展开一次大规模袭击的重大军事行动。这种规模的大小，我的看法是二万五千至三万人，其形式或许是用突击队再加上一个加拿大师。也可能要建立一支与战术计划充分配合的军队，当然，它不一定像一贯实行的那样用师的编制。我们完全有可能取得重大成果，只要我们能够让我们在英吉利海峡和加莱海峡的空中优势得以保持。

3. 毁坏大炮、炮台、一切船舶（虽然目前已所剩无几）和军需品，并且击毙和俘获一大批德军，是需要完成的其他目标。可以试图对加莱港口和布罗涅港进行封锁。

4. 在今天晚上九点四十五分，我希望能进行初步讨论。如果上述提议获得通过，在我们获得空中优势的前提下，我们应该尽快制定出完善的计划。目前正是我们能够大力打击敌人的时间，因为它正忙于对付俄国。

首相致伊斯梅将军转参谋长委员会、海军部军需署长和其他有关人员

1941 年 6 月 27 日

1. 通常只有在晚上的时候，英国在海外的两栖袭击才会展开。在这个时候，我们很希望往岸上运送相当数目的"博福斯"式高射炮。但要想抵御住俯冲轰炸机的袭击，进而掩护登陆地点，这些高射炮还远远做不到。但敌人的俯冲轰炸机却可以在黎明或黎明后不久在登陆地点到处轰炸。这就要求这些高射炮要在黑暗中首先占好位置。但要调整好高射瞄准器和联合控制器，在这样短的时间内明显做不到。

2. 要想一系列行动——开始登陆，然后再夺取机场，最后将英国战斗机中队和空中掩护布置好——得以完成，必须要有有效的防空炮火（最起码是低空炮火）作为支援。而要想做到这一点，无疑要准备水上炮台。因为在初步进攻的黑暗时间内，这种炮台可以占据好的位置，并且从黎明开始就能保护登陆地点。

3. 正在迅速出厂的坦克登陆艇，目前每个月有一百七十艘。用来作水上炮台的，至少需要装备十二艘坦克登陆艇，并且要配备“博福斯”式高射炮或者装上备有空防信管或光电信管的各种火箭投射器。安装这种武器对于大型坦克登陆艇来说再适合不过。我希望看到一个计划，其中涉及怎样安装高射炮或者火箭投射器，或者两者兼备。为了方便从各个部位来应付敌人的射击，应该就指挥涉及的最好形式和四角形舰船的原理展开研究。炮术专家和火箭专家是这项任务的完成者。因此，应该把可利用的甲板面积告知他们了解，让他们就需要的专门装置和人员拟定出全面的计划。对于这些舰艇修改的方法，海军部军需署长应该提出报告予以说明。有必要立即按同样的方法装备一艘登陆艇，同时训练出一批作为核心的军官。然后将可以在上述的条件下利用水上炮台作战。目前作训练和实验之用的登陆艇只需要装备一艘。但是对于其余的十一艘而言，应该让它们做好装备高射炮或火箭投射器的准备，只要有可以改进的地方，就应该想办法进行改进。为了方便迅速安装大炮，应该制作好大炮底座并装好。这一批高射炮和火箭投射器在这期间仍可以继续用于大不列颠的空防组织。为了方便在迫在眉睫的水陆两用的行动能够迅速调用，所需要的一批登陆艇可以加上标志。

我希望你们把认为应该采取的行动连同一个相应的时间表制成一份报告，并在一星期内交给我。[①]

首相致伊斯梅将军 **1941 年 6 月 27 日**

为了方便我知道每星期到国防部专室来阅读档案的总司令官都有谁，请将他们的人数和姓名列表交给我。将供它们查看的第一份档案样本也交给我。

---

① 这项备忘录对一种登陆艇上高射炮火的起源作了说明。这种登陆艇是一种改装的坦克登陆艇，上面载有火力强大的一组轻型高射炮。在突袭时，这种轻型高射炮能为登陆艇提供严密的空中防卫。这种登陆艇在 1942 年 5 月参加战斗的数量有六艘。在这之后，有更多的这种登陆艇投入了战斗。——原注

（即日办理）

首相致陆军大臣和帝国总参谋长 1941年6月27日

对于坦克的各种标号，我前段时间认为用名字来代替似乎更好。记住这些名字无疑更加容易，并且可以避免用标记和号码来命名引起的混乱。尽管在当时这种意见并没有得到同意，但它显然具有实用价值。举个例子，2号步兵坦克一般被我们称为马蒂尔德坦克，还有一种名为瓦伦丁坦克在其他步兵坦克当中。现有的命名也发生了改动，我记得就有一个别名为A.22。所以，对于我们以及美国现有的和正在建造或设计的一切坦克已用的正式名称，请你按照类型和标号，连同建议的名称，编制成一个清单，以便于进行考虑和讨论。

（即日办理）

首相致外交大臣、海军大臣和第一海务大臣 1941年6月28日

美国人为什么认为我们宁愿让他们的驱逐舰在大西洋上他们的本国那边活动，而不需要到我们这一边来活动？我想知道是谁让他们造成了这种认识。这无疑是一种让国家的利益大为受损的做法，确定散播这种说法的人之后，应该禁止他接触美国人。对于史汀生先生的看法，我完成认同。请告知我是否可以要求将这个意见定为既定政策，同时在必要的情形下，于星期一将它送交内阁讨论。

首相致空军大臣 1941年6月28日

我了解我们的防务上似乎有一个严重的缺陷：在这样一段时间内——从飞机场竣工能够使用到实际接收的那一天为止，我们在防务上根本没有什么准备，或者直接可以说没有。不仅如此，这段时间通常会很长，尤其需要注意的是，在主要工程完成之后，必须还要花费时间进行小规模的整理。我希望知道具体情况。

首相致空军大臣和空军参谋长 1941年6月29日

1. 对于我6月20日的备忘录，我进一步用下文作了说明，皇家空军在单独就地保卫飞机场的责任问题是其中谈到的主要部分。只要是穿着空军服装的人员，都应该配备武器，步枪、手提机关枪、手枪、长矛和钉头槌都可以。除此之外，

每个人还必须在每天至少进行一个小时的操练和演习。防卫计划必须涉及每个空军人员。在每一个星期，至少要为演习发出一次警报（提前告诉他们这次信号是为了演习），这个时候每个人都要在自己的岗位上，并且保证有百分之九十的人能在不超过五分钟的时间站到自己的战斗岗位上。必须要有一个这样的认识扎根在各级官兵的心底：人们对他们的期望是为了保卫他们的飞机场而战斗和牺牲。为了让敌人的降落伞或滑翔机部队到来时不得不对我们每个同保卫计划相配合的建筑物逐一攻打，我们必须要对每个这样的建筑物都有所准备。应该要有一个领导人在每一个这样的岗位上，因为部队在两三个小时之后就会到来。在这段时间内，不管是一所茅舍还是一个乌七八糟的地方，对于这类阵地，每个岗位都应该抵抗并守住，让敌人不能攻占任何一个地方。这种做法可以慢慢地消耗敌人的实力。

2. 皇家空军的组织工作所面临的一个固有的难题，无疑是照料少数英勇的驾驶员（在一般情况下，他们是全部的战斗任务唯一的担负者）的大量非战斗人员。因此，现在正面临一个机会——让这一大批人员能在必要的勤务上增添战斗技能。不能让每个飞机场成为在几支部队的保护下，身穿制服、年富力强的文职人员使用的住所，而应该成为战斗的空军地面人员据守的要塞。

3. 请为我列出诺索尔特飞机场确切的部署情况，并将每一级的空军人员，以及他所做的工作、所持的武器和在防务计划中负有的任务进行说明，以便于我能够对这一问题进行详细研究。如果出现以下情况，是我们无法承受得起的一种巨大浪费：五十万身穿制服的人员中享有皇家空军一切声望的优秀部分，唯一具备的价值就是为驾驶员做一些必要的勤务。

首相致陆军大臣和帝国总参谋长　　1941年6月29日

我们必须做出一种假设——从空中降落约二十五万伞兵和由滑翔机着陆的飞机载运部队。不管是在哪里遇到敌人，所有身穿制服的人员和所有其他志愿杀敌的人，都必须以“每个人都杀死一个德国人”的精神，袭击他们并极其敏捷地发起进攻。这样一种精神，应该让所有英王陛下的军队官兵都深刻地认识到，尤其是陆军学校、训练单位和兵站。所有的后方勤务人员都要具备一种素质——能够孤身一人进行顽强抵抗。在没有受到猛烈攻击的情况下，所有军队占据的建筑物都不应该投降。每个人都要有一种武器在身，这种武器可以是一把钉头槌，也可以是一支长矛。面对这种新式的分散入侵，每个人都要作好强烈抵抗的精神准备。我毫不怀疑已经在进行着许多工作。

我需要准确地知道我们本岛的给养人数中有多少身穿制服的人员，以及他们拥有怎样的装备。我希望能将这份备忘录和附件让艾伦·布鲁克爵士过目，并获得他的看法。另外，请为我送来钉头槌和长矛的样品。

首相致伊斯梅将军，转参谋长委员会　　1941 年 6 月 30 日

仍然有大批敌人在不断地渡海抵达非洲，尽管我们对他们造成了重大伤亡。对于这一情况，皇家海军人员似乎想不出任何对策。皇家空军所能抵抗的敌人的力量，只有五分之一的敌军。如此严重的局势，想必你们已经有所了解。

(即日办理)

首相致军需大臣　　1941 年 6 月 30 日

欣维尔先生就我们在“重型坦克”方面的现状在谈论安德鲁·邓肯爵士的提案的秘密会议上提出了问题。到目前为止，尽管我们在一种更大型的坦克的制造上投入了精力（如果我没有记错，这是由斯特恩厂研究试制的），但我们仍然认为我们应当制造的最重的坦克是 A.22 型。还有一种实验性的型号也被我记了起来。相较于俄国或欧洲大陆上的一些大国，我们因为海运的关系无疑面对着不同的问题，尽管这些困难并非无法克服。

但在俄国方面，根据最高权威的消息，俄国人似乎已经生产出一种重量据说达到七十吨、连德国的六磅反坦克炮弹都无能为力的巨大坦克。在我看来，制造更重的坦克已经成为一个不容忽视的问题。我们必须以最快的速度研究整个情况，并且弄清自己的现状。

四

英国、盟国和中立国被敌人击沉的商船和渔船每月数字统计表

（数字于 1949 年 5 月 1 日修正）

1941年	英国		盟国		中立国		总计	
	船舶数	总吨数	船舶数	总吨数	船舶数	总吨数	船舶数	总吨数
1 月	44	209,394	30	107，692	1	2,962	75	320,048
2 月	79	316,349	20	82,222	1	3,197	100	401,768
3 月	98	366,847	32	138,307	9	32,339	139	537,493
4 月	79	362,471	67	256,612	8	34,877	154	653,960
5 月	96	387,303	24	98,559	6	14,201	126	500,063
6 月	63	268,634	35	142,887	10	19,516	108	431,037
7 月	36	95,465	6	23,994	1	1,516	43	120,975
8 月	31	96,989	9	32,010	1	1,700	41	130,699
9 月	61	215,207	13	47,950	9	22,595	83	285,752
10 月	32	151,777	14	53,434	5	13,078	51	218,289
11 月	29	91,352	4	6,260	1	6,600	34	104,212
12 月	124	271,401	44	159,276	19	55,308	187	485,985
合计	772	2,833,189	298	1,149,203	71	207,889	1,141	4,190,281

说明：在远东损失的约 270,000 吨也包含在 12 月份的损失当中，其中有 194,000 吨为英国损失。

五

首相以个人名义发出的备忘录和电报（1941 年 7—12 月）

7 月

首相致希腊国王 **1941 年 7 月 1 日**

在这充满紧张、危险和忧虑的几个月内，我对陛下常常满怀思念。对于你在这些人事变迁中所抱有的态度，我愿意告诉你，你在英国的许多朋友和一般的英国人民都无比敬佩。这里每个人都下定了决心——要么胜利，要么牺牲。如果陛下能来到这里，我们将以最大的热情表示欢迎。当美好的日子到来之际，我希望并且毫不怀疑，希腊所受到的创伤将因为它所获得荣誉更快地恢复。

首相致伊斯梅将军 **1941 年 7 月 1 日**

德国人目前正将火焰喷射器进行利用，请告知我具体情况。

(即日办理)

首相致海军大臣和第一海务大臣 **1941 年 7 月 1 日**

对于阻止叙利亚的维希军队从海路获得增援的问题，我想我们已经采取了有效的办法。我想知道这件事目前的具体情况。

首相致空军大臣 **1941 年 7 月 1 日**

相较于原来估计今天第二季度每月的消耗量，我注意到你们 5 月份的实际消耗没有达到其二分之一。如果以这个消耗率来算，你们的储存量能够用十三个月。

在你们准备大量投弹时，发现没有足够的炸弹，这当然是我们最不愿意看到的事情。但根据这些数字，你或许希望能把你的需要重新检查一番。你想获得约六个月的储备，似乎才是你提出这些需要的根据。

只有出现这样的情况，我们才不会将一部分多余的炸弹投入到其他方面：确信你们可以充分利用这大量的储备。

首相致粮食大臣　　　　1941年7月2日

获知那个蛋品计划并非你制定，我感到非常高兴。我原以为它是你想执行的计划。让增加食品供应量和维持公平分配保持平衡从始至终都非常不容易。因此，我们不应该过于严格地要求用个人的[生产]努力来增加自己的供应量。

我非常高兴看到肉类所面临的局势正在得到改进。我非常希望看到，我们的配给量将会因为我们敦促美国增加猪肉而得到提高，并且不会在之后又降低配给量。

强迫农民屠宰他们不依赖进口饲料就可以养肥的菜牛，从而让他们产生不满情绪，是我们不愿意做的。当然，我们也不能因为农民不愿意出售菜牛而让全国陷入饥饿当中。有一项措施是可行的，那就是在考虑到季节因素的情况下，和农业大臣商定一项尽可能使肉类保持恒定不变的计划（这项计划也可能是一项谨慎拟制的物价政策）。

在小麦的问题上，相较于这样一种说法——我关心我们的储存量，另一种说法似乎更为合适——我担心陷入恶性循环。这个恶行循环就是：船舶用于输入其他食物的吨位，因为人们缺少肉类而多吃面包而减少——这势必会造成要输入更多的小麦。我认为敌人不太可能毁坏我们的收成。我们很难发现烧毁农作物的情况。关于为什么在这里烧毁农作物，因为我国的多雾情况比在欧洲大陆还要难的问题，你如果去问空军部，他们就会给你答案。

首相致陆军大臣和帝国总参谋长　　　　1941年7月3日

1. 在战争进行的过程当中，有必要建立一支像我们设想的那种大型装甲部队。它必须具有以下特点：具有很大的临时性。对于落后的装甲部队来说，这项原则再适合不过。但我很怀疑装甲部队是否真的可以用师进行编制。在我看来，用由独立的旅团组成“皇家坦克团”的办法，似乎更利于作战和行政管理。要证明师的编制为什么很不合适，第七装甲师就是一个很好的例子。它是我们的一个训练和装甲都很好的部队，但打起仗来还“不如一个旅”（但它实际上只有两个旅和一些附加力量）。但是，在目前的战争情况下，一些部队如果已经形成师的编制，并且一个装甲师规模的武装也已经配备好，再将编制改变而造成混乱也没有必要。这区别于对待比较落后的部队问题上应该采取的态度。在对待这类部队的时候，应该将它们一贯地编为旅团，并配备最精良的武器。同时还应该对它们逐步扩充，扩充的比例和增加新装甲车辆的比例相同。在它们发展的每一个阶段，都应该将它们的战斗价值保持在一定水平。我们当然不可能给所有的装甲旅团配备同样的装备。因此，它们必须接受现有的装备，并尽量利用一切可以利用的东西。举个例子，如果要在国内建立一个新的（或落后的）装甲旅团，它们就不能嫌弃剩余的装甲车或轻机枪战车，并且要迅速具有旅团的意识。与把自己当成一个装备齐全的装甲部队一样，在训练的时候，它们应该按团或旅演习的标准来。在各种无线电讯工作方面这样要求的执行更为迫切。只要出现紧急情况，它们的战斗就要以一个摩托化机关枪部队来进行。如果能获得相当数量的坦克，它们应当让各团拥有这些坦克并将其作为发展核心，直到摩托车辆的照管和装甲旅部队的演习士兵们都能掌握。到了这个时候，他们或许已经可以全部装备好到手的坦克。当他们后来弄到手或从配备更齐全的部队弄来新式的坦克，这些坦克又会被替换。这势必会形成一个过程:在每一个阶段当中,都会淘汰不适于在坦克部队工作的人员，从而使得更多的人学到坦克战术，也就使得这种装甲部队的战斗价值能在紧要关头得以保持。

2. 但对于那支长期以来在巴基斯坦都不能成为军事要素的骑兵师而言，所面临的情况就完全不同了。在战争紧急情况许可的情况下，这一个骑兵师应该尽快地改编成为每个旅由三个坦克团、十二门摩托化野战炮、一个摩托化机枪团和一些附属部队组成的两个旅团。这两个装甲旅团一定要在其他更为落后的英国装甲部队之前优先编成。最好的情形莫过于这两个旅能够将现在已经开始起运的美国轻中型坦克利用起来，并且把原来仅仅是摩托化机关枪部队首先发展成为坦克部队。我已经接到了罗斯福总统的通知（不包括即将运到的六十辆坦克和其他订货）：他已经拨出二百辆轻型巡逻坦克，并准备用美国船在几个月内将它们运到苏伊士。对于由骑兵师改编的那两个装甲旅团而言，这些新增的二百辆坦克无疑应该成为它们的主要装备。而对于这两个团中其余的部分而言，他们已经开始使用的装甲车或轻机枪战车，依然可以暂时由他们使用。在得到那些意外的二百辆美国轻型巡逻坦克之后，这些优秀的军队无疑会成为非常适合在巴基斯坦、叙利亚和伊拉克作战的两个精锐的装甲旅。相较于任何 [其他] 可以取得同样战斗价值的方法，这个方法要更加快速。

首相致莫顿少校 **1941 年 7 月 6 日**

请查明是否存有一份列有在法兰西或摩洛哥因为同情戴高乐而被维希政府的法院判处监禁的法国青年的名单，以便于日后能照顾到这些人。

(即日办理)

首相致帝国总参谋长 **1941 年 7 月 6 日**

1. 现在距离你和艾登先生奉命前往开罗执行某些任务，尤其是负责对中东内部组织情况进行调查并汇报已经快六个月。但是直到今天，我们非常遗憾仍然没能了解到详细情况。对于各种战斗部队的发展情况，陆军部有全面的了解原本是理所应当的。而我如果不能对这种情况有一个全面的了解，想要履行我的职责也同样做不到。

2. 要求一个师或旅团按月呈报自己的主要准备情况完成在情理之中。如果一位称职的师长对自己部队每周（其实说每天也不为过）的装备情况不了解，在我看来是无法想象的。

3. 我们应该把包括空军详细情况在内的部队情况按月作出报告，因为这些数字每天的变化很大。

对于所有的情形，海宁将军的机构应该了解。他们也完全可以向我们报告。

你可能存在这样一种看法：我们只是为了数字才需要这些报告。但这不是一种正确的看法。国防部或战时内阁要想提出自己的看法或作出任何决定，清楚地了解中东各部队近期情况是一个前提。否则我们就会因为继续处于无知和混乱的状态而面临灾难。

在坚持了解全部情况的情况下，我可以同意你的建议——稍微简化报告的细节。

请将总参谋长1941年7月5日的备忘录进行阅览。对于首相要把中东各部队的装备分配详情开列清单的要求，这一备忘录中有涉及。

（即日办理）

首相致陆军大臣 **1941年7月6日**

关于近卫骑兵队、警卫骑兵队以及埃塞克斯义勇骑兵队曾参加攻取巴尔米拉战役的事情，我为什么没有听到向我们报告？在很久以前，这些部队就已经因为参加战斗而被敌人认出。因此，向英国公众公布这个有趣的消息是必需的，不可能因为什么军事方面的理由而受到影响。

国会和新闻界完全有理由感到不满，我们是这样在以作战机密为名而滥用新闻检查权。不仅如此，对于那些更为重要的问题而言，出现这种情形反而更难以做到保密。

首相致粮食大臣 **1941年7月7日**

获悉你正在向美国有关当局就我们对于猪肉及奶制品的总需求量提供一个估计的数字，并且已经要求他们制定出一个大量增加蛋品供应的计划，我感到非常高兴。相较于我们目前设想的一百三十万吨，我相信从美国实际输入的粮食总额会多得多。在经过一番观察后，我认为美国一定可以生产出更多的粮食向我们输出，因为美国人并没有实际的粮食配给制度（在猪肉的产量上，美国每天增减的数值通常要达到五十万吨）。

对于我们所需要的肉类，我相信我们正在努力从最近的地区取得。阿根廷也不是没有可能扩大肉类生产，只要我们能适当地通知它并向它提出一项保障。

非洲当然是我们食用油和油料的主要来源地，它们会通过从中东驶回的船只装载运回来。为了这个入口而派遣船只到印度或太平洋去，对于我们来说目前还做不到。

首相致外交大臣 1941年7月9日

为了便于国务大臣了解情况，应该向他发送如下大意的电报。

这封电报是首相发送的亲启密件。以“有一位代理人（我们认为确实是一个代理人）在两星期前到来，目的是为了在我们和维希之间建立联络关系”为开头。接着写：我们以平等的地位和他进行了会谈。他现在将如下的电文发给了我们，日期为7月5日：

法国政府已经将如下指令发给了当茨将军：“1. 法国的文职人员在英国占领叙利亚后必须留任，并和自由法国军队合作将职务继续履行；2. 对于这个命令，我奉命极其恳切地让你们引起重视；3. 这一任务是我在回国后我的政府交给我的第一个，如果它不能得到很好的答复，将会对我们未来的行动产生消极影响。”

对于这件事情的考虑，必须要结合你已经知道的正式请求休战的问题。我建议你按以下要点答复贝当和奥吉泽尔的代理人：

1. 英国的要求，只是在叙利亚取得战争的胜利。

2. 任何事情不得阻碍阿拉伯的独立，这也是一个最主要的问题。

3. 法国在叙利亚的利益，在目前当然要暂时由戴高乐代表。所以，他将维护法国在叙利亚享有所有欧洲国家中最大的特权，前提是不损害阿拉伯独立。

4. 对于和戴高乐追随者以及和法国追随者的关系，应该竭尽全力缓和。尽管我们必须维护阿拉伯的独立，但我们认为，对于我们在两次大战当中在伊拉克取得的那种地位，法国也可以抱有这种想法。

5. 在战争胜利后（它一定会到来），要相信我们一定会让阿尔萨斯—洛林或任何法国殖民地重新为法国所有。所以，在我们两国目前所处的这种可恶的困境中，希望你能凡事多多考虑。

首相致伊斯梅将军 1941年7月10日

“landing”（登陆）这个词语，在今后将只能用于从海上登陆。如果要表示从空中抵达，就必须使用“descents”（降落）一词。官方函电在今后统统这样用。

首相致本土部队总司令、伊斯梅监军，并转参谋长委员会　1941年7月10日

关于防降落伞的演习

在黎明时分，据说袭击将会来临。但这并不代表在黎明的时候，所有的降落伞和滑翔部队都会抵达。没有至少四五个小时的时间，要想从法国、比利时和荷兰的基地调动一千架运兵飞机或其他类型的飞机是做不到的。这也就意味着这个季节的所有黑夜时间几乎都要被占用。所以，这些飞机要么在夜晚分批抵达（如果采用这一做法，凌晨一点是最有可能展开行动的时刻），要么在黎明时抵达第一批，然后在白天的其他时间陆续抵达其余的批次。如果选择在白天展开行动，我们的战斗机将会让他们疲于招架。因此，伞兵不可能在白天分批抵达。但有一点我们也不能忘记，那就是在夜间进行这种降落，对于德国人来说还是第一次。想要在夜间寻找精确的低空降落地点，可以说是困难重重。

1．必须要与空军参谋部一起研究这所有的重大问题。对于这种会引起很多混乱的参谋人员的演习或研究，如果根据虚假的材料和不可能发生的情况来进行，只会有百害而无一益。我们无疑很容易说出“我们的一万二千名伞兵于黎明时着陆该怎么办”的话，但如果不仔细分析我所指出的那些调遣情况，这句话只能是一句空话。

2. 进行较小规模的袭击可能更加危险。试想一下，五百个亡命之徒在事先没有任何征兆的情况下突然出现在天空，然后在白天或者刚刚天亮的时候降落在政府所在地的中心或附近。他们首先就很可能无法逃脱无线电探向器，并且很有可能在夜间被拦截或者白天（这几乎没有疑问）被消灭。仍然应该周密地研究这件事，因为突袭在战争中的价值极高。在经过研究之后，如果存在一丝的可能，就应该周密保障政府和行政机构的各中心免于这种突袭。一开始的一小时最为关键，同样非常关键的还有一开始的十分钟。

3. 对于这一问题，我希望本土部队和空军参谋部能够进行商议，并告诉我对于我就以上问题提出的建议是否合适。至于研究的时间，两三天应该已经足够。

首相致本土部队总司令并致伊斯梅将军转参谋长委员会　　1941年7月10日

我想知道我们为了防备敌人袭击飞机场，在防御设施上所作的战略和战术的伪装有着怎样的现状。同时请告知我正在研究克里特岛的马利姆飞机场及其附近炮台所得教训的机构是哪一个。

我们显然可以从以下两个方面采取行动：

（1）出于欺骗敌人的目的，隐藏真炮而露出假炮。也可以用两三门甚至更多的假炮来掩护一门真炮。

（2）让炮兵阵地变幻莫测，使人难辨真假显然是最好的伪装办法。我想你们一定已经在研究一种战术——让指定的某些炮台在袭击的初期暂停发炮。

我希望下星期六看到一个报告。

首相致爱德华·布瑞奇斯爵士　　1941年7月11日

请将记录那两天辩论生产问题的国会记录找出来，同时摘抄下与政府某些部门有关的所有段落，然后将它们一起送交各部。要求它们在7月19日之前作出答复。

另外，我想一阅所有与集中指挥战事有关的各节，请将它们摘抄出来交给我。我认为其中有许多很好的论点。

首相致空军大臣　　1941年7月11日

在去年冬天，由于我们的干扰，敌人用无线电波射束指示轰炸失效。但是，他们似乎正在为他们的全部轰炸机重新准备改进过的无线电接收器，并且想用大量无线电射束站在明年冬天来压倒我们的反措施。

想阻止敌人在有明月的晚上找到并轰炸像考文垂和伯明翰那样的目标，利用无线电的方法并不能做到。但在这种时刻，我们却应该发挥我们正常夜间防卫的最大效力。黑暗而多云的晚上，是我们最主要的危险时刻。因此，为了应对敌人现在射束站的位置和波长已经为我们所知的无线电射束指示的轰炸，我们必须做好一切准备。

对于所需要的设备，我们即便不能自己制造也可以从美国获得，因为它与寻常商业上用的悬殊并不是很大。务必在秋季以前准备好一切。现在的情况怎样？面对敌人的新发展，我们有什么对付的方法？

首相致粮食大臣 1941年7月12日

在目前阶段，获知在美国"求得"粮食的数量已经远远超过了你在5月份报告书中所提出的数字，我感到非常高兴。相较于至今"求得"的数量，我非常明白我们计划中的全部数量更大。但我毫不怀疑，对于我们所急需的食物的很大一部分，美国能够并且也会生产或者通过某种方法提供，只要我们详尽地告诉他们我们的需要。如果我们能够让运货的航程尽量缩短，也几乎可以解决我们所需要的船舶的全部问题。

你所提出的猪肉要求量是否能够得到满足，是唯一让人担心的问题。尽管美国很难供应我们牛肉和羊肉，但迅速增加猪肉的供应是不成问题的。在必要的时候，这些猪肉可以装在没有冷藏设备的船上输入。

（即日办理）

首相致飞机生产部、查尔斯·克列文爵士、空军大臣、空军参谋长（由伊斯梅将军加以补充或提出关于进展的报告，但后者的时间不能超过一个星期），和彻韦尔勋爵 1941年7月12日

1. 我非常忧虑飞机生产部的各项新计划。因为从这些计划看来，飞机生产的数目在今后十二或十八个月内将会处于停滞状态了，尽管集中精力生产新产品是新计划的最后一环。我曾提出过一个要求：用每一种型号的飞机所需要工时验算这些数字。毫无疑问，这样的计算可以让英国生产的数字从现在到第十二个月的时候增加约百分之五十。所以，如果再将美国的数字加进来，这一数字的结果都会增加，无论是从飞机数目还是从工时来看。经过统计，1941年7月的产量和现在的比例几乎达到了1.75:1。

2. 但在我看来，这一数目还远远不够。我们认为德国的月产量会达到二千一百架。而我们在1942年7月之前一直维持的就是这一数字。如果不看新产品的计划，7月以后实际上也是这一个数字。我们必须要有这样一个认识：为了获得一些安慰，德国人后续也会把自己的飞机数目改用工时来计算。此外，他们还可能有采取一项举动——对飞机的质量和大小进行类似的改进。一言以

蔽之，今后十二个月英国和德国的飞机制造，根据我所掌握的数字来看，其数字会大致相当。如果我们想要进行增加，唯一能增加的只是美国为我们生产的那一部分，这还不包括飞机生产部的警告——他们认为预料的数字也许会减少百分之十五。

3. 由于上述情形忽略了我们能取得决定性优势的一切可能，因此我们对它并不满意。但如果没有这种优势，我们又无法取得战争的胜利。所以，我希望对这些计划重新进行检查，并将以下的三种扩充方法以及任何其他可以想到的方法交给有关的最高当局重新审查：

(1) 增加目前的数字，其方法可以是加速机床的操作并延长它使用的时间，也可以在飞机生产部生产范围内采取任何其他措施。

(2) 建立新工厂和装配厂，也可以重新或充分占用因为疏散而腾空的工厂。这样做或许是恰当的，因为我们对于大不列颠领空白天的制空权正在不断地加强，夜间的设施也有了一定的改进。

(3) 为了让那些经受了考验的各类型飞机在那段时间内的交货量提高，重新分类轰炸机制造计划非常有必要。

可能有迅速变化设计工作的需要，因为战斗机需要不断地力争优势。但大部分轰炸机在今后的十二个月将会在稳定的情况下活动，且活动的范围限于中等航程以内。尽管我们还必须彻底地改进所有远程或高空飞行或白天作战所需要的轰炸机，但在夜晚对如鲁尔地区或其他附近的目标带着炸弹投掷，仍然是大部分轰炸机将要采取的行动。根据目前掌握的信息，空军参谋部似乎可以把他们的活动分为近距离和远距离两种。而这又可以让有些还没有达到最大产量的优良产品高产量地生产一段很长的时间，从而增加一定的数目。如“布莱克普尔·韦林顿”式远程轰炸机就可以采用这种办法。这是一种新式的轰炸机，其生产量将会在11月达到高峰，但这种水平却只能维持六个月。如果能维持十二个月高峰时期的生产量，11月份以后的交货量或许有较大的提升。

4. 每月能够投掷多少吨炸弹在德、意境内那些能够合理预测的目标，是衡量轰炸机实力的标准。请告知我空军参谋部在按计划提出生产数字的时候是否考虑过这个目的。生产一种负荷更重的新式飞机似乎产生的结果会更好。对于那些能够携带两吨炸药到鲁尔的飞机，应该要让它继续生产很长一段时间再废弃。其他方面的例子当然也有。对于飞机生产部的计划，我已经关照他们重新研究，因为过于匆忙地改变生产品种将会造成重大损失。

5. 相较于3月份的数字，新计划的数字实际上更少，并且比[1940年]10月份的数字也要低很多。但是根据10月份的要求，已经储积起来了许多生产材料。所以，对于10月份的数字，如果能合适地配合一切因素将会大为增加。空军部要做的工作是将这个最近的计划（暂时不论计划的扩充）怎样配合今后十二个月的驾驶员的培养。根据两种情况进行说明：第一种情况，伤亡的损失根据经验来看确实已经减少；第二种情况，像目前的一种说法一样，驾驶员编制为了配合飞机的数字比例已经有了极大的增加。必须要综合现有计划和必要的扩充来计算炸弹、炸药、大炮和一切附属物的需要量。归根结底就是一点，到1942年年底，我们的空军实力至少要为德国空军实力的两倍。只要我们现在就重新作出巨大的努力，这一目标就有可能实现。这是目前一个最基本的方法，因为现在还没有提出其他能够取得胜利的方法。

首相致空军大臣 **1941年7月16日**

关于德国的烈性炸弹造成的效果，经过国内安全部的调查证明，爆炸气浪造成的损害要大于弹片。弹片通常只能碰到很少的有效目标，并且大多数人在夜间都有掩护，而爆炸气浪却能够毁坏建筑物等目标。

烈性炸药的弹壳重量和爆炸气浪的大小通常成正比。而如果金属弹壳的重量得到增加，也就意味着会有更多的弹片。装药和壳重的比率，以我们一般用的炸弹为例，通常为三十比七十。德国人采用的是五十比五十的较大比率。这些炸弹具有毁坏城市效率较大和成本较低的双重特点。

鉴于这样的情况，尤其是空军部现在已经要求大大增加产量，对我们的炸弹装药和壳重的比率重新考虑是很有必要的。

首相致空军大臣 **1941年7月16日**

我希望看到一份关于盲目着陆设备的报告，其中说明了皇家空军在装置这种设备方面所达到的程度，报告要简短。

首相致爱德华·布瑞奇斯爵士 1941年7月17日

我有这样一种感觉：因为分配原则的改进，国会完全不了解我们在对各种优先问题的处理上已经做得更好。关于这个问题，请交给我一份不超过一页的简短报告。对于优先问题的议论，目前我们事实上已经很少听到。在我看来，这方面的问题一切都进行得非常顺利，除了偶尔成为争论的焦点之外。你认为呢？我们曾经根据心理上的理由对把最高优先权给予坦克生产的问题作出了非常恰当的调整，这就是一个很好的例子。在如何打破难关的问题上，优先问题已经成为了一个影响因素。因此，谁也不能忽略别人而享有绝对的优先权。互相冲突的事情最近并没有发生。对于这个问题，我希望在星期五之前听到你大胆发表的意见。

首相致伊斯梅将军，转有关各部 1941年7月17日

请告诉我6月份的毒气容器为什么减产。产量从一千五百吨降到五百吨，并且与内阁好几个月以来发出的明确指示背道而驰，无疑是一件让人震惊的事情。我想知道谁对这件事情承担责任。制造毒气容器一定要竭尽全力，同时要优先地制造并储藏最大数量的毒气，然后将其装入容器。

请告诉我谁应该对减产负责。

对于这一问题的相关责任，人家随时都可能予以追究。为了下个星期能在内阁进行讨论，必须拟就报告。

首相致内政大臣 1941年7月19日

我希望将我以下的意见记录下来。我认为因为发表意见而被判决徒刑[艾尔西·奥林小姐被判处五年有期徒刑，原因是她对两名士兵说希特勒是一个比丘吉尔先生更好的统治者]惩罚过重，因为当事人虽然是出于恶意，但并没有进行阴谋活动。作出如此不合理有违人道的严酷处理，根据我们国家内部的情况是不适合的。在我看来，采取这样过分的做法只会造成相反的结果。

（即日办理）

首相致第一海务大臣，并致伊斯梅将军转参谋长委员会　　1941年7月20日

对于让这艘［“格伦”式］军舰回到国内的做法，我是极力反对的。我们之所以会派遣这三艘军舰绕道好望角前往中东，完全是出于希望进行“下颌”作战计划的目的。我们派出的时候并非心甘情愿。我们已经三三两两地使用尽那些突击队员，突击队现在已经不复存在。而观察最近中东政权的情况，他们也不具备进行联合军事行动的能力。除了有一个力量和作用都极其微小的委员会外，那里并没有设立联合作战指挥官。但是以后是否就一定不会采取登陆行动呢？我们并不能排除这种可能。让这一艘军舰离开是完全错误的做法，因为其他两艘“格伦”式军舰正在修理之中。对于这个问题，我希望三军参谋长能够着眼全局考虑。

（即日办理）

首相致空军参谋长　　1941年7月21日

从3月份宣布开始大西洋战役时发出的指令来看，将会有一大批增援提供给空军海防纵队。为了让这个指示顺利执行，根据我所掌握的信息，空军海防纵队已经获得了所有最近从美国运来的B24飞行堡垒。这些飞机在美国人眼里是对付柏林等城市最好的轰炸机。霍普金斯先生就曾问过我关于它们的用途相关的问题。并且，由于我们没有足够的配备人手，美国人似乎造成了一种印象：这些飞机正在被闲置。对于这种错误的印象，我正在想方设法予以纠正。但我同时又认为，让这些轰炸机去轰炸德国，如果从全局来看，并没有什么不适合。这还不算空军海防纵队已经得到了六十五架“卡塔里那”式水上飞机和一些“森德兰”式水上飞机，以及大西洋战区的局势将会因为最近的战果和美国占领冰岛（第一海务大臣会告诉你这件事）带来的结果而得到很大的缓解。

你的看法如何？

轰炸机司令部总司令说的轰炸机有些不够，现在还没有进行扩充。

首相致伊斯梅将军，转参谋长委员会　　1941年7月23日

我希望能够整编在中东的突击队，时间越早越好。关于联合作战的问题，我认为应该由莱科克旅长来担任指挥官，而不应该由一个没有多大权力的军官委员会来负责。应该让坎宁安海军上将直接指挥三艘“格伦”式运输舰，以及联合作战的指挥官及其部队。包括海上运输在内的全部联合作战的事情也应该让坎宁安海军上将一并负责，但占用的兵员人数不应该超过一个旅。对于这支宝贵的军队，中东司令部确实做得不尽如人意。他们只是把它放在一边不管。

首相致伊斯梅将军 **1941 年 7 月 25 日**

请将以下方面的事情用一张纸写明并交给我：运到马耳他的援军和军需品的确切数量以及详情；原来在马耳他守军的实力。

首相致雅各布上校 **1941 年 7 月 25 日**

我想知道我们步枪的生产情况，请你对此作出简要的说明。同时还请告知我 1939 年 9 月的生产计划；这一计划的实际生产数量；因为轰炸造成了多大的损失；以及 1941 年新的估计是多少。

前海军人员致罗斯福总统 **1941 年 7 月 25 日**

1. 非常感谢你能告知你们坦克的制造计划。我们的坦克能得到这样的增加，结合即将到来的几个月的危机时期来看，不能不说是一件非常好的事情。根据以往的经验，我们准备把牺牲轻型坦克而增加中型坦克的产量作为长期策略，因为现代战争更需要武装和装备装甲更重的车辆。当然，前提是不影响你的空军计划。

2. 你曾建议把我们坦克部队的士兵送到美国去训练，我对此非常感兴趣。我们正在就这一问题展开研究，研究的结果，我们会第一时间告知。

3. 无论是 1942 年的战斗还是 1943 的战斗，对于我们的作战计划我们一直都没有停止考虑。在能够保障主要基地安全的前提下，已经有必要最大规模地计划取得胜利所需要的兵力。那么应该如何做呢？整体说来是先加强封锁和宣传，然后确保能日益加剧地空袭德国和意大利。只要这些措施得到执行，敌人的北部必然会出现动乱或崩溃。但还需要制定一个计划——在合适的时间让解救的军队登陆去援助被征服的人民。而要想完成这一任务，需要同时具备两个条件：一是拥有大量的坦克，二是有大量能够运送解救的军队并让他们直接在海滩登陆的船舶。对于你们来说，必要地改装一部分你们建造的大量商船，同时让它们能够充当坦克登陆快艇，我想应该完全可以做到。

4. 对于这个征服德国的概括性说法，如果你能赞同，我们就有必要对以下两件事进行考虑：

(1)拟制如飞机、坦克等主要作战武器经过双方同意的共同需要量的估计数字。

(2) 然后在考虑为了满足这些需求应该如何进行联合生产。

5. 我有如下建议：让我们设在伦敦的联合参谋部就（1）项首先展开工作，时间越快越好；再由我们的技术专家们就（2）项展开工作。

首相致伊斯梅将军与霍利斯上校，转参谋长委员会　　1941 年 7 月 26 日

对于为本土部队总司令增加大量机动高射炮的问题，尤其是低升限的炮，应该尤为注意。其目的是为了配合野战师作战并供军队和装甲纵队使用。德国人的做法无疑非常正确——总是把高射炮布置在前方。想要集合大军或者他们前进，必须要有机动的“博福斯”式高射炮的掩护。我想知道是否也在按照这一原则在使用那二百一十八门炮，如果是，那再好不过。否则我就希望三军参谋长考虑这一点。

你们在其他方面建议的调动办法，我完全同意。

首相致粮食大臣　　1941 年 7 月 27 日

如果次要食品配给制势在必行，听说你在考虑采用一种有弹性的票券制度，通过这种制度，票券可以在不到指定商店去登记的前提下选购多种货品。在我看来，固定的配给制度虽然管理难度更小，但给消费者适当的选择自由的制度似乎要更好。在一定条件下，个人的喜好完全可以用巧妙的方法打消。关于各种货品的价格（无论是钱数还是券额），你有权作出改变。这样一来，你就可以有力地控制需求量。

所以，如果你认为一定要扩大配给范围，那么这种有弹性的票券制度也有很多优点。对于这件事，我希望在适当的时候能够听到你的看法。

首相致枢密院议长、劳工与兵役大臣及陆军大臣　　　　1941年7月27日

1. 对于陆军的需要来说，二百一十九万五千人可以说太少了，这一点已经为越来越多的事实证明。因此，应该想方设法增加这一数目。陆军大臣现在正在仔细地研究他的额外需要。

2. 所以，催促已奉战时内阁命令对此事作详尽检查的人力委员会火速进行工作就成了一件非做不可的事情。我希望，在主要的事实搜集齐全之后，枢密院议长同有关大臣就可以进行商讨，不需要在得到全面报告后再这样做。他们可以把陆军的额外需要参照人力的总形势作为一个紧急问题来考虑，同时作出报告说明满足这些需要的必要措施。

首相致飞机生产大臣　　　　1941年7月30日

对于惠特尔设计的喷气式飞机引擎，我迫切想知道是否有成功的可能。在我看来，这项试验如果能够成功再好不过，但同时我又认识到目前使用的涡轮片并非不能使用。让时间因为设计师想要取得新颖的改进而拖延，我们是绝不允许的。明年夏天敌人可能开始实行高空轰炸，应该在那个时候将这些飞机编成中队。

首相致伊斯梅将军　　　　1941年7月31日

请将苏丹港、马萨瓦（正在红海海岸兴建的新港口）、阿斯马拉、巴士拉、图卜鲁格等地相关的很多照片交给我。

8月

首相致枢密院议长　　　　1941年8月9日

我听说有人建议对取得补充配给汽油的汽车主，如果他没有每次行程记入的里程记录就构成刑事犯罪。

把这样的过失定为刑事犯罪，从而让刑事犯罪的数量大为增加，我们如果这样做并不明智。因为这些过失缺乏引起民愤的力量，并且一般也难以察觉，何况处罚这种过失的依据也不见得那么可靠。以刑事犯罪来定性不备有里程记录这一过失就是一种这样的做法，何况这件事情只是涉及我们二十五分之一的汽油消费量。

也有人建议如果车主没有里程记录表，就告诉车主有扣发或减发补充配给额的可能，这种做法事实上已经足够。

首相致进口管理委员会　　　　1941年8月9日

1. 对于怎样为美国最近移交给我们的又一批船舶准备装货的问题，听说进口管理委员会已经在展开考虑。最需要注意的问题是，充分利用我们获得的一切船舶吨位，不论是来自美国还是由于我们的航运状况得到改善而得到的，从而使得我们的战果因为输入的货物而增加，人民拥有更好的健康以及更多种类的产品。

2. 必须准备好将要装船的货物，在有船只的时候就立即装运。这也就要求为了实现这一目的，就已经采取了哪些措施以增加我们的订货和各港口附近储备的货物立即拟定一份报告。

3. 在本年下半年，我听说你们将要进口七十四万八千吨软木和四十二万二千吨硬木，相较于在最近一次大西洋战役会议上提出的数字，这一数字已经超过了许多。我想知道进口这样大宗的木材，是否是因为已经找不到更有用的进口货物。在我看来，你们也应该给农业大臣进口其他物资的机会，例如五十万吨玉蜀黍[①]（可以取自美国）。这样一来，我们的养鸡数目就可能在很大程度上得以维持。

首相致海军大臣、空军大臣和飞机生产大臣　　　　1941年8月16日

1. 一说到这件事就让人痛心，通过阅读备忘录你们就可以知道。本来说好从4月份开始将折翼的"格伦门"式战斗机每月供给我们二十架。结果呢，直到今天，

---

① 即玉米。——译注

我们一架也没有看到。他们现在只承诺：按照海军大臣7月26日备忘录[①]中列出的计划办理。

2. 我认为我们首先要做的事情是：提供六架到十二架“格伦门”式战斗机给“胜利”号和“皇家方舟”号。提供这些飞机，对于任何在地中海作战的航空母舰来说更加有必要。如果这些快速的战斗机飞上天空与敌人交战，敌人必定会大为震惊。而这势必立即会极大地缓和形势。

相较于地中海上的一艘航空母舰所能完成的任何其他任务，在海上减少敌人的轰炸机袭击的任务要重要和迫切得多。对于一切必要的任务，即使是在离母舰四十到五十英里的航程内，这些战斗机也可以很好地完成。务必让敌人有这样一种认识：他们的飞机飞近一艘航空母舰所受到的打击，等同于来自陆地上基地起飞的战斗机遭受到的打击。

3. 我们现在并没有航空母舰在地中海东部。所以，目前派遣折翼“格伦门”式战斗机前往那里是没有必要的。在目前，出于装备我们的航空母舰的目的，应该将四十六架“格伦门”式战斗机——其中包含分配给联合王国8、9、10月的定额二十二架，分配给中东9月、10月的定额二十四架——全部运到联合王国。10月以后对中东的交货，可以到时候再考虑。

请每个月都呈一份关于航空母舰配备“格伦门”式战斗机情况的报告。

4. 我想知道我们获得下一艘新航空母舰“无畏”号的时间。

在我没有认为应该不这样做的情况下，现在应该将如下命令发出：

“对于9月和10月份的几批折翼‘格伦门’式战斗机，应该将其中的十二架运送至联合王国而非[再次重申，不要]中东。”

首相致伊斯梅将军　　　　1941年8月16日

突击队

1. 在经过和奥金莱克商定之后，我和他已经决定让那三艘“格伦”式军舰全部留在中东，并将它们尽快改装成可进行两栖作战的舰只。

---

① 与“燕子”Ⅱ型飞机的交货相关的备忘录。——原注

2. 应该尽量利用志愿人员和那些愿意离开现在部队回到突击队来的老队员（现在这些人员分布在各个部队里）来改编突击队。指挥工作应该由莱科克将军来负责，同时指挥官也由他担任。

3. 应该由奥金莱克将军来直接指挥联合作战指挥官和突击队，并取消我之前让他们受海军总司令指挥那一节当中准备采取的措施。

（即日办理）

首相致帝国总参谋长和伊斯梅将军转参谋长委员会　　1941年8月19日

把冰岛作为高山部队的训练场比削减我们在这个地方的军队似乎更为重要。我想知道能否不撤回炮队而给他们几门山炮。请拟一个计划以便于给在冰冻天气中进行山地作战训练的最大数量的士兵配备雪橇、雪鞋等物品。训练似乎已经更容易进行，因为目前又来了几个美国人。在我们的编制中，我认为一项重要的特色就是成立了这些高山部队。对于这项工作，我希望大力推进。

首相致空军参谋长　　1941年8月19日

很感谢你所作的全面解释[①]。由于是制度的原因导致耽误事情，因此你不能怪罪飞行员，即便他们犯了错误。有必要对空军和地面部队进行巨大改革，因为两者之间缺少有效而密切的联系。对于陆军的需求，空军部应该以协作的精神予以满足。空军这样做是必须的，因为资源已经在一天天地增加。我希望你能尽全力清除战争机器中的这种可悲事故，不分白天和晚上。对于已经过去的事情，我们不应该再去追究。但是，如果陆军在以后再受到不良的待遇，其主要责任就在空军。

（即日办理）

首相致军需大臣　　1941年8月20日

我附上了韦尔勋爵在我的指示下拟定的［关于毒气和毒气武器的］报告，请你

① 1941年3月到4月，第二装甲师曾从昔兰尼加撤退。此处指的就是对这一行动的解释。——原注

阅读一遍。我们必须形成一种认识：很可能会随时发生大规模的毒气战。你可以参看过去在芥子气生产上的巨大限制，以及对于这种限制所作出的解释。我不明白空军部为何停止二百五十磅炸弹的装药工作，这无疑是一种短视而且与内阁的一些决定背道而驰的行为。那些决定大体上是在指出应该大量生产毒气，并且将它们装进容器储存。

关于这个新的动向，请你务必亲自干预。这是一个极端危险和紧要的问题。

首相致枢密院议长 **1941 年 8 月 20 日**

我认为往公众的头上加上 [汽车主必须备有里程记录表] 这种额外的义务是没有道理的。不断地有许多表格需要填写，而官员也靠着这一点过活，难怪人们越来越抓狂。如果你认为已经无计可施，不妨由内阁去办这件事。

首相致印度事务大臣 **1941 年 8 月 20 日**

送出邀请书是理所应当的。但有一点需要注意，多数情况应该要由你来会见昂山。[这里谈的是艾默先生的一项备忘录，其中涉及了缅甸的情况和缅甸总理昂山想访问英国的事情。]

首相致第一海务大臣 **1941 年 8 月 25 日**

请将日本现役舰队和小舰队，什么时候建造，现在已经建成了哪些舰只，用一张纸列一个清单交给我。

（即日办理）

首相致农业大臣 **1941 年 8 月 26 日**

收成听说非常糟糕，我想知道具体情况。距圣斯威辛节① 已经过去了四十天。如果天气转好你认为是否会情形变好？但现在说毕竟还为时过早。

---

① 英国的一个传统节日，时间为 7 月 15 日。人们在这一天通常会谈论当天的天气。从伊丽莎白时代以来，人们在这一天谈论天气保证在以后的四十天不变。——译注

首相致生产管理委员会 1941年8月26日

对于目前建筑方面仍然占用大量的人力和原料的情况，我非常关心。每年几乎要把二百二十五万吨进口材料（铁、钢和木材）投入工厂与房屋的建造计划，同时还要雇佣七十五万人。

请告诉我现在是否已是时候（不包括特殊情况）否定所有新的建厂计划。目前的许多工厂都处于半开工状态，我们为什么还要将钱投入到这方面。我认为可以把建筑材料用来建筑寄宿宿舍和文化娱乐场所，以供现有工厂里需要加班的工人享用。

同时也要控制部队提出的要求，因为在这些需求上，很容易浪费超过现在需要和可用的资源。

我毫不怀疑可以想办法阻止批准那些浪费进口物资的设计。

我需要知道要让以下条件得到保证需要采取的措施：

(1) 修建的新的工厂或建筑工程都是必不可少的。

(2) 这些工程的计划和设计已经最节省。

(3) 充分利用了建筑工人。

首相致空军参谋长 1941年8月27日

对于认为空军部过去在满足陆军和海军的特别需要方面特别苛刻和不合作的看法，我是持认同的态度的。在战争开始前，海军已经不再有什么约束。但是陆军呢？它仍然无法获得应有的空军援助。尽管可以说是因为必须要扩充皇家空军而造成这一现状，但是目前我希望应该解决陆军感到不满的问题，因为那种需要已经不再那么重要。

大部分人都有一种认识：是空军部害怕因为这种与陆军有特殊联系的武器而建立一个独立的陆军航空队，才没有发展俯冲轰炸机。

在你任职之前就已经发生了上述情况，但直到现在，它的后果我们还在承担。

首相致外交部 1941年8月27日

我想知道暹罗为什么自称泰国，请用几句话予以说明。同时告诉我这两个名称所具有的历史价值。

首相致伊斯梅将军，转参谋长委员会 1941年8月27日

德国人目前正向摩尔曼斯克移动，这一点从几个方面都能看出。因此可以确定，虽然在我们进行那次无效的空袭时并没有发现德国运输舰，但是确然有相当数量的德国船只目前在移动。我想知道我们可能采取的办法。另外，我还想知道我们是否在北方已经不能再有所行动，什么时候我们的两个飞机中队才能抵达摩尔曼斯克，以及我们的海军方面是否还能够采取行动来阻止德国运输舰的调动。

首相致财政大臣 1941年8月28日

请告知我们国内实际拥有的黄金，以及我们在南非控制的黄金量。我无意向你索取什么，因此你不必感到害怕。

首相致爱德华·布瑞奇斯爵士 1941年8月28日

为了在目前敌人空袭较少的时间段制定出一个尽可能完善的灯火管制计划，赫卡特·约翰斯通先生将会主持一个由有关机构代表组成的各部联合委员会。在以下方面可以尽量放宽这个计划：

（1）将战时紧要事务所需车辆的灯火管制放宽。

（2）出于获得战争物资的最大生产量的目的，放宽工厂和港口的灯火管制。

以下事项这个委员会也需要考虑：

（1）哪种车辆可以放宽灯火管制。

（2）要想车辆能够在一定的速度下行驶，灯光应该减到什么程度。

（3）军需部、飞机生产部和海军部特别需要放宽灯火管制的特定路线和特定地区有哪些。

（4）如果必须在一定地区或全国因为敌人的行动而用原来的管制办法，应该怎样让原来的状态恢复。

在一星期内，这个委员会必须向首相提出报告。为了公众的利益，希望所有各部尽力配合。对于制定尽可能完善的计划的工作问题，不一定要以有关各部的

领导人采纳制来要求，只需要将它看作一种技术上的研究。可以将这项计划呈送由战时内阁成员组成的委员会来决定，以不与总政策相违背。

（即日办理）

首相致陆军大臣 **1941年8月29日**

我必须向你提个醒：要注意［在不列颠的］巡逻坦克的情况。在这个星期的四百零八辆坦克当中，不能用的事实上比能用的更多。不认真处理这个数字以及造成这种情况的制度显然是不行的。无法投入使用的坦克数，一星期多过一星期。

我希望知道这件事的负责人，以及你的处理方法。

（即日办理）

首相致空军参谋长 **1941年8月29日**

参与白天袭击鹿特丹港的商船和船坞的十七架“伯伦翰”式轰炸机，其中就损失了七架，这不能不说是一个极其严重的损失。在一种情况下或许还情有可原：因为袭击“沙恩霍斯特”号、“歌奈森诺”号或者“提尔皮茨”号，又或者一个南行至的黎波里的运输船队造成了这样的损失。因为这不仅摧毁了船只，而且还达到了首要的战略目的。而如果这种损失的原因是为了袭击并不从事紧要工作的商船而造成，那就未免太大了。本月我们面临的情况是糟糕的：轰炸机损失非常严重，对于我们预期的那种扩充，轰炸机司令部也没有达到。尽管驾驶员的勇敢让我非常钦佩，但我不愿意把太大的压力加在他们身上。我希望能更多地选择难度不那么大的目标，在沉重打击了敌人之后就返航，而不必从能对我方造成重大伤亡的目标下手。

对于8月份被注销的轰炸机总数和飞机生产部交来的轰炸机数字，不论是什么原因（着陆时撞毁的也应该计算在内）造成的，还有制造和进口的数字，请交给我一个相关的报告。

（即日办理）

首相致空军参谋长 **1941年8月30日**

请告诉我在中东增强夜战战斗机防卫力量那一节的进展情况，我认为要想赶上我们的新发明，他们未必能做得到。但是我们却不能忘记，亚历山大、苏伊士和苏伊士运河的重要性非常高。

请准备一个简短的报告交给我。派尔将军或许在拟制夜战的前进梯队的计划、组织和供应清单方面有所帮助。这所有的事情都非常重要，望速办。

首相致空军参谋长 1941年8月30日

在进行研究的时候，请将对俄作战中德国飞机被击毁一千七百架这个估计的数字和对比欣格尔顿各战场英德飞机数目的第二次调查结果结合起来。

在方便的时间请告诉我研究的结果。

首相致空军副参谋长 1941年8月3日

非常好。

“已经无法用言语来形容袭击鹿特丹和其他目标时所表现出来的忠诚和勇敢。这些每天都涌现的骄人战绩，其耀眼的程度，显然大大超过了轻装旅在巴拉克拉瓦的冲锋陷阵[①]。”

请向那些轰炸机中队转达这些话。如果可以，你也可以将这些话公布。[②]

首相致伊斯梅将军，转参谋长委员会 1941年8月30日

对于我们现在拥有的炸药，尽管我个人感到满意，但我们仍然要努力。最好的做法是按照彻韦尔勋爵的建议采取行动，并且让约翰·安德森爵士担任内阁中负专责的大臣。[③]

参谋长委员会的意见如何？请告知。

---

① 一个小港，位于克里木半岛塞瓦斯托波尔东南。英、法、土耳其军队在克里米亚战争中曾与俄国多次在这里展开战斗。——译注

② 这封信是对一个关于“伯伦翰”式轰炸机袭击鹿特丹港内船舶的备忘录的答复。——原注

③ 这里指原子弹的早期研究计划，我们称这一计划为“铝合金”。——原注

首相致第一海务大臣 **1941年8月31日**

对于上星期能使那么多船只通过德国潜艇特别集中地区表现出来的警惕性、灵敏性和组织的机动性，如果船只已经安全抵达港口，并且你又认为没有什么不合适，请将我的祝贺之情转达海军部作战参谋处、贸易处、西部港口总司令、空军海防总队以及其他有关方面。

首相致新闻大臣 **1941年8月31日**

1. 请告知我们修建的压倒外国广播的大广播站的进度。我曾听说它拥有最优先的地位，而现在装置工作已经耽搁了很长一段时间。请交给我一个简短报告，篇幅不超过半页纸。

2. 有一项重要的工作应该去办：在英国放映德国摄制的侵俄影片，同时也把它送往美国。对于后者怀南特先生是完全赞同的。上星期我曾告诉你，很有必要在放映大西洋会议和冰岛的这些影片之前放映十分钟这些德国的暴行。请告诉我这件事的进度。

3. 请告诉我冰岛人是否拥有一部关于他们自己的拷贝影片。

9月

首相致帝国总参谋长 **1941年9月8日**

关于延期信管的现状，请准备一份简短的报告交给我。

德国人曾在上次大战结束的时候大规模利用这类信管使我们无法使用铁路线。他们同时还在撤离法国时设置了诡雷[①]。

延期的时间可以在几天和几个月之间自由选择，这样就会造成一直存在不确定的情况，从而使中断状态一直在铁路线上持续。至于它的结构，根据我听到的情况，似乎是用一只比烟盒大不了多少的金属制盒子制成；里面有一种酸性物质，

---

① 指在敌人意想不到的地方，由高爆炸性材料制成，通过伪装、诱惑、欺骗等诡计引爆，使敌人在没有准备的情况下受到严重伤害的地雷。——译注

这种酸性物质会逐渐腐蚀一条金属线，然后引起接触或打开一个小孔。现在我想这种方法已经得到了很大的改进。

根据我对我们在东方部署的总的情况的了解，大规模地设置这类装置我认为是非常有必要的。在安纳托利亚、叙利亚、波斯、塞浦路斯等地区，我们正在建造飞机场。同时，我们也在对一些铁路和公路进行改善和扩展。对于这些设施，如果我们必须后退，就应该想办法让敌人在相当的时期内无法使用。而达到这一目的的最好方法，就是事先埋下地雷，并出于能在必须为这些地雷装好信管时能有途径放入适当的信管的目的，在地雷上留一个封闭的狭小通路。应该将二十到三十个地雷埋在每一个飞机场的下面。在必须撤退的时候，就可以将信管放进去，然后填平地面。一定要保证有至少六个月的危险期，保证有至少三个或四个地雷分布在每英里的铁路上（尤其是铁路的前段），同时还要将地雷埋在所有的桥梁和隧道当中。对比因为不知道一条铁路或公路什么时候会中断而造成的不确定状态和敌人因为一次广泛的破坏而带来的困难，前者无疑要大于后者。

我希望知道你的看法。

首相致劳工大臣 **1941年9月8日**

报纸上说有许多自称为耶和华见证人的年富力强的人并不参加战时的工作，我想知道此事是否属实。

首相致军需大臣 **1941年9月10日**

（抄送空军大臣）

在8月29日的备忘录当中，你告诉我只能提供一万枚“杰弗里斯”式炸弹（即马勃菌炸弹[①]），而无法将五万枚的订货全部生产出来。

之所以会如此，我认为是因为缺少炸药。九枚黏性炸弹的炸药含量据说可以填满两枚马勃菌炸弹。所以，那余下的四万枚马勃菌炸弹，可以通过推迟填充十八万枚黏性炸弹得到。对于推迟填充黏性炸弹我是赞成的。因为根据我的了解，

---

① 也叫马勃菌炸弹，在爆炸时具有向四面八方散射的特点。——译注

按照目前的生产率，这只相当于大约六个星期的产量。应该继续生产迫击炮。

（即日办理）

首相致帝国参谋长 **1941年9月10日**

我附上了比弗布鲁克勋爵［关于横贯波斯的铁路］的信件，请你阅览一遍。怎样把公路运输尽量利用似乎已经是一个迫切的问题，但因为摩尔曼斯克一线面临着危险，我们有大批物资正准备要运往俄国，而且在修筑通过波斯的铁路的同时又必须进行货运必然会碰到许多困难。我可以向霍普金斯先生发送电报，要求他将所需要的卡车、司机和机械师（如果需要这样做的话）调拨过来。我相信美国方面会很快向巴士拉运送这些物资。关于这整个问题和从美国运来时改善公路的计划，我尽管不知道有着怎样的公路状况，但仍然认为需要加以研究。

为了方便我开始行动，如果有可能，请将意见明天就告诉我。

首相致伊斯梅将军，转参谋长委员会 **1941年9月12日**

1. 对于整个英国陆军（不包括中东部分）而言，无限期地作为一支抵御入侵的本土驻防军而处于被动和静止的状态是不可能的。这样做的结果，即使不从军事上来考虑，也会损害陆军的名声。这一点根本是不言自明的。

2. 为了方便在海外作战，应该编成一支相当于六个师的远征军。

3. 只要局势不发生意外变化而使得我们可以在西班牙或摩洛哥开辟新战场，或者敌人不马上入侵，我们就应该努力在适当的时候尽早解放挪威。

4. 应该就我们能在认为适当的地方展开行动拟定一项计划。在这个月的月底之前，应该将这项计划提交国防委员会讨论。

首相致爱德华·布瑞奇斯爵士和伊斯梅将军 **1941年9月13日**

波斯铁路两端的沙普尔港（Bandar Shahpur）和沙赫港（Bandar Shah）的确容易让人搞混淆。所以，应该用里海班达[1]（Bandar Caspian）和波斯湾班达

---

① 班达即港口的意思，波斯语。——译注

(Bandar Gulf) 来替换这两个名称应用到所有英国的来往公函中。希望能按这个大意发出指示。

首相致伊斯梅将军 1941 年 9 月 13 日

将这篇评价 [写给各自治领总理关于总体战略的评价] 写得与目前情况相符当然是必需的。但对于我们对波斯的占领，以及发展一条直通俄国的道路的重要性，这篇评价丝毫没有涉及，而俄国的前景到 9 月底或 10 月中来看已经非常明显。此外，对进攻土耳其和对它施加压力的可能，以及这样做会造成什么后果，它也完全没有提到。

我无法理解为什么要如此仓促地写成这篇文章。在目前的形势下，这样的文章只能引起各自治领的恐慌和忧虑。如解释我们为什么要据守埃及，其中的一个理由就是要防止意大利舰队冲过苏伊士运河将英国海军从印度洋逐出。如果我们就是为此而据守埃及，我只能说我非常失望。

首相致伊斯梅将军，转参谋长委员会 1941 年 9 月 13 日

我并没有提出 [让美国船只为增援中东的军队提供护航] 第二次航行的要求，但即便如此，我仍然希望看到它们来。因为这会极大地帮助到逐步运出那些早该运往中东的大批军队。对于这一切的最终结果，我是感到非常满意的。因此，为了方便我致以感谢，请马上告诉我详情。同时也请告诉我第二次航行所带来的好处。

首相致新闻大臣 1941 年 9 月 13 日

希特勒的确因为他枪决挪威的工会会员并判处其余的人长期徒刑而更为轰动。我认为工会联合会应该要通过决议表示同情。我无法理解你为何不同西特宁接触而促成公众的坚决抵制，你是完全可以这样做的。应该以烈士的名义宣扬两位被害人的姓名。

首相致安德鲁·邓肯爵士 1941 年 9 月 13 日

关于进口的情况，彻韦尔勋爵已经按照我们的要求拟就了简短的预算报告。

对于这项计划，你们也在进口管理委员会研究。鉴于我是在按日历年安排工作，因此我希望制定的必须是 1942 年的进口预算。确定这项预算的时间，我希望最迟不超过 11 月。在这段时间内，是有必要就比较战争的第一年和第二年对第三年作出预测的。

你的脑海一定随时都要有这种认识：一旦我们需要派出一支远征军，就会进一步需要大量的船舶。希望你告诉我初步的意见，正好可以把彻韦尔教授的报告作为制定意见的依据。

首相致彻韦尔勋爵　　　　1941 年 9 月 13 日

我们有必要采取特殊的措施以保证 1942 年陆军实力不会减少。陆军的军火，在未来相当长的一段时间内都不能用于其他地方。我已经要求再准备一支远征军，由不包括去往东方的两个师在内的六个师组成，然后再根据具体情形确定它的去处。至于国内的安全，留下来的军队已经足够保卫。

将会有巨大的困难在提供必要的兵员方面出现。但我希望能从大不列颠防空委员会、空袭警备处、空军海防总队和重炮队，以及一部分后勤机构当中抽调出一部分人，其数目为二三十万。此外，我们还会从后备工作中抽调出大批人员。目前有几个师很可能会解体。

请你按上述原则开展工作。

(即日办理)

首相致伊斯梅将军，转参谋长委员会　　　　1941 年 9 月 14 日

1. 空军使用地勤人员是完全没有节制的,这从它们提出的需求就可以看出来。在 1942 年春季，我们计划往中东投入八十个空军中队。原先就已经有四万五千人的空军地勤人员在那里，现在又提议再增加四万人。这样一来，每一个拥有十六架第一线飞机的中队就拥有了一千多名地面人员。因此，我们如果要保证我们的作战努力不被毁灭，就必须彻底地调查这些编制，不能让它们现在的规模继续延续。

还有一点也需要注意，那就是运输船队到 12 月月底为止载运的空军人员，只能有两万名。

从这里派出的只有十三个空军中队，而非这些报告中所说的十七个中队。

2. 对于那新增的两个师，根据我向总统提出的请求，应该全部运出他们。他之所以能给我额外的船舶，唯一的理由是因为在中东增加两个强有力的师具有强大的吸引力。如果再要我为了装运分遣队和新兵向他提出借船的要求，对我来说那就太难了。

3. 以上涉及的人数总共为六万人。根据现在的情形来看，似乎已经应该将印度的军队运往那里，因为这可以让我们在那里编出额外的四个师。让反坦克炮和高射炮优先野战炮和中型炮（中东方面这些武器的供应已经非常足够）运输是完全没有疑问的。但陆军方面要求再增加一万八千名陆军则没有理由。对于这支人数相当于一个师的军队，我想不出还有什么特定的任务需要它去完成。

4. 新兵问题。对于尼罗河集团军，即便它有着寻常的因病损耗，我也认为不应该不首先增援已经编好的战斗部队而为它送去第一批增援的新兵（这种新兵指的是占基地上足额人数百分之十的兵力，或者是补充估计中额外消耗的兵力），因为它在最近并没有作战。因此，对于它的增援，应该在方便的时候再运。

5. 请将目前所需要这另增的三万一千名新兵的每个营或炮兵团（仅指英国军队）现有的人数，开列出来制成一个表交给我。应该优先为步兵补充新兵。

6. 我前段时间曾得到一些说明中东地区战斗部队和后勤人员的比率数字。我想知道如果全部运出目前所要求的十四万二千人，是否应该按照最新的情况修正这些数字。

首相致外交大臣 **1941年9月20日**

（抄送空军大臣）

我们对意大利空投传单，为了取得巨大的效果，我认为传单需要体现“几十万意大利人离开温暖的家园前往冰天雪地的乌克兰送死”这一事实。希望你能将这件事交由政治作战局考虑。为了方便他们考虑应该如何采取行动，我已经向空军大臣送达了这项备忘录的抄本。

（即日办理）

首相致霍利斯上校 1941年9月21日

迫击炮目前的交货正连续不断。我想知道在战术的应用上，它们的进展情况如何。为了让这项武器的应用得到发展，应该立即成立一个实验性的迫击炮队或团。得到的结果应该向各部队推广使用。应该如何做，希望你能向我提出意见。

首相致空军参谋长 1941年9月21日

我想确定派往法国上空的战斗机驾驶员所带的法国货币是否足够。我听到了这样一种说法：你只给了他们五十法郎。在我看来，他们携带的法郎数应该达到三千才合适。可以将它作为一个驾驶员的一部分装备，在交接班的时候同时交接这一款项。

首相致帝国总参谋长 1941年9月21日

我从来没有想过把这件事放在一边、遗忘或者马虎对待。对于让六百名德国退伍军人回到维希法国，然后让德国继续利用他们来对付我们的做法，仅仅进行训诫似乎程度并不足够。这样让他们轻而易举地逃离我们的控制，但对付他们我们却可能要牺牲掉六百个英国人。应该由陆军部向中东总司令写一封正式的信件，质问他为什么要采取这样一项行动，同时也向他指出叙利亚指挥部的这种因循做法怎样严重地损害了英国的利益。一个军曹或伍长如果犯下了错误，让他知道一定会受到惩罚或训斥。因此，有必要谴责威尔逊将军左右的同僚们，因为他们既没有提出问题，对情况也不了解。对于威尔逊将军而言，如果他能够承担下责任，那么就可以将功赎罪，但必须让他对这个问题所造成的伤害有一个深刻的认识。对于那样做的原因，他们应该作出充分的解释。①

首相致帝国总参谋长 1941年9月21日

至为感谢。在最近的电报当中，我高兴地看到已经有建议说要将前方地区重

---

① 这一解释必须达到分散责任从而难以执行纪律处分的效果。——原注

新部署，使得前方部队能够在敌人再有类似行动时予以还击。这次调整完成的时间，我听说是在本月的 23 日。让我迷惑的是，既然现在证明有必要作这种调整，为什么不早些行动？进行一场大规模的“捕捉”行动原本就非常必要，敌人在装甲车下(没有坦克)损失十辆坦克这一事实就是一个很好的证明。鉴于命运的多变，这种机会我们也许还会有，也许再也不会出现。

首相致三军参谋长 **1941 年 9 月 25 日**

我附上了一份官方来往信函的摘要，其内容是关于过去十五个月化学战的攻守措施的。一同附上的还有一个对较为重要的毒气武器的储备情况作了说明的表格。请告诉我你们是否满意目前的情况，以及我们在必要时报复德国人的方法。

维持储备可能会有困难，因为存在化学变质的问题。但在有消耗的情况下，一般可以逐步倒换库存。你对这方面有着怎样的意见？请告知。

首相致外交大臣 **1941 年 9 月 25 日**

关于那位伊斯兰教法典的解说大师，我们现在已经知道他藏身于德黑兰的日本公使馆。很有必要让他投诚。为了防止他逃跑，我想你应该已经采取了措施。请尽全力办好此事。

首相致陆军大臣 **1941 年 9 月 25 日**

为了使军队在冬季能够得到娱乐，我们现在已经在制定出多项计划。在一定的限度内，他们可以使用政府的车辆去往最近的较大城镇。但这项特权并不涉及广大军官。我们或许可以制定出这样一个计划：在由个人负担汽油费的前提下，军官们可以适当地享有现有的政府车辆。因为在他们当中，很多人是缺钱的，根本没有办法雇佣任何其他的交通工具。但这个办法却是相当公平的，而且也有望让他们接受。可以让军或师的参谋控制车辆的使用。

我希望知道你的看法。

首相致海军大臣和第一海务大臣 1941 年 9 月 25 日

我认为“格拉夫”号德国潜艇在修好之后可以交给南斯拉夫海军。亚历山大港现在有一艘他们的潜艇，并且人员齐备。但因为艇上的恶劣条件，舰队司令禁止它出海。能让这些南斯拉夫人驾驶一艘掳来的德国潜艇吗①？我是非常希望能这样做的。

首相致工程与建筑大臣 1941 年 9 月 27 日

我还能住在沃尔默古堡里吗？说得更确切就是，在战争结束后，还有谁能够住在如此精美的房间里？在接受五个港口监守人职位（在我看来，这不过是一种对我的恭维）的时候，我就曾将这件事向国王提及。我目前毫无疑问并不想住在那里，因为法国海岸敌人的炮台完全可以打到这个地方。不仅如此，如果我的住处被公之于众，这块地方很有可能被全部摧毁。因此，我认为在这种情况下，让工程和建筑部在战时以他们认为最有利于公众利益的方式接管完全合适。所以，对于这个古堡和那些花园，我希望在我不使用它们或者不能从它们身上取得任何利益的时候，由国家予以接管。这个问题可以战后再重新研究。

请告诉我你的看法。

（即日办理）

首相致霍利斯上校，转参谋长委员会 1941 年 9 月 30 日

上个星期我视察了“无畏”号。在当时，我曾听说分配给这艘重要战舰的少数“旋风”式战斗机，仅属于“旋风”I 号这一低级型号，这不能不让我感到惊奇。确保派到航空母舰上的飞机都是能够担任工作的最好的飞机，我相信办到这一点并不难。如果能够从航空母舰上起飞最高级的战斗机，根据今年全年的情况来看，让海军参加原来已不能参加的巨大战略性战斗就存在了可能。航空母舰在选择具

---

① 1941 年 8 月，一架“亨特森”式飞机曾在西部港口地区掳获到一艘德国潜艇。这里指的就是这艘潜艇。可以参看本书第 141 页。——原注

有适当质量和性能的飞机的问题上，优先权应该最高。[①]

10月

（即日办理）

首相致陆军大臣和帝国总参谋长 **1941年10月1日**

1．我们已经越来越可能面临一种危险：组成我们军队的基础是如此笨重，导致有效的海外或两栖战斗无法有效地进行。大家在最近已经注意到了装甲师的状况。人数可能依然会继续增加，这缘于新方法和新要求的不断出现。因此，必须要实行经常性的裁减以保持陆军的效率。

2．不断地在后勤方面节约人力已经成为了一项非常紧迫的任务，因为我们急需要兵员以维持作战部队的适当实力。为了避免人们对陆军很有名声的规模越来越感到不满，以及被迫采取消极的态度来对待它，我正在竭尽全力地维持陆军的实力。所以，我认为有必要促请陆军部进行协助，并且让你们来帮助我。

3．因此，我认为应该成立一个委员会，其成员由熟悉部队编成工作的军官组成。然后命令他们出于在后勤和非战斗部队方面裁减百分之二十五人员的目的拟定一个计划。这个计划还必须要说明怎样才能在损害最少的情况下完成这件事。按道理说，在本月15日之前就应该完成这项工作。因为到了那个时候，在按照建议进行的特别裁减工作中还有哪些事没做，国防委员会就能够看得出来。我希望你能和我就这个委员会的人选进行商议。如果这个委员会的成立被搁浅，由于我深知让一个部自身进行改革非常困难，我会要求组织一个部以外的委员会。

首相致军事运输大臣 **1941年10月3日**

为了方便下次召开的大西洋战役委员会会议上进行讨论，我希望你到时候提出一个相关的报告。以如果我们目前所依靠的任何一个主要港口被毁坏而不能使用的话，我们在为代用的港口提供设备的工作方面做了哪些工作为报告内容。

---

① 对于当时的皇家空军来说，抽调比较新型的英国战斗机供海军使用还太困难（可以参看1941年8月16日的备忘录）。——原注

（即日办理）

首相致霍利斯上校，转参谋长委员会　　1941年10月4日

关于在10月初向阿尔汉格尔斯克运送坦克和飞机的事情，我是极其重视的。应该将交货工作立即展开，这非常重要。请将应该作出哪些建议和准备拟定出来，并将一个相关的报告在星期一晚上交给我。

存在派出一支专程运输船队的可能。

我再次强调这件事情是非常重要和迫切的。

（即日办理）

首相致陆军大臣　　1941年10月6日

我有点担心新成立的陆军时事局所实施的计划。尽管在没有看到团级军官们所领导的这方面的讨论——对我们军队的坚强纪律是起到削弱还是加强的作用——之前，我还不能确定这个计划产生什么结果，但有一点是确定无疑的：如果没有这种纪律，我们的军队要想战胜受过高度训练的德国军队完全没有可能。指导这类性质的讨论，在战场进行的指挥才能并不一定适合。这样的讨论，无疑只提供机会给那些口若悬河的职业宣传家和鼓动家。他们的言论，并不同于经过训练的教师或专家们所作的富有教育意义的演讲。

希望你能对这件事情予以考虑，并告诉你的看法。这方面的活动在此期间应该暂停。

前海军人员致罗斯福总统　　1941年10月8日

在和怀南特大使商谈过后，为了陈述我国内阁就一些让我们棘手的问题进行讨论的结果，我向你发来了这封电报。

对于在下周即将恢复讨论的关于小麦的会议，我们一直都在慎重地考虑下一步该怎么做。我非常担心战争的局势因为目前提出的小麦的协定可能受到的影响。协定的草案似乎容易让人形成一种认识：它是为了强迫欧洲的小麦输入国承担一系列的义务而签订；而这些国家如果想要获得救济，就必须对包括小麦生产在内的一些方面进行限制，但他们的农业体系会因为这种限制而崩溃。因此，许多国家就会因此而触及政治上的痛处。只要是包含这种意思的小麦协定，我们认为都是非常危险的。纳粹宣传机关也会因此而获得一种武器，并且，他们也会在第一时间利用这个武器。它还会造成一种怀疑，那就是在战争开始后，美国和联合王国究竟以一种什么样的精神来让自己的威力得以发挥。并且，对于目前希望并以行动促使德国战败的欧洲人士来说，他们会因此感到慌乱和丧气。所以，我认为应该将协定草案中具有英美将干涉的欧洲农业政策的条款删除。

同样也很难让俄国和任何协定发生关系。俄国在筹备小麦会议时还是一个中立国，但在目前的情形下，如果不处于以下情况，很难向它提出这种问题：要想缔结可能严重影响俄国利益的协定，必须要与俄国商量；或者是俄国处于生死存亡的关头，又或者是俄国最肥沃的麦田还处于战争区域。

为了让这些困难得到解决，我们应该给我们的代表们（目前正前往华盛顿）发出怎样的指示呢？对于这个问题，我们一直在考虑。但非常遗憾，直到现在为止，仍然没找到一个既令人满意又符合目前的协定草案纲目的办法。因此，我们认为应该对这个草案进行相当的修改，尤其是避免拖延谈判时间可能出现的失败。对于联合建立小麦储备以供战后进行救济的建议，我们完全持欢迎态度。尽管协定中有一些其他的重要特点，但它们完全不损害未参与国家的利益。四个参与协定的输出国关于各自输出额比率的协定，以及关于使谷仓“永远保持一定量”的条款就是这方面的最好例证。

至于其他的政策方面有争议的问题，可以由会议出于方便以后作出决定的目的进行有益的探讨，而如果要得出肯定的结论，我认为就未免太过轻率了。在我看来，如果不看未参与会议的一些重要国家会受到影响这一点，想办法将这些问题拿到英美在战后经济的总问题上进行合作的更大范围去讨论似乎也不无好处。对于这项讨论，我们能够尽早展开。哈利法克斯勋爵将会对此作更全面的解释。

如果对于我的意见你不反对，我将向我的代表团按照这些意见下达指令。

首相致陆军大臣和空军大臣 **1941 年 10 月 8 日**

（抄送自治领事务大臣）

现在，我认为已经可以成立一个爱尔兰旅，同时在皇家空军中成立一个爱尔兰中队。这些部队如果我们早就成立，那么它们可能已经取得巨大的成就。

驾驶员菲纽肯可能是一个杰出的人物。①

鉴于这种做法可能极大地影响政治，希望你能向我提出建议。

（即日办理）

首相致陆军大臣和帝国总参谋长 **1941 年 10 月 9 日**

我知道你如何看待成立一个爱尔兰旅这回事。如果你同意，请告诉我你的计划。

首相致陆军大臣 **1941 年 10 月 10 日**

在报纸上，我看到了一些奇怪的军事法庭审判案例。例如以下这个事例：当着众人的面，一名军曹对一名国民自卫军中尉说，“你能拿我怎么样？”接着又说，“闭嘴。”但得到的惩罚却只是训斥。当出现这一种情况，无疑应该将当事人降为小兵。还有一个例子：有士兵被人听到称呼军曹为“三条纹②的杂种”，但得到的待遇却是以这句话在军中很常见为由体面地开释。证人是一名少校，他甚至也说，当这句是说他本人的时候，他也通常是采取充耳不闻的态度。

还有这样一个例子：两名加拿大士兵从加拿大逃出，历尽千难万险而抵达这

① 菲纽肯是一名空军中校，爱尔兰人。他在二十一岁的时候牺牲（曾获得殊勋勋章、十字飞行勋章并佩两条记功带）。1942 年 7 月，他在多次立功后率领一个战斗机中队对敌人在法国的目标进行大规模袭击。人们常说德国的空军无法击中他。这一点却未成为现实：地面上一个特别的机枪阵地上的子弹射中了他的“喷火”式战斗机。被击中后，他一边平静地和同事们谈着话，一边慢慢地向大海飞去。他最后的信息，是在离法国海岸十英里时发出的，或许是在引擎熄火的时候：“永别了，朋友们！”在离海岸十英里的地方，他炸毁了飞机，飞机随后立即下沉。——原注

② 指臂章上的条纹，与军衔有关系。——译注

里想要参战，得到的待遇却是被拘禁六十天。这不能不说形成了一个鲜明的对比。毫无疑问，你和你的陆军当局应该明确地指导这一切。

（即日办理）

首相致空军大臣、军需大臣和飞机生产大臣　　1941 年 10 月 11 日

关于“阿尔比马尔”式轰炸机特别委员会的报告，我已经重新作过阅览。在我看来，它需要一个比至今为止向我提出的更为肯定和明确的答复。对于两位军需大臣可能提出的证据，我是很想知道的，尤其是在财务方面。此外，我还希望从空军方面了解如下问题。一方面，“阿尔比马尔”飞机在第一批完成的时候的真正用途；是否能确定这种飞机到了明年夏季真正有用；它能够轰炸的德国区域有哪些，是否只能用来对法国境内的敌人发动进攻的港口实施轰炸。另一方面，请告诉我拒绝公布这个报告的理由，以及报告中体现了哪些对敌人特别有价值的情报。

无论如何，我都必须充分把握我们的根据，因为在下星期三，这个问题将会拿出来讨论，而我难免要亲自参加。这件事非常紧急。

首相致军需大臣　　1941 年 10 月 12 日

你曾提出了关于武器[①]及其附属信管的变体（即光电管和无线电）问题，我在你不在时对这个问题予以了考虑。为已经布置好的五十门炮制造防空炮弹，是目前最需要加紧办的事情。光电管和无线电虽然处于研究和实验的阶段，但研究工作仍然要催促加紧进行。如果能够很好地完成这一工作，海军将获得巨大的战略利益。我是目前为止已经进行的一切工作的完全负责人。你作为军需大臣，我非常高兴看到你愿意掌握全部的制造和研究工作。而如果能够从本备忘录的日期起开始负起责任，我将感到更为高兴。我希望你一定要安排必要的协商，因为这个问题与海陆空三军都有关联。

---

① 指不旋转的炮弹，武器是它的假名。1941 年 12 月 6 日的备忘录脚注对此有涉及。——原注

首相致印度事务大臣 1941年10月15日

我想知道这位代表从向驻喀布尔的英国代表提出把德国人赶出阿富汗的问题那一天开始，发来的电文一共有多少字。

首相致爱德华·布瑞奇斯爵士 1941年10月16日

对于通过无线电向德国人广播有关交换俘虏的各种电报的事情，我想知道谁应该对此负责。无论如何都应该调查这个问题。这些电报要具有如下特点：包含称谢的词句，表达的方式也是直接和通话式的。这项调查是非常正式的，因此应该向作为国防大臣的我报告。

（即日办理）

首相致枢密院议长 1941年10月17日

从三月份以来，空袭掩蔽所计划在很快地进行。即便没有完成计划指标，但相较于去年，情况已经大为改善。他们必须准备应对一定程度的人力紧张（尤其是陆军），这缘于空袭和防空的局势。应该多抽出一些人力以完成这个任务。我希望你能在我就这个问题向内政大臣等人送去备忘录之前将它纳入你的总计划，然后提交一份报告给我。

首相致陆军大臣 1941年10月17日

对于这种在陆军士兵中鼓励进行政治讨论的制度，我持反对态度。相较于日报上能够找到的指导资料的水平，你们的简短草稿中所写的供军官们用做指导之用的资料水平低了许多。想要在不引起辩论的情况下进行讨论是做不到的。而如果产生辩论，纪律就会因此而受到损害。“军中无政治”是唯一周全的办法。

对于这件事，我希望你抓紧时间迅速地解决妥当，并让有关人员将精力投入到有益的工作当中。

（即日办理）

首相致陆军大臣 **1941年10月18日**

1. 在视察利奇蒙混合高射炮队的时候，我获悉对［女子］地方辅助服务队竟然采取让混合炮队里的服务队人员不应该认为自己也属于炮队，并且也不让她们具有“炮队的集体感”的政策，我感到非常惊异。将服务队人员引以为傲的徽章和炮兵标记剥夺，无疑会让她们非常痛苦。应该让她们从形式上归入炮队，因为她们事实上也在分担炮队的危险和工作。

2. 陆军部地方辅助服务队很可能在目前形势下发布一个命令：将高射瞄准队里的一员往别的部队抽调。如果真这样做，很可能会让一个炮队的效能全部丧失。对于这类问题，高射炮队指挥部并不具有决定的权力。毫无疑问应该终止上述情况，因为我们正以这些混合炮队作为我们主要的防务力量。

3. 我发现这样一种现象：对于作为炮队人员而为国家服务的妇女，部队里几乎所有的人都希望称她们为“炮手”和“皇家炮兵团团员”。在我看来，将“地方辅助服务队”字样保留，并不会引起争议。

首相致总督导员 **1941年10月18日**

1. 如果下院要在秘密会议中进行分组表决，这项工作必须要由它自己来组织。也就是说，它不仅将一些普通的计票人准备好，而且挑选一些担任秘书的议员以按照情况在名单上作记号。议长将会以特种文件的形式将这些分组名单保管。

2. 但如果出现下列情况，下院就必须通过各领袖协商决定符合公众利益的说法：下院是根据政府的或其他方面的动议，以多数票表决认为将表决单和提付表决的问题公布并不违反公众的利益；在表决后从宪法上认为是必要的。各党领袖之间或下院选出的议员之间的协商，可以按对上院意见必须提出异议时所采用的协商方式进行，也可以按照议会法令而举行会议的协商方式进行。但要注意的是，在这种情况下，即将公布的说明秘密会议辩论经过的文件必须要经过下院逐字进行辩论和通过，并且保留修改的全权，就像处理法案的方法一样。

3. 这样一来，对于自己本身的程序，作为唯一权力机构的下院就能够在每一阶段进行控制，同时通过用多数票来表决的方式将自己意愿表达出来。对于这样的一种程序，我认为他们会赞成的。

首相致贸易大臣 **1941 年 10 月 19 日**

你能根据我 9 月 13 日的备忘录就 1942 年的预计给我作清楚而全面的说明，我无比感激。对于小麦和钢的进口，我看到你似乎有十足的把握。此外，我们从上游管理委员会方面也得到了关于石油的非常良好的报告。对于输入三千三百万吨的原则，我持赞成态度，它也是我们应该尽全力达到的目标。而关于肉类配给额，我也希望得到巨大改进。我作了这样一个假设：我们不能在这三千三百万吨的限额当中偿付对俄国承担的义务，相反，还应该把这个限额在所有美国的商谈中看做进口的最低限度。

你现在应该向战时内阁准备一项说明。在 11 月份的时候，可以将这项说明在经过以枢密院议长为首的委员会审查后予以讨论。

首相致英国政府驻喀布尔代表 **1941 年 10 月 19 日**

对于你处理驱逐德国人和意大利人问题所用的方法，我非常认同。但我想说的是，从 9 月 11 日将这项任务交给你的那天起，一直到 10 月 17 日，发来的密码字组已经达到了六千六百三十九个。不应该忘记这样大量的拍发电报所耗费的人力和金钱，以及上级行政方面因为这样冗长的电文所产生的窒息效果。在我看来，清晰和中肯并不和简洁调和相矛盾。

（即日办理）

首相致劳工大臣 **1941 年 10 月 20 日**

1. 二十七万八千人，是我在关于陆军实力的报告（你已经阅览过）中看到的陆军 [吸收的] 总人数，其中补充伤亡的人数为五万名。这就是从现在到 1942 年 6 月为止九个月的数字。而你所定的 1942 年 6 月底以前十二个月的数字为三十五万五千人。我想知道你怎样才能让这两个数字相符。

2. 不能按照皇家空军提出的要求满足他们。因为在驾驶员的基础上，他们正在建立一个不断增大的地勤人员队伍。对于这些要求，我希望知道你是进行削减和分散，还是予以接受。我认为其中的五万人都是可以裁掉的。

3. 我初步认为民防方面不应该增添人员。请告诉是怎样得出的这方面数字，是否有经过审查。在我看来，不但不能增加民防人员，在 1942 年年内，我还希望进一步予以裁减。

首相致空军参谋长 1941 年 10 月 24 日

我并不满意摩尔曼斯克的两个空军中队所作的安排。一开始，我认为他们会驾驶飞机移到战线南部，然后和俄国的空军在那里会合作战。然而他们是怎样做的呢？他们只是把人员送去就不管事了。我想知道这两个中队再次作战的时间和地点。没有派出八个空军战斗机中队，是我们在有关俄国人方面所犯的最大错误。这些中队能起到的作用原本巨大，不仅能赢得很大的名声，击毁德国的一些飞机，同时还能极大地鼓舞全部战线。在我们所面临的所有批评中，我认为这是唯一击中要害的一个。

首相致陆军情报局局长 1941 年 10 月 24 日

[在俄国] 双方的战斗规模，我经过观察初步认为有所缩小。并且，每天从事战斗的师的数量也比一个月以前减少了许多。你认为呢？

请告诉我莫斯科地区隆冬的到来时间，以及前线是否有掘壕固守的迹象。

同时我还想知道你是否认为莫斯科在冬季以前有可能被攻下。在我看来，这种可能性有一半。

首相致陆军大臣 1941 年 10 月 29 日

1. 这一切都把事情搞得如此复杂，而它原本是非常简单的。参加地方辅助服务队对于妇女来说没有什么不可以。不仅如此，她们还应该始终佩戴辅助队的徽章。因为只要这样，才能保证她们无论身在何处，待遇、生活等特殊需要方面有最基本的标准（安排的工作可以交给组织地方辅助服务的那些有地位的妇女）。但她们在一种情况下也必须完全变成那支部队的成员：她们被调派到一个战斗部队，从而使得她们实际上是在和男子共同分担那支部队必然会面临的危险和艰辛。除了要佩戴地方辅助服务队的徽章，她们还应佩戴一切适合她们等级的团队标识。无可否认，她们的福利仍然是由地方辅助服务队队部来管理。但即便如此，还是应当把她们从地方辅助服务队分出来并入战斗部队。这样做并不代表改变了她们在法律上的身份，并且也不需要国会进行讨论（虽然在必要时国会很容易批准）。

2. 不同炮队指挥经过协商，一致认为不应该随便调走这些妇女，因为高射炮队必须要有大批妇女，并且炮队的效率也需要缜密组编的炮手来维持。有人认为我们应该建立一支有着自己总司令而名称为地方辅助服务队的部队，可以让它的一部分同某些炮队一起工作，并且不时地帮助炮队。这种想法是和我们的主要利益相违背的——以较少的兵员维持较多的高射炮队。

3. 你对我有这样一种认识：我在许多的方面了解的情况并不准确。这非常好，我愿意进一步了解情况。在 11 月 4 日星期二下午五时，我希望举行一个会议，出席人员包括派尔将军和英国防空委员会的其他官员，以及地方辅助服务队的代表们。我希望你和陆军部高级副官也能参加。

（即日办理）

首相致帝国总参谋长 **1941 年 10 月 31 日**

看到第五十师被调离塞浦路斯，我由衷地感到高兴。获知它可以由第五印度师的一部分代替，我一样感到高兴。但是目前还没有决定是否将第五十师调往高加索。我想知道你认为在此期间它应该在哪里听候调遣。

但有一点尤其需要注意，那就是“十字军战士”作战计划不能因为这些调动受到阻碍。我希望你再次向我保证这一点。

11 月

首相致海军大臣和第一海务大臣 **1941 年 11 月 5 日**

我非常遗憾看到我们公布了俘获到的德国潜艇战俘数字。对于这项数字，我在六个月前就不赞同公布。它太小了，公布它只是在告诉世人，我们对潜艇的作战有多么失败。进行这种泄露是完全没有必要的，因为那只是在丧失友军的威风而提高敌人的信心。

请告诉我你们是否一开始就知道要这样做。

首相致空军大臣 1941年11月5日

关于你对我备忘录的答复，我已经收到。

在我看来，这种办法［如果这一办法得到实施，机械师和装配师将努力取得各种型号的引擎的资格证书］对你来说应该是可以接受的。德国人之所以能够在维持空军方面达到高度的解决，据说就是因为使用了这种办法。

对于这件事，我希望你能展开更为详细的研究。

首相致海军大臣 1941年11月7日

我认为二十艘突袭登陆艇、二十艘重型支援舰和一百二十七艘坦克登陆艇仍然不能够满足需要。要想让需求得到满足，必须要将陆军的计划和这一计划有机地结合起来。可能会有大规模的军事行动在1943年展开……[①]

---

① 这些话指的是1942年海军部的新造舰计划。到后来，这项计划被多次改动。我们对这一计划努力的程度，可以从以下的注释看出来：

(1) 运输船队护送舰。这个时候订购了一百多艘护航快艇，并且在1941年交货。美国船厂正在建造这些快艇。

(2)“鹰”号航空母舰也是在这里第一次提到。开始建造这艘航空母舰的时间是1942年年末，预计四年后完成。但它实际上到现在依然没有完成。

(3)装有六英寸口径大炮的巡洋舰。有两艘这样的巡洋舰成为了英国的“防御”号和“卓越”号。但那艘装八英寸口径大炮的巡洋舰则一直没有造成。

(4) 驱逐舰。以下驱逐舰是在订购中或处于不同的建造阶段：

类型	订购数量	每年完成的程度
舰队驱逐舰	74艘	8艘，增加到15艘
被归入快艇类的驱逐舰	50艘	30艘
加拿大驱逐舰	4艘	1943年年底全部完成
以前的外国驱逐舰	2艘	1942年初完成

(5) 登陆艇。各种类型的登陆艇在以后的几年都增加了建造量。——原注

3. 请告诉我需要多长时间才能在印度建造一个小型浮船船坞，是否可以用别的建筑代替。

4. 应将“雄狮”号（以后修建的船只可以暂时不谈）的全部设计交给由指挥过或使用过这类舰只的海军军官组成的会议来审查，并让他们立即着手建造，“英王乔治五世”号级舰只的悲惨经历要求我们必须要这样做。对于设置三个三联装十六英寸大炮炮塔的原则，我完全表示赞成。请告诉我你在 1942 年所需的装甲板数量。如果设计问题不碰到阻碍，在不影响坦克建造计划的前提下，我愿意支持开始建造炮塔和炮架。

5. 请告诉我在美国建造一百艘护航舰的情况。

6. 对于 1943 年年底德、意、日将建成的那十一艘新的或现代化的主力舰，以及我们的十一艘战舰，请开列出一份名单交给我。战争很有可能在任何一艘新的主力舰建成之前（即 1947 年）结束。结局只有两种，要么我们战胜将敌人的武装解除，要么敌人战胜将我们的武装解除。

7. 对于那艘新航空母舰的建造，必须根据其他方面考虑它的装甲板和造船工人的要求。我想知道这艘舰只还有多长时间才能完工。

8. 关于建造三艘装有六英寸口径大炮的巡洋舰和一艘装有三联装八英寸口径大炮塔巡洋舰的建议，我持赞同态度。

9. 请向我简要讲述“重型支援舰”的情况。

10. 在建造计划中，你并没有提到驱逐舰。之所以会如此，我想是因为所有船厂的驱逐舰已经被预订一空。请就说明有多少艘驱逐舰在建造中交给我一份报告书。在报告书中，应该把它们分为三级，并且将每级建成的速度指明。

（即日办理）

首相致伊斯梅将军转参谋长委员会，并致空军参谋长　　　　1941 年 11 月 9 日

对于派遣志愿驾驶员和飞机参加陈纳德的飞机队[在中国的国际空军]的工作，我们需要加速筹备。请告诉我你对此的建议。

（即日办理）

首相致空军大臣和空军参谋长 **1941年11月11日**

1. 夜间轰炸机和日间战斗机在最近都遭受到了非常重大的损失。在目前阶段，每月扫荡两次（而非四次），再加上不断地袭击对方船舶已经足够，不必过分地催促战斗机在法国上空的进攻。可以减轻袭击的程度，但袭击的态势不能丧失。

2. 对于不适当考虑天气情况而强行在夜间轰炸德国的想法，我曾在内阁中反对过多次。现在轰炸柏林并不具有什么特别的价值。我们在上个星期遭受的损失，可以说是最为严重的一次。尽管在某个战役中或为了某项决定性的军事目标我们可能会心甘情愿地蒙受一些损失，但如果仅为了一般目的而这样做是没有必要的。根本不需要同时对天气和敌人作战。

3. 养足精神等待明年春天的到来，就是战斗机和轰炸机司令部目前的责任。

4. 对于上次猛袭柏林那一夜我们的轰炸机所受到的重大损失，请交给我一份详尽的报告。

（即日办理）

首相致空军参谋长 **1941年11月11日**

飞机不断消耗的情况，根据目前的生产情况来看，可以说非常严重。对于每周将在联合王国国内根据敌人的行动，或者由于其他原因而被注销的飞机，请按照类别将全部的数字向我报告。对于每星期中损坏而中队不能自行修理的飞机，也请列出一个清单（虽然这没有那么紧要）交给我。

首相致空军参谋长 **1941年11月11日**

听说轰炸机司令部在10月份头两个星期为了参加陆军演习而取消了对船舶的轰炸，从而使敌人在当时并未遭受损失。我想确定这件事是否属实。

如果有，请告诉我作出这种为了演习而放弃作战的决定的时间，以及决定人。

首相致印度总督 **1941年11月12日**

1. 得知你以如此过分的方式处理释放其余的甘地主义犯人的问题，我感到非常惊异。对于尼赫鲁这样的人，我向来认为应该把他当做被拘留的政治犯而非罪犯。因此，我欢迎一切能够减轻其罪名的做法。但是我认为这次全部释放整体说来有一种这样的嫌疑——在就快要成功的时候，反而投降了。释放这些罪犯无疑是使一种宽大的举动，而这势必会被当成甘地党的一次胜利。尼赫鲁等人将会很有可能犯新的罪行，而审判和定罪的全部程序势必又要再次经历。无论是从哪方面来看，你都无法获得别人的感谢。不应该轻易否定霍普和哈里特的反对意见。

2. 我今天晚上在内阁谈到了这件事。他们一致认为，在收到你的正式建议后，必须要对这个问题思考很长一段时间。对于你提出动议的日期（17日），我已经要求大臣让你推迟几天，因为我们无法在星期一之前答复你。我们下院等待别国政府答复时通常都是这样做的。

(即日办理)

首相致陆军大臣　　1941年11月13日

我附上两份附件，一份是贝弗里奇关于三军技术人员所作调查的报告，一份是劳工大臣的信，希望你能予以阅览。这项报告无疑极大地损害了陆军部的名誉。因此，必须在由陆军部提出纠正弊害的适当而明确的建议之后，才能公布这项报告，并且要把建议一同公布。

谁也不期望海军（不到两倍的扩充）的组织方面的效率能够和陆军（达到了二十倍的扩充）一样。但是你起码不能落后于空军，它的增长速度也非常快。

为了寻求一个适当的计划，我建议你可以成立一个小规模的委员会，可以让财务秘书担任主席。这项计划的拟定时间必须不能超过两个星期。在经过我同意后，即可向内阁提交全部要公布的文件。

(即日办理)

首相致海军大臣和第一海务大臣　　1941年11月14日

1. 获知我们每个月击沉的德国潜艇不到两艘[1]，但对方增加的数目却将近

---

[1] 德国潜艇在这段时期的损失量，经过查明为：9月，两艘；10月，两艘；11月，五艘；12月，九艘。英国潜艇同一时期损失的数量为三艘。——原注

二十艘，这不能不让我感到忧虑。毫无疑问，我们所用的方法非常失败，这非常让人痛心。而反观海军部，他们在战争开始前还曾对这些方法大肆宣扬。从战争开始到现在，我估计我们比敌人损失了更多的现役潜艇。

请告诉我实际数字。

2. 鉴于整个局势的严重性，我想不久后就检查这个问题以及考虑除现行措施之外是否有其他办法召开一次特别的会议。

我想知道我们每月可以增加多少猎潜舰。有必要汇总并检查所有关于德国人在训练艇员以及其他方面的困难。同时我也想知道你们准备就绪的时间。

首相致内政大臣 **1941年11月15日**

你是如何拘留那十二对已婚在押者的？鉴于现在马恩岛已经恢复了秩序，我认为应该让他们前往那里。如果你不准备这样做，可以在英国找一些可以让夫妇取得合理联系的建议，这并不困难。

听说外国人被拘留时夫妇都拘留在同一个地方，我想知道这件事是否属实。如果确有其事，就不应该以不同的方式对待英国籍的夫妇，否则会引起民愤。

我可能不会毫无保留地支持第十八条乙项的条文了，因为反抗者如此苛刻地实施这项条文的声音非常强烈。我们真正考虑的是监禁，而非拘留。

奥斯瓦尔德·莫斯利爵士的妻子至今没有受到任何的控诉，而她入狱已经达到了十八个月，并且也没有和丈夫在同一个地方。有没有考虑在拘留者中释放一些人，或者让一些人找出保人？

我希望你能在下院辩论之前向内阁提出建议。

首相致陆军大臣和帝国总参谋长 **1941年11月17日**

我很遗憾看到了把九个海滩师或州郡师的等级定得比野战师低。每个师缺少两个皇家工兵连和一个炮兵团，以及较高标准的运输车辆是它们唯一的不足。我希望你能就在1942年3月31日之前，或者在6月底之前把这些师提高到野战师的标准向我提出一项计划，并把需要增加多少人力以及是否有现成的装备告诉我。关于额外的运输车辆，根据卡车等车辆的出产率，在不久之后将可能获得。如果能够在陆军的主要部分适当地进行搜罗，获得的速度将会更快。

首相致彻韦尔勋爵、爱德华·布瑞奇斯爵士和伊斯梅将军　　1941年11月17日

对于1942年的生产预算，我希望能在年底全部计划好，并提交内阁批准。

为此，海陆空军必须决定下来已经制定得差不多的计划，并且还要拟定即将到来的军需部的任务。

进口计划（计划已经订好，基本要完成的任务为三千三百万吨）和国内生产也应该同步进行检查。为了对本年的大量削减作出补偿，我建议可以从额外的二百万吨可利用的进口额中拿出五十万吨用于食品和饲料，其余的一百五十万吨用于军火。但要注意，这并不代表需要过分地增加一些不必要的进口货物，如木材等等。迫切的作战努力方面，才是应该关注的重点。人力问题是第三个需要解决的问题。现在内阁正在讨论这一问题，并且已经研究得差不多了，相信用不了多长时间就能得到解决。对于以上的各节，我认为可以用一个指令加以概括，然后在12月15日开始传阅。在拟定好这个指令后，你们或许可以让我预先研究一下。指令的篇幅，我希望不要超过我的白色、方形或双折纸一张的面积。指令的拟定形式可以依照去年的形式。

首相致教育大臣　　1941年11月22日

在1942年战争状况下小学毕业的十五岁及十五岁以上的男孩有多少？请交给我一份简略的报告。

另外，请将这些男孩的以下信息也一同告诉我：参加各种形式的工业生产或职业的人数有多少；在军火厂工作的十五岁到十八岁半的人数有多少；进入各种军训队和在中学肄业或升入大学的人数有多少。

诚然，我们需要对这些男孩的生活中的教育和训练足够重视，但也不能忽略空袭警备处、高射炮队等单位对大批男孩的需求。

首相致第一海务大臣　　1941年11月23日

请告诉我目前航空母舰的分布计划。尽管我们从收到这些电报以来“皇家方舟”号已经丧失，但是仍然有四艘新的很好的航空母舰在我们的手里。因此，除非是在必须进行的训练期内进行的航行，否则我不会让它们当中的任何一艘绕道好望角出去。对于地中海的局势，我目前正关注着它的发展。当然，如果出现了下列情况，我们也不得不派遣至少两艘航空母舰前去——的黎波里已经为我们所有，或者法属北非参加作战。但对于目前的局势，我们还没有办法看清。在我看来，你大概会把一艘较旧的航空母舰交给印度洋和太平洋方面。

盼交给我一份报告，篇幅尽量简短。

首相致K舰队司令　　　　1941年11月27日

我热烈地祝贺你在抵达马耳他岛以来取得了如此优良的成绩。同时，请你告诉各级官兵，对于正在利比亚进行的激战，他们从事作战而取得的两次战果起到了巨大的肯定作用——一次是11月8日歼灭敌人的运输队，一次是上星期一歼灭了两艘油船。所有相关的人员，都为不列颠和我们的事业由于舰队工作取得的极大的成果而获得真正帮助感到自豪。

首相致伊斯梅将军转参谋长委员会，并致空军参谋长　　　　1941年11月28日

我们应该努力做到一切[为了协助南斯拉夫境内的游击队员]人力可以做到的工作。关于能做些什么事情，请你向我提出一份报告。

首相致第一海务大臣　　　　1941年11月28日

我一直都有一个印象——认为12月15日将有三十六艘德国潜艇在北大西洋活动是一种过高的推测。[①]你能够考虑让至少十二艘驱逐舰增援地中海，但由于形势会随着利比亚战局的变化而变化，这些驱逐舰并不一定需要在那里呆很长一段时间。我们要想搜捕到敌舰，一个必要的条件就是有众多的舰只。而我也相信，

① 对于1941年12月在北大西洋作战的德国潜艇每天的数量，经过战后获得的数字证明为八艘。而德国潜艇在驶出驶回本国时经过大西洋的数量，则在任何一天都非常多。德国潜艇在1941年11月间击沉我们的船舶为六万一千七百吨，从1940年5月以来，在每月的记录中，这个数字是最低的。——原注

取得良好的战果对于我们来说并不困难。我想知道是否还能做其他工作。

11 份被德国潜艇击沉的数字是多少?

首相致伊斯梅将军 **1941 年 11 月 29 日**

对于关于西非波兰将军的这项计划（对于这项计划我个人非常感兴趣），我不满它的执行情况。毫无疑问，应该给前往这些热带地区的波兰军官一笔特别的置装津贴。但这几个月以来，这件事却一直在商讨价格。在我看来，再作这种尝试的时候，一种最经典的办法就是：先答应给五磅，最后确定给十五磅。

在其他文件中，我曾指示过应该邀请波兰军官报名应试，其数量为两百名。请每周交给我一份关于在西非和在国内办理这件事的进展情况的报告。如果有任何人从中阻挠，请你将实际情况告诉我。除此之外，你还应该亲自从国防部方面进行调查研究。陆军部中负责办理这件事的官员是谁? 对于他办这件事的过程，你应该用经常咨询的办法确定是否有违背规定。

首相致外交大臣 **1941 年 11 月 30 日**

让美国目前继续保持对北非的供应以及和维希的关系是我认为最重要的事情。维持一切其他形式的接触同样重要，但前提是不要露出痕迹。最错误的做法，莫过于在利比亚的结果最终确定之前就失去任何接触。将关系断绝随时都可以，但要想再恢复就难上加难了。

12 月

首相致空军参谋长和战斗机司令部司令 **1941 年 12 月 6 日**

在昨天晚上的讨论中，我们得出的结论主要有如下一些：

1. 在无法经过调查过去十年或十二年的天气情况后证明 3 月份比 2 月份更好的情况下，应该让“前进”[①]在 1942 年 2 月 1 日开始使用。如果能证明 3 月份的天

---

① 事实上是一种无线电装置的名称叫“前进”。在轰炸德国的时候，我们的飞机利用这种装置可以确定对方的位置。——原注

气比 2 月份更好，那么应该将这件事的决定权交给我。

2. 应该把战斗机队的战线竭力扩大。可以将后备驾驶员和飞机编成一些中队以便于达到这个目的。因此如果这样做，倘若战斗的时间延长，就可以进行轮换。

3. 出于确定是否可以采取两用战斗机中队的办法的目的，可以做一种试验看是否能够成功——给夜间战斗机中队分配一些日间战斗机。

首相致粮食大臣 1941 年 12 月 6 日

你确实已经在你的各项工作中取得了许多成就，但似乎并不包括鸡蛋的分配计划。

有许多方面的怨言传到我的耳中，其中最显而易见的一种就是鸡蛋的缺乏。关于农业大臣对这个问题的看法，现在交给你一份他的报告。请你简要说明你的计划和政策。

首相致军需大臣 1941 年 12 月 6 日

在 12 月 11 日星期四的下午，我希望能去往舒博里内斯。如果你能就以下类型的 U.P. 武器安排一次表演，那么我会非常感激：[①]

1.K 型。

2.J 型的 A.D. 装置。

3.L 型的 A.D. 装置。

4.3 英寸 U 式火箭。

5.5 英寸 U 式火箭。

---

① K 型：防空火箭。

L 型 A.D. 装置：在保卫飞机场等类似地方防御低飞飞机的火箭。

J 型 A.D. 装置：飞机的火箭。

5 英寸 U 式火箭：它设计的初衷是为了用于化学战弹药的发射，但后来被用于形成地面火网的武器。

3 英寸 U 式火箭：形成防空火网的武器。

——原注

你在12月2日的备忘录中曾提出有关优先问题的建议，我认为应该查看一次各种武器比较其优缺点之后再行决定。因此，我希望你能和我一同前往。当然前提是不要阴天。

首相致伊斯梅将军 **1941年12月7日**

我想知道你会如何处理在阿比西尼亚的贡德尔和其他地方缴获的意大利步枪以及枪支和弹药的数量。

首相致陆军大臣 **1941年12月7日**

（亲启）

对于你写给我关于地方辅助服务队的备忘录，我已经慎重地考虑过。考虑的结果是，我很愿意试验一次你所提出的原则。对于这些炮队，我希望你能想办法让它能够吸引到地方辅助服务队里的优秀分子以及现在被迫参加服务队的妇女们。我担心人们会认为妇女不应该参加事关生死的工作，因为这不是一种正常的心理状态。因此，我们应该让这种心理消除。而在管理地方辅助服务队的妇女们当中，似乎有一部分人认为不应该让地方辅助服务队的忠诚受到任何事物的影响，但她们的兴趣和意向和炮队的集体感并不相符。这种想法是不能容忍的，因为福利才是妇女指挥人员的主要职务，她们的主要的工作也应该是福利。

由于陆军部掌握了一大批被强迫（或有一部分强迫因素）纳入的人，我们的条件是很差并且艰难无比的。不仅如此，我认为还会变得更坏。在让所有的这些青年妇女不受到粗野待遇的问题上，你作为国务大臣应该负主要责任。因此，应该肯定诺克斯夫人和她的助手们在这方面所做的工作。但有一点也需要注意，那就是炮队的活泼愉快的生活不能因为她们而受到妨碍，而且使得妇女们不再积极参加炮队并像对地方辅助服务队那样关心炮队。

我很希望看到你就如何在实际中应用你在备忘录中阐明的原则进行说明的进一步的报告。应该向在炮队中服务成绩优良的妇女颁发各种小的奖励品和勋章。

首相致林务委员会主席 1941年12月9日

在报纸上，我看到了这样的文章：为了获取利益，伐木公司正在将我们的许多林地无情地砍伐殆尽。我想知道你是否有办法保留一部分优良的树木，并让乡村的面貌适当地保持。我深知大肆砍伐树木对于我们来说是不得不做的事情，但我仍然认为应该保留一定数量的树木。

我想知道你重新栽植的办法，请用数行的篇幅向我告知。我建议你每砍伐下一颗大树，应该补植两三棵。

首相致粮食大臣 1941年12月9日

你曾表达过这样的意愿：你希望能在计点配给计划当中归入糖果和巧克力，并且希望能够继续这样做。我认为把这样做的时间放到能够实行它们的配给之后更好。因此你如果现在就推行糖果配给制，势必会引起一切守旧势力简化行政工作论点的对立。这样一来，等你之后再有意改动的时候，就会遭遇到许多反对意见。

相较于我们的任何一种配给行为，我听说在枢密院议长的委员会当中大家一致认为糖果的配给更容易违法。而我们不能不反对一切能够有损配给条例权威的事物。对于一些法律无法管束并且舆论也不会谴责的不法行为，如果我们人为地去挑起，那么就会造成其他方面也会产生逃避法律约束的习惯。

我们既然已经很长一段时间没有实行糖果和巧克力的配给，那么再晚一些也无伤大雅。对于这样一项原则——只要感受到有实行某种次要食品配给的需要，你都应该将它归入记点制度之内。

(即日办理)

首相致劳工大臣 1941年12月10日

我听到有这样一种说法：相较于其他人，你认为议会议员也有同等应召服兵役的义务。在上次大战中，我曾创立了一项规定：应该把在下院的服务看成担任国家的最高职务。我认为这项规定在这次大战中也同样适用。对于是否要完成那项服务或者用某些其他方式来服务，所有下院议员或上院议员都有自行决定的权利。出于任何时刻配合政治上的任务的需要，两院议员在接到适当的通知后，为了方便出席议会，都有权利随时退出武装部队或任何其他形式的工作。

我绝不同意违背这项原则。

首相致掌玺大臣和粮食大臣　　1941年12月12日

将这些定量限制在现在宣布，我认为不是一种正确的做法。因为这会给别人一种这样的印象：我们产生了恐慌。我们的地位，因为美国完全卷入战争已经大为改观。我们拥有充足的储备。作战的状态在我们都是一样的，何况他们还要比我们吃得更好。

在从现在开始到以后不久的一段时间内，我希望不要作这种性质的宣布。我同时还希望战时内阁在作出任何最后决定以前能够和我商量。

首相致帝国总参谋长（艾伦·布鲁克爵士）　　1941年12月18日

我收到了你的一个备忘录，其内容主要是关于成立一个波兰装甲师的可能性。

1. 在我看来，把坦克发给波兰军队的时间，不应该等到所有英国装甲师已经配备完全，同时还有大批坦克作为后备之时。我以为大家已经形成了一个统一的观点：首先应该将初步配备发给各师，在等到有更多的坦克的时候，再将后备力量逐渐建立。对于波兰军队而言，我认为他们得到的待遇应该和英国师相同。以1943年4月1日为限是对这个问题的公平处理方法，但我认为西科尔斯基将军不会同意。因此，我希望你向我就按照我所指出的基础提出建议。

2. 我认为完全可以给波兰人很好的坦克配备，并且使他们能够组成一个军团在一起战斗。尽管让陆军中的所有单位都具有完全相同的编制是一种很方便的做法，但是认为一定要这样做则没有必要。拥有完全相同的装备对于波兰人来说并不是必须的，这也就意味着拥有英国装甲师经过扩充后达到的三千五百辆车辆并非必须。在今后的六个月，让他们再获得两百辆坦克，然后再逐步形成通常的满额编队，是一种可行的解决办法。把这支波兰军队合在一起使用完全不成问题，并不需要把坦克成分和其他成分区分开来。

你的进一步建议是什么，请告知我。

首相致陆军大臣 **1941年12月21日**

1. 在发表贝弗里奇关于三军中技术人员使用情况的报告书的时候，陆军部也会公布一份备忘录。对于这份备忘录，应该要求它比贝弗里奇所提出的切实性和精确性更高。

2. 陆军部的职责在于造成一种有效率的战争机器而非一种管理完善的工业组织，而这应该要成为他们的共识。因此，任何可能严重破坏班、排和连的团结的事情都是绝对禁止出现的。由于可能导致敌人的入侵，能在本国港口内引起陆军体系全面混乱的事情也绝对禁止发生。

3. 但对于目前如何根据各部队技术人员的现状来使用以及更好地使用他们，则不能不作出清楚的说明。对于贝弗里奇报告书中能够影响陆军团结和军事效率的建议，备忘录这样坚决地进行反驳完全是必须的。

4. 但如果陆军部因此以军事效率为借口来掩盖报告书中所揭露的严重缺点，也是严厉禁止的。无论如何，备忘录而不能只是一篇粉饰的文件，相反地，它应该表示出对缺点也在努力纠正。要想国会和公众放心，陆军部必须要能够具体地说明它正在进行改进。所以，对于报告书中的主要各点，备忘录应该以容易让人理解的方式，逐一地进行说明。

5. 说明的内容包括：

(1) 陆军中未经利用的技术人员储备，以及足够满足将来对于技术兵员（不包括重武器技术兵）的全部需要。

(2) 对于技术人员，经过检查过许多野战部队的编制，所能进行的经济利用。

(3) 可以采用更有效的步骤利用有些部队（目前这些部队虽然没有参加战斗，但前线可能需要他们）的兵员的技术。

(4) 负责技术人员考试、重新集中和调动的机构可能进行的巨大改进。

(5) 为了防止目前机构重复的现象，有必要成立一个特种机械化工程兵科。

(6) 应该将新征的兵员放到整个陆军而非特定的军团或某个单位。

6. 一定要经过仔细的研究，陆军部的答复才能做到和实际情况相符。因此，你应该为了草拟这个答复组成一个小规模的委员会。我认为这个委员会应该要有财务秘书詹姆斯·格里格爵士和陆军部高级副官参加。

首相致本土部队总司令（帕吉特将军） 1941年12月22日

1. 这个文件[厄特森·凯尔索将军论步兵训练]无疑是令人赞赏的。我赞同其中的每一个字。我的脑海里呈现了这样一种景象：对于文件中的许多明智和令人兴奋的原则，你将有机会在你广大的新管辖范围内实施。这让我感到高兴。你需要哪些帮助？无论是哪一方面，我都会全力配合。在防止班和排受到不必要的干扰，以及让步兵在紧急或收割时期之外从事其他民间的工作的问题上，我已经竭尽全力。对于让一个配备精良的步兵营以一种猎犬的勇猛精神和团结一致进行战斗的做法，我尽管非常赞赏，但如果能有机智敏捷的一面我认为更好。我希望清洁装备的工作不要和有效的野战训练发生冲突，同时不对射击训练进行任何不必要的变更。

2. 你是怎样应用这些文件里的一些想法的呢？我希望你能再提出一个报告给我，并归还原件。我非常喜欢这个文件。

首相致粮食大臣 1941年12月22日

你关于鸡蛋分配计划的备忘录我已经收到。

从中获知有意养鸡的小生产者达到三十七万，这实在是一件值得庆祝的事情。没有得到充分的鼓励，是我在这方面听到的唯一一种不满的声音。在后院养鸡，可以起到双重作用：既可以将很多废弃物利用，也能够节省粮食。

你的进口额已经削减到三分之一，对于你所面临的困难，我能够深切体会到。但是对于已经纳入计划的数量，我还是希望你能够运进来。因为只有这样，才不致缺少这种厨房必须的重要动物蛋白质。

首相致帝国总参谋长（艾伦·布鲁克爵士） 1941年12月22日

对于一些如龙骑团、骠骑团和枪骑团之类的编号，它们现在还在被创造出来不禁让我感到荒唐。无论它们当中的哪一个团，都不具备骑枪、佩刀或长矛。如果不看这一点，也已经有了挨号编成的第十八、第十九和第二十骠骑团，以及第五和第二十一枪骑团。要想再次起用这些新的、不真实的夸张称号，起码已经恢复使用了这些过时的武器。陆军部是出于什么目的而这样做的？请向我说明。

六

首相致澳大利亚政府的电报[①]

首相致澳大利亚总理 **1941年8月29日**

1. 一项伟大的职务现在已落到你的肩上，我诚挚地祝愿你获得成功。同时，我和我同僚也将尽全力秉承，和我们同孟席斯先生共事时一样友好的精神和诚意和你合作。得知孟席斯先生现在在你的领导下担任国防协调部长的职务，我们感到由衷的高兴。

2. 对于你因为在这里派驻代表而在澳大利亚引起的困难，我们一直都在予以关注。出于帮助的目的，我或许应该将我们在这方面的情况以及我们所处的地位向你说明。

3. 所有自治领政府的地位已经和母国政府的地位相等，并且也具有了直接谒见英王的权利。其开始的时间，起于体现了威斯敏斯特法规1926年英帝国会议宣言的发表。在目前阶段，由我担任首脑的英王陛下大不列颠和北爱尔兰政府的内阁，直接负责于我们自己的议会。而由于在下院拥有多数票，这一内阁是由国王任命的。所以，要想让一位对澳大利亚联邦立法机构负责的澳大利亚部长加入我们这个机构，必须要经过组织上的变更（不同所有自治领商榷，这类变更是无法通过的）。史末资将军在上次大战有过先例，但那次先例在此并不适用。国王当时对他的任命是因为他个人的才能，而非代表了南非或各自治领的意见，况且也是当时战时内阁的一种不可或缺的成员。

4. 但是其情况却是：尽管自治领总理们不能经常或过久地访问英国，但只要

① 见原书第三卷第336页。——原注

有一位自治领总理访问英国，就总是会被邀请同我们一起出席议会，并且对我们的讨论完全参与，不论是在什么时候。究其原因，是由于他是我们自治领姊妹国的政府首脑，不仅和我们一起从事共同斗争，能够被认为有权根据本国指示代表该自治领发言，而且也可以对于讨论过程中可能发生的许多争论表态。我们因此而可以获得巨大的便利，并且也可以加快办事的效率。

5. 而如果只是一位自治领部长而非总理，由于他仅仅是一位使节而非首脑，他所具有的地位可能大不一样。澳大利亚、加拿大、新西兰和南非曾有许多并非总理的自治领部长在这次战争期间对我们进行访问。我们的态度总是：随时准备和他们商谈，让那些与他们有关的各部大臣和他们保持密切的接触。由自治领事务大臣和有关自治领的高级专员接待他们，并且为了方便进行任何必须的工作而为他们创造一切便利条件，是出现的最多的情况。就我所掌握的信息，各方面都认为这种办法没有什么不合适。

6. 有这样一种建议：除了总理以外，每个自治领都应该有一位部长能够和我们一起出席联合王国的内阁会议。这一建议我也曾作过考虑。而对于这样的代表，根据我从加拿大、南非和新西兰自治领各位总理方面得到的消息，他们并不希望设立。对于我们现行的办法，这些总理感到非常满意。更有甚者，有些自治领的总理还有这样一种看法：除了总理之外，任何人都不能代表他们的政府发言（有特别指示除外）。在这些自治领总理看来，由于他们有发现自己的行动自由有可能因为他们部长作为参加会议的一方作出的决议而受到损害，而在战时的有些决议又是需要快速作出决定的。

7. 就算不从这一角度，而从作为联合王国国王陛下的臣仆的我们这些本国人的角度来看，有许多困难也是不可避免的。目前我们的内阁一共有八位阁员，但有许多人认为有五人就已经够了。因此，如果再将四个自治领代表增加进来，就可能导致至少有同样数目的英国大臣退出战时内阁。跟你们相同，我们的议会和民主制度也是以一种政治基础为依托的。对于目前你们向我作出的建议——让国王陛下在联合王国的内阁中再增加四个自治领部长，而使得我们的人数多到无法进行工作，或者将作为各自所属政党的核心人物的目前一些同僚排除在外——我个人认为不能这样做。

8. 为了方便就我们共同作战努力中的某个方面进行讨论，你从澳大利亚方面派遣特使，对于这位特使，我们当然会以及其体谅和尊重的态度予以欢迎。但要注意的是，他不会也不可能成为我们政府日常工作中的一位共同的负责人员。

9. 至于他应该和现有的澳大利亚高级专员以及自治领事务大臣有着什么样的关系，其决定权可以完全交给你。但有一点我需要指出，那就是，如果作为常规制度而让这样一个使节留在这里，就可能导致现有高级专员的职能在相当范围内出现重复。此外，自治领事务大臣同这些高级专员之间的关系也可能因此而普遍地受到影响。并不是说这些困难无法克服，但是这些问题完全有可能出现。由于这种工作制度——由高级专员们每天和自治领事务大臣进行接触——目前进行得很顺利，我相信其余的自治领会反对作出任何形式的变更。

10. 至于是否应该让自治领总理们举行一次会议，如果安排得当，我们当然表示欢迎。但是你们知道，这面临着路途遥远和选择时间方面的重大困难。如果你有意向，我们也愿意考虑是否成立一个帝国战时内阁。但如果不根据目前效忠国王的各个政府的普遍意愿实现，而是一点一点地形成，实行影响如此深远的一种变化恐怕难以做到。

首相致澳大利亚总理　　　　1941 年 9 月 7 日

德国的进军可能威胁到我们在叙利亚和伊拉克的地位：

(1) 通过安纳托利亚进攻叙利亚。

(2) 通过高加索和波斯（伊朗）对伊拉克发起进攻。

(3) (1) 和 (2) 同时进行。

通过安纳托利亚。德国之所以会这样做，是因为：如果土耳其不为德国借道，那么为了征服土耳其，德国就必须调动大批陆军和空军，这势必会使得他们的军队很难在不到六或八个星期之内撤出俄国，然后进行重新装备和集中。而在 12 月 1 日至 3 月底的这段时间，根据安纳托利亚的天气情况，根本无法采取军事行动。所以，在目前阶段，我们认为德国人还不可能在土耳其边界集结足够的军队来征服它。这一可能只会发生在很晚之后。因此，在春季以前，德国不可能通过安纳托利亚进攻叙利亚。

但如果是另外一种情况——土耳其意外地允许德国借道，那么以下情况在年底之前就可能出现:三四个德国师抵达叙利亚边界,并且会在以后每月增加一个师。如果德国可以利用土耳其领海上的那些航线，这一支军队获得的补充可能会更多。所以，事态会如何发展，很大程度取决于我们能给土耳其多大的协助。我们为此已经对派驻安卡拉的代办作出指示，要求他们根据以下方针发表谈话：

(1) 如果土耳其进行抵抗，我们应该在第一时间援助大量兵力。尽管歼灭德国的非洲军团和收复昔兰尼加才是我们在中东的根本目的,但是在 12 月 1 日之前,我们希望可以向土耳其派去四个师和至少一个装甲旅。同时还可能派去相当规模的空军。因此，必须准备一支这样的空军——能容纳八个战斗机中队、一个陆空联络机中队、两个重型轰炸机中队和六个中型轰炸机中队。

(2) 为了保卫我们自己的军队和指定给我们的飞机场，我们还将提供一支强大的高射炮队。并且，几乎是马上，我们会为土耳其人运送一批一百门 3.7 英寸的高射炮。这些高射炮并不属于每月六门的经常分配额。

通过高加索和波斯。在本年年内，德国根本不可能通过高加索对波斯和伊拉克作大规模进攻，即便俄国提前崩溃。因此，我们在波斯取得的控制，让我们在这些地区的右翼安全性大为提高。

我们本身为了应付德国进攻（不管它从哪条道路发起进攻）也采取了行动。

我们首先要让空军获得攻守兼备的方便条件。为了达到这一目的，我们目前正在想方设法在这个地区的全境，并在征得土耳其人同意之后在安纳托利亚改进和增加飞机场设备。这样一来，我们在中东的空军就能获得应变的能力。

其次我们需要改进在我们控制各地区全境内的铁路和公路交通。我们正在全速推进这项工作的展开。

我们同时还在想办法尽快改进我们在巴士拉区域包括修建新港口在内的供应设施，以使得中东拟议中的要增调到波斯湾的军队获得供应。

西部沙漠。为了保卫我们在埃及的基地和对地中海的控制，我们必须尽早将昔兰尼加东部地区的敌人消灭。我们目前面临着如下局势：

敌人目前在昔兰尼加的兵力，根据初步的估计，有两个德国师（装甲师和轻摩托化师各一）和六个意大利师（其中摩托化师和装甲师各一个）。他们如果要利用这些部队来发起对尼罗河三角洲的重大攻势，在我们看来根本不可能。首先，他们在供应方面存在巨大困难，其次，缺乏运输的汽车，这还不包括我们正在将他们从意大利运来的很大一部分增援的兵员和物资击沉。但是，如果他们能够有个坚强的基地在哈法亚—卡普措—拜耳迪耶一线建立起来，并且能够组织起汽车运输队和供应，对他们来说，对希迪拜拉尼发动一次规模有限的攻势就有可能。

一有机会就采取攻势，是我们的行动方针。但是，对于承担像“战斧”作战计划那种具有挫折性的风险，总司令已经不愿意。同时，他也不愿意在他觉得有把握之前就采取行动。为了完成这次攻势，他认为他的装甲部队不能少于两个装甲师。必须要等到 11 月 1 日，这些装甲师才能准备就绪而可以投入战斗。但这并不代表在面临有利时机的时候，他就一定不会提前进攻。据守图卜鲁格现在已经显得非常重要。

七

英国派往美国的购买代表团[①]

首相1941年8月11日指令

1. 我们已经向美国定购了大宗军需品和其他物资以供作战之用。英国的部和部之间，以及英国国内生产和英国向美国订货这两个方面之间，都已经就这些军需品的订购问题达成一致看法。最终责任人已经由珀维胡斯先生奉命担任。因此，如果出现任何不协调的情况，为了便于能把问题在国防大臣的办公室内解决，应该将问题向他报告。但是在眼前，仍然有必要准备大量的供应，尤其是在船舶、轰炸机和坦克方面，这既是为了英国，也是为了美国武装部队的需要。而且，从长远来看，从某些方面调整英国原有的和追加的订货，以及大量扩建工厂和增加设备对于俄国来说也是需要的，因为俄国已经成为了反对希特勒的一个积极合作者。

关于轰炸机和坦克两者的优先问题，对于英国的补充计划来说并不需要考虑。我们已经在认定以前的看法——认为时间是决定优先问题的因素，转而认为同一时间内各分配多少数量才是决定的因素。

2. 我们可以根据以上原则来处理英国各部之间的分配问题，但前提是要我们的美国同僚们将要极大增加的前景（对使用国改进现有工厂生产还是通过筹建新厂不作要求）向我们说明，以及将他们对于划分英国和美国需要的看法告诉我们。举个例子，如果我们认为不应该因为我们的需要而有轰炸机的补充计划，其前提

---

① 见原书第三卷第396页。——原注

就是同时也不考虑扩充坦克的问题。在整个计划当中，无论是六对四，或是六点五对三点五，都可以当成重型轰炸机和坦克之间的比率。两种生产可尽快同时进行。在我们看来，这种解决办法是最合适的。

如果能再拨给我们十五万支步枪，我们当无比欢迎。为了装备战斗机场的保卫人员，尽管我们子弹非常少，但是仍然需要这些步枪。在目前阶段，这些人员不得不用矛、钉头槌和手榴弹为武器的人数至少有十五万人。无可否认，英国非常缺乏 .300 英寸步枪子弹，并且每支步枪仅能分得不到八十发子弹。但美国目前正在增长的生产可以为我们提供子弹。他们不仅可以全部付清我们本月透支的五千万发子弹，而且在以后还将达到每月两千到两千五百发。相较于我们目前必须采用的临时办法，即使只给某些飞机场上持步枪的兵员每人十发子弹也更为理想。此外，对于所有穿制服的人员来说，如果我们不能给有关的士兵和飞行员配备武器，就不能很有信心地对他们发出最严格的指示——作战到底。

所以，由于 9 月 15 日之后就是完全可以进行入侵的季节，我们希望这十五万支步枪能够尽快地交货。如果我们告诉罗斯福总统，为了方便入侵（目前尚没有这种迹象），敌人正在荷兰、比利时和法国的港口积极进行大规模的准备，我们就可以向他们提出请求：将另一批 .300 英寸步枪子弹赶紧运来以应急，在以后，我们从我们逐月的生产份额中偿还。

4. 立即全面研究俄国的重新装备问题看来是有必要的。并且看来也可以在经过英美两国军需部的初步会商后在莫斯科再举行一次会议，何况出于对形势的考虑也必须这样做。首相愿意提名军需大臣比弗布鲁克勋爵代表英国所有各部的英国代表，以使得这个目的得以实现，以及参加任何必要的初步商谈。他应该在今天会抵达这里。

八

英美俄三国会议[①]

首相兼国防大臣的总指示 **1941 年 9 月 22 日**

1. 比弗布鲁克勋爵今天的报告，已经说明了比弗布鲁克—哈里曼会谈结果所造成的形势。对于我们答应给俄国一部分坦克和飞机的承诺，我们有义务履行。并且，我们也要让比弗布鲁克勋爵有相当的权限决定在莫斯科会谈中提供多少其他装备和物资。

2. 我们必须向俄国承诺，数量从 1942 年 7 月 1 日到 1943 年 6 月 30 日的这段时间内还会增加。在这段时间内，英国的战时生产的量会达到最大，而美国也将进入第三年发展战时生产的时期。不根据对英美生产的乐观估计定出精细数字，从而使自己受到约束，是一种最为明智的做法。如果把英美产量中一定的量给予俄国，他们就可能立即增加这一数字，因此决不能这样做。如果俄国人没有提供他们的生产数字给我们，我们也不要把我们对于联合生产的推测数字告诉他们。但有一点我们必须做到，那就是要求他们根据他们可能固守的后方各条战线的情况说明他们还有多少剩余物资。出于鼓励俄国人长期作战的目的，比弗布鲁克勋爵可以对这些较远的前景采取适当的乐观看法。

3. 应该要把俄国人航运可能受到的限制，尤其是从各个输入港口进行运输所受到的限制，让俄国知道。应该将怎样才能在全世界的航运遭到迅速破坏的情况下恢复航运，以及我们本国的基本的需求已经到了不能再减少的程度，着重向他们指出。

---

① 见原书第三卷第 413 页。——原注

4. 应该鼓励开放海参崴航线，并对日本施压以达到这个目的，这需要取得美国的支持。对于从波斯湾到里海的铁路线和公路线，应该要着重重申应以最大的规模和努力来发展。同时也应该解释横贯波斯的铁路运输的发展和公路的修筑因为时间的关系不可避免地要受到限制。对于在任何特点的时期内，沿着这条铁路线输送军需品和输送军队（同他们的给养）之间的冲突，也应该指出来。俄国人定然会采取如下的做法：根据两种情况——冬季结冰和敌人可能采取行动，对阿尔汉格尔斯克的容纳量和设备以及它对俄罗斯中部的铁路联系提出自己的估计。

5. 美国并非交战国必须要成为会谈的前提。英国已经面临了很重的人力负担。不仅如此，在 1942 年年内和以后，这种负担还要继续加重。我们已经投入了除从各自治领、印度和各殖民地取得的援助之外自己的所有人力。为了养活我们自己，我们必须使庞大的商船队不断地行驶以获得食物。我们还必须在德国随时可能集中优势兵力攻打我们的情况下让不列颠岛免受入侵的威胁，以及让我们在中东的军队得以维持，并据守一条从里海到西部沙漠的防线。在 1942 年年内，我们希望将包含将近二十五个师（英国、印度和各自治领的都有），以及在这些不发达地区所需要的特别后勤人员和相应的强大空军在内的约一百万人集结在这条战线上。运输因为要供应这些军队（大部分需绕道好望角运送）必然会非常紧张，运货船只的周转也会因此而需要很多时间。因此，在必要的时候，必须详细解释这些情况。

6. 我们拥有一支略超过两百万人的陆军，以及一百五十万左右的国民自卫军的支援以保卫不列颠岛。但拥有的步枪只有约三百五十万支，明年也只能再获得约十万支左右的数量。野战部队在这支两百万人的陆军中占九十万人，由二十个机动步兵师，九个机动性较差的州郡师或海滩师和六个装甲师（由三个部分编成的师），以及五个陆军坦克旅（完全编成的旅只有一个）组成。我们还正在建立一支庞大的空军，需要的人数为将近一百万，应征入伍的人数已有七十五万人。此外，海军吸收的水兵和陆战队人员也达到了五十万名。这些需求，再加上造船业、飞机生产和军需工业以及国内粮食生产和其他民用工业（都已经减无可减）的需要，可以看出从事工作的男子和可使用的妇女劳动力在四千四百万人中的抽取已经（或即将）达到极限。

7. 如果将大不列颠空防机构、海岸防卫队、北爱尔兰驻防军、备选拔的部队和军事训练学校以及飞机场和各薄弱地点的防军需要在国内野战军后面的一百一十万预备人员需要占用的数量除去，事实上它已经剩不了多少。

8. 根本不可能使国内的野战军超过已经提到的师数（不到四十个师），何况我们不仅需要让国内现有的兵力维持，还需要供应新兵给中东、印度以及如冰岛、直布罗陀、马耳他、亚丁、新加坡、香港等海外驻地。

9. 对于英国防备入侵的军队，我们要保证它不低于二十五个步兵师和四五个装甲师。相较于我们从海外调回一个师，敌人通过欧洲主要的东西铁路调运军队速度快得多，这一点我们必须注意。所以，我们只有很少的师可以用于海外攻势。

10. 如果不看 1942 年在中东建立的那二十五个英国师和帝国师，我们所能设想的最大兵力就只是一支包括两个装甲师在内的六个或七个师组成的远征军。目前,这支军队正在进行准备。一切关于由英国派遣二十或三十个师去进攻欧洲西岸，或者通过海路将他们运送到俄国去作战的想法，如果没有一个前提——可以调用更多的师，并且也有足够的船舶来装运比这个数字更大的军队和维持他们在海外的给养——作为保证，那也是不符合实际的。这一点需要清楚地说明。

11. 在明年春天，如果存在可能，我们很想进行陆上干涉。我们正在研究包括在俄国前线的南北两翼采取行动在内的一切可能办法。如果对北翼的挪威实施一次远征，那么将会产生激烈的暴动。如果暴动能够成功，我们就可能吸收瑞典政府以及它优良的军队加入。我们已经研究过这点，但是否应该要俄国军队进行帮助，我们还没有看出来有这种必要。实际的情况是，如果俄国进行干涉，瑞典一定会进行反抗。芬兰早已经表示了敌对态度。

12. 西班牙的敌对态度，德国人对摩洛哥、阿尔及利亚和西非的侵入，事实上随时都有可能要我们面对。倘若法国人在非洲采取抵抗的态度，出于援助，我们可以调用现有的军队去往那里。相较于绕道好望角的远距离海路，这两种情况下的海路都较短。

13. 在俄国的南翼——中东，我们将会部署上述的强大军队。只要消灭目前在西部沙漠和昔兰尼加获得的德、意军队，我们的中东军队选择行动就可以不再受限制。不论是在高加索还是在里海的东面，如果我们的中东军队增加对俄国的援助，那么我们就要意识到：从波斯开始的铁路和公路通道，可能因为对他们的供应而堵塞。当然，如果我们能让土耳其加入我们这边，就不能不说是一个巨大的收获。因为这不仅会导致强大的土耳其军队切断德国人前往叙利亚和埃及的通路，而且也可以使得黑海的防务维持在一个非常有利的条件之下。这样，高加索就更容易保卫。我们在将来决定在土耳其参战后支援多少军队和现代化装备给它，可能成为土耳其采取哪一种行动的决定因素。机场、坦克、反坦克炮以及高射炮等，都属于这一类援助，并且尤为重要。由于这些装备和军队是我们所能给予的所有援助，所以对于一种事实——其中有很大一部分是从我们要对俄国的援助中抽出来的，我们有必要向俄国清楚地说明。对于土耳其商定的办法，英国和俄国有必要重新加以研究和修正，以使得土耳其更能加入我们。在不远的将来，这样做尤其需要。

14. 对于在俄国的波兰和捷克军队（捷克军队只有少数）的发展情况，我们非常感兴趣。我们愿意在配备上帮助他们。此外，我们还需要注意，在美国波兰人和捷克人存在一些有影响的团体。如果可以给予波兰人和捷克人一部分我们的配备，我们会因此获得好处。

15. 我们一定会听到俄国人对我们的一个质问——你们准备怎样赢得胜利。对此，我们应该告诉他们："像上一次战斗到德皇体制崩溃一样，我们也会一直战斗下去，直到纳粹体制崩溃。"只要具有能够和敌人交锋的有利条件，不论是在什么地方，我们都会为了这个目的向他们开战。我们会对他们采用宣传的办法来破坏，用封锁的办法来压制。我们尤其会做的是，不断地对他们的本土无情地实施猛烈日甚的轰炸。在上次大战中，我们对取胜的方法和时间都不确定。但就是凭借着坚持和不屈服的精神，我们解除了危机。在去年的一整年，我们曾坚定地单独对付德国和意大利。英国大众是决意要歼灭纳粹实力的。"纳粹暴政"和"普鲁士军国主义"这些名词，从来就是我们要打倒的目标，而非仅仅是将其当做对日耳曼民族的咬牙切齿的谴责。我们希望：分离开德国人，同时将犯罪的纳粹政权孤立。俄国的意见也是如此。

16. 对于美国会怎样做的问题，我们当然无法预先知道。但在不远的将来，美国可能会因为已经有罗斯福总统和他的政府批准的那些措施而卷入战争。唯一不同的是加入战争的方法，或者先宣战然后战斗，或者是直接进行战斗。如果这一点成为现实，在1943年，我们就很可能对德国发起总攻。德国的士气和团结如果受到极大的削弱，并且放松了对被征服的欧洲国家的控制，那么我们就很可能采取如下措施：派遣大批装甲部队进行作战，同时在几个被征服国家的海岸实行登陆，并到处发动起义。英国参谋人员现在已经就这件事的计划展开研究。

九

印度洋上的海军部署

首相与海军大臣及第一海务大臣之间的来往信函

首相致海军大臣和第一海务大臣 1941年8月25日

1. 在印度洋上，我们不久将有可能组建一支威慑性的分舰队。组成这样一支舰队的舰只，必须都要是最好的舰船。如果能有一支短小精悍并且快速的舰队出现在东方海面，对日本海军部可能因此而产生的影响，我们通过回忆“提尔皮茨”号给我们造成的压力就能看出端倪。在当时，德国用这艘唯一剩下来的主力舰对付我们十五六艘战列舰和战斗巡洋舰。只要俄国舰队尚存，可以肯定“提尔皮茨”号会始终待在波罗的海。因为它是唯一一艘有能力阻止俄国在那里取得优势的舰只。但如果所作的部署会保持一段时间，为了让在那里的军队有时间处理事故、修理和休假，我们还必须将两艘“英王乔治五世”号级和一艘“纳尔逊”号级的舰只提供给他们的总司令。并且还应该在那里的宽阔洋面有一艘航空母舰，而且最好是[一艘]没有装甲的。

2. 如果“约克公爵”号将建造上的缺点克服，那么就可以将它通过特立尼达岛和西蒙斯敦派往东方。到了那里，它可以会合“却敌”号或“威望”号以及一艘快速的航空母舰。这样一来，这支强大的舰队就可以出现在亚丁—新加坡—西蒙斯敦这个三角地区。因为有了它的存在，日本的海军可能无法行动。在它前往东方的漫长而安全的航程中，“约克公爵”号可以逐渐适应环境。这样，本土舰队总司令手中就还剩下两艘“英国乔治五世”号级别的战列舰。它们已经拥有足够强大的实力。就资源的利用来说，我认为要好过把“威尔士亲王”号从它也许会遇到“提尔皮茨”号（虽然这种概率很小）的地区内派出。这种安排不仅会更加节省资源，而且能起到更大的作用。

3. 对于在现阶段把旧式的“皇家”级战列舰派往东方的建议，我持反对态度。由于要运送更多的人，让有着众多舰只的舰队维持在遥远的海面上只会增加人员配备上的困难。旧式的舰只也更容易为日本舰只袭击，因为它无法战斗也不能逃脱。能让它们护航或许可行（现在还无法确定是否真有这种可能，或许根本没有），但那要得到我们有这种需要的时候。

4. 但即便如此，如果在10月底将一支强大、快速、高级的分舰队布置在上述三角地区，并且将我们这样做的意图告诉美国人和澳大利亚人，在原则上我却赞成。可能要晚些时候美国同日本的谈判才会进行。至于晚多长时间，美国人现在说是九十天。而日本人对此的态度是，依照俄国的局势来把握谈判的进展。

5. 如果有可能，可以将“皇家方舟”号用装甲的[航空母舰]“胜利”号来代替。用后者代替前者在地中海的狭窄海面无疑更为有利。并且，我认为你可以用一艘“纳尔逊”号级的战列舰，或者“却敌”号和“威望”号来加强H舰队。我相信你一定愿意这样做。

6. 为了方便随时调用，本土舰队总司令当然也可能需要一艘航空母舰（最好是“皇家方舟”号）。“狂野”号将仍然要负责往塔科拉迪运送飞机的任务。让H舰队纳入“胜利”号是没有问题的。余下来可以有“光芒”号、“无敌”号和“无畏”号（当然要等到拥有它们了才行），以及“鹰”号和“阿尔戈斯”号以应付东方三角地区和地中海上的需要。这样一来，你们在年底时就可以有足够的应付能力了。

对于以上各节，希望你们能向我提出意见。

海军大臣致首相 **1941年8月28日**

附上了关于部署主力舰和航空母舰的建议，请你一阅：

1. 对于这个问题，我曾在收到你备忘录之前作了审查，在收到之后我又重新审查了一遍。

2. “英国乔治五世”号级和“纳尔逊”号级战列舰的分配问题，是你的建议和我们的建议之间的主要差别。的确，把一艘“英王乔治五世”号级的战列舰在它完成适应过程后派往印度洋非常有好处。但经过仔细考虑，我认为这项建议不能提出，本备忘录中陈述了理由。

在我看来，把“英王乔治五世”号级战列舰在完成适应过程之前派往国外是不合适的，其理由是：

(1) 在不能够任意利用一切必要的训练目标的情况下，一艘舰艇是不能进行适应性训练的。

(2)一艘舰艇要想真正恢复原来的效能，需要有一个连续不断的适应性训练期。

(3) 舰艇会出现乱用器材的情况，因为上面有复杂的机械和电器装置，而海员有百分之六十的人是二十一岁以下，从来没有到过海洋上的人。所以，应该在靠近造船厂或包工厂的地方进行适应性训练，这一点非常重要。

4. 但遗憾的是我们不能提前重新分配主力舰，因为有很多舰船正在进行修理和改装。只要海上仍然有“俾斯麦”号和“提尔皮茨”号，我们的改装工作就必须得推迟时间。

5. 由于在作战中“光芒”号和“无敌”号受到损伤，以及“狂野”号和“皇家方舟”号需要进行重大改装，航空母舰的形势也并不那么好。

主力舰和航空母舰布置情况

说明：舰只名称后括号内的日期为该舰抵达停泊地点的日期。

最后要达到的部署情况

	主力舰	航空母舰
本土舰队	两艘“英王乔治五世”号级（9月3日）	“胜利”号（现在）
	“马来亚”号（9月21日）	“狂野”号（2月）

H 舰队	一艘“英王乔治五世”号级（12 月初？）	“无畏”号（11 月）
在地中海的舰只	“伊丽莎白女王”号（现在）	“光芒”号（1 月）
	“勇敢”号（现在）	“无敌”号（2 月）
	“巴勒姆”号（现在）	
	“沃斯派特”号（1 月下旬）	
在亭可马里的舰只	“纳尔逊”号（11 月底）	“赫耳米兹”号（现在）
	“罗德尼”号（1 月底）	“皇家方舟”号（1942 年 4 月）
	“威望”号（1 月中旬）	“无畏”号（紧急时）
在印度洋运输兵力的船只	“复仇”号（9 月中旬）	
	“皇家君主”号（11 月中旬？）	
	“拉米伊”号（12 月中旬）	
	“坚定”号（1 月初）	
机动船只	“却敌”号	

拟议中的“最后部署”根据的理由

本土舰队和 H 舰队（1）大西洋是重要区域，因为，就是在大西洋，而且也只有在大西洋，我们有在海战中战败的可能。

（2）只要“提尔皮茨”号存在，就非让两艘“英王乔治五世”号级战列舰在一起行动不可。

（3）由于速度不同，一艘“英王乔治五世”号级和一艘“纳尔逊”号级的战列舰采取联合行动并不理想。

(4) 为了要有两艘“英王乔治五世”号级战列舰可以随时调用，就必须在本国海面上保有三艘这种战列舰，准备有一艘为鱼雷、炸弹或水雷所损伤，或为了进行改装。

(5) 我们认为第三艘战列舰可以归到在直布罗陀的 H 舰队内，不必让这三艘战舰都停泊在斯卡帕湾。

(6) 如果“提尔皮茨”号真的设法冲出来的话，它可能使我们的北大西洋贸易瘫痪到极严重的程度，所以我们必须尽早迫使它作战，同时我们绝不能让“英王乔治五世”号级战列舰中的任何一艘届时不参加战斗。

(7) H 舰队中的主力舰不仅要能够抵御空袭，而且也要快速。只有“英王乔治五世”号级战列舰才同时具备这两种条件。

(8)“马来亚”号分配给本土舰队，是因为在大西洋上除“英王乔治五世”号级战列舰外还必须有另一艘主力舰来执行以下任务：

(a) 护送重要的运兵船队。

(b) 紧急时掩护西经 26 度以东的运输船队。

(c) 必要时支持 H 舰队在地中海西部作战。

(9) (a) 部署中未见“皇家方舟”号，这是因为它必须进行改装而暂由“无畏”号代替，它要等到 1942 年 4 月才可调用。

(b) 部署中未见“鹰”号，这是因为要留它在本国海面准备进行“香客”作战计划［占领加那利群岛］时用。

在亭可马里的舰只 (10) 建议派遣“纳尔逊”号、“罗德尼”号和“声威”号到亭可马里或新加坡，理由如下：

(a) 到可能组成一支东方舰队时（这要看何时能调用巡洋舰，特别是驱逐舰），“纳尔逊”号和“罗德尼”号最后将成为这支舰队的一部分。

(b) 东方舰队组成后，“纳尔逊”号和“罗德尼”号将是“皇家”级战列舰最好的后援，这样组合起来，就成为我们所具备的速度最一致的舰队。

(c) 在我们能够在远东成立一支舰队，足以对付日本人可能派遣到南方来的一支拥有相当实力的舰队以前，必须制止日本在印度洋中采取行动。

我们希望通过派遣主力舰在印度洋护送我们的运输船队，来制止日本人派遣战列舰到这个区域来。

我们希望通过派遣一艘战斗巡洋舰和一艘航空母舰到印度洋，来制止日本人派遣装八英寸口径大炮的巡洋舰到这个区域袭击我们的往来船只。

我们认为用一艘“英王乔治五世”号级的战列舰来代替上述的一艘战列舰所增加的安全程度，不足以为它离开本国海面所引起的不利来作辩解，因为它的速度赶不上日本的一艘装八英寸口径大炮的巡洋舰。

(d) 如果对日战争还没有爆发，那么，先将“纳尔逊”号、“罗德尼”号、“声威”号和那艘航空母舰派遣到新加坡去，这或许是相宜的。因为，这样它们将可组成一支更强大的威慑性舰队。如果战争终于爆发，它们将不得不退至亭可马里。这要根据当时的形势来决定。

(e) 由于必须让“皇家方舟”号进行改装，所以不可能派遣一艘大型航空母舰参加这个舰队，除非从 H 舰队中撤出“无畏”号。

在印度洋的运兵护航舰只	建议目前将四艘“皇家”级战列舰派遣到印度洋去，理由如下：

(a) 北大西洋的护航任务已不再需要它们。

(b) 它们是终将成为东方舰队的一部分的，所以在参加东方舰队以前，宜于使它们留在免遭空袭和德国潜艇袭击的海面上。

(c) 利用它们来护送运兵船队，可以缓和巡洋舰的紧张状态。

(d) 它们来到印度洋，连同“纳尔逊”号、“罗德尼”号和“声威”号，可以在相当程度内满足澳大利亚和新西兰关于增援远东的愿望。

加强印度洋防务的临时部署

在“英王乔治五世”9 月 3 日可以调用之前，必须将“却敌”号留在本国海面。它将会为 W.S. 第十一号运输船队提供护航任务，在 10 月 7 日的时候，它将抵达亭可马里。

首相致第一海务大臣 **1941 年 8 月 29 日**

1. 的确不应该在印度洋上建立一支这样的舰队。除了数量不少不说，它还要耗费巨大的人力。不仅如此，它同时还完全是由一些缓慢的，即将废弃的非现代化船只组成。这样的舰队，既不能同日本的主力舰队发生战斗，也不能单独或成对地用作袭击舰以威慑日本的现代化快速重型舰只。我们之所以会作出这样的部署，或许是因为形势的需要。但无可否认，这种部署并不合理。

2. 出于对付敌人配备八英寸口径大炮的巡洋舰的目的，将四艘“皇家”级战列舰用于护航任务则完全可以。但是敌人如果因为我们总的安排而能没有顾忌地单独派出一艘快速现代化战列舰进行奇袭，就很有可能牺牲掉这些旧舰和它们护卫的运输船队。以“皇家”级战列舰目前的状态，迎接它们的只有覆亡的命运。必须派出一两艘快速的重型船只以防止敌人无所顾忌地派出单只重型袭击舰，才能让“皇家”级战列舰在印度洋和太平洋上合理地进行护航。我们对海军战略上的真正原则已经讲过多次，用少数最优良的快速舰来对付一支优势舰队当然也是其中的一个。

3.“提尔皮茨”号能引起海军部本身的特别关注，正说明我在备忘录中唐突提出的部署方案并非空穴来风。“提尔皮茨”对我们有着怎样的影响，就相当于一艘“英王乔治五世”号级别的战列舰在印度洋对日本海军所起的作用。它能将一种恐惧传递给对方，并且立即震慑到各个地方。对方会因为它的捉摸不定而直接产生不安的感觉。

4.海军部队之所认为必须用三艘“英王乔治五世”号级战列舰来对付“提尔皮茨”号，也从一个侧面反映了我们最新式舰只的设计。之所以会断定这些新式舰只无法单独与对方同等级舰只作战，就是因为它的威力由于大炮的火力不够而受到了削弱。我们尽管不否认这一点，但仍然认为没有足够的理由能让我们相信在大西洋上保留三艘“英王乔治五世”号级别战列舰的建议正确。原因如下：美国方面的部署目前可以为我们提供帮助；事实证明，航空母舰已经足以对付“提尔皮茨”号那样的舰只（如果它胆敢出来的话）。因此，有一个事实已经非常明了：“提尔皮茨”号在俄国舰队存在时不大可能撤离波罗的海，而德国人也定然还记得“俾斯麦”号和所有它的供应船只的命运。派出“提尔皮茨”号，对他们来说只能是一种愚蠢的做法。相反地，如果让它原地不动，不但可以让我们三艘最强大和最新的战列舰受到牵制，也可以将波罗的海牢牢地控制住。所以，在我看来，这种浪费之所以要大大高出战争以来我们在其他方面的浪费，就是因为大西洋所做的准备太多。

5.即使是到如此晚的今天，出于为了防止飞机的袭击的目的，仍然给“皇家”级战列舰重新装上甲板，并且在之后将它们组成航速较慢的分舰队，以使得有力量重新在地中海和不定期防守马耳他岛，仍然是对它的最好利用。

同时我也要指出，我认为日本现在不会选择对抗美国、英国和俄国目前组成的联合战线，因为它正在忙于中国的事务。和美国进行至少三个月的谈判是它最可能做的事情，并且在此期间不会再作出任何侵略举动，或者积极参加轴心国。能让日本犹豫的因素，没有什么比出现我提到的那支舰队，尤其是一艘“英国乔治五世”号级别的战列舰更大了。因此而形成的一种威慑力，的确是决定性的。

十

对中东供应的坦克

首相致陆军大臣和军需大臣 **1941 年 7 月 11 日**

[国内] 部队拥有的一千四百四十一辆步兵坦克“不应该作战”的数量竟然达到了三百九十一辆，这个数字未免过于惊人。如果能采用类似去年空军采用的修理办法，我相信这个数字并不是没有可能降低。

请你们就这个问题展开商议，并就怎样加速处理这类修理工作提出意见。必须要将失去战斗能力的坦克数量控制在国内所有坦克数的百分之十。这种需要在目前更为迫切，因为准备工作即将迎来高潮。

首相致陆军大臣 **1941 年 8 月 19 日**

如果你在 1941 年 7 月 15 日 [关于国内坦克修理工作] 的备忘录中提出的一些要求能够全部得到满足，那当然是再好不过的事情。诚然，我们应该尽力做到一切可能做到的事以满足迫切的需要，但要想真正完全解决问题，仍然主要靠你们真正的努力和良好的管理。得知我们一个月以来不能使用的步兵坦克仍然有百分之二十五，并且四百辆巡逻坦克也有超过一百五十七辆不能战斗，我感到十分惊讶。我相信你们定然会用一大堆理由来解释这样的失败，但失败的结果却不能否认。切忌不要让别人形成一种印象：你们在安于现状。如果你始终持有为自己开脱的态度，那么永远不可能改进。

首相致空军大臣 **1941 年 8 月 27 日**

你在你 8 与 6 日的备忘录中曾对“如果要对坦克进行空中袭击，‘杰弗里斯’

式炸弹是目前最有希望的武器”作了说明。获知你已经订购了五万颗，我感到非常高兴。

根据我所掌握的信息，这类武器似乎能够马上投入使用，因为它是由普通轻型炸弹的容器装成的。为了保证“杰弗里斯”式炸弹能够立即得到供应，我赞成暂停黏性炸弹和一些迫击炮的制造。在将战术制定好并且驾驶员又经过一些演习后，像初步试验证明的那样，命中的机会似乎增加了许多。当务之急是获得大量演习用的假炸弹，并挑选一批驾驶员对地面目标进行多次演习。如果实际的进展与预期相符，我们就应该立即对是否可以尽早派遣一艘军舰通过地中海运去足够的炸弹和经过实习的驾驶员展开研究。

对俄国人能够迅速把这类炸弹造成的问题，也可以考虑一下。如果能够做到，应该告诉他们一切的详情。

* * *

(即日办理)

首相致军需大臣和帝国总参谋长 **1941年8月27日**

1. 我们有时是否应该看得更远？在利比亚，德国人已经将六磅炮弹的炮装上了他们的坦克。鉴于在蒂尔拜耶等地这种坦克曾重创意军，我们预料到他们会想办法来破坏步兵坦克完全在情理之中。德国人想要制造出来一些足以击败我们坦克的武器并不困难，因为尚有一些在敦刻尔克得到的样品在他们手中，并且他们还获得了一些巡逻坦克。

2. 将事情看得更远，成立派往挪威的高山部队，以及让坦克在利比亚能够有能力突击敌人，是我一直在努力的方向。但是当我们在三四个月后想实施时，因为在这期间所有人都会迅速来制造障碍，迎接我们的就是毫无余地的拒绝。最迟不能超过1月或2月，我们必须要往战场运送至少一百辆适合于沙漠作战的A.22型坦克。要做到这一点，不适应沙漠作战的各种小改动是不行的。对于这些坦克能在沙漠战斗的可能性，对于埃及的那些人而言，不将坦克就地试验他们是不会相信的。固然，我们可以用飞机送去或用电报说明在国内作成的各种改进部分。

但事实上我们却没有这么做。直到 1942 年年初，我们才将两部坦克运去。而正是因为如此，由于有一些新的缺点在试验当中出现，尼罗河当局颇为嘲讽。

3. 我要做的是运出两部这样的坦克和相同数目的熟练人员和配备。同时，我也要让这些人员对这里所作的改进随时了解，并且能够处理“适合沙漠战斗”的问题，以及随时向我们告知所作改进的结果。如果按照我原来的意思，我是非常愿意在国内进行这两件工作的。但是这样做却有其缺点：如果在国内进行，不到 1942 年是无法完成的，并且到中东又必须重复进行一次。因此，我认为我以前的想法仍然正确。

在这个问题上，我希望获得你的一些帮助。

我想知道除了在中东之外，这些坦克在 1942 年春季还会在哪里作战。

9 月底的时候，这两辆“丘吉尔”式坦克将会运往中东，12 月 12 日将会抵达。25 日的时候，我收到了奥金莱克将军的一份电报。由于他曾亲口答应要过问在沙漠中进行试验的事情，因此这份电报让我感到震惊。电报中说：

“在没有遮蔽物也没有锁好的情况下，这些车辆在前部凹形甲板上放着。造成的结果是，海水腐蚀了这些车辆，有两辆坦克在收到的时候底层都是水，高达九英寸的铁锈布满了板壁。”

“没有十四天的专门处理，坦克师是无法开动的，因为电气和无线电装置受到了相当的影响。运送和装载的方法也差得离谱。所有美国坦克在运出的时候，原本是用带子贴好一切缝隙和门以起到保护作用的……”

几乎是立即，我请欣格尔顿法官进行了调查。1942 年 3 月 10 日，他制成了一份报告。他在报告中指出：“这件事表现管理上的失当，其失当的程度是惊人的。”坦克是没有涂油就放在露天甲板上的，既没有上锁，也没有防雨布遮盖。他说：“是由于没有用正常方法才造成了损伤。如果那两位装配师能够在这些坦克旁边，大部分的损失都不会出现。”比弗布鲁克和我曾下达了这样的要求，并且陆军部也下令要做到这一点。欣格尔顿说，这件事很难找出负责人，因为陆军部内与这件事有关的那位将军已经身亡。他继续说：

“原来的安排被改变，但改变的原委已经无法查清，因为它们大多是发生在离市的情况下。在 9 月 15 日的时候，制造商行的总经理和那位少将在萨沃伊饭店的一次午宴上相遇。当时，经理询问能否让他的装配师乘飞机前往中东，他们在那里能够起到作用，并且能了解一些改进的地方。最后的结果是，那位上将出于关照为了不浪费几个星期的时间在船上，想办法将这两个人用飞机送往了中东。”

对于这些坦克的装船工作，没有一个制造商行的人来作巡视。港口的军械官也完全不了解这些坦克的情况，因为他从没有进去过。倒是他部下有一位军曹曾进入了一辆坦克，并且也发现了“上油”的情况不是很好。但遗憾的是，这位军曹并没有报告给任何人。

但在完成调查的时候，战事已经展开。因此，我在 1942 年 6 月 1 日给伊斯梅将军的备忘录中写道：“遗憾的是，我因为太忙没有时间对这些混账寻根究底。因而也就无法让他们承担起责任。而别人也做不了什么。”

*　*　*

（即日办理）

首相致伊斯梅将军　　1941 年 10 月 21 日

为了方便在今晚开会时用到，请为我将以下各点及时核对并弄清。

1. 有必要弄清中东发来的电报。奥金莱克将军曾说，他直到 10 月 4 日到 14 日才收到那一百五十辆坦克，而这些坦克原盼望在 9 月份就能收到。事实上这些坦克抵达的时间是 10 月 2 日，比他的预期晚了一天。花了十二天的时间，全部坦克才卸下。随后，为了方便改装以使得他们适合于沙漠战斗并加强前轴，他们将坦克拆开了。但根据我们的了解，如果单说车轴，这样做事实上是没有必要的。只需要一两天的时间，全部的坦克就可以装好适合沙漠战斗的零件。但对于中东的做法，是否真的拆开坦克并开始接车轴，我们却不知道。如果他们的确有这样做，那耽搁三个星期完全在情理之中，尽管并不需要这样做。我想知道为什么没有人和坦克同行以便于将一切告诉那里的人们。

2. 我从其他电报和讨论中得知，一个装甲旅或师要用新车辆练习发炮和进行演习所需要的时间，需要一个月。我想知道这在多大程度上适用第二十二装甲旅，因为在出发的时候他们已经用这些坦克进行过充分的训练。据我的推测，他们会提出必须进行一些额外的沙漠实习。当然，这看来也是合理的。

但如果等到10月14才运完这一百五十辆坦克，由于适应沙漠战斗还需要三个星期的时间，那么就拖延到11月7日了。这必然会导致均无法安排军队练习使用这些坦克，以及在司令官指挥下用它们进行训练所需的一个月或略短于一个月的时间。我们了解到的情况（目前拼凑的零碎情况）都没有充分的理由。不仅如此，修正过的计划也并不完全合理。以下方面是我们必须了解清楚的：在机械方面已经做和正在做的事情，这一百五十辆坦克中每辆有着怎样的现状；陆军部发出关于车轴方面的电报之后，处理方法发生了哪些改变，是否可以将日期缩短；第二十二装甲旅需要多长的沙漠训练时间。

希望你能弄清这一切，并为了方便我今晚考虑准备好必要的电报。

首相致伊斯梅将军 **1941年11月24日**

请就第一装甲师剩余部队的情况向我提出详细报告。我需要知道以下方面的情况：他们到达的时间；他们坦克的情况；在多大程度上适合沙漠战斗；车轴的情况以及训练的程度；是否有办法让训练和装卸工作加快。

* * *

我之所以要在此刊印这些细节，是为了说明虽然投入了大家也认为需要的大量精力，但要把事情做好仍然非常困难，尽管有非常热心工作的助手。

十一

1941 年各部大臣任命名单

（有黑点的为战时内阁成员）

首相兼第一财政大臣及国防大臣	**温斯顿·丘吉尔先生**
海军大臣	亚历山大先生
农业及渔业大臣	赫德森先生
空军大臣	阿齐博尔德·辛克莱爵士
飞机生产大臣	（1）**比弗布鲁克勋爵**
	（2）穆耳·布勒勃宗中校（5 月 1 日任命）
缅甸事务大臣	埃默里先生
殖民地事务大臣	（1）劳埃德勋爵（任期至 2 月 4 日）
	（2）默因勋爵（2 月 8 日任命）
自治领事务大臣	克莱勃恩子爵
经济作战大臣	休·道尔顿先生
教育委员会主席	赫罗尔德·拉姆斯伯瑟姆先生
	巴特勒先生（7 月 20 日任命）
财政大臣	**金斯利·伍德爵士**
粮食大臣	伍尔顿勋爵
外交大臣	**安东尼·艾登先生**
卫生大臣	（1）马尔科姆·麦克唐纳先生
	（2）布朗先生（2 月 8 日任命）
内政大臣兼国内安全大臣	赫伯特·莫里森先生

印度事务大臣	埃默里先生
新闻大臣	(1) 达夫·库伯先生
	(2) 布伦丹·布列肯先生(7月20日任命)
劳工与兵役大臣	欧内斯特·贝文先生
兰开斯顿公爵郡大臣	(1) 海基勋爵
	(2) 达夫·库伯先生(7月20日任命)
检察官员:	
检察总长	唐纳德·赛默威尔爵士
苏格兰检察总长	(1) 库伯先生
	(2) 里德先生(6月6日任命)
副检察总长	威廉·乔伊特爵士
苏格兰副检察总长	(1) 里德先生
	(2) 戴维·金·默里爵士(6月6日任命)
大法官	西蒙子爵
枢密院议长	约翰·安德森爵士
掌玺大臣	克莱门特·艾德礼先生
驻中东国务大臣	奥利弗·利特尔顿先生(7月1日任命)
国务大臣	比弗布鲁克勋爵(5月1日至6月29日)
不管部大臣	阿瑟·格林伍德先生
主计大臣	(1) 克莱勃恩子爵
	(2) 海基勋爵(7月20日任命)
年金大臣	瓦尔特·沃莫斯里爵士
邮政大臣	W.S. 莫里森先生
苏格兰事务大臣	(1) 布朗先生
	(2) 托马斯·约翰斯顿先生(2月8日任命)
海运大臣[1]	克洛斯先生(5月1日辞职)

① 海运大臣在1941年5月1日和运输大臣合并,同时设立了新职位——军事运输大臣。——原注

军需大臣	(1) 安德鲁·邓肯爵士
	(2) 比弗布鲁克勋爵（6月29日任命）
贸易大臣	(1) 奥利弗·利特尔顿先生
	(2) 安德鲁·邓肯爵士（6月29日任命）
运输大臣	穆耳－布勒勃宗中校（5月1日辞职）
陆军大臣	玛杰森上尉
军事运输大臣	莱瑟斯勋爵（5月1日任命）
工程与建筑大臣	里斯勋爵

图书在版编目（CIP）数据

第二次世界大战回忆录 .06，战争临到美国 ／（英）温斯顿 · 丘吉尔著；
朱建国译 . —北京 ：北京时代华文书局，2017.7（2020.2 〃印）
ISBN 978-7-5699-1644-7

Ⅰ. ①第… Ⅱ. ①温… ②朱… Ⅲ. ①丘吉尔（Churchill，Winston Leonard Spencer 1874-1965）－回忆录②第二次世界大战－史料 Ⅳ. ① K835.167=5② K152

中国版本图书馆 CIP 数据核字（2017）第 137104 号

第二次世界大战回忆录 06：战争临到美国

DIERCI SHIJIE DAZHAN HUIYILU 06 ：ZHANZHENG LINDAO MEIGUO

著　　者｜〔英国〕温斯顿 · 丘吉尔
译　　者｜朱建国

出 版 人｜王训海
选题策划｜梁明德　邵鹏军
责任编辑｜周连杰
装帧设计｜格林文化
责任印制｜刘　银　訾　敬

出版发行｜北京时代华文书局 http://www.bjsdsj.com.cn
北京市东城区安定门外大街 136 号皇城国际大厦 A 座 8 楼
邮编：100011　电话：010 - 64267955　64267677
印　　刷｜三河市华润印刷有限公司　0316 - 3656029
（如发现印装质量问题，请与印刷厂联系调换）
开　　本｜710mm×1000mm　1/16　印　张｜32.75　字　数｜441 千字
版　　次｜2017 年 8 月第 1 版　印　次｜2020 年 2 月第 3 次印刷
书　　号｜ISBN 978-7-5699-1644-7
定　　价｜69. 00 元